SIMENON
une biographie

GEORGES SIMENON

le 27 juillet 1987.

Monsieur Stanley G. Eskin
RR 2 - Box 133
Shady, New York 12 479

Cher Monsieur Eskin,

J'en ai le souffle coupé. Quelle patience
vous avez eue à retracer presque tout mon passé, non seulement littéraire, mais ma vie d'homme, de mari, d'amant,
de père, etc.

C'est un livre que je relirai car je
l'ai parcouru un peu trop rapidement et il mérite une lecture plus attentive. C'est probablement et même certainement
le livre le plus complet écrit sur moi. Vous avez même lu
Jehan Pinaguet que personne, au Centre d'Etudes de Liège,
n'a pu lire car il était dans le bureau personnel du Professeur Piron. Peut-être un jour le laisserai-je publier. Mais
j'en doute.

Toutes mes félicitations, cher Monsieur
Eskin. Votre livre est le plus complet que j'aie jamais lu
sur un auteur. Un grand merci d'avoir été si patient, si
curieux, si indulgent et enfin, de m'avoir envoyé un exemplaire.

Très cordialement vôtre,

12 AVENUE DES FIGUIERS, 1007 LAUSANNE

Stanley Eskin

SIMENON
une biographie

Libre Expression

PRESSES DE LA CITÉ

Titre original:
Simenon:
A Critical Biography

Traduit par
Christian Mari

Données de catalogage avant publication

Eskin, Stanley G.
Simenon: une biographie
Traduction de: Simenon
ISBN 2-89111-433-7
1. Simenon, Georges, 1903-1989. 2. Romanciers
belges — 20ᵉ siècle — Biographies. I. Titre.
PQ2637.I53Z62514 1990   843'.912   C90-096468-5

Maquette de la couverture: Michel Méline

© 1987 Stanley G. Eskin.
Publié par McFarland and Company, Inc.,
Publishers, Jefferson, N.C., U.S.A.
© Presses de la Cité 1990 pour la traduction française

© Éditions Libre Expression
2016, rue Saint-Hubert,
Montréal, H2L 3Z5

Dépôt légal:
1ᵉʳ trimestre 1991

ISBN 2-89111-433-7

*On lui en veut un peu, car il y gâche
un sujet merveilleux; par précipitation,
et, pourrait-on dire : par impatience.*

André Gide, à propos de
Touriste de Bananes.

J'étais impatient d'écrire autre chose[1].

Simenon à son entrée à l'école,
forcé de se plier à l'apprentissage
de l'écriture qu'il connaissait déjà.

Pour Barbara.

Préface

Durant toute sa carrière, Georges Simenon eut le souci de son statut littéraire. Ni l'accueil du public ni les commentaires de la critique ne dissipèrent ses doutes à cet égard – bien au contraire. De fait, il apparut toujours comme un écrivain difficile à « situer », et pendant un bon demi-siècle, d'innombrables commentateurs et critiques – et tous ses admirateurs aussi – s'y employèrent. C'est ce problème que nous avons voulu cerner ici, et peut-être sommes-nous parvenus à le clarifier en explorant la vie et les ouvrages de Simenon, et en évaluant son œuvre. S'il est bien plus que le créateur de Maigret – approche superficielle et très répandue –, il n'est pas certain qu'il soit aussi important que l'ont proclamé ses admirateurs les plus fervents : André Gide, François Mauriac, Jean Renoir, Jean Cocteau, Henry Miller, Charles Chaplin, Thornton Wilder, Anaïs Nin, Federico Fellini – pour ne citer que les plus importants ou, du moins, les plus connus. L'œuvre de Simenon invite à évaluer les rapports qui peuvent s'établir entre littérature commerciale et littérature « sérieuse ». Mais Simenon apparaît comme un cas à part. Tous ses efforts pour sortir de l'ambivalence de son statut littéraire échouèrent à cause des pulsions, des ambitions, des intérêts, des phobies qui étaient profondément inscrits en lui et qui tissèrent sans cesse la trame de ses ouvrages. Nous avons tenté de démêler l'écheveau, d'éclairer ce qui relève de la vie privée et de la vie publique, et d'intégrer ces deux aspects dans une présentation à la fois claire et conforme à la réalité.

Les faits rapportés ici sont tirés d'un ensemble de documents, auxquels s'ajoutent des interviews, dont celle de Simenon lui-même. Parmi les autres sources se trouvent des lettres, certaines publiées et d'autres inédites, ainsi que la masse des textes autobiographiques, certains présentés sous forme narrative continue, mais la plupart épars et fragmentaires. Les principales œuvres autobiographiques, dont aucune n'est méthodique ou complète, appellent quelques explications. La dernière, les très longs *Mémoires intimes,* publiés en 1981, essaye de rassembler de nombreux fils et de tisser un tableau d'ensemble, mais qui éclaire peu les premières années de l'enfance et, concernant l'âge adulte, laisse dans l'ombre nombre d'aspects importants. Si certains sujets sont abordés avec une extraordinaire richesse de détails, d'autres ne le sont que sommairement – c'est le cas, en particulier, de son travail d'écriture. Ce texte relate en fait surtout sa vie de famille – d'une part, l'amour qu'il porte à ses enfants et, de l'autre, les disputes qui l'opposent à sa seconde femme. Les *Mémoires* ont été précédés par vingt et un volumes qu'il a dictés entre 1973 et 1979 et dans lesquels sont consignés réflexions et souvenirs, concernant en particulier son enfance et ses vieux jours. Prolongement du long monologue intérieur – virant souvent à la diatribe – qu'il entretint toute sa vie, *Lettre à ma mère* (1974) – dictée peu après la mort de celle-ci à l'âge de quatre-vingt-onze ans – se présente sous la forme d'une conversation, conduite à la deuxième personne. Auparavant, entre 1960 et 1963, il avait écrit à la main *Quand j'étais vieux,* journal qui ne fut publié qu'en 1970. Il y consigna divers incidents émaillant sa vie, présente et passée, ainsi que ses réflexions inspirées du quotidien. En 1938, il écrivit *Les Trois Crimes de mes amis.* Ce récit à peine romancé et qui peut être considéré comme largement autobiographique relate un épisode marquant de la fin de son adolescence.

Concernant les années d'enfance, les deux sources les plus importantes sont *Je me souviens* et *Pedigree.* L'écriture de ces deux ouvrages, qui entretiennent des rapports étroits entre eux, a été dictée par un même événement. En 1940, Simenon, souffrant de douleurs à la poitrine, avait consulté un radiologue. Celui-ci, ayant mal interprété la radiographie, lui annonça qu'il n'avait guère plus de deux ans à vivre. C'est ce terrible diagnostic qui le poussa à écrire ses mémoires à l'intention de son fils Marc, alors âgé de trois ans. Plus tard son fils, désireux de connaître ses origines, pourrait y trouver les portraits des membres du clan Simenon, assortis de commentaires sur chacun d'eux. Pour composer ce texte, Simenon puisa dans les souvenirs très détaillés qu'il avait de son enfance. Ce texte s'intitulait au départ « Pedigree de Marc Simenon ».

Simenon envoya une partie de ce manuscrit à André Gide avec lequel il correspondait fréquemment à l'époque. Impressionné, Gide lui conseilla d'abandonner l'écriture des mémoires, d'abandonner le récit à la première personne, et ce afin de refondre le contenu en un roman à caractère autobiographique dans lequel le récit serait conduit à la troisième personne. Suivant les conseils de Gide, Simenon s'attaqua à la composition de ce roman. Son écriture s'étala sur plusieurs années et le roman finit par couvrir une période beaucoup plus longue que celle relatée par les mémoires.

En 1945, Simenon publia ceux-ci sous le titre *Je me souviens*. En 1948, il en publia la version romancée sous le titre de *Pedigree*. A la fin de l'ouvrage, Roger Mamelin – son alter ego fictif – a seize ans. Simenon aurait certainement voulu avancer plus loin dans la vie de ce dernier s'il n'y avait eu le procès en diffamation que lui intenta un Liégeois, outré de se reconnaître dépeint en termes peu flatteurs dans un passage de l'ouvrage.

On dispose donc de *Je me souviens,* qui apporte beaucoup de détails sur l'enfance de Simenon et sa famille, et du très long *Pedigree* qui peut être considéré comme une source documentaire dans la mesure où les éléments autobiographiques constituent l'essentiel du récit. On y retrouve en effet toutes les composantes de son vécu : les descriptions, les épisodes, les faits détaillés, les atmosphères, « l'air du temps »... Il faut évidemment être plus critique à l'endroit des jugements portés sur les personnes, ainsi que sur l'évaluation des événements marquants de son enfance, mais il est vrai que la prudence s'impose dans l'exploitation de tout texte purement autobiographique.

En tout cas, la première partie de *Pedigree* correspond de très près à *Je me souviens* – on y retrouve parfois les mêmes phrases. La dernière partie, qui déborde la période couverte par *Je me souviens,* comporte encore beaucoup d'éléments dont on peut vérifier le caractère strictement autobiographique dans d'autres textes. Toutes ces raisons nous autorisent à utiliser *Pedigree* comme une authentique source documentaire. Souvent, Simenon choisit de changer le nom des personnes. Dans le roman, sa mère, Henriette, portera le nom d'Élise, tandis que celui de son père, Désiré, restera inchangé dans les deux textes.

Je tiens à remercier :

Mme Régine-Tigy Simenon, aujourd'hui décédée, et Mme Denyse Simenon, qui ont eu l'amabilité de m'accorder plusieurs entretiens.

Mme Joyce Pache-Aitken, M. Kenneth McCormick, Mme Helen Wolff, M. Claude Nielsen, M. Gilbert Sigaux et M. Robert Toussaint.

Le professeur Maurice Piron, Mme Colette Delruelle-Brahy, Mme Christine Swings et M. Paul Goret, qui m'ont aidé sans compter lors de mes recherches au Centre d'études Georges Simenon de l'université de Liège.

M. Claude Menguy, qui m'a fort généreusement ouvert son immense collection de documents, fait bénéficier de ses connaissances très étendues en matière de biographie et de bibliographie, et autorisé à inclure ses bibliographies dans le présent ouvrage.

Je voudrais enfin remercier, pour leur soutien constant et la pertinence de leurs commentaires qui m'ont beaucoup aidé dans l'élaboration du manuscrit : Ronald Sanders, Irwin Stock, Nicholas Delbanco, Robert Pickering, Howard Lewis, et mon épouse, Barbara.

Georges Simenon est mort deux ans après l'édition américaine de cet ouvrage, alors que la traduction en français venait juste de commencer. Simenon avait eu la gentillesse d' « autoriser » cette biographie, mais il ne s'était pas engagé à accorder une quelconque exclusivité et il était évident qu'il ne fallait pas espérer davantage de lui. Cela dit, il se montra généreux, coopératif et, comme d'habitude, charmant – en m'accordant des interviews, en répondant à toutes mes lettres, en permettant la publication de citations et de photographies nombreuses. Lorsqu'il lut l'édition américaine de cette biographie durant l'été 1987, sa réponse fut immédiate, spontanée, et enthousiaste au-delà de toute espérance. Elle est reproduite au début de ce livre.

Je ne pense vraiment pas que mon travail mérite d'être considéré comme la meilleure biographie jamais consacrée à un écrivain – ce n'est pas une fausse modestie qui me fait décliner cet honneur. En revanche, je suis très fier qu'il y ait vu le meilleur livre qui lui ait été consacré. Simenon pouvait être difficile, extravagant, mais aussi, en même temps, généreux et sensible. En fait, c'était une personnalité très complexe et donc très intéressante. J'ai eu le rare privilège d'avoir été en relation, fût-ce indirectement, avec une vie marquée d'une telle richesse.

Samois-sur-Seine, le 9 juin 1990.

1

Introduction

A la gare du Nord, à Paris, un jeune homme, grand, très mince, âgé de vingt ans à peine, descendait du train de nuit en provenance de Belgique. Il portait un pauvre imperméable et des chaussures usées. Ses deux valises en simili-cuir devaient contenir tout ce qu'il possédait. L'une d'elles était sommairement fermée par une sangle. Ses cheveux blonds, plutôt longs, son chapeau noir à large bord et son foulard, noué avec désinvolture, lui donnaient un air bohème.

En ce 11 décembre 1922, Paris n'avait rien de très accueillant : il faisait froid, sombre, et il pleuvait. Le jeune homme était agité de sentiments contraires, mais finalement la déception l'emportait. Avant d'entrer en gare, le train avait traversé des banlieues désolées, longeant un interminable alignement de façades grises. Ici et là, de rares fenêtres étaient éclairées. C'était l'heure du lever pour les petites gens, l'heure de la toilette ou du petit déjeuner. Dans la faible lumière de l'aube, les rues étaient encore quasi désertes.

La déception, la dépression même, avec cependant la conscience nette que, pluie ou soleil, malgré tout, c'était Paris : « Ce qui comptait c'était d'être enfin à Paris. Ce qui comptait aussi et surtout, c'est qu'il fallait, coûte que coûte, s'y maintenir, gagner sa vie, n'importe comment, mais manger plus ou moins tous les jours[1]. » Il sacrifia d'abord à la prudence en prenant immédiatement une chambre mansardée à Montmartre puis, donnant libre cours à son exubérance, il alla dévorer une douzaine de croissants dans un café, sous l'œil étonné des autres consommateurs.

Ce jeune Belge débarquant à Paris en ce triste matin de

16

décembre, c'était Georges Simenon, à l'époque plus connu de ses amis et du public sous le nom de Georges Sim. Bien que très jeune, il était déjà venu à Paris à deux reprises, pour les besoins d'un reportage. Cette fois, il avait l'intention de retourner dans sa ville natale, quelques mois plus tard, pour y prendre femme, ce qui, en dépit de son anticonformisme, lui semblait nécessaire à ses débuts parisiens. Néanmoins, ce 11 décembre 1922 peut être considéré comme la date de l'arrivée « officielle » de Georges Simenon à Paris et, du même coup, de son entrée dans « le monde ».

Cinq ans plus tard, ce n'est pas encore la richesse, mais il a réussi en écrivant des histoires, des articles, et surtout des romans populaires, d'aventure, de crime, d'amour, de sexe et d'humour, qu'il rédige avec une rapidité stupéfiante et qu'il publie sous quelque dix-huit pseudonymes. Bientôt, il s'offre bateaux, automobiles, chevaux de course et costumes anglais. Il voyage beaucoup et s'installe dans une multitude d'endroits intéressants à Paris, ou ailleurs, qu'il achète, loue, rénove, ou même qu'il invente, à l'occasion.

Dix ans plus tard, il publie une série de romans policiers avec pour vedette Jules Maigret, commissaire de la police judiciaire. C'est le succès immédiat qui fait aussitôt de lui un homme vraiment riche, et lui apporte la gloire.

Vingt ans plus tard, il écrit toujours ses Maigret, mais il a publié aussi un nombre impressionnant de « vrais » romans, salués par la critique, et qui lui valent l'encouragement public et privé de sommités littéraires. S'ouvre alors le débat toujours actuel sur les rapports de Simenon et de la « grande » littérature. Il continue à écrire « Maigret » et « non-Maigret » à la même cadence phénoménale et à répondre amicalement, parfois même avec enthousiasme, au courrier de ses admirateurs. Mais par rapport à la « littérature », sa position est ambiguë et souvent défensive. A plusieurs reprises, il a justifié théoriquement le « sérieux » de son entreprise littéraire, comme s'il se mettait lui-même en question.

Trente ans plus tard, Simenon mène une vie de châtelain dans une élégante propriété du Connecticut. Il passe dix années consécutives aux États-Unis. Son renom et son statut littéraire ambigu ne subissent aucun changement. D'une certaine manière, il ne parvient pas – il n'y parviendra d'ailleurs jamais – à se démarquer de l'image Maigret. Pendant toute sa carrière, un article sur deux commence inévitablement par « le créateur du fameux commissaire Maigret s'intéresse maintenant à un sujet tout à fait différent... » Encore aujourd'hui, les libraires parisiens, qui pourtant sont informés, dirigent immanquablement le client qui demande un Simenon vers le rayon policiers. Les spécialistes eux-mêmes entretiennent cette confusion. La monographie d'un bibliographe américain s'intitule : « Georges Simenon : catalogue des Maigret et autres romans policiers et nouvelles en français et en traduction anglaise », alors qu'une bonne moitié des titres cités n'ont rien à voir avec le genre policier et que certains titres ne sont même pas des ouvrages de fiction.

Quarante ans plus tard, de plus en plus riche, si riche qu'on parle alors de « l'industrie Simenon », il retourne en Europe, et s'établit en Suisse où il résidera jusqu'à sa mort.

Cinquante ans plus tard, âgé de soixante-dix ans, il décide brusquement d'abandonner le roman. Il prend même la peine d'apporter son passeport au consulat de Belgique pour faire substituer la mention « sans profession » à celle d' « écrivain ». Il se sent soulagé, affirme-t-il à plusieurs reprises. A l'exception des *Dictées* qu'il enregistrera sur magnétophone, il ne publiera plus rien jusqu'en 1981, date à laquelle paraît un long texte autobiographique qu'il a rédigé à la main.

Simenon a toujours été traqué par les statistiques (bien qu'une fois il ait déclaré y être allergique). Combien de livres a-t-il publiés? Combien de pages écrivait-il en un jour? Combien de pseudonymes a-t-il utilisés? En combien de langues a-t-il été traduit? Combien d'argent a-t-il gagné?...

L'argent, sauf de rares fois au début de sa carrière, il refusa toujours catégoriquement d'en parler, si ce n'est avec ses éditeurs et ses producteurs. On ne dispose pas de chiffres sûrs. Ce qui est certain, c'est qu'il en gagna et en dépensa beaucoup. Il n'en fit jamais mystère et c'est sans doute tout ce que l'on peut dire sur la question.

Sa rapidité d'écriture? Il affirma que dans les années vingt, au plus fort de sa production de romans populaires, il lui arrivait de taper quatre-vingts pages dans une journée. Plus tard, avec les Maigret et les autres romans, il s'en tiendra à son fameux rythme d'un chapitre par jour. Comme il s'agit de courts romans, cela représente une ou deux semaines de travail par ouvrage – onze jours semblant une bonne moyenne. Il s'est toujours obstinément refusé à corriger ses textes. C'était chez lui presque une obsession négative dont les origines comme les effets demeurent complexes. Selon un article du *New York Times* consacré aux *Volets verts,* il aurait dit :

« J'écris vite parce que je ne suis pas assez intelligent pour écrire lentement. »

Combien d'ouvrages a-t-il écrits ? Personne ne le saura sans doute jamais. En ce qui concerne les romans publiés, un rapide calcul donne, outre une œuvre de jeunesse, 190 romans publiés sous des pseudonymes, et 201 sous son propre nom. Soit un total de 392. Un grand nombre d'entre eux sont courts, le plus long – *Pedigree* – est largement autobiographique. Il faut y ajouter 25 œuvres purement autobiographiques et un ouvrage de critique et d'histoire littéraire. On arrive donc à 418 livres, sans compter les textes courts, qui se comptent par milliers : nouvelles, articles de magazines et de journaux, ainsi que quelques discours et essais. Certains ont été rassemblés, mais beaucoup d'autres n'ont jamais été repris. On pourrait y ajouter les nombreuses interviews qui ont paru aussi bien dans les revues spécialisées que dans la presse à sensation.

A propos des femmes, bien que sur ce sujet les statistiques soient encore moins précises, Simenon a laissé libre cours à toutes les interprétations en déclarant avec désinvolture, lors d'un entretien avec son ami Federico Fellini en 1977, qu'il avait bien dû coucher avec dix mille femmes dans sa vie. Ailleurs, il affirma qu'il avait commencé à treize ans et n'était devenu monogame qu'à l'âge de soixante-dix ans avec Teresa Sburelin, sa dernière compagne. On arrive ainsi à un total de cinquante-sept ans de vie sexuelle polygame, soit en moyenne une femme différente tous les deux jours (cette remarque parue dans *L'Express* amena un journaliste anglais à téléphoner à la secrétaire de Simenon pour vérifier s'il avait réellement dit « dix mille »). C'est probablement de lui que Fellini en toute amitié se moque en mettant en scène, dans la *Città delle donne,* le docteur Zübercock, personnage grotesque qui, dans l'extravagant décor de son château, fête sa dix-millième conquête avec un gigantesque gâteau orné de dix mille bougies.

Dans ce domaine, ce n'est pas comme les livres, il n'existe pas de catalogue et, en ce qui concerne 9 997 de ces femmes, Simenon demeure admirablement discret. Il est beaucoup plus volubile en ce qui concerne ses deux épouses et la compagne de ses dernières années. Avec sa seconde femme en particulier, des années 1965 à 1982, il entretient des rapports extrêmement tendus. Leurs disputes violentes prennent des allures publiques avec force détails, qu'il s'agisse d'argent, d'enfant, d'alcool, de santé mentale ou d'incompatibilité d'humeur.

Malgré les chiffres, fort éloquents, Simenon n'a jamais voulu considérer cette libido débridée autrement que comme une soif d'expériences, mais il convient d'y voir aussi la trace du ressentiment obsessionnel qu'il nourrit envers sa mère; ce qui, comme son besoin compulsif de changer de domicile, peut être compris comme la manifestation d'une insatisfaction permanente. Les femmes étaient pour lui un constant objet de désir en même temps qu'elles lui apparaissaient porteuses de déception. Qu'il ait fait ou non l'expérience réelle de la frustration, cette menace n'en est pas moins présente dans son œuvre : un grand nombre de ses personnages sont des frustrés, même si ce n'est pas sur le plan sexuel.

Les statistiques ont harcelé Simenon et il en est en partie responsable, mais ce n'est pas ce qui importe. Ce qui importe, ce sont ses livres et, partant, la personnalité de celui qui les écrivit. Presque tous ses livres présentent des imperfections, à l'exception peut-être de ses romans populaires dans lesquels il atteignit une maîtrise parfaite. Pourtant, parmi ces ouvrages imparfaits, une bonne demi-douzaine peuvent être considérés comme des chefs-d'œuvre. Beaucoup témoignent d'un grand talent, un certain nombre ne présentent qu'un intérêt limité et quelques-uns en sont même totalement dépourvus. Simenon a créé le personnage d'un policier auquel le public a voué une sympathie durable. Maigret, comme toutes les grandes figures du genre, s'est émancipé rapidement de la tutelle de son créateur pour établir des relations directes avec ses lecteurs.

Quant à la nature de l'écrivain, elle est, comme toutes les personnalités intéressantes, multiple, paradoxale, complexe. Homme d'une immense réussite, Simenon avait pourtant souvent tendance à désavouer son succès. A maintes reprises, il a voulu se démarquer des attributs de la réussite, préférant cultiver son image d'homme du peuple plutôt que celle d'un milliardaire fréquentant les milieux huppés. Il est de toute évidence sincère, aussi bien quand il savoure, avec exubérance, sa bonne fortune littéraire et matérielle que lorsqu'il exprime le besoin contraire de tout abandonner, et de réintégrer le milieu des « petites gens ». Et chez lui, ces deux désirs peuvent coexister simultanément. Ce désir du succès, on le retrouve aussi dans l'appréciation extrêmement fluctuante qu'il a de l'importance et de la signification de ses œuvres, et dans sa méthode de composition curieusement non artistique.

Simenon est un homme de paradoxes : homme de succès, qui a l'échec comme thème récurrent de toute son œuvre romanesque. Homme d'ordre et de discipline, cependant fasciné par le processus d'anéantissement de la volonté. Un rebelle, ainsi qu'il aime à se définir, qui a passé son temps à écrire sur des personnages de rebelles et d'inadaptés et qui pourtant donne habituellement l'impression de vivre en parfaite harmonie avec son milieu. Dans la vie comme dans la littérature, Simenon est un vagabond hautement organisé.

Sûr de lui, discipliné, aventureux, cet homme du monde cache en fait un « petit homme », opprimé, craintif, frustré, envieux, faible, sans volonté. Ce personnage appartient surtout à la fiction mais il exprime aussi en partie l'une des facettes de la personnalité potentielle de Simenon. A l'intérieur du « petit homme » se cache un artiste qui déploie des efforts surhumains pour donner voix à cet être amoindri ; l'épreuve est terrible et l'artiste s'épuise à la tâche. Il ne parvient presque jamais à se faire entendre de l'homme extérieur : l'homme du monde, sûr de lui. L'artiste en réalité est *à l'intérieur* et doit lutter pour faire surface. Il n'a jamais pu ni « s'élever » ni « prendre du recul pour avoir une vue d'ensemble ».

Ce qui complique les choses, c'est que la discipline de Simenon a été appliquée à produire de la littérature. Sa notoriété est celle d'un écrivain et son succès lui vient de ses livres. Qui plus est, cette production littéraire a elle-même au moins deux dimensions. D'un côté, il y a la production « populaire », source d'une immense réussite, d'une fortune considérable et de son personnage public. De l'autre, il y a la production plus « littéraire » qui lui a valu une autre forme de notoriété : l'estime du monde des lettres, la reconnaissance d'un André Gide, entre autres. Difficulté supplémentaire, cette deuxième forme de succès ne fut pas incompatible avec la première. Elle lui apporta également argent, reconnaissance et célébrité, mais elle ne lui permit pas pour autant de croire réellement en son talent.

Simenon commença à écrire dès l'adolescence pour l'école mais aussi pour lui-même : doué, il était aussi un lecteur précoce et avide. C'est à cette époque que l'écriture lui tomba dessus et devint une partie intégrante de son univers. Un peu plus tard, il se mit à fréquenter un milieu bohème et artiste, dont on aurait pu penser qu'il l'encouragerait dans la création littéraire mais qui eut sur lui l'effet opposé : flairant dans cette bohème une odeur déprimante d'échec, Simenon s'en éloigna et suivit sa propre voie. Et sa propre voie se révéla être le journalisme. Il s'y tailla rapidement un joli succès local. A seize ans, l'humour, une des composantes de son travail de journaliste, s'étendit à la fiction et c'est en tant que caricaturiste verbal qu'il fit ses débuts dans le roman. A Paris, il continua pendant quelques années à exploiter la même veine en composant des récits paillards. C'était mal payé, mais il écrivait si vite qu'il s'y retrouvait. Il avait découvert la littérature commerciale. C'était loin de ses attentes d'adolescent, mais il s'essaya bientôt à toutes les formes possibles du roman populaire.

A part quelques notes éparses dans des carnets, la littérature sérieuse était en sommeil et n'avait rien à voir avec la littérature commerciale. Il écrivait pour de l'argent, parce qu'il s'était rendu compte qu'il savait le faire, mais il aurait tout aussi bien pu faire autre chose. Il avait toujours eu l'intention de revenir à la littérature sérieuse, mais il n'y avait jamais vu un moyen de gagner sa vie. Le hasard en décida autrement, et il sut tirer de ce hasard le meilleur parti par le biais de la promotion, des relations publiques et de contrats très avantageux.

Il découvrit peu à peu, entre l'adolescence et la trentaine, que la littérature était un mode d'exploration de l'expérience et un mode de connaissance. C'était ainsi, bien qu'il ne le formulât pas en ces termes. Il avait probablement eu l'intuition que c'était ce que vivaient les grands écrivains qu'il admirait dans sa jeunesse, mais il semble n'avoir jamais établi de rapport entre son œuvre et celle des autres écrivains. Il en vint à considérer son projet littéraire comme une prospection de la nature humaine, une aventure qu'il trouvait épuisante et angoissante.

Ses explorations littéraires furent parallèles à celles de sa vie, motivées par les mêmes impulsions, probablement de la curiosité et de l'insatisfaction, ce qui devint, dans ses romans, de la curiosité pour l'insatisfaction. Mais ce rapport étroit entre la vie et la littérature apparut très vite à ses yeux conflictuel et préjudiciable pour son œuvre.

Dès lors, considérant que l'effort exigé par la création littéraire se faisait au détriment de la vie, il aura toujours hâte d'y mettre un terme pour se replonger dans l'existence. Écrivant ses romans, il n'eut jamais le sentiment de composer des œuvres d'art mais de poursuivre son exploration de la vie, tout en étant persuadé qu'il y avait des moyens plus gratifiants d'y parvenir. Des dizaines d'années durant, il perçut ce dilemme avec plus ou moins d'acuité. Très vite, l'argent fit partie de son existence; il s'y habitua et n'envisagea pas plus d'y renoncer que de renoncer à d'autres aspects de la vie. Les âpres négociations de contrats, l'édification d'un empire littéraire faisaient partie de la vie, pas de la littérature. L'argent était secondaire par rapport à la littérature, et la littérature secondaire par rapport à l'argent.

Certains lecteurs trouvèrent ses livres captivants et en dirent du bien. D'autres, plus nombreux, les trouvèrent divertissants et les achetèrent. Certains les jugèrent à la fois captivants et divertissants, et d'autres sans intérêt. Simenon, selon l'époque et son humeur, se souciera beaucoup de ses différents lecteurs, ou s'en désintéressera totalement.

2

Les Simenon et les Brüll

Georges Simenon naquit le 13 février 1903 dans un petit appartement au deuxième étage du 26 de la rue Léopold, près du centre de Liège. Aujourd'hui, une plaque a été apposée sur la maison pour commémorer l'événement. Il était minuit dix. Au moment de l'accouchement, sa mère eut la présence d'esprit de demander l'heure, et se rendit compte que depuis dix minutes, c'était le vendredi 13. Superstitieuse, elle réussit à convaincre la sage-femme de ne révéler à personne la date réelle. Et le lendemain matin, le père se rendit à la mairie pour déclarer la naissance de Georges Joseph Christian Simenon, le 12 février.

« Liège est une ville pluvieuse [1] », un petit port actif avec une population qui est passée d'un peu plus de 100 000 habitants au début du siècle à presque 200 000. Cet important port de la Meuse par lequel transitent des bateaux d'un tonnage respectable est un centre sidérurgique et la ville est renommée pour ses manufactures d'armes légères. En 1914, Liège connut son heure de gloire en résistant pendant douze jours à l'assaut allemand. Insensible à la grandeur militaire, Simenon n'en parle pratiquement pas dans ses souvenirs de la Première Guerre. A Liège, l'esprit bourgeois règne sans partage. On y cultive une respectabilité provinciale et on y parle surtout français.

Georges Simenon était le premier enfant de Désiré Simenon et d'Henriette Brüll. Désiré fit la connaissance d'Henriette alors qu'elle était vendeuse à L'Innovation, un des grands magasins de la ville. Simenon ne connut jamais les circonstances exactes de leur rencontre, mais il imagina que son père, passant de temps en temps devant le magasin, avait remarqué un jour la jeune vendeuse et avait fait en sorte de passer là plus souvent. Ainsi, Henriette et son amie Valérie finirent-elles par remarquer ce jeune homme, grand et mince, qui marchait « à grands pas réguliers de métronome [2] ». C'était Valérie qui, la première, s'était rendu compte du manège. Elle avait dû donner un coup de coude à Henriette en lui disant : « Je suis sûre que c'est pour toi qu'il vient. » Désiré finit par accoster la jeune fille et, quelque temps après, ils se marièrent.

Mais tout cela n'est que pure spéculation. « Les parents... ne parlaient jamais de ces choses-là [3]. » Spéculation aussi, la description de son père en train de faire les cent pas dans la rue Léopold, demandant fréquemment l'heure à un policier au coin de la rue et, avec un sourire d'excuse, lui expliquant ce qui se passait : « D'un moment à l'autre... figurez-vous, monsieur l'agent... quand on attend un événement d'une telle importance [3]. » Simenon est probablement plus proche de la vérité quand il décrit Désiré, ému aux larmes, s'approchant d'Henriette qui vient d'accoucher pour la remercier de lui avoir offert « la plus grande joie qu'une femme puisse donner à un homme [3] ».

Les familles Simenon et Brüll étaient très différentes l'une de l'autre et Georges Simenon a donné à leur différence une dimension quasi mythique, qu'il n'a cessé de décrire, d'analyser, de ressasser, et qui transparaît souvent dans ses romans.

Les Simenon, petits bourgeois typiques, avaient sans doute tous les défauts de leur classe mais en avaient aussi les vertus – que, pour des raisons qui lui sont propres, Georges s'efforça toujours de mettre en valeur. C'était (en général) des gens sur qui on pouvait compter, des gens scrupuleux, modérés et modestes. Des gens toujours actifs, mais qui savaient néanmoins profiter de la vie. A l'aise dans leur environnement, bien dans leur peau, ils tenaient leur rang ; ils étaient « à leur place ». Les Brüll, eux, ignoraient ce sentiment-là. Il y avait chez eux des arrivistes et des ratés et, entre les deux, beaucoup qui, en apparence, poursuivaient le même genre d'activités petites-bourgeoises que les Simenon, mais qui, aux yeux de Georges, étaient des insatisfaits, des mécontents, des *malmariés* et, en particulier, des alcooliques. Le seul point commun entre les deux familles était le grand nombre d'enfants. Le hasard avait voulu que Désiré et Henriette aient eu tous les deux douze frères et sœurs. Désiré avait beau n'être que le deuxième garçon, il était souvent considéré comme l'aîné, parce qu'il était le cerveau de la famille. Henriette, en revanche, était la petite dernière, ce qui en soi est un facteur de déséquilibre.

Le grand-père paternel de Simenon, Chrétien, avait quitté la ferme ancestrale pour devenir chapelier. Après avoir effectué son apprentissage à travers l'Europe et ouvert une boutique dans la rue Puits-en-Sock, il avait épousé Marie Catherine Moors. Il parvint à subvenir honorablement aux besoins de sa femme et de ses treize enfants. Comme tous les artisans, il était très fier de son métier. A tel point qu'un jour il refusa de vendre à un client un chapeau qu'il jugeait trop grand. Malgré l'insistance du client, il était resté inflexible : « C'est ainsi qu'un chapeau melon doit se porter et je ne vous en vendrai pas un autre [3]. »

Simenon se souvient de la fière allure qu'avait encore son grand-père à quatre-vingts ans – un homme grand, à la chevelure blanche, portant une belle moustache, et se tenant encore très droit malgré son âge. C'était un homme de peu de mots, au visage serein, souvent même sans expression. Un de ses grands plaisirs était de rester, chaque matin, un moment devant sa boutique en compagnie de M. Kreutz, son voisin, qui était fabricant de poupées. C'était un rituel quotidien : les deux hommes s'absorbaient dans la contemplation de la rue Puits-en-Sock qui commençait à s'animer, puis au bout de quelque temps, ils échangeaient un regard complice et, sans avoir besoin d'ajouter un seul mot, ils allaient dans l'arrière-boutique boire un minuscule verre d'alcool avant de se mettre enfin au travail.

Chrétien Simenon connut le destin d'un roi Lear petit-bourgeois lorsque, à la mort de sa femme, certains membres de la famille le convainquirent de cesser de travailler et d'effectuer le partage de ses biens. Le rôle de Cordelia fut tenu par Céline, la tante de Georges. Malheureusement, elle mourut peu de temps après avoir pris la succession de la boutique avec son mari, et le vieil homme, inconsolable de la mort de sa fille, tomba alors entre les mains de son gendre puis, bientôt, entre les griffes de sa nouvelle femme, que Simenon décrit comme « une vieille punaise de confessionnal [4] ».

Simenon entretient une certaine confusion chronologique en ce qui concerne sa grand-mère paternelle. Dans certains récits, elle est morte quand il avait deux ans, et dans d'autres il dit l'avoir connue tout au long de son enfance, mêlant probablement les souvenirs personnels et les récits familiaux. Grand-Mère Simenon, dont l'air sévère effrayait le jeune enfant, était une maîtresse de maison efficace qui jamais ne se plaignait. Elle était particulièrement appréciée pour l'excellent pain qu'elle faisait pour ses enfants, et qu'elle continua à leur faire alors même qu'ils étaient devenus adultes. Plus tard, Simenon voulut voir dans cette tradition du pain cuit dans un énorme four, spécialement aménagé, le symbole du sens de la famille et du sentiment d'appartenance propres aux Simenon, ainsi que l'expression de leur conscience artisanale. Grand-Mère Simenon n'aimait pas Henriette et, lors d'une de ses très rares visites, pour voir le nouveau-né, son seul commentaire en voyant Georges fut, en patois wallon : « Qué laid effant[5] ! »

Le plus vieux représentant du clan était le père de Grand-Mère Simenon, Guillaume Moors. Simenon s'étonnera toujours de s'être assis sur les genoux d'un témoin historique de l'insurrection qui avait donné naissance au royaume de Belgique en 1831. « Vieux Papa » avait été mineur. Il avait survécu à un terrible ensevelissement dans une galerie de mine. Devenu aveugle sur ses vieux jours, l'un des rares plaisirs qui lui restât alors était de croquer un oignon cru, ce que pourtant le médecin lui avait interdit. Tout aveugle qu'il fût, il n'en descendait pas moins en cachette à la cave pour aller au sac d'oignons, puis il sortait faire un tour dans le quartier, salué sur son passage par tous les commerçants. Cette passion ne semble pas lui avoir été fatale car il vécut jusqu'à quatre-vingt-cinq ans. Parmi les quelques rares autres Simenon dignes de mémoire, il y avait la tante Céline, mariée à un serrurier, qui s'occupa de la maison à la mort de sa mère; Arthur, casquettier, jovial et marié à une fort jolie femme; l'oncle Lucien, charpentier; la tante Françoise, épouse d'un sacristain, qui vivait dans un tel silence que la moindre conversation retentissait avec fracas dans sa maison (lui rendre visite était un vrai calvaire); et enfin l'oncle Guillaume qui avait un magasin de parapluies à Bruxelles et était toujours très élégant. Comme il s'était marié avec une divorcée, la famille lui battait froid et le considérait comme une sorte de déserteur. Les quatre générations, de Vieux Papa à Georges, formaient un clan très lié qui se réunissait de temps en temps. A ce moment-là, les parents par alliance, Henriette en particulier, se sentaient exclus. Chaque jour, la plupart des enfants passaient par la rue Puits-en-Sock pour prendre une miche du fameux pain de Grand-Mère Simenon, pour manger, ou pour apporter à laver leurs cols de chemise.

En décrivant l'héritage paternel, Simenon a parfois tendance à présenter les qualités qu'il estime en termes généraux et abstraits, alors que les détails concrets du caractère et du comportement ne sont pas toujours admirables. « Ces artisans-là, dit-il, sont des gens heureux, en paix avec eux-mêmes [6]. » Cependant, il est facile de se représenter le grand-père comme un vieillard rendu quasi muet par une épouse autoritaire, la grand-mère comme un cœur sec qui n'avait rien trouvé d'autre à dire à une jeune mère que son enfant était affreux, et les hommes comme de vraies lavettes incapables de couper le cordon ombilical – exception faite de l'oncle Guillaume de Bruxelles qui fut justement rejeté par la famille pour l'avoir fait. Mais ce n'est pas tant la réalité du clan Simenon qui importe que la dimension mythique qu'elle a prise dans l'esprit de l'écrivain et sous laquelle elle a réapparu ensuite dans son œuvre.

Dans le cas de son père, les vertus qu'il lui prête s'accordent mieux à la réalité de sa vie. Désiré Simenon était comptable, l'un des cinq employés d'une petite compagnie d'assurances dont le propriétaire était un certain M. Monoyer (M. Mayeur dans *Je me souviens*, Monnoyeur dans *Pedigree*). Quand il avait commencé à travailler, on lui avait demandé de choisir entre l'assurance-incendies et l'assurance-vie. Il commit l'erreur de choisir la branche incendies : il végéta toute sa vie. En fin de carrière, il ne gagnait que 180 francs par mois – moins qu'un ouvrier –, alors que la situation de ses collègues de l'assurance-vie prospérait. Jamais Henriette ne lui pardonna cette erreur. Suprême ironie, Désiré fut en butte, sa vie durant, aux sarcasmes de sa femme pour n'avoir pas contracté lui-même une assurance-vie. Jusqu'au jour où il eut une crise cardiaque, en 1918. Il fut alors obligé de révéler à tous ce mal ancien qu'il avait voulu cacher et qui, bien entendu, l'avait empêché de souscrire la fameuse assurance.

Bien qu'il ne fût pas artisan, Désiré avait le sens du travail bien fait. Fier de son efficacité, attaché à sa réputation de comptable rapide et infaillible, il était méticuleux, ordonné, ponctuel. En fait, il avait la manie des pendules : dès qu'il arrivait au bureau, avant même d'enlever son manteau, son premier geste était de remonter la pendule. Dans la maison paternelle, il y avait une pendule (dont, à soixante-dix ans, Simenon entendait encore le tic-tac). Désiré, qui l'avait convoitée toute sa vie, espérait en hériter quand le vieil homme ferait le partage de ses biens entre ses enfants. C'était sur cette pendule qu'il réglait sa montre. Il hérita d'un moulin à café. Ce fut une des déceptions de sa vie.

Son sens de l'ordre était pour lui une source de plaisirs. Il commençait la journée par une demi-heure de marche ponctuelle qui le menait à son travail ; en arrivant, il allait se laver les mains à l'évier, disposait ses crayons et sa gomme sur son bureau ; à midi, jouissance toute particulière, il mangeait sur place, tout seul, son pain beurré pendant que ses collègues déjeunaient au restaurant. En plus de son travail et de ses visites quasi quotidiennes à l'état-major des Simenon, rue Puits-en-Sock, il prenait part aussi à diverses activités civiques : il participait aux exercices de la Garde civile, aux concours de tir (où il remporta une médaille d'argent que Simenon, plus tard, sera très honteux d'avoir donnée un jour, en guise de paiement, à une magnifique prostituée noire), il faisait partie d'une troupe de théâtre amateur, et travaillait bénévolement pour « Les Pauvres Honteux », une société d'aide aux petits employés nécessiteux. A la maison, le plaisir de Désiré était de s'asseoir dans son fauteuil en osier et de lire son journal.

Simenon vit en lui un homme heureux qui trouvait son bonheur dans des plaisirs modestes. Sa souriante sérénité provenait du fait qu'il ne demandait pas trop de la vie, se satisfaisant de ce qu'il trouvait à sa portée. Dans *Les Quatre Jours du pauvre homme,* le portrait du patriarche Lecoin (dont le nom même suffit à évoquer quelqu'un paisiblement assis dans son coin) est de toute évidence inspiré par son père : « Il se fabriquait de petites joies... pour lui tout seul. » Comme les autres Simenon, Désiré avait un sens inné de l'appartenance et il s'efforça toujours de définir son territoire. Quand on lui proposa une promotion à Bruxelles, il déclina l'offre avec ces mots : « Je suis né dans ce quartier et j'y connais tout le monde [7]. » Il y resta mais, d'après Simenon, il lui fallut batailler constamment pour y garder toute sa sérénité, surtout contre sa femme dont la vie obéissait à des impératifs fort différents des siens. Lecoin est dans la même situation, ainsi que l'aîné des Rico dans *Les Frères Rico* ; de nombreux couples simenoniens sont faits d'épouses dominatrices et de maris effacés. Toute sa vie, Simenon vénéra son père. Enfant, il s'efforçait d'imiter ses moindres gestes et attitudes. Pour de nombreux critiques, à commencer par Simenon lui-même, c'est lui qui fut le modèle de Maigret. Ses idéaux et ses principes jouent un rôle important dans l'œuvre de l'écrivain – de façon paradoxale, il est vrai, soit par leur absence même, soit en servant de contrepoint à des thèmes tout à fait opposés.

Simenon insiste sur un autre trait de caractère, plus ambigu celui-là, de son père et de la plupart des Simenon, comme de lui-même, ce qu'il appelle la « pudeur » des Simenon, un sens de la discrétion, une répugnance à montrer ses émotions, une tendance à la réserve, une sorte de timidité. C'est par pudeur que Désiré et Georges ne s'appelèrent jamais l'un l'autre que « Père » et « Fils ». Et c'est la pudeur aussi qui fit répondre à Désiré, alors qu'Henriette se plaignait qu'il ne lui avait jamais dit « je t'aime » : « Mais tu es là [7] ! » Lorsque, en 1951, quelqu'un envoya à l'auteur célèbre une étude portant sur le sentiment religieux dans son œuvre, il eut l'impression d'une intrusion dans sa vie privée et répondit par une longue lettre. Dans le premier paragraphe, il évoquait la « pudeur » des Simenon, et de son père en particulier pour qui « si je ne me trompe, toute manifestation d'émotion était incongrue [8] ». Cette réserve simenonienne était ambiguë, même pour lui. Dans certains cas, il la considéra comme un des charmes de son père, qui avait influencé son propre comportement, et la décrivit comme une tendre connivence avec lui, parfois même comme une forme de solidarité complice contre sa mère. Mais il lui arriva aussi de regretter le fait que la « pudeur » ait érigé un mur entre eux. Le besoin de communiquer de même que les obstacles à la communication devinrent un des thèmes majeurs de son œuvre. A cet égard donc, l'influence paternelle fut déterminante. Sur ses vieux jours, Simenon surmonta sa « pudeur » en publiant une curieuse avalanche de textes autobiographiques très intimes.

Désiré vécut sa vie avec sa réserve innée et ses menus plaisirs, mais son territoire fut constamment violé à partir du moment où Henriette installa la famille dans une plus grande maison et prit des pensionnaires. A quarante et un ans, Désiré eut sa première crise cardiaque et des douleurs dans la poitrine le forcèrent à s'arrêter de temps en temps quand il marchait dans la rue. C'est peut-être encore la « pudeur » qui lui fit prétendre alors s'intéresser aux vitrines des magasins. Il mourut en 1921, dans le petit bureau de la compagnie d'assurances où il avait toujours pris tant de plaisir à mettre en ordre les objets et les chiffres.

Quant aux Brüll, la branche maternelle, Simenon les considérait comme l'antithèse du clan paternel. Leur caractéristique la plus remarquable était leur instabilité sociale : certains étaient des nantis, d'autres des épaves, certains oscillaient entre les deux extrêmes, et d'autres enfin, bloqués plus bas dans l'échelle sociale qu'ils ne l'auraient souhaité, ne cessaient d'être rongés par l'espoir de grimper un peu plus haut dans la hiérarchie bourgeoise et vivaient dans la terreur de retomber. C'est dans cette dernière catégorie que Simenon situe sa mère, à qui il attribua une conscience de classe angoissée, une obséquieuse déférence vis-à-vis de certaines personnes, un dédain pincé pour d'autres, et une espèce de paranoïa snob qui lui faisait tourner les talons et mettre les enfants en sécurité à la simple vue de quelque chose de vaguement prolétarien.

Les Brüll étaient des exclus, non seulement parce qu'ils n'étaient pas liégeois, mais aussi parce qu'ils n'étaient pas wallons (ils ne parlaient pas le français). Le père d'Henriette, Guillaume Brüll, qui mourut quand elle avait cinq ans, était originaire d'une région limitrophe de l'Allemagne et de la Hollande et était semble-t-il moitié allemand moitié hollandais. Pendant un certain temps, il avait été « Dijkmeester », chargé du contrôle des digues, un poste relativement important, et un moment il aurait été aussi bourgmestre d'Herzogenrath, un village allemand près d'Aix-la-Chapelle. En Belgique, il avait amassé une coquette fortune en exploitant une ferme, un commerce de bois, et en devenant propriétaire d'une péniche. Puis vint le déclin : on ne sait pas très bien s'il se mit à boire parce qu'il avait fait faillite, ou si, comme Simenon le crut, il avait fait faillite parce qu'il s'était mis à boire. Toujours est-il qu'il fut ruiné par un ami, pour lequel il s'était porté garant, et l'alcool précipita rapidement sa déchéance.

La mère d'Henriette, Maria Loyens, est un personnage encore plus obscur. Tout ce que Simenon sait d'elle est qu'elle avait essayé de sauver les apparences après la banqueroute de son mari. Elle ne sortait jamais de chez elle sans son chapeau et ses gants, et, quand on frappait à sa porte, elle courait à la cuisine faire bouillir des casseroles d'eau pour faire croire qu'elle était en train de préparer un repas d'importance.

Quelles que soient les différences entre les Brüll et les Simenon, ce qui est sûr est qu'Henriette entretenait avec sa famille des rapports beaucoup plus ambigus, fluctuants et incertains que Désiré avec la sienne. Elle avait peu de souvenirs de son père qu'elle avait perdu quand elle avait cinq ans mais, inexplicablement, elle n'en avait guère plus de sa mère qu'elle avait perdue à vingt et un ans. Ses frères et sœurs – l'autre douzaine d'oncles et tantes de Simenon – constituaient un groupe plutôt disparate. Il y avait les riches, comme Albert qui avait des commerces de bois de construction, de grains et d'engrais à Hasselt. Il venait de temps en temps à Liège pour ses affaires, mais ne passait jamais voir Henriette qui n'avait épousé qu'un modeste employé. La seule fois qu'il daigna passer chez elle, ce fut pour lui prendre les magnifiques meubles anciens dont elle avait hérité et qu'il remplaça par des meubles modernes. Il est possible que l'oncle Albert soit la même personne que l'homme qui s'était fait appeler Henri de Tongres après avoir acheté un château, et qui refusa de prêter 500 francs à Georges pour les funérailles de son père.

Sa sœur Marthe, mariée à Jan Vermeiren (dans *Je me souviens*, Hubert Schroefs dans *Pedigree*), grossiste en épicerie, figurait aussi parmi les riches. Marthe était une alcoolique qui périodiquement s'enfermait dans sa chambre pour prendre une cuite carabinée (elle faisait une « neuvaine », disait-elle). Son mari venait de temps en temps demander à Henriette de l'aider à la faire sortir de sa chambre et la récompensait de ses services en lui offrant des bricoles : une boîte de sardines, par exemple, qu'il prélevait sur ses stocks dans l'entrepôt. Marthe finit ses jours dans un asile d'aliénés.

Félicie vivait à un échelon inférieur, économiquement et émotionnellement. Elle s'était mariée avec un cafetier du nom de Coustou qu'on avait surnommé Coucou à cause de la mauvaise habitude qu'il avait de surprendre les gens en faisant « Coucou! ». Jaloux et brutal, il interdisait à sa femme de rendre visite à sa famille; il avait écopé, une fois, d'une condamnation à deux ans de prison pour avoir battu son épouse. De temps en temps, Henriette allait au café en cachette, quand Coucou s'absentait, et les deux sœurs se répandaient en lamentations sur la dureté du sort que la vie leur avait réservé. Félicie se mit, elle aussi, à boire et, un jour, on dut l'emmener de force du café pour la mettre à l'asile. Simenon fut témoin de la scène, qu'on n'avait pas jugée choquante pour son âge, et tout le reste de son enfance il eut des accès répétés d'angoisse à l'idée que cela pourrait arriver à sa mère. Trois jours après, Félicie mourut de delirium tremens.

Anna (ou peut-être Maria, Louise dans *Pedigree*), l'aînée des sœurs Brüll dans *Je me souviens*, était encore plus bas économiquement parlant mais mieux placée affectivement. Elle avait épousé un vannier nommé Lunel (en réalité Croissant), un veuf, aimable et sourd. Elle tenait une boutique au bord du canal sur les quais (on retrouve souvent le même cadre dans les romans de Simenon). Il y eut une période dans l'enfance de Georges où la famille allait rendre visite chaque dimanche à la tante Anna. Lina, sa fille, se mettait au piano et chantait *Au temps des cerises*, et Georges se trémoussait sur sa chaise qu'il n'avait pas le droit de quitter, tant que l'oncle Lunel n'était pas réveillé. Mais il garda de ces dimanches le souvenir agréable des parfums du goudron norvégien, des épices et du genièvre. Chez Simenon, à la fois dans la vie et dans l'œuvre, le plaisir des sens offre souvent une certaine compensation à des situations par ailleurs désagréables.

En ce qui concerne les oncles maternels, le seul à avoir joué un rôle marquant dans la conscience de Simenon fut Léopold, le mouton noir de la famille. « J'avais un oncle clochard [9] », écrivit Simenon. Le clochard est un personnage qui revient souvent dans son œuvre. Léopold était un authentique marginal. Il semblerait qu'après avoir été à l'université, il ait effectué un passage dans l'armée, et se soit marié avec la cantinière de la caserne. Il occupa divers petits emplois, fit quelques voyages à l'étranger, puis glissa dans l'alcoolisme et dans une excentricité profonde marquée, de temps à autre, par de vagues incursions dans l'anarchisme. Il avait disparu depuis des années lorsqu'un soir, au cours d'une promenade en famille, Henriette le découvrit en train d'uriner contre un mur. Par la suite, il revint souvent, encore que très discrètement, à la maison. Il apporta une fois une petite peinture qu'il avait faite de la maison de la digue où était née Henriette. Puis on le perdit de vue une fois de plus, et il mourut d'un cancer. Sa femme, la fidèle Eugénie, ne lui survécut que de quelques semaines et on la retrouva morte de faim. « C'était le type le plus sympathique de toute la famille [10] », déclara Simenon.

Léopold était l'aîné des treize enfants Brüll. Henriette, la plus jeune, était née en 1880, et les premières années de sa vie demeurent obscures. Durant une partie de son adolescence, elle vécut chez les Vermeiren qui la traitèrent comme une domestique et elle eut à résister aux assauts lubriques du grossiste. A seize ans, prétendant en avoir dix-neuf, elle devint vendeuse au rayon lingerie de L'Innovation. C'est là qu'elle fit la connaissance de Valérie qui devint sa meilleure amie, et là aussi que le « Grand Désiré » la rencontra. Simenon l'imagina à cette époque comme un « oiseau pour le chat » – une expression belge qui évoque l'idée de la fragilité menacée par tous les dangers. Cette expression revient souvent chez Simenon, et sa seconde femme, parlant d'elle-même par rapport à Simenon, en fera le titre de son livre.

Henriette était hantée par la dégénérescence de sa propre famille, et elle avait peur d'être dans le besoin. Elle lutta pour écarter ces deux spectres avec une détermination acharnée qui la fit sombrer parfois dans des crises d'hystérie (d'où l'angoisse de Georges à l'idée de la voir finir enfermée dans un asile comme la tante Félicie), auxquelles Désiré faisait face sans se départir de sa sérénité congénitale. Au cours de l'une de ses crises, elle jeta Georges à terre et se mit à le piétiner.

Tout lui faisait souci, que Désiré dût s'occuper de la maison après son accouchement, que la poussette pût gêner les voisins du dessous. L'alcool lui était un sujet d'angoisse (et elle veilla à ce qu'il n'y en eût jamais dans la maison). Il y avait aussi les gens, ceux qu'elle souhaitait impressionner comme ceux qu'elle voulait éviter. Une fois, un ami qui venait de s'acheter une voiture emmena Désiré faire un tour ; elle fit prier ses deux garçons à genoux pour que leur père n'ait pas d'accident. Elle sentait qu'elle n'avait pas sa place dans le clan Simenon, mais les Brüll, disparates, névrosés, empêtrés dans leurs obsessions de statut social, ne constituaient pas non plus à ses yeux une alternative valable. Elle rêvait d'appartenir à la petite bourgeoisie – d'être propriétaire d'un petit magasin par exemple – et, enflammée à l'idée d'être derrière le comptoir d'une pâtisserie prospère, elle aurait voulu que Georges devînt pâtissier. Terrifiée à la perspective d'être dans le besoin dans ses vieux jours, elle économisait centime après centime, gardait les pièces dans une soupière et allait les déposer chaque mois à la banque.

Elle se plaignait beaucoup : c'était le sujet de ses conversations avec ses sœurs et ses amies.

> « Elle se plaignait toujours. D'ailleurs, du côté de ma mère, j'ai toujours entendu les femmes, lorsqu'elles se réunissaient – ma mère et ses sœurs – se plaindre. J'appelais ça des *larmes-parties*. Elles pleuraient. Elles adoraient pleurer [10]. »

Elle se plaignait d'avoir à faire avec ce qu'elle appelait le strict nécessaire. En même temps qu'elle en était fière, car c'était une femme fière de nature. Elle avait ses petites vanités, comme tenir à ce que Désiré fût « comptable » et non pas « employé », et autres petits snobismes du genre. Dans *Pedigree*, il y a un passage très malicieux où Simenon met en scène une conversation intérieure entre sa mère (Élise) et sa voisine. Elle imagine que la riche Mme Louise qui est au balcon est en train de se dire : « Qu'elle doit être fatiguée, cette femme ! Qu'elle est courageuse et fière ! Il faut lui montrer notre bonne volonté, faire des sourires à son fils qui a des jambes si maigres. » Pendant ce temps, Élise (Henriette) se dit :

> « Vous m'avez comprise, je fais tout ce que je peux, alors que je ne dispose que du strict nécessaire. Vous êtes les personnes les plus riches de la rue et pourtant vous me faites signe du haut de votre loggia. La preuve que je ne suis pas une ingrate et que j'ai de l'éducation, c'est que je caresse votre chien qui me fait si peur chaque fois qu'il passe près de Roger (Georges) et qui pourrait, avec sa manie de le lécher à la figure, lui donner des vers. Merci. Merci beaucoup. Croyez que je l'apprécie [11]. »

Tout au long de sa vie, Henriette montrera sa fierté de mille façons. Jamais elle ne toucha à l'argent que son fils, devenu riche et célèbre, lui envoyait régulièrement, et elle le lui rendit intégralement. Et puis il y eut l'affaire du corset. Quand Henriette Simenon vint rendre visite à son fils dans le Connecticut, Denyse, la seconde femme de l'écrivain, découvrit que la vieille dame portait un corset complètement usé ; elle lui en acheta un neuf et jeta l'autre à la poubelle mais, dans la nuit, Mme Simenon alla le récupérer.

Quelque temps après la mort de Désiré, Henriette se remaria avec un homme nommé André, et pendant un moment elle signa « Mme André Simenon ». (Dans *La Folle de Maigret*, Mme Antoine, la veuve, adopte de la même manière le nom de son premier mari, dans ce cas parce qu'elle est fière de lui.) Au bout de quelques années, son deuxième mariage prit une mauvaise tournure et Simenon sentit que sa mère avait beaucoup plus d'affection pour l'énorme perroquet que son autre fils, Christian, lui avait rapporté du Congo que pour son mari. Le couple finit par ne plus se parler et ne communiqua plus que par de courtes notes écrites. André mourut le premier, Henriette en 1970, à l'âge de quatre-vingt-onze ans.

Simenon était à son chevet quand elle mourut et, trois ans et demi après, il lui écrivait : mais *Lettre à ma mère* n'est que la forme la plus récente et la plus condensée du long monologue que sa mère lui a inspiré dès qu'il a commencé à parler et qu'il a poursuivi jusqu'à sa mort. Il a dit que Balzac a défini le romancier comme « un homme qui n'aime pas sa mère [12] ». Si la citation est juste, la définition ne convient que partiellement à Balzac, mais est tout à fait adaptée à Simenon. Si l'on mettait bout à bout tout ce qu'il a pu dire sur sa mère, on aboutirait à un immense et interminable réquisitoire. La *Lettre* est écrite à la deuxième personne – il s'était déjà adressé à elle à la deuxième personne dans *Je me souviens*. Souvent vue comme une réconciliation à cause du ton plus modéré, la *Lettre* est en fait toujours la même accusation contre cette mère qu'il jugea prétentieuse, bourrée de préjugés, déloyale, superficielle, pleurnicharde, faible quand elle aurait dû se montrer ferme, mais têtue et dominatrice pour des questions insignifiantes, maladivement émotive mais insensible aux émotions d'autrui. La seule chose qui la rachetait à ses yeux était son origine sociale : elle faisait partie des petites gens, ces mêmes petites gens qui structureront sa propre mythologie et joueront un rôle essentiel dans son œuvre.

Quelle était l'attitude de sa mère par rapport à lui? A l'évidence, elle n'était pas très chaleureuse (mais pas moins que son père). Elle se plaignait beaucoup de lui et exerçait sur l'enfant une forme de chantage : tu es méchant, et si tu continues comme ça, avec mes problèmes de santé, je vais finir par me retrouver à l'hôpital (il est certain qu'elle avait des problèmes gynécologiques). Quand il devint adolescent, les plaintes empirèrent, elle se désespérait qu'il ne fît rien de bon dans la vie. Quand il devint adulte, ce fut la suspicion systématique. Elle semble n'avoir jamais vraiment compris comment il gagnait sa vie, et, quand elle lui rendait visite dans l'une ou l'autre de ses résidences, elle interrogeait toujours le personnel pour savoir si « tout ça » était déjà payé [13]. Un jour, elle dit qu'il était très fier, mais, « vous voyez, c'est une fierté mal placée ». Simenon a toujours senti qu'elle avait une préférence pour son frère cadet, Christian, et en cela il semble qu'il ne se soit pas trompé. A chaque fois que son petit frère pleurait, elle s'en prenait à lui, Georges [14] : « Qu'est-ce que tu lui as encore fait? » Pire, quand Christian mourut à à peine plus de quarante ans, après avoir été fonctionnaire colonial au Congo et collaborateur pendant la guerre, elle dit à Georges : « Comme c'est dommage que ce soit Christian qui soit mort [14]. »

Le thème des deux frères, dont l'un est préféré à l'autre, revient fréquemment dans l'œuvre de Simenon, de *Pietr le Letton* au *Fond de la bouteille* ou à *Malempin*; c'est peut-être la transposition romanesque du favoritisme d'Henriette. Simenon se demandait si sa mère l'avait jamais pris sur ses genoux et prétendait qu'elle le regardait toujours comme « une poule qui verrait un canard sortir de l'un de ses œufs [15] ». Il eut fréquemment le sentiment d'avoir été trahi par sa mère. Par exemple, lorsqu'elle vendit la table en acajou sur laquelle il avait écrit son premier roman, ou encore lorsqu'elle voulut être enterrée dans le caveau du « Père André » et non dans celui de Désiré. Cependant, il avait parfois des élans de tendresse, quand il l'imaginait, petite fille de cinq ans, toute frêle et jetée sans défense dans un environnement hostile, tel « l'oiseau pour le chat ». Elle avait toujours voulu avoir un canari, mais, lorsqu'elle en eut un, il ne chantait pas car c'était une femelle (encore une anecdote qu'on retrouve dans plusieurs ouvrages, comme *Maigret et l'homme du banc*). Rétrospectivement, elle apparaît comme une femme forte et Simenon le reconnaît à l'occasion. Cependant, c'est sa faiblesse qui ressort le plus souvent de ses descriptions, celles, en particulier, qui ont trait à l'enfance.

Le sentiment d'avoir été mal aimé par sa mère colorera tous ses rapports avec les femmes et déterminera l'image qu'il donne d'elles dans ses romans. Sa libido, proprement extraordinaire, le précipita dans une recherche éperdue du plaisir, mais l'expérience maternelle lui faisait toujours anticiper l'échec, jusqu'au jour où il rencontrera une mère de substitution, qui pour lui se révélera être la femme parfaite. Déçu par sa mère, il se tourna vers son père, mais Désiré était un être effacé qui mourut jeune, léguant au petit Georges une image idéalisée mais non pas le modèle dont il aurait eu besoin. Simenon s'en tira avec une vision idéaliste de l'harmonie domestique, toujours battue en brèche par la réalité : le mythe de la famille et de l'anti-famille que l'on trouve dans toute sa fiction « sérieuse ».

3

L'enfance
1903-1914

Georges Simenon est né, donc, le 13 février 1903, rue Léo-pold. Au mois d'août de la même année, Henriette et Désiré emménagèrent dans un appartement de deux pièces au 3 de la rue Pasteur, dans le quartier d'Outre-Meuse, où Christian naquit en 1906, et où prennent source les premiers souvenirs de Georges. Il avait la réputation d'être un enfant malingre. Quand Grand-Mère Simenon avait trouvé le nouveau-né affreux, elle avait ajouté qu'il était « vert [1] ». Et le clan Sime-non accusa Henriette d'avoir « un lait faible », ce qui valut au bébé d'être élévé, selon la prescription du Dr Van Donck, au lait Soxlet. Pendant quelque temps, il garda son teint « vert » et continua à vomir fréquemment, mais sa santé s'améliora pour finir par être, sa vie durant, excellente. Le somnambulisme, qu'il interprétera comme un signe de créativité, sera le seul handicap durable de sa petite enfance.

« L'argent, l'argent, l'argent [2] » c'est, selon Simenon, les pre-miers mots qu'il entendit, mais il s'agit probablement d'une exagération antimaternelle. Il affirme aussi avoir entendu très tôt « caca » comme dans l'injonction « Ne touche pas ça, c'est caca [3] ». Dans les deux cas, ces mots révèlent une tendance à se rebeller contre la mesquinerie de l'argent et les interdits de tous ordres.

> « Le plancher était en bois blanc et ma mère le frottait au sable une fois par semaine, le samedi... En bois blanc aussi étaient les lourdes chaises de cuisine... j'avais une de ces chaises que je renversais. Le dossier servait de brancard. Je la poussais non sans efforts à travers la pièce en criant :

– Pommes de terre à vingt centimes le kilo. Moules d'Anvers à cinquante centimes le litre.

Je revois ça dans le soleil qui baignait la pièce. Il y a certainement eu un grand nombre de jours de pluie, car il pleut beaucoup à Liège, mais, Dieu sait pourquoi, mes souvenirs sont presque tous ensoleillés [4]. »

Le petit colporteur anticipe cet amour des marchés qui transparaîtra souvent dans son œuvre, illuminant un peu ses romans sombres, et qui atteint son apogée littéraire dans *Le Petit Saint*. La seule chose pour laquelle il a manifesté quelque gratitude envers sa mère est de « l'avoir emmené au marché avec elle dès l'âge de trois ans [5] », gratitude aussitôt retirée dans l'évocation des préoccupations mercantiles d'Henriette, implicitement opposées à sa vision d'enfant.

> « Henriette ne vient pas ici parce que c'est le plus beau spectacle du monde dans la symphonie encore discrète, en bleu et en or, du matin. Elle ne renifle pas les odeurs de verdure humide... Le Goffe même, c'est-à-dire le marché aux fruits, vraie débauche de parfums et de couleurs, fraises, cerises, prunes violettes et brugnons, tout cela se traduit pour elle en centimes, centimes de gagnés, centimes de perdus. [6] »

Simenon, enfant, était extraordinairement sensitif et sa mémoire sensorielle exceptionnelle l'aidera toute sa vie à créer les éléments de ces « atmosphères » qu'on a si souvent célébrées dans ses romans. Agé, il fera renaître dans ses *Dictées* enregistrées au magnétophone les sensations les plus anciennes de son enfance :

> « Les maisons, jadis, avaient chacune leur odeur, en grande partie selon la cuisine qu'on y faisait... Je savais, dès l'entrée dans le corridor, ce qu'on allait manger, car il y avait des odeurs aussi diverses que celles du poisson, des moules, dont j'étais friand, du chou rouge, des navets, du rôti de dimanche clouté de girofle [7], etc. »

L'hiver, à Noël, les fragrances des oranges et des pains d'épice embaumaient le séjour, et dans la cuisine, il y avait l'odeur de la toile cirée et de la soupe qui mijotait à feu doux. L'été, c'était le temps des promenades à la campagne avec, dans l'air, l'odeur du fumier et le parfum des foins au soleil. C'était aussi le rouge éclat des coquelicots, les jeunes filles (ses cousines) avec leur chapeau de paille souple et leur jupe longue, le gazouillis des oiseaux et, dans le lointain, le crépitement du concours hebdomadaire de tir à la carabine. Quand il pleuvait, Georges s'absorbait des heures durant dans la contemplation des « zigzags toujours imprévus des gouttes d'eau sur les vitres [8] ». Un pan de la personnalité de l'enfant était manifestement marqué par la contemplation :

> « – Pourquoi ne joues-tu pas?
> – Je joue.
> Il ne joue pas. Il contemple ce merveilleux brouillard de fine poussière dorée qui monte de la chambre (sa mère bat le matelas) et qui est comme absorbé, lentement, irrésistiblement, par l'air humide de la rue [9]. »

Simenon avait quatre ans quand la famille déménagea pour aller s'installer rue de la Loi dans un appartement qu'il décrira comme l'un des plus affreux qu'il ait jamais connus, avec des meubles pseudo-anciens et un horrible papier peint qui recouvrait les murs « de ces éternelles roses qui se fanaient peu à peu, de ces guirlandes, ou encore de scènes plus ou moins pastorales [10] ».

Les soirs d'été, Georges et Christian étaient envoyés au lit à huit heures, et leurs parents allaient faire un brin de causette devant la maison avec les voisins, jusqu'au coucher du soleil. Henriette épluchait des pommes de terre ou reprisait des chaussettes, et Désiré, de bonne humeur, plaisantait. A chaque éclat de rire, Georges savait que son père avait dit quelque chose d'amusant. Il enviait les adultes qui pouvaient s'asseoir sur le trottoir et bavarder, raconter des blagues, rire.

> « C'étaient les joies d'alors, les joies des petites gens qui n'allaient au théâtre qu'une fois l'an et qui ne se rendaient en ville que pour des achats [11]. »

Mais ce côté idyllique n'était pas prédominant. C'était plutôt les crises maternelles et l'hostilité envers les autres membres de la famille. Les préparatifs pour la sortie dominicale fournissaient à Henriette l'occasion de se mettre dans tous ses états. Hypersensible, elle accusait Désiré et tous les Simenon de manquer de sensibilité. Un jour qu'il rentrait de voyage et qu'il avait eu le malheur de ne rien rapporter d'autre qu'un bouchon de champagne en guise de cadeau, « elle halète, au comble de l'indignation, au comble de la douleur... Un bouchon que

Désiré traînera derrière lui, alourdi d'année en année, jusqu'au lit de mort [12] ».

La sérénité de Désiré contrastait avec l'anxiété d'Henriette. Quand une grève générale éclata en 1913, l'unité de la Garde nationale de Désiré fut appelée et Henriette s'attendit à un cataclysme, à une invasion, au Déluge; lui, de retour à la maison, raconta tout simplement, avec force détails évidemment, qu'ils avaient uriné contre la devanture du magasin de Bellanger : « Nous y avons tous passé l'un après l'autre [12]. » Ce qui faisait peur à Henriette dans la grève générale, c'était les ouvriers – un milieu pour lequel elle n'avait que mépris. Simenon, qui critiquera férocement le snobisme de sa mère à ce propos, se souvient qu'elle lui disait toujours : « Ne mets pas les doigts dans le nez. N'aie pas l'air d'un gamin de l'école communale [12]! »

Les relations de Georges avec Christian, né en 1906 rue Pasteur, n'étaient pas des plus chaleureuses. (Dans *Pedigree*, le frère n'existe pas.) Georges découvrit qu'il pouvait interroger son frère qui parlait dans son sommeil et lui faire ainsi divulguer ses petits secrets. A Noël, Christian gardait ses cadeaux comme un « jeune chiot inquiet de l'avenir [12] ». Un jour qu'ils s'amusaient à faire des ricochets sur la rivière, Christian tomba à l'eau : Georges plongea et réussit, non sans difficultés, à l'en sortir, gagnant pour cet acte d'héroïsme sa première et unique médaille (il découvrira par la suite qu'elle était en faux bronze). S'il revint à plusieurs reprises sur cette histoire, ce fut avant tout pour dévoiler « l'envers de la médaille » : non seulement le bronze était faux mais fausse était aussi la version officielle de son acte d'héroïsme. Simenon raconta que le directeur de l'école avait insisté pour qu'il ne dise pas qu'ils étaient en vadrouille au moment des faits « comme des petits voyous de l'école gratuite... » « Et j'ai reçu ma médaille, pour ça, pour une histoire fausse. C'est pourquoi, depuis cet âge, je ne crois plus aux décorations [13]. » Christian n'a jamais beaucoup compté pour Georges, encore que, plus tard, leurs relations ne fussent pas aussi mauvaises qu'il a bien voulu le dire. On a appris récemment que Christian, qui avait été collaborateur pendant la Deuxième Guerre mondiale, fit par la suite appel à son frère qui l'aida à échapper aux poursuites en le faisant entrer dans la Légion étrangère, où il mourut, en Indochine.

Parmi les autres enfants de son âge, juste avant l'adolescence, il y avait Albert, qui jouait avec lui aux billes, et qu'il admirait parce qu'il était plus beau, plus riche, et plus charismatique que les autres. Il l'admirait surtout à cause de sa mère qui était, comme on disait à l'époque, « une femme entretenue ». L'image de cette femme restera gravée dans sa mémoire comme « l'une des femmes les plus attrayantes, les plus vraiment féminines [14] » qu'il ait jamais connues. En plus d'Albert, Léon Thoorens, de Liège, dans son petit ouvrage sur Simenon, fait mention d'un certain « André » qui se souvient avoir été battu à plusieurs reprises par Simenon, et ajoute, de manière énigmatique, que c'est à cause d'André que Simenon eut son premier contact avec la police.

Dans *Pedigree*, il y a un garçon nommé Armand dont il se souvient, qu'il a peut-être même envié, parce qu'il avait un père qui avait tué sa mère; et le nommé Ledoux qui essaie d'initier Georges, alias Roger, aux mystères de la copulation en mettant son doigt dans l'anneau formé de son pouce et de son index. Cette démonstration ne troubla pas l'enfant outre mesure, mais l'idée de la sexualité de ses parents le remplissait « d'un malaise indéfinissable », quand il allait les embrasser le matin dans leur lit et qu'il sentait « l'odeur du sexe [15] ». C'est peut-être avec son frère qu'il eut sa première expérience sexuelle, une nuit, lorsqu'il se rendit compte que son pénis frottait contre la cuisse de Christian, et que son frère le serra quelques secondes dans sa main. A l'école, les diatribes antisexuelles des Frères, en particulier celles dénonçant les « mauvaises pensées », l'impressionnaient beaucoup, même si elles le laissaient perplexe.

Son hostilité envers sa mère s'étendit aux autres membres de la famille :

> « Lorsque j'étais moi-même enfant, j'avais une prévention contre tout ce que l'on appelle les grandes personnes... J'ai... haï mes oncles et mes tantes. On me les imposait. Je ne sentais aucun lien entre eux et moi et leur condescendance, leurs mamours affectés, me hérissaient [16]. »

Lors des réunions de famille, quand tous ses oncles et tantes s'entassaient dans la cuisine ou la salle à manger, il était pris de claustrophobie. Il y eut aussi l'épisode mémorable de l'oncle Guillaume qui un jour lui ramena de Bruxelles un splendide costume rouge. On le remercia beaucoup mais à peine était-il parti qu'Henriette se répandit en lamentations. Georges était voué à la Vierge dont la couleur était le bleu. Pour lui, porter du rouge était un sacrilège. Et puis, il n'y avait pas que cela, entre-temps, il avait trouvé le moyen de pisser dans son pantalon rouge. L'auréole allait-elle partir au lavage? Accepterait-on de l'échanger à L'Innovation?

Telles étaient donc les petites tragédies de la vie.

Le déménagement de l'appartement de la rue Pasteur à la maison de la rue de la Loi en 1907 constitua une victoire pour Henriette. Désiré, pour sa part, était satisfait de son sort; il n'arrêtait pas de dire: « De quoi d'autre avons-nous besoin [17]? » Mais, pour Henriette, une maison à un étage et des pensionnaires signifiaient une ascension d'un ou deux barreaux de l'échelle sociale.

Ainsi débuta la période des locataires. Quand on lit les ouvrages autobiographiques de Simenon, on a l'impression que les pensionnaires sont arrivés à une période où il était plus âgé, mais il n'avait que quatre ans quand ils envahirent la maison. « Envahirent » : le mot n'est pas trop fort – le titre donné lors d'une réédition à la deuxième partie de *Pedigree*, *La Maison envahie*, témoigne justement de l'aversion que lui inspiraient ces intrus. Il revient souvent sur le fait que Désiré fut dépossédé de son espace et de son intimité, et qu'Henriette les faisait constamment sortir de la maison, son frère et lui, pour « ne pas déranger Mlle Pauline [17] ».

La première locataire ne fut cependant pas Pauline mais Frida Stavitskaïa, une Russe revêche et ascétique, étudiante en médecine, qui était une radicale et qui, plus tard, devint commissaire des soviets. Au début, elle s'enfermait dans sa chambre, se refusait à toute communication et claquait les portes chaque fois qu'elle entrait ou sortait. Elle n'avait presque rien pour vivre, Henriette en eut pitié et voulut lui mettre des fleurs dans sa chambre et lui offrir un bol de soupe, ce qui provoqua l'échange suivant :

> « – Qu'est-ce que c'est?
> – Je me suis dit qu'un peu de soupe chaude...
> – Est-ce que je vous ai demandé quelque chose?
> – Je m'étais permis pour égayer votre chambre, d'y mettre des fleurs.
> – J'ai horreur des fleurs [17]. »

Une fois, cette charmante fille passa plusieurs jours et plusieurs nuits cloîtrée dans sa chambre et Henriette, alarmée, appela le médecin de famille qui la rassura en lui expliquant que sa Frida n'était qu'une hystérique.

Puis vint Pauline Feinstein, une juive polonaise de famille aisée, originaire de Varsovie, étudiante en mathématiques. On lui donna la meilleure chambre. Elle recevait fréquemment des colis pleins de friandises de l'Est, passait beaucoup de temps à étudier à la maison où elle s'appropriait les meilleurs endroits et se bouchait les oreilles avec les doigts pour mieux se concentrer. M. Saft arriva à peu près à la même époque et prit la troisième chambre. Il était lui aussi polonais, mais pas juif. Henriette, pensant que Russes et Polonais c'était plus ou moins la même chose, fut surprise de constater qu'ils se vouaient une haine atavique. La situation se compliqua du fait que M. Saft était aussi antisémite qu'anti-russe et l'ambiance à la maison devint très tendue.

Dans les années qui suivirent, les pensionnaires se succédèrent. La frivole Mlle Lola prit la chambre de Pauline, et fut l'objet de bien des taquineries, de la part de Désiré en particulier. Il y avait aussi un étudiant en médecine, M. Bernard dans *Pedigree*, un Belge qui poursuivait la gloussante Lola dans les escaliers, jusque dans sa chambre. Un jour, il lui mit dans son lit un squelette qu'il avait pris à la faculté de médecine. Il était assurément plus passionné par Lola que par ses études, et Henriette reçut l'ordre de ses parents de l'enfermer dans sa chambre avec ses livres. C'est en partie à cause de ce « M. Bernard » que Simenon n'écrivit pas la suite de *Pedigree*, car, dans la première édition de l'ouvrage, il apparaissait sous son vrai nom et s'estima diffamé par la manière dont il était dépeint – en particulier par le fait que Simenon prétendait qu'il était devenu dentiste, faute d'avoir été capable de faire médecine.

En fait, Simenon avait tort, car « M. Bernard » avait bel et bien terminé ses études de médecine. Ce dernier l'attaqua en justice, ainsi que Marcel Baufays, l'éditeur d'un magazine belge qui publiait *Pedigree* en feuilleton, et réclama 100 000 francs de dommages et intérêts. En appel, il obtint 6 000 francs. (Les procès-verbaux, datés du 13 novembre 1950 pour le premier procès et du 5 mai 1952 pour l'appel et le jugement final se trouvent dans les archives du Tribunal de Liège.) Dans *Maigret se défend*, le personnage désagréable du dentiste aux prétentions médicales est sans doute un autre coup de patte de Simenon à « M. Bernard ».

Cet épisode des pensionnaires (il en vint d'autres) est important dans la mesure où il inspira à Simenon l'un des thèmes majeurs de sa fiction : l'aliénation d'êtres qui se débattent – et souvent se perdent – dans un environnement étranger. Les étudiants d'Europe de l'Est, en particulier, lui fournirent des personnages types qui l'intéressaient par leur situation sociale et surtout psychologique. Dans la réalité ou dans la fiction, ces personnages sont fréquemment originaires d'Europe orientale, mais se fondent avec d'autres (l'oncle Léopold par exemple). L'attitude de Simenon à leur égard varie beaucoup, allant de la dérision jusqu'à la compassion et presque l'idéalisation en passant par le dédain et la sympathie condescendante.

A cet égard, le chapitre 15 de *Je me souviens* est remarquable. Après deux pages consacrées à une superbe description de l'enfant revenant de l'école, Simenon se met à parler de la « maison » qui se confond bientôt avec les pensionnaires. Il reprend d'abord le ton ironique qu'il a déjà utilisé pour les présenter :

> « D'une bonté un peu hautaine, condescendante, Pauline Feinstein, qui a la meilleure chambre, est la plus riche...
> Frida Stavitskaïa est presque apprivoisée. Pour cela, il a fallu employer la menace :
> – Écoutez, Mlle Frida, ce n'est pas possible que vous continuiez à manger dans votre chambre. Il y a des miettes de pain partout. Ce n'est pas propre. »

Il décrit l'incident russo-polonais :

> « M. Saft s'est hérissé comme un chat qu'on caresse à rebrousse-poil et a failli quitter la maison. On a dû courir après lui dans le corridor. On s'est expliqué. »

Mais il montre sa compassion :

> « M. Saft est pauvre. Sa mère, dans un logement de deux pièces, à Cracovie, vit d'une toute petite pension... Frida est pauvre, elle aussi. Son père est maître d'école dans un village où toutes les isbas sont en bois. »

Et même Pauline Feinstein, qu'il avait exclue de cette compassion parce que trop riche, est admise à en bénéficier à cause de « la boutique étroite et profonde comme un porche, éclairée par de fumeuses lampes à huile, où son père et sa mère ont gagné leur petite fortune en vendant de la confection ». Le ton devient épique, c'est l'épopée des petites gens qui s'épuisent à la tâche – d'une façon devenue proverbiale aux

États-Unis – pour qu'un jour leurs enfants puissent jouir d'une vie meilleure. Bientôt sa mère et sa sœur Anna – celle qui tient la boutique du canal – font elles aussi partie de l'épopée :

> « Tante Anna a faim et soif de dignité et se sacrifie, s'immole tous les jours en souriant à ses clients ivrognes... Henriette est tourmentée par un lancinant besoin de sécurité. Elle a trop connu la misère, quand elle vivait seule avec sa mère et qu'il n'y avait que de l'eau dans la marmite. »
>
> « Frida a vu son père... humilié, houspillé par les fonctionnaires du tsar, méprisé par les koulaks... M. Saft travaille pour la libération de la Pologne!... Tous ont faim de mieux-être, tous pressentent une vie différente. »

Et voilà que, de manière tout à fait inattendue, ces aspirations sont associées aux luttes des ouvriers métallurgistes qui travaillent dans des conditions très dures et que police et Garde nationale répriment – la même Garde nationale dont Désiré aimait rapporter des anecdotes savoureuses. Car ici, c'est contre « l'inertie » de Désiré qu'Henriette eut à « lutter pendant des années pour avoir des pensionnaires », qui offraient un complément à son maigre revenu, et avec lesquels d'autre part elle se sentait liée dans une sorte d'insconscient collectif des « petites gens », dans une lutte pour une vie meilleure. Et là, circonstanciellement, les valeurs d'Henriette rejoignent celles du mythe simenonien des petites gens.

Dans la vie réelle, deux de ces pensionnaires d'Europe de l'Est ont réussi : Frida est devenue commissaire politique et Pauline sera élève d'Einstein. Mais dans les romans, les « petites gens » sont voués, à de rares exceptions près, à l'échec, au désespoir, à la misère. Tout au long de sa carrière d'écrivain, Simenon eut une double perception des petites gens : enthousiaste pour leur dimension héroïque dans les interviews et les ouvrages autobiographiques, et beaucoup plus condescendante, bien que compatissante, pour leur misère et leur stérilité dans son œuvre de fiction. Cette complexité provient peut-être du snobisme maternel.

La vie scolaire de Simenon commença à la « pouponnière », dirigée par Sœur Adonie, une « énorme nonne qui sentait la vanille et qui avait le sourire le plus rassurant du monde[18] ». Précoce, il y apprit à lire et à écrire. A l'école primaire, il fut élève des Petits Frères des Écoles chrétiennes à l'Institut Saint-André, juste en face de la maison familiale. Il lui fallut apprendre à lire et à écrire une deuxième fois, l'Institut refusant de valider les connaissances acquises à la « pouponnière ». Durant toute l'école primaire, il fut en tête de classe, sauf une année où un certain Van Hamme, qui « passait sa vie à étudier, la tête entre les mains, et qu'on ne voyait jamais jouer [19] », lui ravit la première place. Van Hamme devint fonctionnaire, bon père de famille, et mourut prématurément.

Georges quitta l'Institut Saint-André en 1914 avec une moyenne de 293,5 sur 315. Il avait été non seulement le premier de sa classe mais aussi le « chouchou des Frères ». C'est lui qui détenait la clé qui ouvrait le robinet d'eau dans la cour, qui faisait sonner la cloche à huit heures et demie, etc. Il aimait particulièrement le jardin potager de l'école où, pendant les récréations, les élèves s'agenouillaient dans la terre molle pour enlever les mauvaises herbes; et à Épalinges, dans le véritable palais qu'il fit construire en 1964, il fera aménager la réplique exacte du jardin des Petits Frères. Mais l'Institut était aussi un lieu où proliféraient chicaneries, préjugés, hypocrisie, bêtise. Certains Frères montraient un intérêt particulier aux petits garçons (*Pedigree* sera expurgé de certains passages pour éviter de nouvelles poursuites judiciaires). A la suite d'une période d'agitation sociale, l'école mit sur pied un spectacle réactionnaire pour soutenir le parti chrétien-démocrate nouvellement créé. Simenon y tenait un rôle vedette, tambour-major, et, juché sur une échelle, il appelait à écraser le mouvement ouvrier – ce dont, plus tard, il n'était pas fier.

Il était aussi enfant de chœur à l'Hôpital de Bavière et servait la messe aux absoutes. Il recevait cinquante centimes par office. Les bons jours étaient ceux où il y avait deux ou trois morts. Il ne souhaitait, bien sûr, aucun mal à ces pauvres vieux, mais cinquante centimes, c'était cinquante centimes! Il se levait à cinq heures et demie et, soit il passait devant la chambre de ses parents sur la pointe des pieds, soit il allait les embrasser. (Simenon se contredit à ce sujet – une contradiction qui relève de la psychanalyse puisqu'elle a à voir avec la sexualité parentale, voir p. 42.) Dans le même épisode de *Pedigree*, il réveille sa mère, mais il n'y a pas d'allusion au sexe. L'Hôpital était tout proche de la maison mais, les matins d'hiver, il y allait en courant dans la pénombre, en proie à la peur. Dans *Le Témoignage de l'enfant de chœur,* il fera revivre avec beaucoup d'intensité ces souvenirs.

L'été aux matins lumineux, cette sortie aux aurores était au contraire une source de joie. Toute sa vie, Simenon restera matinal, éprouvant le besoin de « se jeter dans la vie le plus tôt possible [20] ». Enfant, il allait souvent se baigner dans la Meuse avec son grand-père, le matin, avant d'aller à l'école. Cet appétit de la vie explique peut-être sa tendance à ne retenir de Liège que des scènes baignées de soleil, même si, la plupart du temps, il n'y a pas de soleil (« Liège est une ville pluvieuse »). La grisaille refoulée resurgira par une autre voie dans la fiction.

Les étés d'Embourg, dans la banlieue de Liège, où Henriette et ses deux fils allaient en randonnée et où les deux garçons étaient envoyés pour de plus longues périodes, sont, de ce point de vue, remarquables. La différence entre l'Embourg de *Pedigree* et celui des mémoires des années soixante-dix est étonnante. Dans *Pedigree*, l'évocation d'Embourg lui fournit avant tout un prétexte pour dénoncer les comportements de sa mère : une peste arrogante et pingre de surcroît. Par contre, dans ses mémoires, Embourg représente le lieu enchanté de son enfance : « Il faisait doux. Tout sentait bon. Tout était innocent. Tout était joie de vivre [21]. »

Henriette est bien présente mais elle ne nuit pas au bonheur idyllique de cet Embourg-là. « Pendant que ma mère, qui portait toujours son chignon, cousait ou tricotait, mon frère et moi bâtissions des barrages dans le ruisseau [21]. » Leur promenade favorite est d'aller aux « Quatre Sapins », où s'élevaient deux sapins et où « le sol chauffé par le soleil avait une odeur différente de toutes les odeurs que j'ai connues, surtout lorsqu'elle se mêlait aux odeurs des aiguilles de pin [21] ». Heureuse coïncidence : c'est à l'endroit exact des « Quatre Sapins » qu'a longtemps demeuré le professeur Maurice Piron, de l'université de Liège, premier directeur du Fonds Simenon.

La vie culturelle de Georges fut également marquée à cette époque par une brève tentative pour apprendre le violon, mais son professeur lui faisait mal en lui pressant les doigts très fort contre les cordes, et de plus il avait mauvaise haleine. Georges préféra peindre, et reçut régulièrement à Noël une boîte de peinture. Il regretta souvent que son talent passe par les mots plutôt que par la peinture, car il aurait aimé œuvrer dans un domaine moins intellectuel, être en contact avec quelque chose de plus palpable que la littérature. Comme son père, il fut obsédé par les outils tangibles de son métier : crayons soigneusement taillés et rangés, papier toujours placé au bon endroit, machine à écrire en parfait état de marche, etc.

Plus importantes que la musique ou la peinture pour le futur écrivain de 392 romans étaient ses habitudes de lecture. Avec les cinquante centimes que lui rapportaient ses activités d'enfant de chœur, il achetait *Le Petit Illustré*, qui n'était pas à proprement parler une bande dessinée, mais un recueil d'histoires largement illustrées, destiné aux enfants ou aux adultes infantiles. Le seul récit que Simenon mentionne est « Onésime Pourceau, sportif ». Il lut Jules Verne et la comtesse de Ségur, mais le livre qui le marqua le plus fut *Voyage autour de ma chambre*, de Xavier de Maistre, bien qu'on ne sache pas exactement quel âge avait Simenon lorsqu'il le lut. Dans cet ouvrage au style quelque peu maniéré, un jeune comte – allongé sur son lit – livre ses réflexions sur la nature, l'homme, la vie, avec l'allégorie de l'âme et de « l'autre » (c'est-à-dire le corps) et leurs pérégrinations respectives.

Par sa glorification de l'imagination, *Le Voyage* exprime, un peu à la manière d'un Laurence Sterne, une sensibilité du dix-huitième siècle. Ce « beau style » fit entrevoir à Simenon les possibilités de l'expression verbale et de l'imagination, mais est aussi sans doute la cause de son allergie indéfectible aux effets de style. Enfin, son intérêt d'enfant pour les insectes l'amena à lire les ouvrages d'entomologie de Jean Henri Fabre, ainsi que le travail de son compatriote Maeterlinck sur les abeilles.

Nombre de personnages de ses romans trouvent leur origine dans l'extraordinaire richesse de ses souvenirs d'enfance. Simenon dit avoir écrit *Pedigree* pour faire table rase de ce passé et aller de l'avant, mais il ne parvint jamais à empêcher la résurgence des figures et des scènes qui hantèrent ses premières années.

Et ces années-là sont aussi à la source de la déchirure de son moi entre l'acceptation du monde et la révolte, qui reviendra sous diverses formes tout au long de sa vie et de son œuvre. Son côté rebelle donne à ses ouvrages leur ambiance « noire », qui résulte du sentiment de solitude qu'il éprouva souvent dès son plus jeune âge et qui, d'après lui, sous-tend toute sa production « sérieuse ». Mais l'acceptation du monde est présente également dans sa vie – qui ne fut pas celle d'un rebelle – et joue un rôle dans son œuvre.

Dans *Je me souviens*, le contraste entre le conformisme du contenu et le ton révolté est particulièrement révélateur de cette dichotomie. Simenon lui-même en est bien conscient :

> « Lorsque j'étais très jeune, j'avais déjà tendance à ce qu'on appelle aujourd'hui la contestation... qui a créé quelques explosions entre ma mère et moi, mais, en réalité, elles étaient de

courte durée, car j'avais compris qu'il était inutile d'émettre certaines vérités (ou ce que je croyais être des vérités) et je me taisais [22]. »

Il s'étonna toujours de vivre en conformiste alors qu'il prétendait être habité d'un esprit contestataire. Comment, dès lors, distinguer sa vraie nature des apparences ? Qui, du rebelle ou du conformiste, est le vrai Simenon ? Mais ce sont là de fausses questions : ces deux aspects de sa personnalité sont authentiques, ils sont profondément enracinés dans son enfance, et ils traversent toute son œuvre.

4

Début de l'adolescence
1914-1919

« J'ai attendu toute mon enfance le moment de m'échapper [1]. » L'échappée de Simenon prit plusieurs formes. La plus radicale eut lieu au sortir de l'adolescence, lorsque, comme James Joyce qui avait laissé le Liffey pour Paris, il quitta Liège pour la même destination. Auparavant, ses échappées adolescentes avaient pris les formes diverses du non-conformisme bohème, de la débauche sexuelle, de bouffées de cynisme, de l'ivresse, et, bien sûr, de l'agressivité contre sa mère. Dans le même temps, sa tendance à la révolte était contrebalancée par ses contraires : le conformisme, l'ambition sociale et économique et, à l'occasion, les valeurs simenoniennes de vigueur et de santé. Plus tard, le fait de prendre un emploi fut un acte de rébellion autant que de conformisme. Sa vocation littéraire germa dans ces années turbulentes de l'adolescence.

La référence à Joyce est appropriée dans la mesure où, tout comme Joyce-Stephen l'était vis-à-vis de Dublin, Simenon se sentait hostile, indifférent ou ambivalent vis-à-vis de Liège.

> « La solitude, l'angoisse parfois. Mais comment faire pour ne pas être seul ?
> La vie est ailleurs, il ne sait pas encore où, il la cherche dehors et il continuera à la chercher [2]. »

Simenon, comme le Stephen d'*Ulysse*, refusa de se laisser emprisonner par la médiocrité et l'inanité d'une famille possessive. Il batailla sans discontinuer contre sa mère. Désorienté et insatisfait, il se mit à hanter des salles de billard miteuses en compagnie de son ami Stievens, de *Pedigree*, personnage médiocre, ou bien passa, quand il était à court d'argent, bien des nuits blanches « en proie à des pensées hargneuses ». Désœuvré et cherchant des exutoires aux bouillonnements de l'adolescence, Simenon errait à travers la ville, sillonnant les quartiers chauds à la recherche d'aventures sexuelles, tenaillé par un sentiment de culpabilité.

Sa sexualité s'éveilla tôt et se développa rapidement. Toutefois, son premier amour, à onze ans, pour une fille pâle aux yeux bleus qui vivait à l'autre bout de la rue de la Loi, resta platonique, secret et mystique. Elle provoquait en lui la même extase que la statue de la Vierge Marie durant une courte période de mysticisme. Il ne lui adressa jamais la parole, se contentant d'écrire « je » « t' » « aime » sur plusieurs bouts de papier qu'il faisait tomber sur le trottoir.

A Embourg, une attirante fille de quinze ans, la Renée de *Pedigree*, lui fit perdre virginité et mysticisme. L'affaire commença dans une brouette, où elle était tombée à la renverse, jambes en l'air, et se termina dans les buissons près des Quatre Sapins. L'automne suivant, Simenon fut mortifié de la voir dans les bras d'un garçon qui devait avoir deux ans de plus que lui, mais son chagrin fut de courte durée et les filles se succédèrent bientôt à un rythme accéléré. Adolescent, sa sexualité eut pour cadre les bas-fonds. Il allait se saouler dans des bars louches, fréquentait les entraîneuses. Mais, qu'il eût ou non assouvi ses désirs, il émergeait toujours de ses escapades avec le même sentiment de désarroi. Voir des couples enlacés dans les salles de cinéma l'excitait. Les silhouettes d'amoureux qui se profilaient derrière des rideaux tirés faisaient naître en lui l'envie en même temps qu'un pénible sentiment d'exclusion.

Les prostituées occupèrent une place importante dans sa vie sexuelle. La première lui coûta deux marks (la monnaie allemande avait cours durant l'occupation). Pour se payer des prostituées il vendit des livres, et même la montre de son père pour s'offrir « une splendide fille noire ». Simenon devint vite un expert en matière de sexe, et, vers seize, dix-sept ans, il expliquait à un collègue de vingt-cinq ans la différence entre un orgasme clitoridien et un orgasme vaginal. Curieusement, tante Céline fut la confidente de nombre de ses aventures sexuelles et, à certains détails croustillants, elle s'exclamait « Mais... tu n'avais que douze ans et demi! Ce n'est pas possible [2] », tout en se prétendant navrée pour sa pauvre belle-sœur qui continuait à prier chaque jour pour la virginité de son fils. Elle avait juré de garder le secret de ses frasques, mais elle les livra à Henriette avant de mourir.

La boisson, l'héritage des Brüll, marqua aussi l'adolescence de Georges. C'est un sujet qui revient dans plusieurs de ses ouvrages et, dans sa vie, ce fut un problème qui de posa de temps à autre. Vers l'âge de quatorze ans, il se mit à boire l'eau-de-vie qu'Henriette mettait sur ses confitures pour les empêcher de moisir. Pour cacher son forfait, il ajoutait de l'eau, et tout le monde à la maison crut que l'alcool s'était évaporé. Plus tard, il fut amateur de bière anglaise, la *pale-ale*, au Café de la Bourse et prit périodiquement des cuites avec des copains, le plus souvent dans les moments où il était à la recherche d'aventures.

L'adolescence ne fut pas que tristesse, remords et sexualité débridée. La description de la virée qui clôt le chapitre 6 de *Pedigree* est suivie, au chapitre 7, d'une aubade qui célèbre cet « esprit du matin », avec l'ambiance du marché si chère à Simenon. Ses déambulations dans la ville n'étaient point toutes lugubres :

> « Dès que j'avais une heure de libre, je me rendais dans tel ou tel quartier et entrais dans la première rue venue comme si j'étais un explorateur se risquant dans la brousse. Il n'y a pas un quartier que je ne connaisse [3]. »

Un « jour parfait » en ce temps-là consistait à s'installer dans un coin avec un livre, quelque chose à manger, du café, et à fumer la pipe (il se mit à fumer la pipe quand il perdit sa virginité et ne cessa jamais). C'est à ce moment-là aussi qu'il se prit de passion pour la pêche, une passion qui dura une grande partie de sa vie et qu'il transmit à Maigret.

1914 : c'est le début de la Grande Guerre et, pour Georges, de l'école secondaire. Pendant un an, il va au collège Saint-Louis, un établissement spécialisé dans les humanités. Les études sont payantes, mais sa mère a réussi à lui faire obtenir une bourse en alléguant une vocation cléricale. Ce n'était pas entièrement faux, il traversait alors sa période de mysticisme et il l'envisageait tout à fait sérieusement, même si cette vocation fut de courte durée. (Ailleurs toutefois, Simenon a dit à plusieurs reprises qu'il avait pensé un moment rentrer dans les ordres parce qu'il lui semblait que cette profession lui laisserait du temps libre pour écrire – plus tard il envisagea de faire une carrière militaire pour les mêmes raisons.) Il obtint de bonnes notes en français, de mauvaises en flamand, et la moyenne dans les autres matières. Avec le père Renchon, son professeur de français, il se lançait dans des discussions passionnées sur Lamartine, Victor Hugo et d'autres écrivains.

Pendant les cours d'allemand, le professeur sanctionnait souvent son inattention en lui faisant conjuguer « les verbes réguliers et irréguliers ». Mais ce n'était pas tant l'allemand qui l'intéressait que le comportement et la personnalité de son professeur. Simenon découvrit qu'il avait un secret : il était pauvre et en était honteux. Il était parvenu à cette découverte au terme d'une observation attentive qui l'avait amené à une observation plus aiguë – processus significatif pour un futur romancier. C'est une sorte de paradigme d'un important aspect de l'attitude littéraire de Simenon. Curieusement, sa vie durant, l'art le laissera indifférent, mais, en revanche, les gens ne cesseront de l'intéresser. De plus, ce professeur d'allemand était un archétype des « petites gens ». Simenon sentit que l'hostilité qu'ils se vouaient ouvertement masquait en fait une étrange communion, chacun étant « furieux de retrouver chez l'autre sa propre image [4] ». Ce professeur d'allemand renaîtra dans beaucoup de romans (rarement sous les traits d'un professeur, cependant).

Un an plus tard Georges entrait au collège Saint-Servais, un établissement plus scientifique, situé non loin de celui que fréquentait Renée. Ironie du sort ou malchance, ce fut à la fois la fin de ses amours et celle de ses humanités. Qui sait? S'il était resté au collège Saint-Louis, peut-être serait-il devenu un tout autre écrivain? Toujours est-il que ses notes, à l'exception d'un prix de diction en 1915-1916, furent plutôt médiocres. Il avait, semble-t-il, perdu tout intérêt pour les études. Pour lui la vie, y compris la vie intellectuelle, était ailleurs.

La Première Guerre et les difficultés nées de l'occupation vinrent s'ajouter aux classiques problèmes de l'adolescence, bien qu'il semble que Simenon ait moins souffert de la guerre qu'il ne le rapporte dans *Les Trois Crimes de mes amis*, un roman tout à fait autobiographique. Les trois principaux personnages de ce livre sont authentiques et portent d'ailleurs leurs vrais noms (à l'exception de « K »), bien que le terme d' « amis » paraisse largement exagéré. Mais sans doute sont-ils ses amis dans le sens où, comme lui, ils ont souffert de la guerre, la différence étant que lui a survécu. Les trois crimes sont le suicide de « K » après une sinistre séance d'hypnotisme saupoudrée de cocaïne (qu'on retrouve dans *Le Pendu de Saint-Pholien*); le crime de Deblauwe qui tue sa maîtresse, une prostituée, qui l'a quitté pour un autre homme; et le triple crime de Danse qui tuera sa maîtresse et sa mère en France, puis, après son retour à Liège, un vieux prêtre, le père Roux. (Le père Roux, qui était sourd, avait été autrefois le confesseur de Simenon.)

Malgré une structure chaotique, le but de l'ouvrage est clair : il s'agit de dépeindre ces crimes comme l'une des manifestations de la dégradation morale qui résulte de la guerre. Les pages du livre les plus brillantes sont celles qui décrivent l'esprit de triche, de brutalité, d'égoïsme qui empoisonna tout un chacun à l'époque, y compris Désiré. Tous les matins en partant au travail, il emportait en cachette un œuf dur supplémentaire. Quant à Henriette, passant outre aux objections de Désiré, elle prit en pension des officiers allemands dont elle prétendit qu'ils étaient de parfaits gentlemen. Le jeune Georges lui-même ne fut pas épargné : avec son cousin Gaston, il mélangea de l'alcool industriel avec des sirops douteux et vendit ces mixtures sous l'appellation de « Bénédictine », « Chartreuse », etc.

C'est durant la dernière année de la guerre que la maladie cardiaque de Désiré fut diagnostiquée. Georges quitta l'école sur-le-champ pour chercher du travail. Sacrifiant au désir maternel, il commença par se faire apprenti pâtissier, mais il ne supporta pas longtemps d'être dans la farine du matin au soir. Il trouva ensuite un emploi dans une librairie, qu'il garda un peu plus longtemps. Il s'efforçait d'être un modèle de courtoisie et de compétence, mais son patron prit ombrage du fait qu'il connaissait mieux les livres que lui et le renvoya.

Pendant ce temps, sa vocation littéraire était en gestation. Sa première expression artistique avait été la peinture, encouragée par les boîtes de peinture, de plus en plus sophistiquées, de Noël. A douze ans, il peignait des paysages idylliques habités par l'image de la Vierge Marie. Mais il abandonnera peinture et mysticisme (de même que ses études littéraires) après avoir fait l'amour pour la première fois. Georges Simenon sublimait-il ainsi ses pulsions artistiques dans la sexualité ? Et continua-t-il à le faire par la suite ? Bien des années après, alors qu'il écrivait ses best-sellers à onze chapitres, il avait l'habitude de se détendre de ces onze jours d'épreuve avec des prostituées. Le délassement sexuel se substituait-il à un travail du texte ?

Toujours est-il que c'est à cette époque-là que l'idée lui vint de « devenir un écrivain ». Sans doute l'encouragea-t-on plus à écrire qu'à peindre, peut-être s'encouragea-t-il lui-même, encore qu'il ne semble pas avoir eu une plus haute opinion de ses premiers écrits que de sa peinture.

En 1963, lors d'une interview à la télévision, on lui demanda à quelle époque il avait décidé de devenir écrivain et si sa décision avait été influencée par le fait qu'il lisait beaucoup. « Oui, certainement, je n'aurais pas eu l'idée d'écrire... » commença-t-il, mais il ne finit pas sa phrase et embraya sur une autre explication, sans doute plus intéressante celle-là :

> « Je pense que le besoin d'écrire m'est venu le jour où je me suis senti à la fois appartenir à mon milieu et être en dehors... vers douze ans, douze ans et demi. Soudain je me suis rendu compte que ces gens-là, je parle des miens, de mes oncles et de mes tantes... tout ça... étaient des victimes, et je me suis dit : *Non, je ne veux pas être une victime aussi. Je ne veux pas avoir le même sort qu'eux. Je veux m'en sortir, être en dehors* [5]. »

Ainsi, en reconnaissant d'emblée l'importance de la lecture pour sa vocation – et en l'escamotant, tout aussi rapidement – donnait-il à penser que, pour lui, l'écriture était double, à la fois moyen de connaître le monde et manière de s'en évader. Simenon conclut en expliquant son concept de « raccommodeur de destinées » qui, dit-il, lui vint à l'esprit pour la première fois à quatorze ans. L'idée de départ est que le malheur naît souvent d'une légère faute psychologique qui, par glissements successifs, finit par causer une détresse absolue. Le « raccommodeur » saura prévenir ces fautes ou bousculer le destin en ramenant le sujet au dérapage originel, lui donnant ainsi la chance de repartir du bon pied.

Plus tard, découvrant la psychanalyse – « je n'ai pas lu Freud avant l'âge de dix-neuf ou vingt ans [6] » –, il reconnut une ressemblance étroite entre son « raccommodeur » et l'analyste. Ses romans sérieux sont des « raccommodages de destinées » dans la mesure où ils remontent aux sources de la tristesse qui accable les protagonistes. Mais rien n'est « reprisé » dans la fiction, car c'est en fait l'ensemble du texte qui constitue le « raccommodage ». *Pedigree*, sa plus importante fiction autobiographique est, dans un sens, le contraire d'un raccommodage de destin. Il se voit comme un jeune homme qui aurait dû mal tourner. Quelque temps plus tard, il fournira une autre explication, beaucoup plus concise celle-là, des raisons qui l'amenèrent à écrire :

> « Écrire a été pour moi une sorte de défi à ma mère. Lorsqu'elle me voyait lire – j'ai lu très jeune –, elle me disait : " Tu ferais mieux de faire autre chose que de lire tes sales livres. " C'était du Dostoïevski, du Tourgueniev, du Dickens [6]. »

Il est difficile de se rendre compte de ce qu'il lut et à quel moment, car il commença tôt et ne s'interrompit jamais. En ce qui concerne la littérature « sérieuse », on peut citer Gogol, Tchekhov, Dostoïevski, Tolstoï, Tourgueniev, Conrad, Balzac, Dickens, Scott, Cooper, Dumas, Stendhal, Gorki, Pouchkine, Chateaubriand, Flaubert, Maupassant, Hugo, Stevenson, Rabelais, Anatole France, Labiche, Augier, Mark Twain, Jerome K. Jerome – et il y en a eu sans doute d'autres. Son auteur favori – il l'a souvent répété – fut Gogol, suivi de près par Dostoïevski, Tchekhov et Conrad.

Il acquit beaucoup de livres durant son adolescence (quand il ne les vendait pas pour financer ses aventures sexuelles). Il s'intéressa aux livres rares. Il les achetait à bas prix à un libraire ignorant en recourant à un stratagème : il empilait des livres, dont des best-sellers, et en offrait, disons, vingt francs. Le libraire lui faisait remarquer d'un ton ironique que ces best-sellers valaient déjà six francs pièce, Simenon les sortait de la pile avec un soupir de regret, et offrait toujours vingt francs pour le reste. C'est ainsi qu'il obtint des premières éditions de Balzac, Hugo, Stendhal, etc.

La plupart des livres qu'il lut, cependant, furent empruntés à la bibliothèque de Liège dont le directeur, un vieux poète liégeois très doux et très aimable, Joseph Vrindts, s'était pris d'amitié pour lui. Aussi discrètement que généreusement, il nourrissait la vocation littéraire du jeune homme. Simenon lui en sera toujours reconnaissant. Vrindts l'avait influencé avant même que Simenon ne le connaisse : enfant, il avait remarqué le poète dans la rue, avec son chapeau à large bord et sa lavallière qui flottait au vent, et il s'était dit : « Que c'est merveilleux d'être un poète ! »

Quant à Vrindts, il est cencé avoir dit du jeune Simenon : « Divins ses crolés oûys on léhève li malice », ce qui veut dire en wallon quelque chose comme : « Dans ses yeux à demi fermés, on peut lire l'intelligence. » Simenon avait également beaucoup d'affection et d'admiration pour Théodore Gobert, le vieil archiviste et historien de Liège, dont le bureau « avec ses senteurs de très vieux papiers » lui semblait être un « univers idéal [7] ». Bien qu'ils ne restassent pas longtemps ses modèles, Vrindts et Gobert jouèrent un rôle certain dans l'éveil de la vocation littéraire de Simenon.

Simenon ne lisait pas que de la haute littérature. Sa tante Céline le plongea dans la littérature populaire. Elle avait voulu lire les livres qu'il prenait à la bibliothèque municipale mais ne les aima pas, et lui demanda de lui trouver des ouvrages plus à son goût, du genre *Chaste et flétrie*. Il dénicha une librairie tenue par une femme illettrée (Mme Pissier dans *Pedigree*) qui ne pouvait identifier les livres qu'à leur couverture : « Vous voulez celui qui a un vampire en couverture [8] ?... » Avant de les apporter à sa tante, Simenon les dévorait. Il semble qu'il ait bien connu la série des Fantômas, et, dans un genre un peu plus sophistiqué, des auteurs du dix-neuvième siècle tels que Paul de Kock et Alphonse Allais. En ce qui concerne les romans policiers, bien qu'il ait toujours affirmé n'en avoir jamais lu, on sait qu'il a lu dans sa jeunesse des classiques français : la série des Rouletabille de Gaston Leroux et les Arsène Lupin de Maurice Leblanc. Il lut également des livres de médecine et, vers la fin de la guerre, plusieurs volumes reliés de *La Gazette des tribunaux* dans lesquels il découvrit qu'en milieu rural nombre de vieillards étaient assassinés par des parents impatients de toucher l'héritage.

Il ne reste rien de ses écrits antérieurs à 1917, mais nous avons cependant des indices prouvant qu'il s'était déjà « mis au travail ». Il était si bon en français que ses professeurs lui laissaient choisir son sujet, et il signait déjà son travail de classe « Georges Sim », signature qu'il utilisera jusqu'en 1930 pour tous ses ouvrages, à l'exception de ceux qu'il publiera sous d'autres pseudonymes. « Georges Sim » finit par devenir son nom dans la vie courante, signe que s'établit chez lui une certaine confusion entre sa vie propre et son identité littéraire. A telle enseigne que, lorsqu'il signera « Georges Simenon », d'aucuns penseront qu'il s'agit d'un pseudonyme. (En 1964, un critique italien précise encore « Georges Simenon, *pseudonimo di* Georges Sim ».)

Aux alentours de 1917, Simenon compose des poèmes, et probablement aussi de la prose « littéraire ». Il vit dans une chambre sous les toits, rue de l'Enseignement. Il n'y a pas de chauffage et il écrit emmitouflé dans une espèce de robe de chambre que sa mère lui a confectionnée avec un vieux couvre-lit rouge et jaune. Il ne reste que quelques bribes de trois de ces poèmes, dans le seul souvenir de leur auteur. L'un d'entre eux est un autoportrait dérisoire, sur le mode de la chanson populaire :

> « Il était long,
> Il était maigre,
> Grands pieds, grand nez,
> L'œil affamé
> Il était long,
> Il était maigre,
> Qu'il était ridicule, ô gué [9] ! »

L' « œil affamé » exprime peut-être son appétit pour la vie. Par contraste, un autre poème exprime le mal de vivre de l'adolescence :

> « Implacables,
> Les jours suivent les jours,
> Immuables toujours...
> Et bêtement pareils [10]. »

Le troisième, « Mélancolie du haut clocher », décrit le clocher d'une église qui contemple avec envie les maisons basses environnantes. Dans sa propre interprétation, il s'identifie non pas avec ce clocher hautain mais avec les ruelles, avec « le coude à coude, la chaleur humaine [11] » – avec les « petites gens ». Mais c'est dans la nature même du mythe des petites gens qu'il soit à la fois proche et distant d'eux.

L'observation fascinée et sympathique, de l'extérieur ou d'une certaine hauteur, est un thème récurrent chez Simenon dans ses nombreuses descriptions, par exemple, de traversées de Paris sur la plate-forme arrière d'un bus, dégustant le mouvement de la vie qui s'agite tout autour de lui ou légèrement en dessous. (Maigret est souvent dans cette situation.)

C'est avec ce type de bagage littéraire que Simenon aborde, presque simultanément, le monde du journalisme et le monde de la bohème artistique. Il semble que dans sa vie ces deux mondes se heurtent, tandis que son âme plane au-dessus d'eux sans s'engager.

5

Journalisme et bohème
1919-1922

« Je ne savais absolument rien du journalisme[1] », a déclaré Simenon. Dans son adolescence, il ne lisait pas les journaux. A cette époque, il n'y avait que les pères de famille qui lisaient les journaux régulièrement, les mères, elles, découpaient le feuilleton qui paraissait en bas de page. Néanmoins, en janvier 1919, comme une fois de plus il cherchait du travail et, d'une certaine manière, poussé par le besoin d'écrire, Simenon qui passait devant les bureaux de *La Gazette de Liège* décida d'entrer et demanda un emploi de reporter. Il fut engagé sur-le-champ, sur un coup de tête du rédacteur en chef, Joseph Demarteau. Simenon ne se rendit pas compte qu'il s'agissait d'un journal réactionnaire, antisémite et profasciste, qui s'en prenait constamment et indifféremment aux bolcheviques et aux anarchistes, considérés comme des catégories plus ou moins interchangeables. C'était le genre de journal qui, en 1920, publiant un reportage sur New York, annonçait triomphalement que le jazz était mort et que les gens voulaient maintenant de la « vraie musique ». Probablement à la fois par naïveté et par calcul, Simenon adopta sans sourciller la politique éditoriale du journal dans ses articles.

Il commença dans la rubrique des chiens écrasés et devint à seize ans un journaliste hors pair, qui gagnait beaucoup plus d'argent que son père. Il resta à *La Gazette* trois ans et demi – des années lumineuses, pétillantes de jeunesse et de vitalité, « une des périodes les plus exaltantes de ma vie[2] », dira-t-il. Il se voit alors en Rouletabille, le jeune reporter-détective de Leroux, et se compare avec satisfaction à son secrétaire de rédaction qui, affligé d'un perpétuel rhume, fait sécher ses mouchoirs sur un fil tendu dans le bureau.

Il cesse bientôt d'être cantonné aux reportages locaux, et la signature de « Georges Sim » apparaît régulièrement dans le journal. Il réalise non seulement des reportages, mais signe aussi des enquêtes de fond, des exposés, des fictions, des billets d'humeur, des pièces satiriques. Il assure la couverture d'événements sportifs, interviewe des personnalités politiques et des membres de la famille royale, couvre des accidents des mines, des assemblées de conseils régionaux et municipaux, des vols, des meurtres, le mouvement régionaliste wallon, des grèves (il adopte bien sûr le point de vue antisyndicaliste de *La Gazette*). Il écrit des articles sur les anciens combattants, le coût de la vie, les affaires étrangères, le cirque, les jeux, l'architecture, la critique littéraire, la peinture, les juifs, l'inflation en Allemagne, la corruption en Belgique, le bolchevisme, les méthodes scientifiques de la police, les lecteurs de braille, la pêche, la pollution des rivières.

L'un de ses scoops fut une interview du maréchal Foch, dont le train, faisant route vers l'est, s'était arrêté à Bruxelles. Demarteau lui a donné pour instruction de demander au maréchal s'il a l'intention d'aller à Varsovie. Sans avoir la moindre idée de l'importance de cette question, Simenon arrive précipitamment dans la capitale, où une douzaine de journalistes se battent pour obtenir une interview. Alors que le train s'ébranle, l'homme de *La Gazette* saute sur le marchepied du wagon, mais la portière est verrouillée. Le train prend de la vitesse, l'un des aides de camp, pris de pitié, le laisse entrer. Foch lui accorde deux minutes, et le jeune reporter, bégayant d'émotion, demande : « Monsieur, irez-vous à Varsovie ? » « Oui », répond le maréchal après une courte hésitation [3]. Simenon retourne à Liège, mécontent d'avoir obtenu de si maigres résultats lors de sa première interview d'une célébrité internationale, mais Demarteau le félicite chaleureusement et fait imprimer une édition spéciale pour annoncer l'imminence du Pacte de Varsovie.

Georges Sim a bientôt sa propre rubrique intitulée « Hors du Poulailler », de courts textes satiriques en droite ligne des « caractères » du dix-huitième siècle, l'avare, le vaniteux, etc. Si Juvénal en est la source la plus ancienne, il y a très certainement là pour Simenon aussi du Gogol. La structure est toujours la même : le narrateur retrouve un ami qu'il a depuis longtemps perdu de vue – une technique efficace pour lancer le sujet. Le plus souvent, cet ami va lui conter ses déboires financiers et lui faire part des plans qu'il échafaude pour s'en sortir, ce qui laisse libre cours à la satire et au burlesque.

Une histoire typique est celle où l'ami retrouvé, écrasé par les impôts, projette de gagner de l'argent en injectant du parfum artificiel dans des œillets non moins artificiels (une réminiscence des ersatz de liqueur que Simenon fabriqua pendant la guerre ?). Dans la même veine, on citera l'histoire du coiffeur qui vent une *Gazette capillaire*, version orale du journal : quatre centimes pour les informations locales, huit pour les nouvelles internationales, etc. Une autre histoire mettra en scène un personnage qui a tout perdu, l'un des premiers portraits de « ratés » de Simenon. Celui-ci, ne sachant où dormir, décide en désespoir de cause d'aller en prison : il accoste alors le premier venu et lui crie « La bourse ou la vie! », mais sa victime est sourde et muette... On trouve aussi des sketches de la vie en société (une femme snob qui rencontre dans une station thermale une femme encore plus snob qu'elle), des portraits de la vie familiale dans une tradition antiféministe aujourd'hui totalement déplacée mais qui s'enracine dans l'humour littéraire le plus ancien – celui de Rabelais par exemple – que Simenon connaissait bien et qui a influencé bon nombre de ses écrits de jeunesse.

Le style des articles du « Poulailler » est souvent moqueur et prétentieux : « Je passais dernièrement rue de... lorsque ma rétine fut magistralement impressionnée par une façade bleu ciel. » Aussi rapidement qu'il l'avait adoptée, Simenon abandonnera cette écriture sophistiquée.

A *La Gazette*, ses meilleurs articles sont ceux qu'il consacre à la pêche commerciale ou de rivière, et son talent s'exprime déjà à travers des descriptions très enlevées.

Mais une série d'articles consacrés au « péril juif », qu'il a eu la bêtise de laisser publier sous sa signature, ternissent sa carrière de journaliste. Pour l'essentiel ils s'inspirent directement de l'Action française et d'autres sources du même acabit. Les juifs y sont présentés comme des agitateurs, des révolutionnaires, des spéculateurs de guerre, des conspirateurs financiers, des anarchistes et des bolcheviques. Simenon utilise de façon ambiguë « Les Protocoles des Sages de Sion », un faux grossièrement calomnieux : quand bien même serait-ce un faux, les faits qui y sont rapportés ne sont pas sans fondement, écrit-il en substance...

Il faut dire à sa décharge qu'il n'avait alors que dix-sept ans, qu'il était étourdi, que son désir de plaire lui faisait écrire ce qu'on lui demandait, et qu'il était, de surcroît, profondément étranger à toute considération idéologique. A l'école primaire, il y avait dans sa classe un juif, Schoof, « gentil et timide ». Les autres élèves s'écartaient de lui parce qu'il sentait mauvais, une odeur qui n'avait rien à voir avec sa judaïté mais provenait du poisson salé que vendait sa famille. Simenon dira que « l'antisémitisme qui sévissait dans de nombreux pays, en particulier en France, pendant et après l'affaire Dreyfus, nous était inconnu [4] ». Il n'en reste pas moins que son milieu n'acceptait pas les juifs et que les comportements antisémites n'y étaient pas rares.

Sans compter ces articles de *La Gazette*, Simenon manifesta à l'occasion des comportements de cet ordre. Dans l'un de ses premiers textes satiriques, il suggéra insidieusement qu'Henri Duvernois, auteur dramatique à succès et auteur de nouvelles en vogue, était d'origine juive. Il est curieux que, quelque temps après, ou peut-être au même moment, Simenon admire ce même Duvernois qui l'impressionne par son talent. Tout cela est bien sûr de l'histoire ancienne. Mais, si l'on veut approfondir ce point, on peut mentionner encore l'apparition occasionnelle dans ses romans de personnages de deuxième plan qui reprennent à leur compte l'intégralité du cliché antisémite, par exemple de vieux et affreux marchands de bijoux émigrés de Pologne, parmi d'autres portraits de la même veine.

Cette question a déjà donné lieu à bien des débats et Simenon s'est toujours défendu avec véhémence d'avoir eu des intentions antisémites en composant ces portraits. Pour sa défense, il a fait référence à d'autres ouvrages, tels que *Le Petit Homme d'Arkhangelsk*, dans lesquels il exprime sa sympathie, sa compréhension et son admiration pour les juifs. On peut raisonnablement en conclure, premièrement, que ses textes antisémites sont des étourderies de jeunesse, deuxièmement, qu'il a véhiculé inconsciemment, pendant un certain temps, à travers son œuvre, les vestiges antisémites de sa culture, et enfin, troisièmement, qu'il s'en débarrassera en atteignant la maturité. Et pour clore ce débat, rappelons qu'il reçut en quelque sorte l' « imprimatur » de *Midstream*, une revue américaine d'obédience sioniste, qui, ignorant sans doute ses antécédents, fit l'éloge de la sympathie qu'il manifeste dans son œuvre envers les juifs et autres minorités.

Cette période de *La Gazette* n'est pas, on le voit, exempte de fautes. Si son attitude antisémite est la plus grave, il en est d'autres plus légères. Tenu de couvrir des événements ennuyeux, il lui arrive de ne pas aller sur les lieux, ce qui ne l'empêche pas de fabriquer un article, jusqu'au jour où il fait le compte rendu d'une réunion qui a été annulée. Une autre fois, il se rend à un banquet dans le cadre d'un reportage, on le fait boire, et, quand il rentre ivre au journal, il se met à insulter le rédacteur en chef. Le lendemain, il s'attend à être mis à la porte, mais ne se souvenant de rien, il veut savoir ce qu'il a bien pu dire. Demarteau, peu rancunier, lui fait la liste des insultes qu'il a proférées et le garde à son service. *La Gazette de Liège* resta fidèle à Simenon, et, pour le meilleur et pour le pire, il resta fidèle à *La Gazette*.

Toujours sur la brèche, Simenon multiplie ses activités. *La Cinématographie française*, une publication de l'Office français du cinéma, n'ayant pas de correspondant à Liège, il remplit un court moment cette fonction. A la fin de l'année 1920, il travaille avec le fameux Deblauwe des *Trois Crimes de mes amis* dans un journal à scandales, *Nanesse*. Nous n'avons d'autres informations sur son passage dans ce journal que ce qu'il en dit dans *Les Trois Crimes*, mais cette feuille à scandales qui, à l'occasion, se livrait à des chantages, exista vraiment, de même que Deblauwe. *Nanesse* était plein de petites informations du genre : « Quelqu'un a-t-il remarqué que ce haut magistrat bien connu passe souvent à l'appartement de Madame Untel, rue X ? » Ce type d'indiscrétion était censé amener ledit magistrat à verser une somme d'argent au journal pour qu'il cesse ses révélations. Simenon écrit pour *Nanesse* des billets d'humeur et des satires de la même veine que pour *La Gazette*. Dans *Les Quatre Jours du pauvre homme*, il s'inspirera de son expérience à *Nanesse* pour sa description d'un chantage auquel se livre un journal fictif, *La Cravache*. Cette expérience sera reprise aussi dans *Maigret chez le ministre*.

La Gazette conforte le côté conformiste, voire arriviste, de Simenon, bien qu'il se considère comme « l'enfant terrible » de la rédaction et trouve que ses articles expriment « une certaine rébellion » – sans doute fait-il allusion au caractère satirique de sa rubrique « Hors du Poulailler ». Il se voit comme un rebelle se cachant derrière le conformiste, un être au tempérament anarchiste, explosif, qui a besoin de beaucoup de volonté pour se discipliner.

Des journalistes qui l'interviewèrent à Épalinges furent frappés par l'ordre qui régnait dans sa résidence. Il leur expliqua que toute sa vie il avait eu besoin d'ordre, de solidité et de stabilité pour contrebalancer sa tendance au « laisser-aller ». Celle-ci s'incarne dans le personnage du clochard, qui représente pour lui un certain idéal de liberté et qui l'attire. Pour satisfaire son besoin d'ordre, Simenon se levait de bonne heure et, malgré ses nombreux changements de résidence, il vécut toujours dans des lieux bien organisés et solides « afin de m'empêcher de foutre le camp ».

Durant son adolescence, peu après l'armistice, pendant l'hiver 1919, son côté non conformiste incite Simenon à fréquenter, non sans réserves, le milieu artistique de Liège. C'est son ami Henri Moers, reporter au journal *La Meuse*, qui l'y a introduit. Simenon le dépeint comme un ramassis de bons à rien alors qu'en fait il s'agit véritablement de l'élite artistique liégeoise – certains étant plus sérieux que d'autres. En tout cas, Simenon, qui les connaît de réputation, accepte avec empressement l'invitation de Moers. Le peintre Lucien (Luc) Lafnet, dont Simenon dira qu'il est « l'une des personnes les plus intéressantes que j'aie jamais rencontrée [5] », est en quelque sorte le leader de ce groupe d'artistes.

« Je leur dirai que tu es poète [6] », lui dit Moers en le conduisant à la mansarde où le groupe a l'habitude de se réunir et qu'ils ont baptisée « la Caque », du nom donné au fût dans lequel on entasse les harengs. Leur emblème est un scorpion qui se mord la queue. La majorité d'entre eux étudient à l'académie des Beaux-Arts, les autres ont des vocations diverses : le roman, la poésie, l'architecture ; et puis il y a ceux qui ne viennent à « la Caque » que pour l'ambiance. Ils se rencontrent régulièrement, discutent philosophie, art et poésie, boivent, fument du haschisch et font des canulars. Plus tard, Simenon se fera totalement méprisant pour parler de « la Caque » [7]. Il composa un portrait satirique du groupe qu'il leur fit lire et qu'il intitula « Les Ridicules ». Le tableau s'achève sur ces mots : « Le plus ridicule d'entre eux, c'est moi. »

Bien qu'extrêmement fier de son prétendu tempérament de rebelle, Simenon rejette catégoriquement la révolte aux allures de bohème. Non seulement dans *Les Trois Crimes de mes amis* mais dans d'autres textes, il en souligne le côté morbide qu'il oppose à la nature, à la santé, à la joie de vivre, et à une société vigoureuse.

« Dire que, pendant des semaines, enfermés dans notre " Caque " et nos rêveries orgueilleuses, nous ne voyions rien de tout cela, ni les bourgeons qui éclataient aux arbres du square, ni ces belles filles en tablier clair, en pantoufles rouges ou bleues qui couraient, tenant leur chignon, chez le boucher du coin [8]! »

Ce monde de l'art qui l'avait attiré se révéla donc pour lui sans intérêt : il n'y vit qu'un divertissement d'adolescents qui, se prenant au sérieux, finissaient par verser dans la morbidité et l'autodestruction. Il est probable qu'il fit dès cette époque un choix de vie, optant pour le succès et la mondanité. Ce fut peut-être par accident qu'il s'engagea sur la voie littéraire pour réaliser ses ambitions.

Dans un passage de *Pedigree*, Simenon parle d'*Hernani*, dont le romantisme, on le sait, choqua la sensibilité conservatrice des années 1830. Le soir de la première, il y avait, dans cette avant-garde vociférante venue soutenir son héros, Théophile Gautier et sa veste rouge. Ce n'est pourtant pas à lui que Roger-Georges s'identifie, mais à Alexandre Dumas, présent lui aussi ce soir-là et qui, loin d'appartenir à l'avant-garde flamboyante, est encore un pauvre écrivain obscur qui a dû faire la queue pour acheter son billet : il fait partie des « petites gens », mais il deviendra, plus tard, l'un des auteurs les plus riches et les plus populaires de son temps.

D'un autre côté, Simenon a toujours démenti que la réussite matérielle ait motivé son choix d'une carrière littéraire. Quand il commença à écrire, il était convaincu que, loin d'être une profession, c'était une vocation dont il ne retirerait que des satisfactions personnelles. Il est vrai qu'il déclara aussi : « J'ai commencé à écrire comme un artisan, à l'âge de seize ans, avec toujours l'idée, cependant, qu'un jour j'atteindrais à quelque chose [9]. » Ce « quelque chose » désignait la vraie littérature, qu'il avait découverte à travers ses lectures, tandis que l'artisanat était un moyen ambigu y préparant et s'en séparant à la fois. En vérité, ses motivations littéraires, conscientes ou pas, étaient multiples, confuses et sans doute contradictoires. Le succès, le travail d'artisan et la « vraie » littérature étaient trois catégories qu'il s'efforça vainement de faire fusionner en un projet bien défini; il ne parvint jamais à en surmonter les contradictions réciproques.

Au départ, il n'avait pas envisagé de pouvoir faire carrière dans la littérature. C'est ce qu'il affirme lors d'une discussion portant sur son premier ouvrage : *Au Pont des Arches*, écrit à seize ans. C'est une fiction au ton léger, plein d'humour, dans la même veine que les courts textes qu'il écrivait pour *La Gazette*. L'épigraphe est la célèbre phrase de Gargantua : « Le rire est le propre de l'homme. » Ainsi son entrée en littérature découle-t-elle de son expérience journalistique.

Ce récit décousu raconte l'initiation sexuelle du jeune Paul Planquet, avec la complicité de son oncle Timoléon (l'oncle Albert?), un homme du monde, riche, qui habite Bruxelles. Timoléon va sauver de la banqueroute le père de Paul en élaborant une production à grande échelle de pilules purgatives pour les pigeons. La satire vise toutes les formes de prétention : culinaire par exemple, avec, en ouverture, l'extravagant dîner offert en l'honneur du riche Timoléon, qui tourne à la catastrophe. Ou amoureuse : il se moque du jeune Paul débordant de fierté parce qu'il a une maîtresse. Simenon publia ce livre en 1921 grâce aux subsides d'une femme qui s'était entichée de lui.

Il s'apprêtait à publier dans les mêmes conditions son second roman, *Jehan Pinaguet*, mais Joseph Demarteau, choqué par le côté paillard et anticlérical de l'ouvrage, s'y opposa, menaçant de le licencier s'il passait outre. Il est dommage que Simenon ait choisi *La Gazette* plutôt que la publication de son livre car il était bien meilleur qu'*Au Pont des Arches*. Il a également été écrit en 1921 et on retrouve l'influence rabelaisienne, avec peut-être en plus une touche du Tchitchikov de Gogol. Les épisodes de ce conte picaresque racontent les aventures d'un jeune rustre qui fait son éducation à la ville. L'écriture est souvent remarquable, comme dans l'introduction qui décrit admirablement l'activité débordante d'une cour d'auberge – une scène pleine de vie, haute en couleur, que découvre le jeune Jehan, à son réveil :

> « Les claquements du fouet l'emplissaient d'aise, et il croyait voir les lourds paniers qui craquaient sur les chariots haut perchés... Il regarda le quai de la Goffe où les paniers de fruits, les commères et les charrettes se bousculaient en un hilarant chaos. »

Les situations comiques se succèdent en cascades : Jehan

dégringole dans l'escalier de l'auberge, essaie de peloter la servante, puis, au marché, assiste à une empoignade à propos d'un panier de fruits renversé. Il se fait engager comme cocher et se délecte, haut perché sur son siège, du spectacle de ces rues pleines de monde, riches de bruits et de couleurs – voilà encore le Simenon qui aime à observer le monde « d'en haut ». Jehan renverse un prêtre et le raccompagne au presbytère – c'est le début du passage qui provoquera les foudres de Demarteau. Son accident lui vaut d'être verbalisé par un commissaire, un homme jovial qui règle l'affaire du panier de fruits renversé à la manière d'un Sancho Pança – notons qu'il fume la pipe : Simenon introduit là son premier commissaire. Sur ces entrefaites, Jehan se lie d'amitié avec le prêtre, un bon vivant dans la lignée du frère Jean de Rabelais, qui boit du genièvre et célèbre la sensualité.

Quand Jehan se fait embaucher comme garçon de café et participe à une réunion syndicale, le ton devient plus sérieux et verse dans la compassion et une solidarité presque marxiste : « Une pitié immense l'envahit pour ce peuple à qui sa misère pèse plus lourdement depuis qu'il a pris conscience de sa force et de son droit au bonheur. »

Ces deux ouvrages, plus un court récit burlesque dans le genre policier, *Le Bouton de col*, forment l'essentiel de la production de Simenon adolescent. L'humour prédomine, et c'est peut-être par réaction, pour cultiver un autre aspect de sa personnalité, qu'il l'évitera délibérément dans ses ouvrages sérieux. On pourrait aussi ajouter *Le Compotier tiède*, publié en 1922 dans *La Revue sincère*, un petit magazine littéraire auquel il enverra plusieurs textes de Paris. Dans une vignette empreinte de sentimentalisme mais écrite avec beaucoup de délicatesse, un jeune homme contemple un bol de compote de fruits, symbole du milieu familial dans lequel il risque de s'engluer et qu'il va bientôt quitter. Simenon le considère comme son « premier texte vraiment littéraire [10] », qui a bien failli lui faire prendre la voie étroite des petites revues. D'avoir échappé de justesse à un tel destin littéraire le laisse comme rêveur.

Si ses relations avec le milieu bohème n'ont pas eu grand-chose à voir avec sa carrière littéraire, paradoxalement, elles le conduisirent au mariage. Un jeune architecte du nom de Renchon, qu'il avait rencontré à la Caque, l'invita à un réveillon de Nouvel An dans sa famille. Simenon garde de ces circonstances des souvenirs plutôt flous car la fête avait commencé dès l'après-midi avec ses collègues de *La Gazette*. Il était complètement saoul à son arrivée chez les Renchon : il avait grimpé l'escalier à quatre pattes, avait la tête qui lui tournait et s'était laissé choir dans un fauteuil. Ce décalage par rapport aux autres invités fit qu'alors que les autres étaient de plus en plus ivres, lui se dégrisait et, vers quatre heures du matin, ayant regagné toute sa lucidité, il se retrouva en pleine conversation avec la sœur de Renchon, Régine, une étudiante des Beaux-Arts.

La famille Renchon enrichira la galerie des portraits liégeois de Simenon. Le père était un orphelin qu'on avait retrouvé abandonné sur le pas de la porte du domicile de ses futurs beaux-parents. Le beau-père, inventeur d'un procédé pour nettoyer les chaudières, passa le reste de sa vie à couver une nouvelle invention qui ne vit jamais le jour : « Taisez-vous, criait-il, j'invente. » (Simenon s'inspirera de lui pour créer l'un des personnages secondaires de *La Folle de Maigret*.) L'enfant trouvé épousa la fille de l'inventeur et devint un marchand de meubles prospère. Il choisit pour chacun de ses enfants une profession : l'architecture pour l'aîné, la peinture pour la seconde, la musique pour la troisième. C'est ainsi que Régine étudiait la peinture aux Beaux-Arts.

Simenon se persuada – on ne sait trop comment – que Régine était l'épouse qu'il lui fallait. Sa décision reste obscure, du moins telle qu'il la présente bien des années plus tard. Il ne croit pas qu'il ait été amoureux. Elle avait trois ans de plus que lui et n'était pas jolie. Henriette, quand elle la vit, s'exclama : « Mon Dieu, qu'elle est laide ! » – comme un rappel oblique du jugement que sa belle-mère avait porté sur Georges nouveau-né. Simenon fut attiré par son intelligence, sa culture et sa conversation enjouée. Elle était vierge et il s'enorgueillit de l'avoir préparée avec une infinie patience à la consommation de l'acte sexuel.

Après des fiançailles informelles, ils furent contraints de passer aux fiançailles officielles quand le père Renchon tomba sur des lettres compromettantes. Il dit à Georges qu'il ne lui accorderait la main de sa fille que lorsqu'il gagnerait mille francs par mois, et, en attendant, il leur interdit de se voir pendant un an – une interdiction qu'ils réussirent régulièrement à déjouer. Simenon n'aimant pas le prénom de Régine, il lui en inventa un autre, « Tigy », qu'elle a porté toute sa vie. Il était davantage attiré par sa sœur Tita, avec qui il échangeait des regards complices, mais Tita n'avait que quinze ans et ce fut donc avec Tigy-Régine qu'il se fiança, jouant, comme il le prétendra plus tard, à en être amoureux.

En 1921, Désiré Simenon mourut alors que Georges se trouvait à Anvers pour un reportage. Il avait passé l'après-midi au lit avec une belle fille, une cousine éloignée. Tigy et son père l'attendaient au train et lui apprirent la triste nouvelle. Fidèle à la « pudeur » paternelle, Simenon resta impassible et se rendit précipitamment chez lui. Il fixa le visage, pâle et serein, de son père et effleura de ses lèvres son front froid. Aux funérailles, il jeta impulsivement quelques fleurs dans la tombe. A la remarque que lui fit un de ses cousins, il répondit : « Les fleurs étaient-elles pour mon père ou pour l'admiration des passants ? » Une pièce d'or de cinq francs constitua tout l'héritage paternel.

Dans les années 1921-1922, Simenon déborde d'activité : il travaille à *La Gazette*, sort avec ses amis, courtise assidûment Tigy. Elle veut s'installer à Paris afin d'entamer pour de bon sa carrière de peintre, et Simenon n'y est pas opposé. Il insista sur le fait qu'il n'envisageait pas alors de « se frotter » à la capitale, cependant, lorsqu'il s'y sera installé, il se comportera comme si telle avait été son ambition. Il y a un obstacle à son départ : il doit faire son service militaire. Il décide de devancer l'appel, ce qui n'affecte que momentanément ses activités. Durant ses deux mois à Aix-la-Chapelle, il envoie de longues lettres d'amour à Tigy. Il épluche des pommes de terre en compagnie d'un appelé d'Anvers, un lettré, et tous deux récitent des poèmes de Villon, Lautréamont et Baudelaire. Ayant obtenu son transfert à Liège, il se retrouve dans une caserne située à trois cents mètres de chez lui. Il reprend alors son travail à *La Gazette* et informe son sergent qu'on peut l'y joindre en cas de besoin.

En 1922, Simenon a dix-neuf ans et il ne conçoit la vie que sous l'angle de la réussite – un point de vue dont il ne se départira jamais. Il joue à être amoureux de Tigy, à être un rebelle et un bohème. S'échapper aussi n'est qu'un jeu, car rien ne l'opprime vraiment, aucun besoin désespéré ne le pousse à partir. Mais cette façon de présenter les choses fait également partie du jeu et plus tard il le transposera en littérature. Ainsi écrira-t-il des douzaines de romans mettant en scène des « petites gens », étouffés par leur environnement, et qui s'abandonnent un jour à un mouvement de révolte, un sursaut le plus souvent tragique et sans lendemain.

Sa façon de s'échapper sera beaucoup plus joviale et lumineuse. Ces premiers livres, très rabelaisiens, expriment tout autant la réalité de son adolescence que les descriptions plus sombres qu'il en fera dans *Pedigree* et ailleurs. S'il s'évade, c'est pour passer d'une réussite à une autre. Cependant il n'était pas ambitieux au sens habituel du terme. C'est comme s'il s'était retrouvé d'un coup en eau profonde en train de nager énergiquement. Il s'était senti devenir trop gros poisson pour la mare où il évoluait et, à dix-neuf ans, il avait tout simplement décidé de trouver une eau à sa mesure. Si c'est Tigy qui choisit d'aller à Paris, c'est lui par contre qui prit ce train de nuit du 10 décembre 1922.

6

Premières années en France
1922-1924

Quand Simenon part pour Paris en décembre 1922, il n'est pas le seul à le faire : tout le monde semble partir pour Paris cette année-là, de Dublin, de Princeton, de Kansas City, de Londres... Simenon n'est même pas le premier du contingent liégeois : le peintre Luc Lafnet, personnalité charismatique, l'a précédé de quelques semaines. Ce Paris qu'ils découvrent tous est bourré de monde, c'est une belle ville, animée, où il se passe plein de choses, où l'on crée, une ville élégante et souvent frénétique.

La Belle Époque a pris fin avec la guerre de 14-18, les Années folles reprennent le flambeau dans les années vingt.

> « Il y avait en effet une telle frénésie dans l'air que cela pouvait passer pour de la folie. Le franc était si bas que des Américains venus de l'Oklahoma ou de Californie allumaient ostensiblement leur cigare avec des billets de mille francs. Les femmes portaient des robes très courtes avec, grande innovation, des culottes en jersey de soie. De soie artificielle, luisante et d'un rose bonbon. Des perles en sautoir leur descendaient plus bas que le nombril[1]... »
>
> « Sur les Grands Boulevards, ce n'était que petits tailleurs clairs, robes à fleurs, chapeaux blancs ou rouges, toques portées presque sur l'oreille d'où s'échappaient des cheveux fous[2]. »

Quel que fût le cours du dollar, on pouvait acheter deux paquets de Gauloises pour un franc, et un repas dans un petit restaurant ne coûtait que trois francs cinquante. Le salaire moyen d'un employé était de mille francs par mois. Pour les artistes et les gens du monde, Montmartre était sur le déclin, et l'époque de Montparnasse ne faisait que commencer.

« ... un des hauts lieux du monde, le carrefour Montparnasse, où *La Rotonde* et *Le Dôme,* les deux cafés célèbres, se faisaient face, regorgeant de peintres, de modèles, d'artistes et de philosophes, d'une génération en gestation, et l'on était en train de bâtir l'immense brasserie de *La Coupole* [3]. »

« ... Les peintres et les poètes venus du monde entier, des hommes dont on vend aujourd'hui les toiles un million de dollars et qui les échangeaient alors contre un café crème et un croissant [3]. »

Les très riches fréquentent le *Ritz,* le *Crillon* et *Maxim's.* Les Champs-Élysées, encore largement résidentiels, ne sont pas à la mode, bien qu'il y ait l'éternel *Fouquet's,* que pour le moment le jeune Simenon ne peut s'offrir – ce qui ne durera pas longtemps.

Il est venu à Paris pour écrire, gagner sa vie, et réussir, mais ce sont là pour lui trois aspirations bien distinctes :

« Je venais en effet me faire les dents, si vous voulez voir, mais sans avoir l'ambition de réussir une chose déterminée. [J'avais l'ambition] de réussir tout court, de réussir dans le roman, mais toujours sans attacher à ce mot *réussir* un sens, par exemple financier; non plus un sens de gloire [4]. »

Bien que flous, ses objectifs ne sont pas sans rapport avec la littérature. A Montmartre, il a pris à l'hôtel Bertha une petite chambre sous les toits et loué une vieille machine à écrire en attendant de pouvoir en acheter une. Il a surtout envie d'explorer, de s'ouvrir à une infinité de sensations, de savourer la beauté bigarrée de Paris.

« J'avais faim de tout. J'étais enchanté de tout, et il me semblait que tout était différent d'ailleurs, en particulier de Liège... Il y avait une légèreté dans l'air, une légèreté aussi dans le parler des gens, dans leur regard [5]. »

Un mois de février particulièrement doux aiguise les sens et le désir : « Un printemps précoce faisait éclater les bourgeons des marronniers et transformait les femmes en autant de tentations irrésistibles. » « Partir en chasse », « rôder », « renifler » et « fouiller » sont les mots dont il use pour répondre à l'appel de Paris. Si la faim est réelle, elle est aussi la métaphore de sa curiosité, comme la consommation sexuelle est une métaphore pour la pénétration de Paris.

Il est sensible à tout : jolies femmes, prostituées, call-girls, mais aussi « petites vieilles, vieillards solitaires, commères fortes en gueule », et « petites gens » qui se pressent dans les rues animées, hautes en couleur. Quand il prend le bus, il se met sur la plate-forme et, pipe à la bouche, observe l'affairement des rues. Il sillonne la ville à pied, marche le long de la Seine jusqu'à Charenton et l'écluse n° 1, qui sera le cadre de l'un des premiers Maigret. Il fréquente un grand nombre de cafés, bars, bistrots et boîtes de nuit, et il s'aventure parfois jusqu'à la rue de Lappe où il va traîner dans les guinguettes – il y verra un jour un homme se faire assassiner à coups de poignard. Il aime boire sur le zinc et discuter le coup avec le patron et les habitués.

Le *Moulin-Rouge* est son endroit favori jusqu'à ce qu'il découvre le dernier quartier à la mode, Montparnasse, et fréquente *Le Bœuf sur le Toit, Le Dôme, La Coupole* et *Le Jockey.* Il aime danser et s'enthousiasme pour le jazz : « Armstrong était un Dieu. » Son premier 14-Juillet le ravit. Il est séduit par l'ambiance des bals populaires, le brouhaha de la foule en fête dans les rues. Avec ses amis, il parcourt tout Paris, allant d'un bal à l'autre, et c'est ainsi qu'il aperçoit, place de la République, un jeune chansonnier qui monte, Maurice Chevalier.

Il n'a pas beaucoup d'argent durant ses premiers mois à Paris (et même durant les deux premières années). Pour joindre les deux bouts, il lui arrive de vendre ces livres rares, ces premières éditions qu'il avait si habilement acquises, pour « payer les camemberts du Faubourg Saint-Honoré ou les filles du boulevard des Batignolles ». Les camemberts renvoient à sa découverte du fait que ce fromage bon marché prend du volume après avoir été entamé, et dure donc plusieurs jours.

Bien que Simenon ait été le plus souvent enthousiaste, au début de son séjour, il s'est parfois senti étranger :

> « Dès mon arrivée à Paris, je m'étais senti lourd, maladroit, parmi des Parisiens au parler léger qui se faufilaient joyeusement dans leur ville et qui avaient si facilement la gouaille aux lèvres [6]. »

A son premier emploi, on se moque de ses belgicismes, comme de ses compulsifs « n'est-ce pas ». On décide qu'il devra mettre une pièce de dix centimes dans la tirelire à chaque fois qu'il laissera échapper une de ces expressions liégeoises. « Le contenu de cette tirelire a plusieurs fois servi à offrir l'apéritif à tout le bureau. »

Deux semaines après son arrivée, il se rendit brutalement compte qu'il était lugubre d'arriver à Paris en décembre. La raison qui l'avait fait venir juste avant Noël n'est pas claire (sans doute avait-il un rendez-vous), mais la solitude, une nuit de Noël, dans une ville étrangère, lui laissa une impression inoubliable :

> « Je ne connais rien de plus sinistre que d'être seul à Paris, avec très peu d'argent en poche, une nuit comme celle-là, à frôler les gens qui s'amusent ou à les observer à travers la vitre des restaurants [7]. »

Le réveillon du Nouvel An n'aurait guère été plus gai que le soir de Noël s'il n'avait rencontré Pilar, une fille qui comme lui contemplait ce soir-là la vitrine de la French Line, rue Auber. Ils prirent un verre, puis passèrent ensemble une nuit passionnée. Lui pensait être très averti des choses du sexe mais elle lui révéla, « les yeux moqueurs, des subtilités qui m'ahurissaient [7] » : elle était capable de l'amener à l'orgasme simplement en battant des cils contre les siens. Il évoquera cette rencontre dans au moins deux romans : *Les Anneaux de Bicêtre* et *Le Passage de la ligne* – y utilisant le nom de Pilar.

Simenon n'était pas venu à Paris sans introductions. Un homme d'affaires, Georges Plumier, qui l'avait encouragé à tenter l'expérience parisienne, le recommanda auprès d'un certain Binet-Valmer : c'était un mondain doublé d'un écrivain commercial prolixe, surtout connu en sa qualité de président de la Ligue des chefs de section et des anciens combattants, une organisation qui se consacrait essentiellement à la promotion des thèses et des candidats de droite.

Peu de temps après son arrivée, Simenon se présente donc à Binet-Valmer. Il y va plein d'enthousiasme, s'attendant à se voir offrir le poste de secrétaire d'un écrivain célèbre. Mais ce sera une déconvenue sur toute la ligne. Son quartier général est une petite maison vétuste et, en fait d'activité littéraire, Simenon n'y trouve que deux employés affairés à charger des boîtes en carton dans des camions. La recommandation de Plumier lui vaut d'être employé sur-le-champ à charger les camions : le dernier-né des projets de Binet-Valmer est une opération cadeaux-de-Noël pour « la France dévastée par la guerre ».

Au bout d'une heure passée à descendre d'étroits escaliers

avec ces cartons, Simenon, vexé, est presque au bord des larmes et prêt à retourner à Liège. Néanmoins, il restera six mois à remplir des enveloppes, à écrire les adresses, à représenter Binet-Valmer à des cérémonies officielles (particulièrement aux funérailles, les jours d'hiver les plus froids), à porter des messages « urgents » aux quarante-cinq quotidiens parisiens. Ce dernier aspect de sa fonction est le moins rébarbatif : il prend plaisir à faire de longues courses en fiacre et à découvrir les antichambres du pouvoir – plus exactement, d'un pouvoir d'essence aristocratique qui ne va pas tarder à disparaître. Binet-Valmer est un personnage superficiel, tant comme politicien que comme homme de lettres, qui passe son temps à intriguer parmi des médiocres momentanément en place – un comportement pour lequel Simenon ressentit une répulsion immédiate.

> « Ce n'était pas cette vie littéraire-là que j'étais venu chercher à Paris. A Liège, je ne la soupçonnais pas. C'était tout un à-côté de la littérature qui me hérissait et je me promettais de ne jamais me laisser prendre à ces sortes d'hommages [7]. »

Pour être plus près des bureaux de la Ligue et du centre, Simenon quitte l'hôtel Bertha et loue une chambre, rue du Faubourg-Saint-Honoré, chez une Anglaise. Mais elle le met à la porte quand elle découvre l'un de ses camemberts exceptionnellement avancé qui coule sur la grille de la cheminée. Il emménage alors dans le voisinage, impasse Saint-Honoré, dans une chambre et demie vaguement meublée que l'arrivée de Tigy qui amène avec elle quelques meubles de son père, améliore peu après. Ils se marient à Liège le 24 mars 1923. Simenon est resté à Paris jusqu'au dernier moment, et arrive à Liège par le train de nuit, le matin même de son mariage. La nuit précédente, il a enterré sa vie de garçon en compagnie de deux voluptueuses Hollandaises qu'il a rencontrées au *Lapin Agile* : il finit la nuit avec elles dans la suite de leur hôtel. A Liège, il prétend qu'il gagne mille francs par mois, satisfaisant ainsi aux exigences du père de Tigy. Sur le chemin de l'église, il récite des recettes de cuisine à sa mère pour l'empêcher de pleurer. Le mariage terminé, encore grisés de champagne, les deux époux prennent le train pour Paris et s'installent dans leur appartement de l'impasse Saint-Honoré.

Tigy peint beaucoup – elle obtiendra finalement plus de succès que Simenon ne voudra le dire. A l'époque, cependant, elle fait surtout des portraits, qu'elle expose en plein air avec les autres peintres à Montmartre. Simenon les encadre et les accroche sur une corde entre deux arbres de la place Constantin-Pecqueur. Il fixe les passants dans les yeux, à la recherche d'un client. Sentant qu'il fait peur aux acheteurs, Tigy lui dit d'aller se promener. Sa manière préférée d'aider sa femme dans sa carrière est de lui chercher des modèles féminins, en prenant bien soin de les examiner personnellement avant de les lui envoyer. La « chasse aux femmes » est en vérité une activité permanente.

Simenon a toujours prétendu que Tigy était pathologiquement jalouse, ce qu'il ne lui pardonna jamais : « Pendant plus de vingt ans que j'ai passés avec elle, j'ai dû mentir et me cacher [8]. » Il aura des aventures avec toutes sortes de femmes, des élégantes entraîneuses du *Café de la Paix* aux péripatéticiennes du boulevard Montmartre et de la rue de Lappe. Il fréquente surtout des prostituées. Quand on lui paye ses textes, si la somme qu'il perçoit est supérieure à 500 francs, il prend l'habitude de prélever secrètement 20 francs « pour mes plaisirs personnels ». Un peu plus tard, plus prospère, il devient un habitué d'un établissement élégant de la rue Brey tenu par une certaine Mme Hélène, un lieu « où, sans avoir à perdre son temps à une cour fastidieuse et sans se compromettre, on trouvait les femmes les plus charmantes de Paris [9] ». Il y a certainement, derrière cette quête frénétique, un besoin d'apaisement sexuel mais aussi de connaissance, de communion – de transcendance, quasiment.

> « ... c'était un peu comme de communier avec une partie de l'univers. C'est pour ça que je les aurais voulues toutes. Je souffrais littéralement de savoir qu'il y avait des millions de femmes au monde que je ne connaîtrais jamais et qui, toutes, auraient pu m'apporter quelque chose, qui toutes auraient pu augmenter une certaine plénitude à laquelle j'aspirais confusément [10]. »

Pendant un certain temps, les Simenon fréquentent le petit cercle d'expatriés liégeois qui se réunit dans le studio de Luc Lafnet à Montmartre. Lafnet, comme Simenon, est retourné à Liège pour se marier, et le couple vit chichement dans un studio où ils ont recréé la Caque, version montmartroise. Le regard que Simenon porte sur eux n'a pas varié depuis Liège : pour lui, ils sont l'image de l'échec, de la faiblesse, promis à l'oubli. Lafnet est mort jeune, en 1939, cependant comme artiste il n'a pas totalement échoué – Simenon lui rendra d'ailleurs hommage à l'occasion d'une rétrospective de son œuvre. Il éprouve plutôt de la sympathie que de l'hostilité – comme à Liège – envers eux, mais il ne se sent pas proche d'eux.

Il a des femmes, de l'allure, une vitalité effrontée, et cela lui permet, même quand il manque d'argent, de conserver intact son optimisme. Il veut être à la mode. En arrivant à Paris, il portait une coupe de cheveux « à l'artiste », et le voici maintenant coiffé « à l'embusqué » (les cheveux sont longs sur le dessus, et très courts derrière). Il est très fier de son premier costume parisien : le tissu est beau et la coupe révèle « une discrète fantaisie ». Mais, catastrophe!... A la première pluie, il rétrécit et, en rentrant chez lui, ses pantalons lui grimpent aux chevilles. Un peu plus tard il adopte un style carrément flamboyant : des pantalons très larges, couleur bois-de-rose, qui tombent sur des chaussures en cuir jaune, à bout carré, « à l'américaine », et des pardessus réversibles achetés en solde chez un grand chemisier anglais – des vêtements de qualité mais avec des couleurs très excentriques : il en a un rouge à petits carreaux, un autre bleu électrique.

Un des plus importants bienfaiteurs de la Ligue est un certain marquis Jacques de Tracy. Sa fortune est considérable : son père qui vient de mourir lui a laissé plusieurs châteaux, un immense pied-à-terre, des rizières en Italie, des propriétés en Tunisie, et de nombreux comptes bancaires. Il vient aussi d'avoir quarante ans et de se marier, et il a besoin d'un secrétaire pour l'aider à faire face à toutes ses responsabilités. Un beau matin, Binet-Valmer convoque Simenon dans son bureau et, le monocle bien en place, sur un ton des plus solennels, il lui fait part de la situation du marquis. Il l'a recommandé pour le poste de secrétaire, lui annonce-t-il, et il est attendu à onze heures. Simenon se présente à l'heure dite, et deux valets l'introduisent auprès du marquis qui le reçoit dans son bureau merveilleusement désordonné, vêtu d'une robe de chambre en soie et chaussé de mules rouges. « Vous vous appelez Sim? » lui demande-t-il. Georges lui explique que c'est son nom de journaliste mais qu'il s'appelle Simenon. « Je vous appellerai Sim », déclare le marquis, qui l'engage.

Simenon, qui est las de la Ligue, trouve le job providentiel et fête l'événement en s'offrant pour la première fois l'une de ces filles de luxe de la Madeleine. Il s'entend bien avec le marquis de Tracy et reste plus d'un an à son service. Il met de l'ordre dans sa correspondance – des lettres n'ont pas été ouvertes depuis deux ans –, il s'occupe des factures des bijoutiers, des fourreurs, etc. En fait, il n'a pas grand-chose à faire, à part accompagner Tracy de château en château. C'est dans l'immense château de Saint-Jean-des-Bois près du village de Paray-le-Frésil qu'il demeure le plus longtemps, et, pendant ce temps, Tigy, qui n'a pas été prévue dans ces arrangements avec le marquis, loge à l'hôtel dans un village à dix-huit kilomètres du château. Plus ou moins secrètement, Simenon la rejoint chaque soir à bicyclette. De temps en temps le marquis lui dicte une lettre, « comme s'il n'y croyait pas ». Une fois, dans un des châteaux, Simenon découvre une collection extraordinaire de livres rares et propose au marquis d'en dresser le catalogue. Tracy acquiesce d'un air indifférent. Quoi qu'il fasse, il donne l'impression de ne pas y croire, et il a constamment l'air de quelqu'un qui vient de se réveiller d'un sommeil profond.

Simenon, qui a toujours eu un grand besoin d'attention, aime l'intérêt paternel que lui porte cet aristocrate, par ailleurs distant. De plus, sa vie avec le marquis, comme avec Binet-Valmer, lui permet de pénétrer les arcanes de l'aristocratie. Ce milieu étonnamment irréel et vide, mais non dépourvu d'exotisme, excite sa curiosité, et sa faune enrichit la collection de portraits du futur écrivain. Le caractère le plus remarquable de ce monde est celui du régisseur de Saint-Jean-des-Bois, Pierre Tardivon. L'homme est grand et maigre, le visage taillé à coups de serpe, il porte bottes et veste de velours et il veille à tout sur le vaste domaine. C'est inspiré par lui que, plus tard, Simenon fera de Maigret un fils de régisseur et qu'il fera de Paray-le-Frésil « Saint-Fiacre ».

Les travaux que Simenon exécute pour Binet-Valmer et Tracy ne sont en fait que des chemins de traverse dans son parcours littéraire. Il était allé voir Binet-Valmer dans l'espoir qu'il le « lancerait » dans le monde des lettres. Il est certes déçu, mais ses fonctions lui permettent de côtoyer quelques personnalités littéraires dont il croquera les portraits pour *La Revue sincère* de Bruxelles : Henri Duvernois, Paul Fort, Maurice Barrès, Tristan Bernard. Son portrait de Léon Daudet, royaliste et antisémite, qui écrase de son énorme postérieur « son siège fleurdelisé », rachète peut-être l'antisémitisme de celui qu'il fit de Duvernois.

Ce sont là les derniers textes qu'il destinera au marché belge avant de se lancer sur le marché parisien. Il va pour cela se servir de cet humour qu'il avait déjà manié dans le « Poulailler » et dans ses premiers romans.

Simenon est également recommandé à Georges Ista, un écrivain belge qui prospère à Paris dans le roman populaire, genre érotico-humoristique.

Ista, qui ne peut converser qu'avec un gigantesque cornet acoustique qu'il colle à la bouche de son interlocuteur, lui donne force conseils pour avoir ses entrées sur cette scène littéraire qui s'exprime dans des magazines tels que *Froufrou*, *Sans-Gêne* et *Paris-Flirt*. Simenon ne sait pas s'il doit rire ou pleurer de cette conception de la littérature, mais il n'a sûrement pas pleuré ni été surpris de se retrouver quelques semaines plus tard écrivant à la chaîne ce qu'on appelait à l'époque des *contes galants* pour pratiquement toutes les revues spécialisées dans le genre. Durant l'hiver 1923-1924, il vend son premier texte à l'hebdomadaire *L'Humour* et, dès lors, publiera ses textes dans de nombreuses revues.

Le conseil d'Ista de soigneusement choisir son sujet puis d'y réfléchir pendant plusieurs heures avant de passer à l'écriture est tombé dans l'oreille d'un sourd. La méthode Simenon consiste à marcher de long en large pendant trois ou quatre minutes pour consolider son idée, puis d'écrire le tout en moins d'une heure. A un moment, il publiera plusieurs textes par semaine dans quelque quatorze revues : *L'Humour*, *L'Almanach de l'Humour*, *Eve*, *Miousic*, *Gens qui rient*, *Le Sourire*, *Le Rire*, *Sans-Gêne*, *Froufrou*, *Paris-Plaisirs*, *Le Merle Blanc*, *Fantasio*, *Paris-Flirt* et *Mon Flirt*. Pensant qu'il serait indécent de garder la même signature, il utilise une variété de pseudonymes : Aramis, Bobette, La Déshabilleuse, Luc Dorsan, Gémis, Gom Gut, Jean, Kim, Miquette, Misti, Pan, Plick et Plock, Poum et Zette, Sandor, Trott, et, occasionnellement, Sim.

Il module la tonalité de ces histoires prestes en fonction de chaque revue. Dans le genre pornographie « soft », certains textes ne sont en fait qu'un tissu de plaisanteries crues d'une vulgarité embarrassante, mais le plus souvent ce sont des histoires qui prennent, plus ou moins habilement, un tour inattendu, un revirement original, ou aboutissent à une révélation ironique. Quelquefois, ces récits prennent un tour sentimental. Certaines revues réclament des textes plus sexuellement explicites que d'autres mais, dans tous les cas, il faut pour réussir dans ce genre de littérature manier avec brio l'euphémisme.

L'un de ses premiers textes, publié dans *Sans-Gêne* le 1er septembre 1923, est l'histoire d'un jeune homme naïf, amoureux d'une jolie fille, qui est fortement troublé de découvrir qu'elle est danseuse nue aux *Folies-Bergère*. Il va la voir dans sa loge, tombe sur un vieux grigou en train de la lutiner, crie à l'outrage et chasse le libidineux. Mais il s'attire les foudres de sa maîtresse, car le gentleman en question est un important auteur dramatique qui était sur le point de lui donner sa chance au théâtre. Dans la dernière scène, on voit le jeune homme, abattu, assis dans le café où il a rencontré la jeune femme, et où il continue de se rendre, jour après jour.

Dans un autre, qu'il publiera dans la même revue trois semaines plus tard, on retrouve les mêmes péripéties mais dépourvues cette fois de sentimentalité. Un goujat rencontre dans un parc une jolie femme qu'il prend pour la mère des deux enfants qui jouent sous la surveillance d'une gouvernante. En réalité, elle est la fille de la gouvernante et c'est une call-girl qu'il faut payer. Lubricité, voyeurisme et exhibitionnisme jouent un grand rôle dans ces récits, non seulement parce qu'ils sont faits pour flatter les instincts voyeuristes du lecteur mais aussi parce qu'ils décrivent des situations de voyeurisme et d'exhibitionnisme. Par exemple, un vieil homme est surpris dans la salle de bains en train de lorgner sa maîtresse en compagnie d'un jeune amant. Un jeune homme voit une jeune fille à la fenêtre de l'autre côté de la rue qui fait des gestes érotiques auxquels il s'empresse de répondre, et le voilà qui se déshabille, persuadé que c'est ce qu'elle attend de lui; mais c'est une danseuse professionnelle qui est en train de répéter et il est arrêté pour exhibitionnisme.

Ces récits verbeux et creux essayent d'établir un rapport complice avec le lecteur. Un narrateur outrecuidant s'impose, prend souvent le lecteur à témoin. « Ma foi que vouliez-vous qu'elle fît...? » Ce style est parfois outré et on s'éloigne alors du roman pour aboutir à une espèce de reportage accrocheur : « Voudriez-vous faire une petite expérience amusante ? » Suit alors le récit détaillé de l'organisation d'une prétendue orgie qui attirera une foule d'hommes qui en seront pour leurs frais, car il n'y aura pas une seule femme. « Voulez-vous un tuyau ? » demande encore le narrateur, qui raconte tout ce que l'on peut apprendre en se faisant passer pour un détective privé.

Peu après s'être lancé dans l'humour érotique, Simenon va tenter sa chance dans un autre genre. Il a rencontré Henri

Duvernois par l'entremise de Binet-Valmer. Il admire le style de ses histoires courtes, mais ce qui l'impressionne encore plus c'est le fait qu'elles soient publiées par *Le Matin*, journal à fort tirage. Duvernois incarne pour lui la réussite et il veut l'imiter. Bientôt, tout en continuant ses « contes galants », il s'essaye à un genre plus recherché et plus sérieux.

Henri de Jouvenel, le rédacteur en chef du *Matin*, est à l'époque le deuxième mari de Colette, et la célèbre romancière est directrice littéraire du journal. C'est donc à elle que Georges Simenon présentera d'abord les courts récits qu'il espère publier dans *Le Matin*. Il décrira très souvent sa rencontre avec Colette, sans doute parce qu'elle prit, dans sa vie, une dimension mythique. Il se fait rapidement une idée du style de fiction que publie *Le Matin* avant de soumettre deux textes. Il y a une tradition au journal : le mercredi, on va voir le directeur littéraire et soit on reçoit un chèque – le manuscrit est accepté pour publication –, soit on reprend son manuscrit. Simenon reviendra plusieurs fois sans chèque, jusqu'à ce qu'un de ces mercredis on lui annonce que « Madame Colette » désire lui parler. Impériale dans son fauteuil d'éditeur, elle l'impressionnera énormément. Il a signé ses textes « Georges Sim », aussi l'appelle-t-elle « mon petit Sim ».

> « Mon petit Sim, j'ai lu votre dernier conte... Ce n'est pas ça. C'est presque ça, mais ce n'est pas ça. Il ne faut pas faire de littérature. Pas de littérature! Supprimez toute littérature et ça ira [11]. »

Simenon simplifia son style, lui soumit deux autres textes et s'entendit encore dire : « Encore trop littéraire, mon petit Sim. Pas de littérature! » Il rentra chez lui, se remit à l'ouvrage et finalement eut deux manuscrits acceptés. Il l'appelait « Adorable Colette », reconnaissant de ce qu'elle l'ait éloigné d'un style prétentieux et incité à une expression simple et directe. Quel qu'ait pu être le rôle de Colette dans le développement de sa carrière (il n'est pas certain qu'il ait été aussi déterminant qu'il le dira) il acquerra une dimension mythique pour Simenon car ses recommandations anticipent l'écriture sobre qui caractérisera ses ouvrages proprement littéraires (les Maigret inclus). C'est aussi grâce à elle qu'il parvint à se faire connaître dans le beau monde parisien du journalisme littéraire. Donc, pour Simenon, le « mythe Colette » se résume à ceci : plus de réalisme, moins de littérature, et du succès.

Nous n'avons pas connaissance des passages que Colette rejeta, de sorte qu'il ne nous est pas possible de dire comment Simenon en a modifié le style. Les textes publiés par *Le Matin*, à commencer par « La Petite Idole » qui paraît le 27 septembre 1923, sont dans l'ensemble très concis en raison des impératifs de publication. La syntaxe en est particulièrement sophistiquée, surtout par rapport au style délibérément plat qu'il adoptera par la suite dans ses romans. Tous ces textes signés « Georges Sim » sont publiés dans la rubrique littéraire « Les mille et un matins ».

Un ton pathétique y prédomine et beaucoup exsudent une sentimentalité sans retenue. Certains traitent d'une situation banale, rapidement croquée, d'autres sont plus imaginatifs, d'autres ont un côté touchant. Il y a beaucoup d'histoires d'amour qui tournent mal, dans la veine d'*Eugénie Grandet* : une femme abandonnée par un homme insensible, ou le contraire. La présence des « petites gens » préfigure le rôle central qu'ils occuperont dans ses ouvrages majeurs, mais ils apparaissent dans un contexte sentimental ou tragi-sentimental et non pas dans cette ambiance de désespoir, de cynisme, de tragédie qui imprégnera son œuvre. « Mélie » raconte l'histoire d'une femme au caractère effacé, triste, qui passe sa vie à plier des journaux dans une imprimerie. Elle se retrouve enceinte, on ne sait pas de qui, et se sent comblée par cette maternité qui s'annonce.

Plusieurs histoires traitent des « petites gens » sur le plan collectif, socio-économique : étrangers, prolétaires, marginaux, tels ces travailleurs italiens dont la solitude est traduite avec force malgré le côté sommaire de l'intrigue dans « Le Chant du soir », en dépit d'une intrigue du reste sommaire ; comme ces Lacroix, dans l'histoire qui porte leur nom, étrangers dans une région de petits propriétaires terriens, ils sont accusés d'un crime et leur acquittement provoque la colère des propriétaires ; comme les mineurs dans « Le Grisou », où Simenon n'a pas honte de faire appel au sentimentalisme pour décrire un accident de mine. D'autres récits abordent des sujets de la vie courante, des faits divers : « Le Coup de feu » par exemple, où un accident de chasse se révèle être un crime commis par un mari bafoué. Pour la description du milieu aristocratrique, Simenon puise dans son expérience avec le marquis de Tracy. Il écrit surtout pour *Le Matin* mais il collabore aussi avec d'autres journaux. Dennis Drysdale évalue le nombre de ces courts récits à 25 en 1923, 204 en 1924, 276 en 1925 et 261 en 1926.

Les débuts littéraires parisiens de Simenon coïncident avec la période durant laquelle il travaille pour Binet-Valmer et pour le marquis de Tracy. Quand il travaille pour le premier à Paris, il vit impasse Saint-Honoré et écrit sur une table blanche dans un coin de la chambre, pendant que Tigy peint dans un autre coin. Il écrit parfois dans les bistrots du quartier et sa frénésie d'écriture excite la curiosité des consommateurs. La publication de ses textes l'amène aussi bien à se rendre au siège élégant du *Matin* que dans des bureaux miteux, installés dans des sous-sols au fond d'impasses. Il laisse ses manuscrits, se fait payer, et fait la connaissance de nombreux écrivains – ses collègues d'alors, « les tâcherons de la littérature » –, et aussi d'éditeurs dont certains sont dans une situation si précaire qu'on peut les retrouver un an plus tard en train de vendre des cravates sur le trottoir. Simenon doit constamment se démener pour survivre, mais il aime cette tension : « A cette époque, tout était beau. J'avais l'impression de découvrir la vraie vie [12]. »

Secrétaire du marquis de Tracy, il voyagera avec lui de château en château, mais ne ralentira pas son rythme d'écriture. Ses contacts journalistiques sont alors bien établis et il peut tout régler par courrier.

Cependant, plus il écrit, plus il gagne d'argent, plus il a de possibilités d'être publié, plus la logistique devient compliquée. Et c'est pour cette raison qu'il décide de quitter le marquis et de rentrer à Paris pour se consacrer entièrement à l'écriture.

7

Le magicien du roman populaire
1924-1930

Au début de l'été 1924, les Simenon s'installent dans un appartement situé au 21, place des Vosges, qui restera leur résidence principale pendant presque sept ans. Il s'agit du rez-de-chaussée d'un ancien hôtel particulier, auquel on adjoindra quelque temps après le deuxième étage. Simenon choisit une décoration de style Art Déco flamboyant. Il choisit un velours noir pour les rideaux et le divan, colossal. Les murs sont ornés de motifs cubistes, très colorés, très gais, exécutés à la gouache. Un immense bar « américain », avec un comptoir en verre dépoli éclairé par en dessous et des tabourets jaune vif recouverts de cuir noir, attire l'œil. Un projecteur de scène, dans un coin, permet d'éclairer de blanc, bleu ou jaune n'importe quel angle de la pièce. Il a peint « SIM » sur la porte d'entrée en grandes lettres vertes.

Ses revenus s'accroissent rapidement, mais avec les femmes, les parties, les boîtes de nuit, les restaurants, et, plus tard, les voitures, les bateaux, les voyages, il dépense tout ce qu'il gagne, et bien plus. Place des Vosges, les soirées se prolongent jusqu'au petit matin et tournent à l'orgie. Simenon tient le bar et manipule le projecteur. Observer l'intéresse davantage que participer, comme s'il se livrait à une expérimentation contrôlée : que se passe-t-il, par exemple, quand deux jolies filles se déshabillent? Certains réveillons de Nouvel An sont particulièrement tumultueux, avec des invités écroulés ivres morts sur le plancher et la vieille dame de l'étage au-dessus qui se plaint d'avoir rencontré toute la nuit des gens nus dans le couloir. Simenon, tel Socrate, continue à se lever régulièrement de bonne heure, même après ces soirées mouvementées, et se met à taper sur sa machine pendant trois ou quatre heures, indifférent aux « cadavres » qui l'entourent et qui s'éveilleront l'un après l'autre.

Il a beaucoup d'amis, ou de connaissances. Ses amitiés liégeoises se maintiennent un temps, puis se dissipent. A Montparnasse, il fait la connaissance de nombreux peintres – Vlaminck, Soutine, Paul Colin, Marcel Vertès, Kisling, Pascin, Foujita, et plus tard Bernard Buffet. Jean Renoir, l'un de ses premiers amis parisiens, vient souvent, avec sa première femme, Catherine Hessling, aux soirées de la place des Vosges.

Dans le milieu littéraire, les gens qu'il fréquente sont moins célèbres. Il connaît Georges Charensol, rédacteur en chef des *Nouvelles littéraires,* sur qui il pourra compter pour promouvoir dans cette revue ses ouvrages sérieux. Il semble qu'il soit devenu assez ami avec Henri Duvernois, son ancienne idole. Celui-ci lui fait un jour cette confidence :

> « Il y a un moment dans la vie, Sim, où on ne peut plus faire l'amour ! Eh bien, à ce moment-là, on ne trouve plus en soi matière à écrire... Je peux t'avouer que depuis trois ans je fais du faux Duvernois, autrement dit, je me plagie [1]. »

On ignore le commentaire de Simenon, mais le pressentiment d'une sénilité littéraire ne le trouble sûrement pas outre mesure. Il est toujours aussi obsédé par les femmes – les modèles de Tigy, les prostituées, les adolescentes dans les auberges de campagne, les femmes mariées à la recherche d'aventures dans des établissements parisiens d'un genre particulier. Il rencontre ainsi l'épouse d'un bon ami, qui se montrait nue avec d'autres femmes sur un podium devant un public d'hommes. Sentant qu'il pourrait « lui donner des complexes [2] » s'il feignait de ne pas la reconnaître, c'est sur elle qu'il porte son choix.

Les femmes de Simenon sont alors presque toutes anonymes, l'exception étant Joséphine Baker qui est arrivée récemment d'Amérique et a conquis l'Europe. Il l'a rencontrée avec Tigy dans ces cercles mondains qui comptent de plus en plus de célébrités. Ils la retrouvent souvent en compagnie d'autres amis au *El Garrob,* une boîte de nuit ouverte jusqu'à l'aube, après son show dans un club de la rue Fontaine. En 1926, il s'occupera brièvement, par amitié, de son secrétariat, et l'aidera pour ses revues de presse et sa correspondance. Il le fera avec son ami Marcel Sauvage, qui, beaucoup plus tard, aidera Joséphine Baker à écrire ses Mémoires.

Simenon dit : « Nous tombâmes follement amoureux », « c'était le coup de foudre [3]. » Joséphine restera jusqu'en 1946 la seule femme pour qui il aurait pu divorcer de Tigy. Mais la gloire et l'entourage de l'artiste – des personnalités comme l'Aga Khan – l'intimident. Il a peur, s'il restait avec elle, de devenir « Monsieur Baker » et, un soir, il la quitte précipitamment. Il se réfugie à l'île d'Aix, et ne la reverra que trente ans plus tard, lorsqu'elle lui rendra visite dans le Connecticut. « Georges! Mais pourquoi m'as-tu abandonnée [4]? » lui demanda-t-elle alors. D'après Sauvage, Simenon n'était pas amoureux d'elle, et Joséphine fut très abattue par son départ.

Épris d'Art Déco et de jazz – c'est la dernière mode –, Simenon se passionne aussi pour le cinéma. Ce qui l'intéresse, ce n'est pas le cinéma commercial mais les films d'avant-garde que l'on projette dans les petites salles d'art et d'essai de la rive gauche. Son premier film, c'est le très expressionniste *Cabinet du Dr Caligari* qui lui ouvre, dit-il, « de nouveaux horizons [5] ». *La Petite Marchande d'allumettes* de Jean Renoir, *Entr'acte,* le premier film de René Clair, *Le Chapeau de paille d'Italie,* et *Metropolis* de Fritz Lang (il tombe amoureux du « corps sculptural » de Brigitte Helm) l'enthousiasment. Les rapports que Simenon entretiendra toute sa vie avec le cinéma sont complexes et non dénués d'ironie. C'est d'abord un passionné des grands films des années vingt, qui n'a que mépris pour le cinéma commercial. Puis il perd tout intérêt pour le Septième Art, tout en restant l'ami intime de plusieurs grands cinéastes, et en gagnant une fortune avec l'adaptation de ses romans à l'écran. Il finit par présider le Festival de Cannes en 1960, alors qu'il venait de déclarer n'être jamais allé au cinéma que pour les cacahuètes, les glaces et la publicité.

Peu après avoir conquis sa place d'écrivain de contes commerciaux, Simenon décide de s'attaquer au roman. Il est depuis longtemps familier des formes populaires de littérature, au moins depuis l'époque de tante Céline, et avant de se lancer, il reparcourt et analyse, pour en comprendre les trucs et les « ficelles », les œuvres fondamentales du genre. Il est arrivé dans la métropole au bon moment. Dans les décennies qui vont suivre, la demande de ce type de littérature sera de plus en plus satisfaite par le cinéma, la radio, et plus tard par la télévision, mais dans les années vingt ce n'est pas encore le cas.

Le demi-siècle précédent a vu l'essor du marché de l'édition populaire. Le développement de l'enseignement augmente le nombre des lecteurs, et l'amélioration des techniques d'impression et de fabrication du papier permet d'abaisser les coûts de production. Même le développement des transports ferroviaires a une signification littéraire : le besoin de distraction des voyageurs augmente en même temps que s'allonge la durée des voyages. En bref, la littérature populaire se porte bien : un grand marché de consommateurs se crée et toutes les composantes de l'industrie du livre s'efforcent de le satisfaire, des propriétaires de journaux aux éditeurs, en passant par les imprimeurs, les libraires... jusqu'aux écrivains. Parmi eux, on trouve des « tâcherons de la littérature », comme Ista, mais aussi des gens qui, mettant momentanément de côté leurs nobles aspirations, sacrifient un moment au commercial pour gagner vite de l'argent. D'autres font alternativement du « populaire » et du « sérieux », ou glissent imperceptiblement de l'un à l'autre ; certains enfin parviennent à écrire des livres qui plaisent aux deux catégories de lecteurs.

Bien entendu, les délimitations des genres littéraires ont toujours été incertaines. Elles sont bien distinctes quand on considère les extrêmes – Edgar Rice Burroughs appartient au genre « populaire », Marcel Proust à la grande littérature – mais entre ces deux pôles, le flou règne. « Populaire » est un terme ambigu. En français, « roman populaire » ne désigne qu'un produit de consommation, mais cette appellation générique a en fait différentes connotations. Cela peut vouloir désigner une œuvre qui, s'inspirant du peuple – et non pas de l'élite –, cherche à en exprimer la vérité et à établir un dialogue avec lui. Mais cela peut aussi désigner un ouvrage bâclé, dans lequel la sensibilité de l'auteur n'intervient absolument pas, et qui joue sur les bas instincts d'un public de masse – c'est, dans ce cas, tout le contraire d'une œuvre d'art. Le qualificatif « commercial » est un meilleur label dans la mesure où il y a une relation commerciale évidente entre l'écrivain-producteur et le lecteur-consommateur. Le consommateur veut acheter un produit déterminé qui réponde à un besoin déterminé. Ce produit standardisé – si variations il y a, elles sont superficielles – sera écrit avec soin, en respectant la « formule ».

Les sujets de fiction commerciale se divisent principalement en trois catégories : crime, amour, aventure. Souvent, ces catégories se chevauchent et se subdivisent. Sous le chapitre

« aventure » on a ainsi : Far-West, pirates, mers du Sud et autres contrées exotiques, aventures historiques, etc. Dans l'histoire littéraire, les sources de cette littérature commerciale sont plus ou moins évidentes, ou obscures. On arrive souvent, mais pas toujours cependant, à relier la forme « vulgaire » à l'œuvre noble qui lui a servi de modèle. De Balzac, par exemple, on passera à Eugène Sue, à Paul Féval et à Jean du Perry. Sue est un écrivain immensément populaire de la seconde partie du dix-neuvième siècle, l'auteur de longs romans d'aventure, de mystère, et de suspense. Paul Féval, aussi célèbre que prolixe, règne sur le roman populaire dans les décennies qui précédent la Première Guerre mondiale. Jean du Perry, lui, c'est Simenon.

La littérature populaire française du dix-neuvième siècle comprend des auteurs aujourd'hui oubliés : Pigault-Lebrun, de Kock – dont le public anglo-saxon se souvient peut-être encore aujourd'hui parce que la Molly Bloom de James Joyce le lit (« Quel nom charmant! » remarque-t-elle malicieusement). Derrière ces auteurs on sent la présence de Walter Scott, Dickens, Edgar Allan Poe, Alexandre Dumas. On peut déceler aussi les influences du roman gothique, du roman sentimental du dix-huitième siècle, du récit exotique et, en remontant plus loin, des romans à épisodes de la Renaissance et, avant cela ceux de la Grèce.

Fayard Frères est à Paris la maison d'édition la plus importante dans le secteur de la littérature commerciale. Fondée par Arthème Fayard père dans les années 1870, elle se lance, dans les années 1890, dans l'exploitation du marché de la littérature commerciale. Elle commence par publier les textes de chansons populaires, puis lance des collections de classiques, d'histoire grand public et d'encyclopédies, avant de passer à des romans courts qu'elle publiera dans la collection « Le Livre populaire », et ces romans qui ne coûtent que 75 centimes connaîtront une grande diffusion. L'un des premiers succès de Fayard fut *Chaste et flétrie,* le livre que la tante Céline aimait tant. Fayard publie la série des Rouletabille et celle, interminable, des Fantômas – qui constitue peut-être le plus grand succès de la littérature commerciale. Simenon s'associe intimement à cette maison d'édition, dirigée à ce moment-là par les fils d'Arthème Fayard.

C'est tout à fait fortuitement que Simenon s'essaie au roman commercial. Un matin de l'été 1924, il est à la « foire aux croûtes » où Tigy expose. Fatigué d'attendre le client, il va s'installer dans un café du quartier :

> « J'avais découvert une petite brasserie très gaie, très confortable, très calme, dans la rue Caulaincourt. Un jour, après avoir lu plusieurs romans populaires, j'en commençai un, devant une table de marbre. Cela s'intitulait *Le Roman d'une dactylo* [6]. »

Vers midi, il a terminé un petit roman de 2 000 à 3 000 lignes – ce qui donnera à l'impression, dans un très petit format, 79 pages. Il le vend environ 300 francs à l'une des grandes maisons spécialisées dans ce genre, J. Ferenczi & fils, qui la publiera dans la collection « Le Petit Livre ». L'ouvrage sera vendu 40 centimes. Un pseudonyme du style Plick et Plock ne faisant pas l'affaire, il signe « Jean du Perry », du nom d'une rue de Liège.

Comme le montre le titre de son roman, il a parfaitement compris le public auquel s'adresse cette littérature. Il s'agit d'histoires d'amour destinées à des secrétaires, des vendeuses, des femmes au foyer de la petite bourgeoisie... Ce sont, il le dit lui-même, « des romans à faire pleurer Margot », des textes qui en fait n'expriment rien d'autre qu'une certaine condescendance vis-à-vis de ces mêmes « petites gens » qu'il a, dans d'autres contextes, tant idéalisés. *Le Roman d'une dactylo*, c'est la lutte de petites gens humbles et innocents, représentés par Linette, une secrétaire, et Jean, l'homme qu'elle aime, contre des riches corrompus – le banquier louche qui l'emploie et le baron auquel elle est obligée de se donner. L'intrigue est simple : Linette est forcée de se donner car Jean, qui a commis un détournement de fonds pour lui acheter une bague de fiançailles, risque la prison à moins qu'elle ne se soumette aux désirs du banquier et du baron... Des années plus tard, elle parviendra à se dégager des griffes de l'affreux milliardaire et finira par s'unir pour la vie à Jean, qui, dans l'intervalle, aura réussi dans les affaires.

Ayant placé *Le Roman d'une dactylo* sans difficulté, Simenon écrit, quelques semaines plus tard, toujours pour Ferenczi, *Amour d'exilée* et, peu après, *Les Larmes avant le bonheur*... Ce dernier, qu'il signe « Georges Simm », s'adresse toujours au public des secrétaires. L'intrigue est un peu plus farfelue : les amours de vacances d'une sténodactylo pour un jeune comte, momentanément contrariées par le père de celui-ci, un débauché qu'elle tue en voulant lui résister. Mais tout finit bien, puisque le comte la retrouve et, « pour la première fois, elle se donne vraiment ». Simenon tire probablement de son expérience chez le marquis de Tracy les détails qui lui permettent de décrire le milieu aristocratique.

Nous sommes toujours en 1924. En 1925, les vannes de sa production de romans populaires sont ouvertes. On pourrait aussi bien utiliser cette même métaphore pour toutes les différentes phases de sa carrière, car dès qu'il écrit un ou deux romans dans un nouveau genre, un flot d'ouvrages suit. Le volume de sa production de romans populaires, pour ne pas parler des nouvelles, explique les multiples pseudonymes. Il aurait été indécent, en effet, d'écouler sous la même signature plusieurs nouvelles, semaine après semaine, dans plusieurs revues, et un ou deux romans (il a une demi-douzaine d'éditeurs). Pour les romans et les nouvelles, ses principaux pseudonymes sont : Georges Sim, Jean du Perry, Christian Brulls (il a combiné les héritages paternel et maternel), Georges-Martin Georges et Luc Dorsan. Claude Menguy en a recensé 37, mais certains, qui ne comportent que de très légères variations, ne sont probablement que des erreurs d'orthographe que Simenon, toujours pressé, a dû commettre. Entre 1924 et 1925, il se met à écrire à six heures chaque matin, ce sera son rythme quotidien.

> « Je m'arrêtais à midi ou à peu près, je faisais une courte sieste, puis je travaillais de nouveau pendant quelques heures jusqu'à l'exténuation... Un roman de dix mille lignes me prenait à peu près trois jours, un roman de vingt mille lignes une semaine [7]. »

Quand il s'installe à sa table de travail, il reprend automatiquement, sans effort aucun, à l'endroit où il a abandonné son texte la veille. Il n'utilise pas de notes et ne relit pas les paragraphes qui précèdent. Il a habituellement près de lui une bouteille de vin blanc et s'interrompt pour boire un coup de temps à autre. Quatre-vingts pages dactylographiées représentent ainsi deux bouteilles – ce sont ses propres estimations. Quand il gagnera vraiment beaucoup d'argent, il lui arrivera de se faire conduire, pour remettre ses manuscrits à ses éditeurs, dans une limousine Chrysler avec un chauffeur habillé en marin.

La plupart de ses romans sont publiés par Ferenczi, Tallandier et Fayard, les trois principaux éditeurs de romans populaires. En 1927, Simenon présente à Fayard *Le feu s'éteint*. Max Favalelli, qui écrit lui aussi des romans populaires, se souvient de l'arrivée de Simenon chez Fayard : « Solide sur ses jambes, un brûle-gueule bien calé entre ses joues couleur de roastbeef, il portait (dans le style de Rouletabille) un complet à carreaux, une casquette plate et des knickers. » Simenon impressionne Charles Dillon, directeur littéraire chez Fayard, qui s'est taillé une réputation de génie dans l'édition du roman populaire. Dillon, chaque fois qu'il a besoin d'une livraison rapide, téléphone à « Georges Sim » qui, invariablement, lui répond : « Tu le veux pour quand ? »

« Il ne faut pas être un homme mais un idiot pour écrire », a dit Samuel Johnson, qui complète sa célèbre formule par cette injonction : « N'écris jamais, sauf pour de l'argent. » Le roman populaire est payé à la pièce et il n'y a pas de droits d'auteur. Le prix d'un manuscrit de 10 000 lignes peut aller de 1 000 à 1 500 francs. Pour 20 000 lignes, Simenon obtient à ses débuts 2 000 francs puis, lorsqu'il aura un nom, 2 500. Des textes plus courts comme *Le Roman d'une dactylo* lui rapportent beaucoup moins : 200 à 300 francs. Le 10 avril 1925, un contrat établi avec F. Rouff, un petit éditeur, lui garantit 500 francs pour *Étoile de cinéma*, un livre de 78 pages qui sera vendu 60 centimes. Simenon, la plupart du temps, sait ce qu'il fait et, pour lui, « populaire » veut dire « commercial » – bien qu'à l'occasion il se soit inspiré, dit-il, des ballades « populaires » de chanteurs de rues telles que celle-ci :

> Il était près du canal
> Dans le quartier de l'arsenal
> Sa mère qui n'avait pas de mari
> L'appelait Petit Henri
> Mais on l'appelait la Filoche
> A la Bastoche [8]...

une complainte de la vie dure, des quartiers sordides et de la misère, qui n'est pas sans rapport avec ce que chanteront plus tard Maurice Chevalier et Édith Piaf. « La plupart de ces chansons étaient très sombres, très cruelles, comme les romans populaires que j'ai écrits plus tard [8]. » Cette association, si elle correspond bien à l'autre sens du mot « populaire » – ce qui émane du peuple –, ne correspond pas cependant à ce qu'écrit Simenon, ou à l'idée qu'il s'en fait. Pour lui, le roman populaire c'est tout simplement :

« ...une œuvre qui ne correspond pas à la personnalité de l'auteur, à son besoin d'expression artistique, mais qui correspond à une demande commerciale. Le « roman populaire » est une marchandise... correspondant de près aux produits que l'on peut trouver dans un grand magasin... Ainsi l'écrivain de romans populaires est un industriel ou un artisan [9]. »

L'usage qu'il fait des pseudonymes montre bien qu'il ne s'engage pas ; « Sim » était peut-être un nom réduit pour une littérature réduite. Il écrit ces livres pour gagner de l'argent, c'est ce qu'il appelle de la « littérature alimentaire ». Pour lui, le produit est sans valeur, mais pas la production : en plus de l'argent, elle lui permet d'acquérir une pratique de la technique romanesque et lui apprend, en particulier, ce qu'il ne faut pas faire : par exemple, tomber dans le stéréotype.

Simenon pratique les trois genres du roman populaire. Il a commencé avec des histoires d'amour, il en produira beaucoup d'autres. La formule de base, dérivée de Richardson et de Laclos, est la mise en scène des tribulations d'une innocente tombée entre les griffes de personnages corrompus, avec une fin heureuse qui combine généralement innocence, richesse et bonheur. *Le Roman d'une dactylo, Les Larmes avant le bonheur* en sont des exemples types. Simenon introduira des variations sur cette formule de base.

A l'assaut d'un cœur, ouvrage au titre évocateur publié en 1925, a toutefois une intrigue plus compliquée qu'à l'ordinaire. L'héroïne-victime est une veuve d'industriel français, exilée d'Union Soviétique, mère d'une ravissante adolescente et danseuse réputée, qui souhaite cependant avoir une existence simple et modeste. Pourtant, elle se retrouve jetée, sans défense, dans la vie corrompue, décadente, d'un richissime personnage qui est l'incarnation du mal en personne, nommé Tessier. On complote un horrible chantage pour forcer Tatiana à livrer sa fille aux convoitises du lubrique Tessier qui l'attend sur son yacht. Mais Jacques, le jeune secrétaire de ce sinistre personnage, tombe amoureux de Tatiana. C'est lui qui, in extremis, sauvera la jeune fille, alors qu'elle est déjà sur le yacht, prête à être sacrifiée au désir diabolique de Tessier qui lui « empourprait les joues, faisait briller les yeux ».

Dans *L'Orgueil qui meurt,* paru aussi en 1925, l'innocence est incarnée par le héros, dont la bien-aimée, employée dans une maison de couture, se laisse séduire par le monde prestigieux qu'elle côtoie. Devenue actrice de cinéma, elle résiste aux avances d'un banquier américain, est trahie par la star qu'elle vénère et, devenue elle-même une star, retourne à son innocent amoureux. *Les Adolescents passionnés*, en 1928, s'ouvrent sur une scène d'innocence bucolique (des ramasseurs d'huîtres en Bretagne), mais un héritage amène l'héroïne à s'exposer à la corruption de Paris. Son amoureux, le héros ingénu, part à sa recherche.

Peu de temps après s'être lancé dans ces histoires d'amour, Simenon se met à écrire des récits d'aventure. Le premier, *La Prêtresse de Vaudoux*, est publié en 1925 par Tallandier et il est signé « Christian Brulls ». Il publie dans la foulée, en 1926, *Se Ma Tsien, le Sacrificateur*, une histoire farfelue qui se passe en mer. Le héros, dans ses pérégrinations maritimes, tombe sur un yacht à bord duquel tout le monde a été décapité, à l'exception d'une belle fille. Il décide de l'aider à retrouver son père, un colonel français qui est sur le point d'être sacrifié par une secte orientale des plus bizarres dirigée par Se Ma Tsien. Il rencontrera en chemin un sinistre agent soviétique qui est en cheville avec la secte chinoise criminelle. Il s'ensuivra un terrible combat dont il sortira vainqueur et il parviendra à sauver le colonel. Se Ma Tsien réussira à s'échapper. Le héros et l'héroïne s'embrassent et se déclarent leur amour.

Le Roi du Pacifique, publié en 1929, est également fantastique et plus complexe. Un jeune couple fait voile dans le Pacifique Sud à la recherche de pirates qu'ils veulent capturer. Mais c'est eux qui seront capturés par les pirates. La jeune femme tombe sous la coupe d'un des chefs. Elle est sur le point d'être massacrée quand elle est sauvée par un indigène qui est tombé amoureux d'elle.

Amour et aventures se mêlent inextricablement dans ce genre de récit, par tradition ou par nature. Dans l'un de ses premiers ouvrages, *L'Oiseau blessé*, ces deux composantes s'équilibrent. Un jeune aviateur, dont l'escadrille a été détruite par un mystérieux ennemi, tombe amoureux d'une jeune femme dans une propriété à la campagne. L'ennemi se révèle être son père, un savant fou qui a décidé de conquérir le monde. On sent ici l'influence de Jules Verne, et le James Bond de Ian Fleming n'est pas loin.

Simenon, malgré son rythme maniaque, prend plaisir à écrire ces romans, et ceux d'aventures en particulier. A chaque commande, il observe le même rituel. Tôt levé, comme d'habitude, il contemple de sa fenêtre la place des Vosges qui commence à s'animer, puis fait tourner sa mappemonde jusqu'à ce qu'il choisisse le cadre exotique qui convient à son histoire.

> « Je m'étais offert le Grand Larousse et, pour écrire *Se Ma Tsien le Sacrificateur*, par exemple, il me fallait lire tout ce qui était dit sur le Tibet et sur les contrées voisines. Huit jours après, je me trouvais en plein Congo, notant le nom des plantes, des animaux, des différentes tribus. Venait le tour de l'Amérique du Sud, de l'Amazonie. J'ai voyagé ainsi dans le monde entier, assis devant ma machine, dans un rayon de soleil que dispensaient généreusement nos hautes fenêtres [10]. »

Ce sentiment d'aventure-là, il ne l'éprouvera jamais plus, même lorsqu'il voyagera pour de vrai dans les contrées qu'il avait décrites à partir de son encyclopédie :

> « ... cette période de ma vie est sans aucun doute celle que j'évoque avec le plus de tendresse, si ce n'est de nostalgie [11]. »

On pourrait penser que le roman policier, troisième volet du roman populaire, est le plus important pour le futur créateur de Maigret, mais en fait, il n'y est pas à l'aise et lui préfère le roman d'amour et d'aventure. Son premier policier, *Nox l'insaisissable*, qui paraît en 1926 chez Ferenczi, s'inscrit dans la tradition d'Arsène Lupin : un super-enquêteur, Anselme Torrès, est sur les traces de Nox, un voleur d'exception. Nox avertit qu'il va dévaliser un certain banquier, défiant ainsi quiconque de l'arrêter (on retrouvera ce genre de défis dans plusieurs Maigret : *L'Affaire Saint-Fiacre, Signé Picpus* et *Maigret hésite*). Nox réussit son coup, mais Anselme Torrès arrive et se lance à sa poursuite. L'histoire se termine ainsi sur cet épisode rocambolesque, un peu en queue de poisson. Anselme Torrès est un personnage suave, raffiné – un autre type de James Bond.

Les romans dans lesquels figure Yves Jarry méritent une attention particulière, car, pour Simenon, ce personnage créé en partant d'une « idée » a une certaine densité. L'idée est celle d'un personnage qui peut changer de vie, qui est capable de s'intégrer à différents milieux, d'exercer divers métiers, de vivre dans différents pays. Jarry est intelligent et sûr de lui. Bien informé, il peut être aussi bien un criminel qu'un détective, un milliardaire, un aventurier et, bien sûr, il est toujours irrésistible en amour. Jarry est un mélange d'Arsène Lupin, de d'Artagnan, de Lafcadio et de Simenon lui-même. Évoquant ce personnage, bien des années plus tard, Simenon oubliera qu'il s'agit avant tout d'un aventurier, d'un jouisseur, et lui prêtera une sensibilité pour le travail manuel, l'artisanat et les quartiers pauvres qui est la sienne.

> « Je... lui avais donné quelques-uns de mes désirs. Mon ambition a toujours été (depuis l'enfance) de vivre plusieurs vies, d'être à la fois fermier à la campagne, citadin élégant à la ville, pêcheur en mer [12], etc... »

Dans *Chair de beauté* – un titre torride, publié par Fayard en 1928, Yves Jarry est un écrivain qui s'éprend d'une danseuse d'origine africaine, Nadia. (Joséphine Baker? Le premier chapitre, où n'apparaît pas encore Jarry, se termine sur un tendre appel de Nadia à un certain Georges.) Ce Georges, toutefois, se révèle l'ingénu de l'histoire, un jeune homme éperdument amoureux de Nadia, qui commence juste à répondre à sa folle passion. Yves Jarry entre en scène, la coïncidence étant qu'il s'apprête à engager comme secrétaire la sœur de Georges (assez négligemment baptisée Yvette). « Elle se sentait sans volonté. Ou, plutôt, elle n'avait plus d'autre volonté que la sienne. » Pourtant ce n'est pas elle mais Nadia qui compte pour Jarry, et dont sans rien dire ni rien montrer, il est tombé amoureux. Spécialiste de l'art africain, il achète un masque égyptien qui ressemble étrangement à Nadia. Il vient de se faire détective quand Nadia est blessée d'un coup de feu dans une boîte de nuit. L'assaillant n'est autre que Georges, fou de jalousie. A partir de cet épisode, Jarry se lance pour de bon dans l'aventure : il part en Afrique avec Nadia et Yvette et sera mêlé à de sombres histoires de coups d'État, d'espionnage et d'amour. A la fin, Nadia et Georges sont réunis, Jarry s'étant galamment effacé.

Dans *L'Amant sans nom*, paru en 1929, Yves Jarry est un amant ardent qui sévit dans les Années folles. Cet homme, galant et attirant, est cependant un criminel qui trempe dans une histoire complexe de vol d'or. Les péripéties se déroulent dans le Pacifique Sud, qu'il connaît comme sa poche. Il est accompagné de son valet, François – un personnage quelque peu comique, à la Léporello. Il est poursuivi par un policier, homme assez corpulent fumant la pipe, intuitif, lent et d'une patience inexorable qui, de toute évidence, est un précurseur de Maigret.

En plus de l'amour, du policier et de l'aventure, Simenon exploite la veine érotico-comique, qu'il connaît bien depuis ses débuts. Il publie dans la même période un certain nombre de livres semi-pornographiques dans l'esprit de ce que publie *Paris-Flirt*, mais ce ne sont, en majorité, que des reprises des textes courts dont nous avons déjà parlé. Un jour, un jeune homme aux cheveux noirs ondulés agrémentés d'une unique mèche blanche se présente à l'appartement de la place des Vosges. Il est, dit-il, un prostitué et propose à Simenon de lui raconter sa vie. Simenon accepte et cela donnera un récit haut en couleur de ses aventures particulières. *Les Mémoires d'un prostitué* paraît en 1929, avec, sur la pochette, une photo du « jeune homme à la mèche blanche » vu de dos.

Simenon écrit aussi « sérieusement » durant ces années, mais il ne cherche pas à publier ni à montrer à quiconque, excepté parfois à Tigy, ces feuillets manuscrits qui s'accumulent, depuis ses années liégeoises, dans deux enveloppes en papier kraft, l'une étiquetée « coïts » (toujours cet insatiable appétit sexuel), l'autre « La vie à deux » – l'expression de cet idéal du couple qui le hantait dans son adolescence, cette vision d'un bonheur dont il se sentait alors exclu. Autant il écrit facilement ses romans populaires, autant cette écriture « sérieuse » lui réclame un effort intense. Il lui faut se conditionner, atteindre un état proche de la transe pour pouvoir se livrer dans son carnet. Il lui arrive souvent d'aller vomir ensuite. C'est toujours dans cet état second, en proie à la plus grande anxiété, qu'il écrira la partie la plus significative de son œuvre. Malheureusement, aucun de ces manuscrits n'a survécu. Il est permis de penser que c'étaient des textes « très écrits » dans la veine du *Compotier tiède*. Simenon insère aussi subrepticement des fragments de « vraie écriture » dans ses romans populaires – une phrase, un paragraphe, une description qu'il espère que personne ne remarquera. A Liège, il n'envisageait pas de faire de la littérature une profession, mais à présent, de nouvelles perspectives, imprécises encore, se profilent :

> « Sans pourtant perdre de vue le but que je m'étais fixé : écrire des romans. Pas des romans pour une collection bleue, rouge ou verte. Des romans qui exprimeraient ce que j'avais envie d'exprimer [13]. »

Il voit dans ces années de pseudonymes une période d'apprentissage, comme peut-être celle qu'avait connue son grand-père quand il apprenait le métier de chapelier. L'éthique simenonienne du travail et son goût de l'artisanat marquent toute sa vie. Ce qu'il entend par « apprentissage » c'est, de façon quelque peu ambiguë, la pratique de l'intrigue et du suspense dans le roman populaire, tout en gardant la main pour l'écriture sérieuse. Il appelle cela « gâcher le plâtre ». A certains moments, il se donne dix ans pour parfaire cet apprentissage ; à d'autres, il s'impatiente et se dit : « Dans deux ans, je commencerai vraiment à écrire [14]. »

Simenon, de toute évidence, jongle avec le commercial et l'artistique. Il a toujours tenu à garder ces deux aspects de son travail bien séparés l'un de l'autre, mais son œuvre donne plutôt l'impression de les combiner. Peut-on le comparer à Faulkner qui va à Hollywood quand il a besoin d'argent et, quand il en a suffisamment, retourne à Oxford pour se consacrer à son art ? Simenon voudrait en faire autant mais les choses se présentent différemment pour lui. Scott Fitzgerald a recherché lui aussi, à un moment de sa carrière, à séparer l'art du commercial. Il s'indigna qu'une histoire vulgaire telle que « La Fille populaire », écrite en une semaine, lui rapporte 1 500 dollars quand un texte réellement créatif, dans lequel il avait investi tout son enthousiasme pendant trois semaines, ne lui rapportait rien. Simenon, qui se trouve dans une situation comparable, ne s'indigne jamais réellement de cette injustice, et il n'aura pas de difficultés à vendre son travail « sérieux » quand il voudra le faire connaître.

La comparaison s'impose avec Balzac qui, comme lui, publia sous des pseudonymes, à ses débuts, toute une série de livres qui s'apparentent au roman populaire. A la différence de Simenon, il avait conscience de produire une « véritable cochonnerie littéraire » qui se vendait bien. Comme Simenon, mais avec une ferveur plus napoléonienne, il visait plus haut. A la différence de Simenon, il regrettait de gaspiller ainsi son génie : « Maintenant que je crois connaître mes forces, je regrette bien de sacrifier la fleur de mes idées à ces absurdités. » Simenon, lui, ne regrettera jamais rien. Dans quelle mesure peut-on comparer, sous l'angle de la « vraie littérature », Simenon à Balzac – ou à Faulkner ou à Fitzgerald ? C'est un autre débat. En tant qu'écrivain commercial, il est aussi exubérant que Balzac, et regarde avec la même condescendance sa propre production. D'un autre côté, il ne pense pas, à la différence de Balzac et de Fitzgerald, que cela soit une perte de temps. Il est plutôt comme Faulkner qui, très désinvolte, va faire un tour du côté d'Hollywood pour écrire des scénarios de film. Mais il est sans doute plus facile pour un Faulkner, conditionné par une toute autre culture, d'être désinvolte à l'endroit de cette relation art-commerce, que pour un Simenon. Sa situation, à cet égard, restera toujours plus complexe, problématique, ambiguë.

Malgré le succès considérable qu'obtiendra son œuvre « sérieuse », son insistance à bien la différencier de sa production commerciale se comprend. Sur le plan esthétique il est certain que ses tendances commerciales et ses impulsions « littéraires » ne s'harmonisent pas réellement et demeurent dans un équilibre précaire, mais finalement viable parce que Simenon ne se préoccupe ni d'esthétique ni d'art. Le temps de Balzac et de Dickens est révolu, et dans le monde des best-sellers du vingtième siècle, Simenon est une curiosité.

Dans les années vingt, Simenon vit principalement à Paris, mais il y a en lui comme une force centrifuge qui le pousse à voyager constamment. Après s'être installé place des Vosges en 1924, et avoir entamé cette spectaculaire production de nouvelles et de romans, il décide avec Tigy de prendre, l'été suivant, ce qu'il considère comme ses premières vacances (peut-être les dernières, car la notion de « vacances » est fort peu adaptée à Simenon). Ils partent sur les côtes de la Manche, dans la villa d'un ami, mais Simenon a peut-être aussi besoin d'accomplir une sorte de retour à sa terre natale. Homme du nord, Simenon sera toujours attiré par le sud, mais dès qu'il s'y trouvera, il aura besoin du nord – une dialectique qui explique peut-être en partie ses déplacements incessants.

Leur ami habite le petit port d'Étretat, près de Fécamp – Simenon écrira de nombreux romans ayant pour cadre cette région. La villa est trop petite pour tous les invités, et les Simenon louent une grande chambre dans une ferme près de Bénouville.

Les premiers jours, ils dorment sur des bottes de foin qu'ils empruntent à la propriétaire, Mme Paumelle. C'est là qu'ils feront la connaissance d'Henriette Liberge, une jeune fille de dix-sept ans, d'une ferme des environs, qui vient avec des copains regarder par les fenêtres sans rideaux les deux Parisiens faire l'amour. Ils l'engagent comme servante et l'emmèneront à Paris, où, devant sa bouille toute ronde, Simenon la rebaptise « Boule ». Il y a entre eux une grande attirance mais Simenon ne peut se résoudre à la déflorer car il s'est toujours senti très mal à l'aise devant la virginité, ce qu'il lui explique. Quelques jours plus tard, elle a fait le nécessaire et lui déclare : « Tu peux maintenant. » Elle appelle Simenon « mon petit monsieur joli », et restera sa plus fidèle maîtresse pendant plus de quarante ans, et sa servante dévouée plus longtemps encore.

L'année suivante, en avril 1926, Georges et Tigy découvrent l'île de Porquerolles, à l'est de Toulon. La genèse de l'histoire d'amour entre Simenon et ce lieu n'est pas différente de celle de ses romans d'aventure. Tigy a vendu sa première peinture à un très bon prix et ils ont décidé de faire un voyage. Simenon a consulté une carte pour trouver « l'île idéale » et a choisi, un peu au hasard, Porquerolles. Ils ont pris le « Train Bleu » et se sont réveillés le lendemain matin en Provence, émerveillés par les amandiers en fleur. On retrouve cette scène dans *La Folle de Maigret* et *Mon ami Maigret*. A Porquerolles, les deux hôtels sur la place entourée d'eucalyptus ne plaisent pas à Simenon, alors, suivi de Tigy, Boule et Olaf, le chien danois, traînant bagages et machine à écrire, il gagne l'autre côté de l'île.

A la Pointe du Grand Langoustier se trouve un charmant cottage de deux pièces, avec de belles vérandas. C'est la maison idéale. Ils s'y installent sur-le-champ et y resteront plusieurs mois. Simenon retrouve immédiatement son rythme de travail matinal et envoie ses textes à Fayard, Ferenczi, Tallandier, Rouff. Au début, il y a des ennuis d'argent car les éditeurs sont moins rapides à payer qu'il ne l'est à envoyer ses manuscrits. Il sera même obligé d'arrêter de fumer pendant une semaine, ce sera la seule fois de sa vie. Mais l'argent arrive bientôt et les Simenon célèbrent l'événement en donnant une grande fête à laquelle ils convient tous leurs nouveaux amis.

Parmi eux il y a Sacha et Vladimir, deux marins employés sur un luxueux yacht, le *Saint-Hubert*, ancré presque en permanence à Porquerolles. Comme son propriétaire, un comte du même nom, se manifeste rarement, Sacha, Vladimir et leurs amis organisent souvent des soirées à bord du yacht, mais aussi chez les Simenon, sur la plage, sur la place du village, dans le café d'Hubert-Barbu (qu'on va parfois réveiller en pleine nuit pour qu'il rouvre), et à l'Auberge de l'Arche de Noë, de Maurice Bourgue, qui est demeuré l'ami de Simenon durant de nombreuses années. A côté de ces nuits folles il y a aussi les joies saines des parties de boules avec les habitants du village, et de la pêche pour laquelle Simenon gardera une véritable passion, bien longtemps après Porquerolles.

Ce fut la période heureuse de 1926, qui se prolongera ensuite par de courts séjours dans l'île. Porquerolles apparaîtra brièvement dans de nombreux romans, comme un symbole de paix et de positivité. Dans *Les Anneaux de Bicêtre*, par exemple, ou dans *Cour d'assises*, bien que Simenon lui assigne un rôle majeur et plus complexe dans *Le Cercle des Mahé*.

Les Simenon regagnent leur appartement de la place des Vosges en septembre 1926. Ils passent une partie de l'été suivant sur l'île d'Aix, près de La Rochelle – Georges dira qu'il s'y est réfugié pour échapper au mariage avec Joséphine Baker. La région de La Rochelle jouera un rôle très important dans sa vie et dans son œuvre. Durant l'automne et l'hiver 1927-1928, ils ne bougent pas de la place des Vosges. Outre les soirées, et la continuation de sa production paralittéraire, Simenon s'occupe brièvement d'un magazine et commence à diriger sa carrière en lançant des actions de promotion et de relations publiques, comme il continuera à le faire durant presque toute sa vie. Il a commencé à être connu vers le milieu des années vingt. Dans une interview à *Paris-Soir* du 5 juin 1925, il dit qu'il est venu à Paris « pour faire de la littérature » et annonce son intention d'écrire chaque semaine deux courts romans de 1500 mots. « Quelqu'un d'exceptionnel », commente le journaliste qui l'interroge. Dans une autre interview de la même époque, il déclare, reprenant sans doute les conseils de Colette, qu'il est à la recherche « d'un style dépouillé ».

Il fréquente le directeur de *Paris-Soir*, Eugène Merle. Cette figure flamboyante du journalisme parisien, ancien homme de gauche, a lancé un nombre considérable de publications, ce qui lui a valu, du jour au lendemain, de gagner et de perdre beaucoup d'argent. Il a fondé en 1919 un journal satirique facétieusement baptisé *Le Merle Blanc* (Simenon y publiera onze textes en 1925) et en 1923 un quotidien, *Paris-Soir*, dont il perdra le contrôle quatre ans plus tard. Dans une autre veine, il est aussi l'éditeur de *Froufrou* qui a publié un grand nombre des contes galants de Simenon. Sa personnalité contrastée flattait des goûts contradictoires chez Simenon qui aimait son irrévérence, son sens de la satire, ses origines modestes à Marseille, dans le milieu des petites gens qui se pressent sur la Canebière, mais aussi son côté mondain et ses goûts de luxe.

> « Merle m'avait pris en affection et me parlait à cœur ouvert.
> – Vois-tu, mon petit Sim, une seule chose existe au monde : c'est le fric...
> Je veux être sincère : ce langage commençait à déteindre sur moi.
> C'est d'ailleurs à cause de Merle qu'un jour, à Liège, j'ai dit à ma mère :
> – Il n'y a que deux sortes de gens au monde : les fesseurs et les fessés. Je ne veux pas être un fessé [14]. »

Simenon gardera en lui cette image et elle apparaîtra dans plusieurs romans : par exemple, dans *La Prison* – où il l'attribue à un personnage de caractère faible qui, par ailleurs, édite avec succès plusieurs revues de femmes nues – et dans *L'Horloger d'Everton*. Merle pensait que l'argent faisait marcher le monde mais il était lui-même un homme d'affaires peu orthodoxe. Il avait tendance à payer ses auteurs avec des chèques sans provision. Simenon profitait de ce que le nom de Merle avait encore quelque crédit pour vendre ses chèques (à des spéculateurs ?) pour la moitié de leur montant. De mars à mai 1927, il sera le rédacteur en chef d'une nouvelle revue de Merle, qui ne durera pas longtemps, *Le Merle Rose*. Simenon s'occupe pratiquement tout seul de la marche de cette revue, et il est lui-même l'auteur, sous une multitude de pseudonymes, de presque tout le contenu. Satirique et paillard, *Le Merle Rose* se spécialise dans les récits d'orgies et dans les petites annonces de rencontres sexuelles. Simenon écrit un article sur Joséphine Baker dans lequel il parle de son rire en cascades et s'étend longuement sur la description des ondulations de sa croupe : « C'est une croupe qui rit. » Il fournit aussi l'essentiel des questions et des réponses d'une rubrique de questions et réponses très salaces.

L'épisode le plus connu de sa collaboration avec Merle et dont on a toujours beaucoup parlé est un projet dont la réalisation n'eut jamais lieu. Ayant perdu *Paris-Soir*, Merle décide de tenter sa chance avec cette fois un nouveau quotidien. Il a choisi de l'appeler *Paris-Matin*, mais ce sera finalement *Paris-Matinal*, car le titre *Le Matin* a semble-t-il déjà été déposé par le journal dont Colette fait la réputation. Afin de « lancer » sa nouvelle entreprise, Merle offre à Simenon 50 000 francs pour qu'il compose en trois jours un roman que son nouveau journal publiera en feuilleton. Mais il doit écrire sous les yeux du public, assis dans une cage en verre, au *Moulin-Rouge*. La cage fut construite et l'événement annoncé à grands renforts de publicité. Malheureusement, Merle connut la banqueroute au bout de quelques numéros et on abandonna le projet. Cela n'empêchera pas nombre de gens d'en parler longtemps, et des amis de Simenon iront jusqu'à lui dire : « Tu te souviens quand tu étais dans ta cage de verre et que je suis venu taper à la vitre ? »

Durant ces années, Simenon fit de longs voyages en bateau. Début 1928, il a acheté le *Ginette*, un bateau de cinq mètres, équipé d'un moteur d'une puissance de 2 CV avec lequel il navigue sur les canaux et les rivières du centre et du sud de la France, de mai à septembre. La routine c'est de naviguer dans l'après-midi et de s'amarrer au coucher du soleil. Tigy et lui dorment à bord : une cabine a été sommairement aménagée en enlevant des planches sur le pontage et en tendant une bâche sur un cadre. Boule et Olaf dorment sous une tente sur la berge. Les journées de travail commencent encore plus tôt que d'habitude : vers quatre ou cinq heures du matin, Boule va réveiller Simenon et lui apporte son café, et il se met aussitôt à écrire, soit sur le bateau, soit sous la tente. Son travail fini, ils embarquent et voguent tranquillement vers leur nouveau point d'ancrage.

Le soir, tard, ils arrivent dans des petits villages et lui, toujours en maillot de bain, va acheter du pain et faire quelques courses. Dans les boutiques on se demande d'où il peut bien venir en pareil équipage. De temps en temps, ils font halte dans de plus grandes agglomérations, Lyon par exemple, où il écrit sur le pont et, au bout de quelques heures, s'aperçoit que des badauds se sont attroupés sur le parapet du quai pour l'observer. Au Grau-du-Roi, près de Montpellier, le bateau est ancré à quelques encablures de la plage et Boule lui apporte son café en marchant dans l'eau qui lui arrive jusqu'à la poitrine. Quand ils sortent le soir, ils rentrent au bateau à la nage. Simenon acquiert une connaissance approfondie du monde des canaux – les gens, les écluses, les boutiques (il se souvient de celle de sa tante Anna à Liège où enfant, il s'ennuyait tant). Il enregistre tous les détails et il les restituera dans de nombreux ouvrages. C'étaient des jours de bonheur :

« La vie y était lente. Les bateaux qui se dirigeaient vers Bordeaux étaient chargés de vin. Au retour, ils ramenaient du charbon. Et à chaque écluse, se déroulait le même petit trafic. L'éclusier s'amenait avec sa cruche qu'on remplissait de vin ou avec son seau qu'on remplissait de charbon. Pour sa part, il offrait des fromages de chèvre, un poulet ou un chevreau. Le vin, je me le procurais dans des pompes qui ressemblaient à des pompes à essence où on remplissait ma bonbonne pour quelques francs. C'était paresseux. C'était chaud et frais tout ensemble. On passait sans cesse de l'ombre à la lumière et parfois on avait l'impression de pénétrer dans un tunnel... Un monde doux, silencieux, qui avait le goût des noisetiers et des fermes d'alentour... Des tâches. Des feuilles en mouvement. Des odeurs que je n'ai jamais retrouvées. Si le monde pouvait être tous les jours comme ça [14]. »

L'hiver suivant, Simenon a les moyens de s'offrir un plus beau bateau, mais les yachts luxueux ne l'intéressent pas. On est en 1929. Simenon fait construire un solide bateau à voile et à moteur, de dix mètres, en chêne massif d'après un modèle de bateau de pêche commercial. Le bâtiment peut naviguer en mer. Il a été construit à Fécamp, ce port pour lequel l'écrivain a eu un coup de cœur trois ans plus tôt. Simenon en a surveillé la construction et a côtoyé dans le port normand les marins et les dockers. Il s'est plongé aussi dans l'étude accélérée des techniques de navigation, a tout appris du maniement du compas et du sextant, des logarithmes, des tables des marées, et s'est initié aux techniques les plus avancées de la voile. Il remonte la Seine jusqu'à Paris et jette l'ancre dans un endroit prestigieux : la pointe du Vert-Galant, à l'extrémité de l'île de la Cité. « Par coquetterie », il persuade le curé de Notre-Dame de baptiser son bateau « en grande pompe [14] ».

Les Simenon vivront pendant deux ans sur l'*Ostrogoth*, faisant de longs séjours à Paris. La vie à bord est considérablement plus confortable que sur le *Ginette* : « Je tapais mes romans dans une cabine bien chauffée où Boule faisait la cuisine [14]. » Le chauffage n'est pas un luxe car non seulement c'est l'hiver mais il a le projet de mettre le cap sur le nord. Il arrive bientôt en Belgique par sa Meuse natale et, s'arrêtant brièvement à Liège, donne une soirée à bord pour de vieux amis d'autrefois. De Belgique, l'*Ostrogoth* se dirige ensuite sur Amsterdam, puis, en passant par le Zuiderzee, entre en mer du Nord. Le brouillard est épais, Tigy et Boule actionnent la corne de brume. Ils longent les côtes hollandaise et allemande et font escale à Wilhelmshaven. Là, il est interrogé par les autorités allemandes pour qui le fait d'être belge, de naviguer sous pavillon français et d'écrire pour un magazine appelé *Détective*, constitue un motif de soupçons des plus sérieux.

> « – Et comment se fait-il que vous receviez des télégrammes signés *Détective*...?
> – Il s'agit d'un hebdomadaire policier.
> – Vous êtes détective?
> – Mais non, j'écris des nouvelles policières [15]. »

Expulsés des eaux territoriales allemandes et forcés de rebrousser chemin, ils feront escale à Delfzijl et Stavoren aux Pays-Bas, où ils séjourneront à plusieurs reprises. De fréquents retours à Paris et d'autres voyages marquent également cette période. Ainsi, sur les bateaux qui desservent régulièrement les ports de Norvège, ils suivent la côte jusqu'en Laponie : ils visitent Bergen, Trondheim, Kirkenes et les îles Lofoten. Parvenus à l'extrême nord, ils s'aventurent à l'intérieur des terres sur une sorte de snowmobile primitif (une caisse en bois traînée par une motocyclette avec des pneus à chaînes), puis sur un traîneau très bas tracté par un renne excentrique qui leur donne des sueurs froides sur ces étendues recouvertes de neige gelée. Le temps fort de ce voyage sera marqué par les danses et les chants des Lapons célébrant le retour du soleil et la fin de la longue nuit de l'hiver arctique.

Simenon est donc très actif dans cette seconde moitié des années vingt : explorations méditerranéennes, voyages sur les canaux à travers la France et l'Europe du Nord, soirées innombrables, séductions en chaîne, *Le Merle Rose*... Sa machine à écrire ne s'arrête jamais.

8

Naissance et triomphe de Maigret
1929-1932

En septembre 1929, l'*Ostrogoth* est amarré dans le petit port hollandais de Delfzijl, aux maisons et aux rues de brique rose, entouré de remparts qui sont en réalité des digues. Le bateau reste là plus longtemps que prévu, car Simenon a découvert des fissures dans la coque et le fait entièrement calfater. Il déplace temporairement son « bureau » dans une péniche à demi immergée, il y a de l'eau partout : il installe sa machine à écrire sur une grosse caisse, s'assoit sur une plus petite, étend ses jambes sur deux autres et se met à taper. Comme d'habitude il se met au travail de bonne heure, mais il déroge à sa routine en allant prendre deux petits verres de genièvre dans un bar charmant, *Le Pavillon*, dont il devient vite un habitué.

C'est là que Maigret fut – ou ne fut pas – créé. Qu'il y fût créé est attesté par la statue du fameux commissaire élevée par les autorités néerlandaises, en 1966, et que Simenon en personne est venu inaugurer. Ce projet de statue est né des récits répétés de Simenon rapportant comment il inventa Maigret : un matin de septembre 1929, alors qu'il venait de terminer un ouvrage et qu'il cherchait l'inspiration du prochain, il était venu au *Pavillon*, avait bu deux ou trois verres de genièvre tout en fumant sa pipe. Des images, des associations d'idées plus ou moins décousues avaient alors germé en lui, et la pensée que son apprentissage littéraire était sur le point de se terminer lui était venue :

> « Qu'allais-je écrire ensuite? Depuis un certain temps, je pressentais la fin de mon apprentissage... J'hésitais encore à aborder un genre plus difficile, sinon plus sérieux [1]. »

Il avait revu les rues de Paris, où il n'avait pas été depuis longtemps; les images de « rats de quai », ces marginaux qu'on rencontre dans tous les ports du monde, lui étaient revenues en mémoire. Un portrait s'était dessiné à grands traits : c'était un personnage assez corpulent, solide, un gentleman flegmatique « qui, me sembla-t-il, ferait un commissaire acceptable ». Simenon imagina ensuite des détails : « Une pipe, un chapeau melon, un épais pardessus à col de velours. Et comme il régnait un froid humide dans ma barge abandonnée, je lui accordai, pour son bureau, un vieux poêle de fonte [1]. » C'est ainsi qu'est né *Pietr le Letton*, le premier Maigret. C'est le premier Maigret « canonique », le premier « vrai » Maigret, et c'est en vérité son premier « vrai » roman. Le fait qu'il soit signé « Simenon » est significatif de sa volonté de se déplacer un peu vers la littérature bien qu'il ait souvent dit que sa décision de signer de son nom n'était pas délibérée.

Simenon, cependant, a rapporté cette version des faits plusieurs années après et il a probablement confondu divers ouvrages. L'*Ostrogoth* a séjourné longtemps tant à Delfzijl qu'à Stavoren, y compris pendant son voyage en Scandinavie. Simenon écrivit beaucoup de nouvelles et de romans dans ces deux ports, et, dans la barge abandonnée, des romans policiers populaires. Ces images de « rats de quai » et ces évocations de rues de Paris correspondent beaucoup moins à *Pietr le Letton* qu'à un roman intitulé *Captain S.O.S.*, qui a pour héros l'inspecteur Sancette et paraît chez Fayard en 1929. D'un autre côté, il a aussi signé, à la fin septembre, un contrat pour un autre roman, *Train de nuit*, signé « Christian Brulls », et dans lequel il y a un commissaire qui s'appelle Maigret. Si ce livre a été effectivement écrit à Delfzijl, ce qui est probable, tout est bien : la statue est après tout correctement placée et Simenon avait dû concocter à partir de différents souvenirs une anecdote suffisamment charmante pour mériter ce monument.

Avant les Maigret, il y a les pré-Maigret, qui sont de deux types. Il y a ceux du genre policier « populaire », dans lesquels le policier rappelle Maigret par certains côtés. C'est le cas de N 49 dans *L'Amant sans nom*, qui poursuit laborieusement Yves Jarry. Dans *Fièvre*, qui ne sera publié qu'en 1932, mais qui a été probablement écrit à une date antérieure, on a affaire à un commissaire robuste du nom de Torrence (dans les vrais Maigret, c'est le nom d'un de ses subordonnés) qui préfigure directement Maigret. Le commissaire Torrence a la même simplicité bourrue, il aime la pêche, entretient toujours un rapport émotionnel avec le criminel qu'il traque, et il a une femme qui lui prépare de bons petits plats.

L'autre type de pré-Maigret met en scène un policier appelé Maigret mais qui n'a pratiquement aucune ressemblance avec le fameux commissaire. *Train de nuit*, par exemple, n'est pas un policier mais un roman d'amour, axé une fois de plus sur le couple innocence-corruption. Plusieurs crimes sont commis et un commissaire de police de Marseille, Maigret, mène l'enquête. On retrouve également des proto-Maigret dans *La Figurante*, *La Femme rousse*, *La Maison de l'inquiétude* (paru en feuilleton en 1930 dans *L'Œuvre*, refusé par Fayard, publié en 1932 par Tallandier).

Ces livres sont importants non pas pour les rapprochements que l'on peut établir avec les vrais Maigret mais parce qu'ils montrent qu'à la fin des années vingt, Simenon a commencé à privilégier les histoires policières aux dépens des histoires d'amour et d'aventure. Il avait touché auparavant au policier avec des romans comme *Nox l'insaisissable* et quelques autres encore. En 1928, probablement à la demande de Fayard, il s'intéresse davantage aux personnages de criminels et de policiers. Dans *Ric et Rac*, un hebdomadaire publié par Fayard, il publie sous un autre pseudonyme, J. K. Charles, une série de courtes enquêtes légèrement romancées, sur les méthodes de la police et pour s'y préparer, il a lu au préalable plusieurs ouvrages sur la criminologie moderne. En 1929, il signe un contrat avec *Détective* pour écrire une autre série de très courtes histoires policières. D'abord publiées sous pseudonyme, elles seront, en 1932, réunies sous son nom en trois recueils : *Les 13 Coupables*, *Les 13 Énigmes*, *Les 13 Mystères*. Ces ouvrages sont donc les plus anciens textes écrits par « Georges Simenon ».

Avec ces récits, il se rapproche bien du genre policier mais l'esprit est différent des Maigret, comme si, zigzaguant en direction de Maigret, il faisait une dernière tentative dans la direction opposée. La trilogie des « 13 » représente pour ainsi dire l'anti-Maigret dans la mesure où l'on y trouve un côté intellectuel très différent de l'intuitif Maigret, qui n'arrête pas de dire « je ne pense pas ». Les enquêteurs des « 13 », Leborgne, Froget et G 7, sont des cérébraux qui ne décollent pas de leur fauteuil et leurs exploits sont annoncés par un faire-valoir qui s'exprime à la première personne, à la manière du Dr Watson et d'Archie Goodwin. Simenon voulait peut-être ainsi exorciser un genre de policier pour lequel il n'avait aucune affinité ou peut-être voulait-il démontrer combien le policier cérébral pouvait être ennuyeux. Il y réussit, et ces récits sont singulièrement inintéressants. Ils prennent la forme d'une sorte de jeu-réponse dans *Détective*, qui invite ses lecteurs à proposer leur solution au « mystère » présenté, la clé de l'énigme étant révélée dans le numéro suivant.

A la fin du printemps 1930, Simenon a décidé d'exploiter la veine policière et choisit après plusieurs essais ce personnage lent, corpulent, simple, qu'il avait déjà mis en scène. En même temps, il éprouve le besoin d'élever un peu le niveau littéraire de son travail afin de diminuer l'écart entre sa production commerciale et cette vocation ancienne d'écrivain qu'il n'a pas abandonnée, malgré les apparences. Cela donne *Pietr le Letton*. Ayant choisi le personnage du détective et déterminé le début de son histoire, Simenon griffonne les noms de quelques personnages sur une enveloppe qui lui tombe sous la main – cela deviendra le rituel de composition de la plupart de ses romans. Il écrit cette fois plus lentement : il mettra quatre ou cinq jours pour finir ce livre d'un peu plus de deux cents pages en petit format.

Simenon sent qu'il a gravi quelques échelons dans la hiérarchie littéraire. Il ne se trompe pas. Dans *Pietr le Letton*, il fait montre de beaucoup de flair en choisissant les traits de son fameux commissaire, traits qu'il développera dans les Maigret qui suivront. De tous les attributs de Maigret, le plus présent dans ce roman, et ce dès le premier paragraphe, n'est pas sa pipe mais son poêle. Maigret a une manie du chauffage, peut-être parce qu'il passe beaucoup de temps avec des vêtements trempés, y compris durant le dénouement. Le poêle restera, bien que plus discret, tout au long de la carrière romanesque de Maigret. La pluie aussi restera. Mais dans certains romans, la pluie, en un contraste saisissant, fait place au soleil, que Maigret savoure tranquillement.

La pluie, le soleil et un humble poêle en fonte chauffé à blanc : ce sont surtout ces éléments qui, dans les romans populaires, évoquent l'ambiance liégeoise. Maigret a quarante-cinq ans et il gardera plus ou moins le même âge pendant quarante ans, à l'exception de quelques retours en arrière sur ses débuts de carrière, ou d'anticipations sur sa retraite. Il dirige la première « brigade mobile », quelquefois la « brigade criminelle », de la Police Judiciaire, une unité chargée d'enquêtes criminelles, comparable au F.B.I. ou à Scotland Yard.

Dans certains ouvrages, Maigret est « commissaire principal ». Il porte un chapeau mou, un pardessus à col de velours, et des costumes de laine d'assez bonne qualité et d'une coupe correcte. Ses nœuds de cravate sont mal serrés, et ses pantalons un peu trop amples n'en font pas un dandy, mais il n'a rien d'un rustaud. En fait, il a l'allure d'un homme du peuple. Il abhorre le luxe, tout ce qui est mondain, et ce trait apparaît nettement dès la première histoire qui se déroule, pour une bonne part, dans les salons de l'hôtel Majestic, un établissement luxueux où son allure et ses manières plébéiennes détonnent singulièrement : « Le Majestic ne le digérait pas. » Nous apprenons par ailleurs qu'il a servi dans l'armée et qu'il a été aussi étudiant en médecine.

On ne rencontre Mme Maigret qu'à la fin : elle lui lit un article de journal concernant l'affaire dont il s'occupe, elle veut en savoir plus mais il ne répond qu'à demi mot. A quoi bon être la femme d'un commissaire, s'indigne-t-elle, s'il faut s'adresser à la concierge pour en savoir plus ? Mais déjà sa présence caractéristique est affirmée. On sait qu'elle est aux petits soins pour son mari : s'il n'était pas aussi absorbé par cette affaire, Maigret passerait à la maison où l'attend à toute heure un bon ragoût. Simenon donne une description fragmentaire des collaborateurs de Maigret : celle de l'inspecteur Dufour est assez détaillée, mais il n'apparaîtra pratiquement plus dans les autres ouvrages. Quant au fidèle Torrence, son assassinat à la moitié du livre provoque chez son patron une colère et un désir de vengeance qu'on rencontre rarement dans les autres Maigret. Torrence sera ressuscité pour la suite.

Le juge Coméliau fait ici son apparition et ce personnage, inamovible, sera le principal adversaire idéologique de Maigret. Même si l'on ne sait pas exactement ce qui les sépare, on perçoit bien qu'il y a entre eux un réel antagonisme. Il se manifeste notamment au tribunal : Maigret expose avec compréhension et sympathie le passé tortueux en Europe de l'Est des accusés mais il s'attire cette remarque du juge Coméliau qui résume tout son état d'esprit : « Que diable tous ces étrangers viennent-ils faire chez nous ? »

La « méthode » Maigret est décrite sommairement. C'est celle de la « fissure » qui se produit quand le criminel, cessant de jouer, craque et livre ainsi sa vraie personnalité à l'enquêteur, intuitif et observateur. La compréhension et la sympathie sont donc les corollaires de la méthode Maigret. En mettant au jour l'humanité du criminel, le policier devient lui-même plus humain et en arrive ainsi à se sentir proche de la proie qu'il poursuit. Ce genre de relation entre le policier et le criminel existe bien sûr dans la réalité comme dans la fiction, mais elle a chez Maigret une tonalité très particulière.

La scène finale de *Pietr le Letton* a pour cadre un hôtel dans lequel le chasseur et sa proie, trempés par la pluie, se retrouvent. L'hôtelier, compatissant, leur a prêté deux robes de chambre qui leur vont mal mais qui soulignent davantage l'égalité de leur condition d'homme. Hans, le personnage que Maigret vient de poursuivre, est un être soumis, masochiste, qui a pris l'identité de son frère, Pietr, volontaire et sadique. Ce qu'il révèle de sa triste vie confirme les intuitions du commissaire.

Pietr le Letton est le premier (en terme de composition, et non pas de publication, d'une série de 19 Maigret qui constituent les « premiers » Maigret, les Maigret de la première période, ou encore les Maigret « Fayard ». Dans ces ouvrages, et dans *Pietr le Letton* en particulier, les informations relatives au personnage de Maigret et à sa méthode d'investigation ne sont pas aussi nombreuses et précises que dans les Maigret qui viendront plus tard. Sa psychologie, sa sociologie, sa criminologie sont encore embryonnaires. Le « premier » Maigret n'a pas encore ce côté indulgent et paternel qu'on lui connaît. Mais on sent déjà, à ce stade de développement du personnage, dans les quelques détails intéressants ou amusants qui le singularisent, qu'il s'agit d'une création pleine d'avenir.

Simenon sent tout de suite qu'il tient là un personnage de premier ordre et il s'engage à fond pour le défendre. Il saute dans un train pour Paris : il va présenter le manuscrit de *Pietr le Letton* à Arthème Fayard pour l'en convaincre. Il le montre à Charles Dillon qui le transmet à Fayard avec un commentaire favorable soulignant notamment le côté passionnant de ce nouveau personnage de commissaire. Simenon voudrait « lancer » Maigret à grands renforts de publicité mais la réaction de Fayard – du moins celle qui a été souvent rapportée par Simenon – est 1) que ce manuscrit n'est pas bâti sur une histoire policière classique et que le développement de l'intrigue n'obéit pas à une logique rigoureuse, 2) que le policier n'est ni infaillible, ni jeune, ni sexy, 3) qu'il n'y a pas une distinction franche entre les bons et les méchants, 4) qu'il n'y a pas d'amour et qu'à la fin tout vire à l'aigre. Simenon tend la main pour que son manuscrit lui soit rendu mais Fayard lui dit alors d'un ton résigné : « Nous allons perdre beaucoup d'argent, mais je vais essayer malgré tout[2]. »

Il demande à Simenon d'écrire six Maigret, qu'il prévoit de publier avec la publicité appropriée, à raison d'un par mois. La discussion achoppe quelque peu sur le prix de vente de l'ouvrage et sa présentation. Fayard voudrait qu'il soit vendu cinq francs, mais Simenon, qui a déjà réfléchi à la question, estime qu'il faut le vendre six pour avoir le maximum de bénéfices. Il finit par l'emporter sur ce point, de même que sur la présentation : il y aura une photographie et non pas un dessin sur la couverture. Pour Simenon, la présentation n'est pas du tout secondaire : il engage personnellement André Vigneau, un photographe connu, et persuade même Man Ray d'apporter sa collaboration. Il va lui-même dénicher rue Mouffetard le clochard qui posera pour la photo de couverture de son troisième Maigret, *Le Charretier de la « Providence »*. En ce qui concerne les droits d'auteur il a obtenu, aussi, plus des dix pour cent habituels (il négociera tous ses contrats sur cette base).

Simenon repart aussitôt en Hollande et ramène l'*Ostrogoth* en France durant l'été 1930. Il l'amarre à Morsang, en amont de Paris, et c'est là qu'il écrira, coup sur coup, trois autres Maigret. En septembre, il est à l'hôtel Aiglon (proche de la maison Fayard) où il en écrit un quatrième. Il va devoir se replonger temporairement dans le roman populaire car Fayard, qui lui a versé une avance de 30 000 francs, s'en tient strictement au contrat et refuse de se rembourser, comme le lui propose Simenon, sur les Maigret. C'est cette mesquinerie qui, plus tard, fera perdre les Maigret à l'éditeur dont il est l'auteur le plus rentable.

Pris entre le roman populaire et les Maigret, avec toujours son désir de gravir un échelon en littérature, Simenon élabore sa théorie du « roman semi-littéraire », ou, dans une optique plus terre à terre, celle du « roman semi-alimentaire ». Il pense que le roman policier est la voie médiane entre le roman populaire, qui n'a été et ne sera jamais pour lui qu'un gagne-pain, et la « vraie » littérature, celle qu'il aimerait écrire mais qui, bizarrement, ne laisse pas de l'inquiéter. Le roman policier lui permet donc de faire un compromis entre le roman populaire, qu'il écrit facilement parce qu'il ne s'y engage pas, et le roman tout court, beaucoup plus difficile, parce qu'il le mobilise tout entier, jusqu'à l'épuisement et la dépression nerveuse. Il lui faut certes s'y investir, mais il a à sa disposition des ficelles qui lui permettent de structurer son livre et d'accrocher l'intérêt du lecteur : il y a toujours un crime à élucider et un policier qu'il fait arriver et partir quand bon lui semble. Curieusement, c'est au moment où il se préoccupe de stratégies littéraires que Simenon va cesser de lire de la fiction.

Il passe le plus clair de l'hiver 1930-1931 à Paris. *Monsieur Gallet, décédé* et *Le Pendu de Saint-Pholien* sont les premiers Maigret retenus pour publication et Fayard demande à l'écrivain sous quelle signature il a choisi de les faire paraître. Ils évoquent plusieurs noms, qu'ils écartent aussitôt, jusqu'à ce que Fayard propose :

– Mais au fait, quel est votre vrai nom ?

– Simenon.

La signature est trouvée. Simenon prend une part active à la promotion de la série. Le 16 février 1931, il donne une interview à un journaliste de ses amis pour *La République,* dans laquelle il expose sa théorie de la littérature « semi-alimentaire » et où il annonce le calendrier de publication des Maigret.

Le 20 février, pour la sortie du premier Maigret, on donne une soirée extravagante dans un night-club très connu de Montparnasse, *La Boule Blanche.* Par allusion à la méthode policière d'identification des criminels et des suspects, la soirée fut baptisée « Bal anthropométrique ». Tout le monde en parla pendant des semaines. Le Bal anthropométrique a une place aussi importante dans la légende simenonienne que la mythique cage de verre devant le *Moulin-Rouge.* Les cartons d'invitation sont estampillés d'empreintes digitales sanglantes, et on prend les empreintes des invités à la porte du club. Le Tout-Paris est là, on s'est déguisé en personnages de romans policiers, on s'encanaille : les « Apaches », les voyous des années 20-30, prédominent. La soirée vient de commencer, trois comédiens, des amis de Simenon, jouent plusieurs scènes de crimes sous la lumière crue des projecteurs.

Dans un coin, Simenon signe des centaines d'exemplaires du *Pendu de Saint-Pholien.* Des dédicaces à la chaîne : « A mon amie... Veuillez me rappeler votre nom ? Mme Dupont ! Merci. A mon amie Mme Dupont ! » s'exclame Simenon. Toute la presse spécialisée dans le spectacle et la vie mondaine se bouscule ce soir-là à *La Boule Blanche* : on s'emploie à se compter et à faire la liste des personnalités présentes – des noms qui, pour la plupart, ne signifient plus rien aujourd'hui. Parmi celles-ci certaines sont cependant passées à la postérité : Colette est venue féliciter son jeune protégé, de même que le poète Francis Carco, le cinéaste allemand G. W. Pabst, Pierre Lazareff, l'un des journalistes présents qui deviendra le patron de *France-Soir* et un bon ami de Simenon, André Thérive, critique littéraire au journal *Le Temps*, qui aidera beaucoup Simenon dans son ascension littéraire.

Le « Bal anthropométrique » est une splendide opération publicitaire et toute la presse en parlera – parfois, il est vrai, avec une pointe d'humour acide comme *Le Canard enchaîné* :

> « M. Georges Simenon veut être célèbre à tout prix. S'il n'est pas célèbre avec son Bal anthropométrique, il fera le tour du bassin des Tuileries en marchant sur les mains. Et en écrivant un roman. »

Les premiers romans sont publiés comme prévu, et Simenon, durant le printemps 1931, en écrit quatre autres à Morsang, sur l'*Ostrogoth,* et au château de La Michaudière, tout près. En août, il est élu « best-seller de l'année » par les éditions Hachette qui organisent chaque année une signature de livres à Deauville. Simenon y arrive sur l'*Ostrogoth* et s'amarre au milieu des yachts de luxe de la célèbre station balnéaire, une manière de se distinguer qui n'est pas sans rappeler la présence de Maigret dans le salon de l'hôtel Majestic. Les Simenon mettent ensuite le cap sur Ouistreham, un petit port de pêche normand sans prétentions. Ils y restent jusqu'à la fin de l'automne et Simenon y écrit encore trois Maigret. La plupart des autres ouvrages de cette série seront écrits en 1932, et les deux derniers en 1933.

Simenon, nous l'avons déjà dit, a déclaré n'avoir jamais lu de romans policiers. Il a d'autre part soutenu que le roman policier n'existait pas en tant que genre littéraire. On sait cependant qu'il a lu au moins quelques classiques français du genre et il est probable qu'il en ait lu d'autres lorsqu'il potassait certains romans populaires pour s'initier aux techniques de composition propres à cette catégorie de romans. Quant au genre policier, il est évident qu'il existe au même titre que n'importe quel autre, et Georges Simenon, qu'il le veuille ou non, a joué un rôle important dans son évolution en réagissant contre le roman policier classique et en amenant ainsi une modification du genre. En ce sens, il a une démarche parallèle à celle de l'école américaine du policier « dur à cuire ». Ce parallèle ne signifie en aucune façon une quelconque influence réciproque, tout au plus signale-t-il l'émergence d'une nouvelle tendance dans ce secteur de la littérature qui se manifeste dans l'œuvre de Simenon comme dans celle de l'école américaine.

Personne, ou presque, ne conteste que le genre policier ait été inventé par Edgar Allan Poe en 1842, avec *Double assassinat dans la rue Morgue* (même si certains ont cru pouvoir lui donner des antécédents bibliques, classiques ou autres). Le Chevalier Dupin de Poe est un excentrique, un snob doté d'une intelligence extraordinaire qui ne laisse pas d'impressionner son terne compagnon. Ce dernier, qui tient la barre du récit, est un prototype du Dr Watson de Sherlock Holmes, du capitaine Hastings d'Hercule Poirot, de l'Archie Goodwin de Nero Wolfe, et de bien d'autres, dont maints personnages secondaires de Simenon. Dans *La rue Morgue*, Dupin, s'appuyant sur une observation minutieuse des faits, parvient à la conclusion que les meurtres qui ont été commis dans une pièce fermée à clé, où personne n'a pu entrer ni sortir, n'ont pu l'être que par un orang-outan – il a vu juste.

Edgar Allan Poe, on le sait, était un homme lunatique, excentrique, malheureux, marqué par l'échec; poète extravagant, dans le style décadent de la fin du romantisme, il est aussi l'auteur de contes effrayants. C'est sans doute par compensation qu'il eut une véritable foi en la raison. Ainsi, dès sa naissance, le genre policier s'est attaché à glorifier le raisonnement, seul capable de clarifier des situations confuses et de triompher des apparences trompeuses. Il faut être intelligent pour comprendre que l'ourang-outan tient la clé du mystère. Le roman policier joue principalement sur la peur (sans doute sous l'influence du roman gothique), mais, généralement, il n'explore pas à fond ce sentiment, il ne le pousse pas à son extrême limite comme le font, par exemple, *Roméo et Juliette* pour l'amour, *Crime et Châtiment* pour le sentiment de culpabilité, ou *L'Iliade* pour le courage. La psychologie du roman policier joue sur des émotions contradictoires : la peur, engendrée par le crime, et le sentiment de sécurité produit par l'intelligence infaillible de l'enquêteur qui, dissipant les aspects ténébreux de l'affaire, restaure ainsi la clarté et l'ordre du monde.

Après Poe, d'autres facteurs contribueront à développer le roman policier. On va s'intéresser davantage au crime, probablement en raison de l'accroissement de la criminalité en milieu urbain, consécutif au développement rapide de la société industrielle. Une puissante classe moyenne détenant argent, biens et privilèges, d'autant plus sensible à l'insécurité et désireuse de se protéger que son émergence est nouvelle, prend peu à peu la place d'une aristocratie dont la fortune et le pouvoir étaient solidement enracinés. C'est dans une large mesure pour servir et sécuriser cette nouvelle classe sociale que la police, dans sa version moderne, a été constituée.

D'autres facteurs propices au développement du roman policier sont ceux-là mêmes qui, comme on l'a vu, ont favorisé l'essor de la littérature populaire en général : les progrès de l'alphabétisation, des techniques d'imprimerie, du chemin de fer, et sans doute aussi l'institution du prêt de livres par les bibliothèques. En France, le roman policier se développe dans le sillage d'Edgar Poe, en interaction avec son homologue anglais – et, plus tard, américain. En France, on tend à s'intéresser davantage au criminel qu'au policier, et on peut même observer une certaine intimité qui s'établit entre criminels et policiers, et qui n'est pas sans exemples dans la réalité. Cette sympathie pour le criminel, on la retrouve dans *Les Misérables* de Victor Hugo ou chez le Vautrin de Balzac, dont le dynamisme et l'énergie contrastent avec la corruption de la société.

Émile Gaboriau exerça une influence moins évidente mais plus importante sur le développement de cette sous-littérature. Simplistes mais néanmoins efficaces, ses histoires, publiées en feuilleton dans les journaux vers la fin du dix-neuvième siècle, passionnèrent le public. Il y eut aussi l'étrange personnage de Vidocq, ancien forçat devenu chef d'une brigade de la Sûreté qui quittera la police sous une nuée d'accusations criminelles. Ses mémoires jouèrent un rôle certain dans le développement de la littérature policière et influencèrent Gaboriau, en particulier.

Pendant ce temps, en Angleterre, un jeune médecin qui végétait dans sa profession décidait de s'essayer à l'écriture. En 1887, Arthur Conan Doyle publiait *Étude en rouge*, mettant en scène un détective privé, suprêmement intelligent, personnage descendant en ligne directe de Poe. Sherlock Holmes est avant tout une machine à raisonner, doté de quelques excentricités qui ne sont là que pour colorer sa personnalité : il aime la cocaïne, joue du violon, c'est un misogyne et un misanthrope; il aura bon nombre de successeurs qui ne cesseront de le plagier. Comme chacun sait, Conan Doyle se lassa d'Holmes et essaya de le tuer, mais le public ne le lui permit pas. Georges Simenon sera souvent confronté à ce phénomène. Holmes, bien entendu, exerça une influence considérable.

En France, deux écrivains que Simenon avoue avoir lus exploitèrent la veine d'Holmes. Avec l'Arsène Lupin de Maurice Leblanc, on retrouve cette tendance typiquement française de prendre à la légère la distinction entre le policier et le criminel – allant jusqu'à intervertir les rôles. Arsène Lupin, un voleur chevronné, fonctionne intellectuellement exactement comme Sherlock Holmes, et il se retrouve constamment aux prises avec un personnage presque aussi intelligent que lui. Il change parfois de rôle et se transforme alors en détective – l'un de ses adversaires, aussi doué que lui, s'appelle Herlock Sholmes.

Parmi les autres descendants français de Poe et de Conan Doyle, il y eut Gaston Leroux, le créateur de Rouletabille, le jeune reporter-détective qui influença Simenon. Rouletabille se spécialise dans les énigmes de la « pièce fermée à clé ». Dans ces mystères version Poe, le crime semble impossible dans la mesure où l'on ne comprend pas comment le criminel a pu pénétrer ou quitter le lieu.

Vint ensuite ce que nombre d'historiens et critiques ont appelé « l'âge d'or du roman policier » dont l'épicentre se trouve dans l'Angleterre des années 1920-1930, et qui eut des émules dans toutes les langues importantes. Agatha Christie est la figure emblématique de cet âge d'or. Ses créatures, Hercule Poirot et Miss Marple, s'inscrivent dans la tradition établie par Sherlock Holmes. Ce sont des personnages excentriques, pleins d'assurance et capables de résoudre toutes les affaires criminelles grâce à leurs dons infaillibles d'observation et de déduction.

Le schéma classique est un meurtre commis au sein d'un groupe de personnes qu'on pense d'abord très liées et qui cependant cachent bien des secrets, constituant ainsi un réservoir de suspects. Le détective, qui coopère avec la police locale mais lui est infiniment supérieur, les interroge les uns après les autres et exhume les indices. A la fin, il rassemble les suspects, révèle la teneur de son enquête, et désigne le coupable, qui, devant cette irrésistible logique, ne pourra qu'avouer son crime.

Comme on en a fait souvent la remarque, le monde du roman policier classique est un monde de rêves. Les histoires écrites dans les années 1920-1930, et plus tard aussi, prennent place en général dans un monde stable, rural ou aristocratique, qui reflète, si tant est qu'il reflète quelque chose, une société qui a disparu à jamais avec la Première Guerre mondiale. Dans cet univers d'innocence avant la chute, le crime existe évidemment, mais on se sent encore en sécurité car rien n'a changé, et le divin détective s'emploie à restaurer une innocence qui, au fond, n'a jamais vraiment disparu. Ces ouvrages ont été écrits durant la Dépression, ils sont contemporains aussi de l'arrivée au pouvoir du fascisme, du nazisme et du bolchevisme, de la guerre civile espagnole, et de la Deuxième Guerre mondiale. Mais rien de tout cela ne vient troubler la paix de ce monde privilégié qui est celui du roman policier classique.

Le lecteur s'identifie plus volontiers avec le détective qui est un amateur et non un policier professionnel. Il n'est pas réellement plongé dans le monde du crime et de l'enquête criminelle, il ne fait que participer à un petit jeu. Les détectives sont légion : le Père Brown (G.K. Chesterton), Lord Peter Wimsey (Dorothy Sayers), Perry Mason (Erle Stanley Gardner), Ellery Queen (Frederick Dannay et Manfred Lee), Nero Wolfe (Rex Stout), etc. (Simenon et Stout se fréquentaient dans les années cinquante ; comme on demandait à Stout qui il choisirait pour mener à bien une enquête dans l'éventualité où Nero Wolfe serait mis hors de combat, il répondit : « Maigret. »)

Les changements dans le roman policier classique de « l'âge d'or » intervinrent durant la fin des années vingt et les années trente – précisément au moment où Simenon concevait et élaborait Maigret. S'il n'était pas aussi ambigu, le mot « réalisme » pourrait résumer ces changements. Certains écrivains décidèrent d'insuffler plus de vie aux personnages, de les doter d'une plus forte personnalité, et aussi de leur rendre la vie un peu plus dure. Dorénavant, ce seraient des êtres à part entière au lieu des marionnettes ou des surdoués qui peuplent le roman policier classique. Ils pensaient qu'ainsi le roman policier pourrait donner une image du monde contemporain plus juste que les représentations idylliques et archaïques du policier de l'âge d'or.

Il fallait donc donner une plus grande part à l'action et

recourir moins souvent au raisonnement purement logique. Ce ne seraient plus des « détectives dans un fauteuil », mais des hommes qui se frotteraient à la réalité, au hasard de leurs balades dans de grandes villes surtout, qui fréquenteraient les bars, les hôtels et les bordels, les résidences des riches comme les taudis des pauvres, rencontrant à chaque pas des obstacles de tous ordres. Cela signifiait aussi plus de violence : les obstacles pourraient être aussi bien des « durs » du milieu que des policiers corrompus, des alcooliques, des malades mentaux, etc. Le meurtre, cessant d'être un prétexte formel à un exercice de virtuosité du policier, retrouvait sa réalité de brutalité, de violence, d'os broyés, de sang qui coule. Dans cette voie, le roman policier américain « hardboiled » et ses versions ultérieures se tailleront la part du lion. Il met en scène un détective endurci, au physique comme au moral : les violentes attaques personnelles le laissent froid, le danger physique ne lui fait pas peur, et il est toujours prêt à exterminer des légions de voyous, bandits et autres racketteurs.

Le nouveau détective porte une arme et s'en sert en cas de besoin, il est rapide et frappe dur. Son langage est adapté : rude, émaillé d'argot, généralement laconique, fréquemment vulgaire. Il est tout l'opposé du détective élégant et sophistiqué du roman policier classique. Le nouveau détective, c'est Sam Spade de Dashiell Hammett ou Philip Marlowe de Raymond Chandler. C'est Humphrey Bogart, qui a joué l'un et l'autre. C'est Jean Gabin, qui a joué Maigret.

Beaucoup de choses sont à l'origine de ce développement. Dans un certain sens, le changement était inévitable : une réaction s'imposait face aux absurdités du policier traditionnel, de même qu'il y avait eu une réaction contre les romans chevaleresques avec *Don Quichotte*, ou contre le formalisme néoclassique avec le romantisme. Dans ce changement, on décèle l'influence d'Hemingway, de Dos Passos, de Sherwood Anderson, et, avant eux, celle de Mark Twain. A chaque fois que Spade ou Marlowe lâchent une vulgarité, ils célèbrent une tradition littéraire américaine qui remonte à Huckleberry Finn.

Il y a aussi des causes sociales et historiques, telles que l'émergence du grand banditisme dans les années vingt et trente avec ses gangsters fameux comme Dillinger et Al Capone. Les petits et les grands criminels qui se multiplièrent avec la Prohibition se recyclèrent ensuite dans d'autres secteurs d'activités illégales et clandestines, sordides et violentes comme la drogue, l'extorsion de fonds, le chantage, la pornographie. Bien que Maigret soit très différent de Marlowe et de Spade, il procède des mêmes impulsions littéraires, reproduit certaines caractéristiques de ces deux personnages, et évolue dans le même monde qu'eux. Ce qu'a dit Julian Symons de Raymond Chandler peut très bien s'appliquer à Simenon : « Accepter une forme médiocre et arriver à en tirer de la littérature, c'est en soi un exploit. »

Ainsi, les dix-neuf romans de Simenon, de *Pietr le Letton* écrit en 1930 à *Maigret* écrit en 1934, constituent la première phase de la contribution de Simenon à l'élaboration du roman policier moderne. Simenon y donne sa version du réalisme qui, on l'a vu, caractérise cette modernité. La méthode de Maigret, qui consiste à s'imprégner du milieu dans lequel il va enquêter, permettant ainsi à Simenon de composer ses célèbres atmosphères, n'est rien d'autre qu'un certain mode de réalisme. Sa recherche de l'humanité dans le criminel, comme chez les autres personnages, est une forme de réalisme psychologique. Son refus de porter un jugement – d'où ce sentiment d'aliénation qu'il éprouve dans ses rapports avec les juges – est encore une manifestation de ce même « réalisme » : il dénonce le factice des lois et de la morale et plaide pour que l'on s'en tienne au monde plus vrai des émotions et de l'intuition. Au fur et à mesure que se développe la série, Maigret démontre – et d'ailleurs il le déclare – que c'est en qualité de policier qu'il débusque et arrête ceux qui ont violé la loi, mais que cette fonction civile ne s'accompagne d'aucune dérogation, d'aucune relation privilégiée avec les grands principes de la justice et de l'ordre. En fait, à sa manière, Maigret est un artisan.

Dans *Le Pendu de Saint-Pholien*, probablement le second Maigret, Simenon reprend les aspects les plus sordides et les plus morbides de la Caque, notamment un épisode sinistre qui nous est resté en mémoire : après une effroyable nuit d'alcool, de cocaïne et d'hypnose, le jeune Klein s'était pendu. Dans *Le Pendu*, Simenon ajoute à ce suicide le meurtre d'un jeune juif riche, dédaigneux, que les autres membres de la Caque détestaient. Klein s'est pendu par culpabilité et par désespoir. Son compagnon de chambre et son meilleur ami, Lecocq, un peintre raté, rongé par le remords, mène une vie désolée, traînant partout derrière lui une valise contenant les vêtements tachés de sang du jeune homme assassiné, preuve irréfutable de leur complicité à tous dans ce meurtre.

Les autres membres de la Caque ont enterré leur passé depuis longtemps et sont devenus de médiocres bourgeois. Mais Lecocq, qui ressent un obscur besoin de venger Klein, exerce depuis des années un chantage sur ses anciens amis. Il est tué peu après que Maigret l'a rencontré, et le commissaire passera le reste du roman à élucider cette lugubre histoire, guidé par sa compréhension intuitive de ces anciens marginaux auxquels il rend visite, et par une série de dessins obsessionnels de pendus exécutés par Lecocq. En greffant sur le genre policier sa vision pessimiste de cette bohème aliénée qu'il avait connue dans sa jeunesse, Simenon est parvenu à donner à son roman l'allure d'un conte à la Dostoïevski. Maigret fouille dans des consciences pleines de remords, hypocrites et mesquines, et chaque fois retrouve le même cadavre dans toutes les armoires. Dans un ouvrage plus tardif, *Maigret tend un piège*, Simenon réutilisera ce même milieu pour camper une histoire de crime, dans laquelle le coupable se révélera être un malade mental souffrant d'un complexe d'Œdipe : il est, lui aussi, un peintre raté, qui ne peint que des sujets « tristes » et « morbides », « un cérébral, un artiste ».

Le cadavre dans l'armoire, thème qui revient souvent chez Simenon, est endémique dans le roman policier (*Les Sœurs Lacroix* portent l'épigraphe suivant : « Chaque famille a un cadavre dans l'armoire. ») Très souvent, ce cadavre est un parent de ceux qui hantent l'armoire de Simenon, et dont il cherche à s'éloigner dans la vie, mais qu'il convoque pour les besoins de son art. Ainsi resurgissent les Brüll de son enfance et leurs tares, les aspects cachés de son adolescence, et plus tard une cohorte d'alcooliques, de névrosés, de nymphomanes, de prostituées... Il ne lui en faudra pas beaucoup pour les faire basculer dans la criminalité, et les jeter dans les bras de Maigret quand il s'agit de romans policiers ou, s'il s'agit d'un autre genre littéraire, de les laisser mariner dans leur jus. Les éléments autobiographiques ne sont pas seulement des curiosités, ils contribuent aussi à renforcer le « réalisme ». Si le résultat est parfois imparfait, c'est parce que la soudure est imparfaite entre l'autobiographique et l'invention, à cause de la trop grande rapidité d'écriture de l'auteur et aussi de son mépris pour la relecture.

Monsieur Gallet, décédé, le roman qui accompagne *Le Pendu de Saint-Pholien* lors du lancement de la série Maigret à *La Boule Blanche,* n'est pas très réussi et vient difficilement à bout d'une intrigue laborieuse : une double identité et un improbable suicide maquillé en meurtre.

Le roman suivant, *Le Charretier de la « Providence »*, a une meilleure histoire qui mêle différentes expériences et les thèmes simenoniens. La présence du canal permet à l'écrivain de retrouver à travers Maigret toutes ses impressions et le policier flaire le secret en se plongeant dans l'atmosphère du canal. Le cadavre dans l'armoire, c'est l'amour ancien d'un jeune docteur pour une femme tapageuse et destructrice qui autrefois l'a trahi. Il est parti à l'étranger et quand il revient, des années après, il est à l'image des innombrables marginaux de Simenon : charretier de halage, il ne sait presque plus parler. Il rencontre par hasard cette femme qu'il a aimée, et la tue. Ayant élucidé l'affaire et découvert tout ce qu'elle recèle de pathétique, Maigret ne cache pas sa sympathie pour ce criminel, qui meurt opportunément à la fin, prévenant ainsi tous les problèmes de la justice.

Le Chien jaune, probablement le cinquième ou sixième de cette série, est un excellent exemple des Maigret de la première période. (Il semble qu'il ait particulièrement plu à Marcel Aymé qui préfaça sa réédition en 1962.) Contrairement au *Pendu de Saint-Pholien,* l'action proprement dite est beaucoup plus importante que l'arrière-plan. Maigret mène son enquête dans le petit port breton de Concarneau qui est terrorisé par un criminel. L'ambiance, le suspense, les portraits auraient pu en faire un chef-d'œuvre si l'intrigue n'avait pas été aussi grotesquement complexe.

Simenon définit dès le début l'atmosphère de son histoire, en utilisant un style abrupt, quasi télégraphique : « Vendredi 7 novembre. Concarneau est désert. » « En face de lui, dans le bassin, un caboteur, qui, l'après-midi, est venu se mettre à l'abri. Personne sur le pont. » « Accoudée à la caisse, une fille de salle. Près d'une table de marbre, deux hommes achèvent leur cigare, renversés en arrière, jambes étendues. » Une sorte de style d'indications scéniques. De nombreuses phrases sans prédicat, pas moins efficaces pour autant. Le roman est plein d'exemples d'atmosphères à la Simenon, parfois trop littéralement désignées comme telles : « Il y avait dans l'atmosphère de ce café quelque chose de gris, de terne, sans qu'on sût préciser quoi. »

Simenon réussit cependant à nous faire ressentir la vie de cette petite ville, la mentalité et la sensibilité de ses habitants.

Le climat est lourd d'une sordide sexualité rurale, de xénophobie et de méchanceté provinciales : les gens du coin attaquent à coups de pierres un pauvre chien blessé tandis que Maigret, lui, va le caresser. L'aspect du lieu renvoie à la corruption des gens et à l'esprit désagréable de la ville :

> « Maigret regarda à travers les vitres. Il ne pleuvait plus, mais les rues étaient pleines de boue noire et le vent continuait à souffler avec violence. Le ciel était d'un gris livide. »

Contrastant avec le mauvais temps – faisant presque irruption –, des éclaircies se dessinent, et la bonne humeur de Maigret investit la ville :

> « Maigret était de si bonne humeur, le lendemain matin, que l'inspecteur Leroy osa le suivre en bavardant... Le ciel semblait avoir été lavé tout fraîchement. L'horizon était plus vaste, comme si on eût creusé la calotte céleste. La mer, toute plate, scintillait, plantée de petites voiles qui avaient l'air de drapeaux épinglés sur une carte d'état-major. »

Le mauvais temps est emblématique de la turpitude et de la misère des êtres, le beau temps vise moins à établir un contraste qu'à se distancer de tout ce qui opprime; on peut alors, momentanément, se couler dans cette sérénité propre à Maigret, embrassant la souffrance et la cruauté du monde faute de pouvoir les neutraliser. Comme à l'accoutumée chez Simenon, les figures de rhétorique sont rares, et elles sont soit superficielles soit frappantes, comme celle-ci qui décrit Maigret observant d'un toit, en compagnie d'un collègue, deux jeunes amoureux dans une chambre :

> « C'était aussi imprécis, aussi flou qu'un film projeté quand les lampes de la salle sont rallumées. Et il manquait autre chose : les bruits, les voix... Toujours comme du cinéma : du cinéma sans musique. »

En quittant le roman commercial pour un genre plus littéraire, Simenon apprend à jouer sur les temps, il passe en souplesse du présent au passé, au passé antérieur, et quelquefois au futur. Dans les premiers Maigret, il effectue surtout des retours en arrière, généralement vers la fin de l'histoire, fournissant ainsi des explications sur le pourquoi de l'action. Dans *Le Chien jaune*, il expérimente quelques subtilités. Dès le début du roman, il joue sur la juxtaposition de deux niveaux d'antériorité :

> « C'est seulement à ce moment que j'ai eu la sensation qu'il s'était passé quelque chose ! » dira le douanier au cours de l'enquête.

Maigret, quant à lui, est pleinement conforme à sa personnalité de la « première série ». Il a encore les manières brusques de ses débuts. Il crie par exemple : « Foutez-moi la paix ! » Il utilise des vulgarités agressives qu'il abandonnera par la suite ; il a aussi la grossière habitude de toiser ses interlocuteurs sans répondre à leurs questions. Simenon joue habilement des façons du commissaire pour mieux mettre en relief la sympathie que celui-ci éprouve pour Emma, la jeune serveuse brimée :

> « Il lui prit les épaules dans ses grosses pattes, la regarda dans les yeux, d'une façon à la fois bourrue et cordiale. »

Il porte toujours le même pardessus aux revers en velours et son éternel chapeau qu'il dépoussière du même geste en le tapant sur sa manche. On s'aperçoit qu'il est déjà bien connu : partout où il va, les gens le reconnaissent. La célèbre méthode Maigret est à la fois démontrée et exposée. Simenon, auteur, établit l'atmosphère dans laquelle Maigret, l'enquêteur, s'immerge. Chacun utilise ses talents respectifs. La méthode Maigret qui consiste à n'avoir l'air de rien, à s'asseoir et à observer en se laissant imprégner de la situation est ainsi laconiquement exprimée :

> « – Qu'est-ce que vous allez faire ?
> – Rien du tout...
> – J'en déduis...
> – Oui, bien entendu !... Seulement, moi, je ne déduis jamais... »

Le Chien jaune accumule une impressionnante collection de suspects qui seront réunis au dénouement dans la meilleure tradition des policiers de l'âge d'or. On peut déceler un trait de l'école américaine des durs à cuire dans l'accent mis sur l'arrière-plan : on voit le jeune amant d'Emma, Léon, ébloui par des bourgeois de Concarneau, des gens corrompus qui le trahiront par la suite, se laisser entraîner dans une sombre affaire de contrebande d'alcool entre la France et l'Amérique. Et l'on trouve aussi une trace de l'influence du roman gothique dans le repaire de Léon : une ancienne fortification côtière, avec un escalier dissimulé dans les murs (un rappel de *L'Aiguille creuse* de Maurice Leblanc).

Les autres premiers Maigret constituent une série de thèmes et de variations. L'intérêt de Simenon pour des personnages de marginaux originaires d'Europe de l'Est (souvent des juifs) qui, comme dans *Pietr le Letton,* glissent dans la criminalité, définit souvent l'arrière-plan de l'action. *La Tête d'un homme* (réédité en 1950 sous le titre *L'Homme de la tour Eiffel* – celui du film qui en avait été tiré) a pour personnage central un nommé Radek. Ce Radek, une sorte de Raskolnikov mineur, n'ayant pu réaliser légitimement ses ambitions, va mettre son intelligence au service du crime, et se commettre avec de méprisables milliardaires américains et des décadents qui fréquentent *La Rotonde*. Maigret, qui a flairé le sentiment de culpabilité de Radek, l'arrête.

Dans *Le Fou de Bergerac,* Maigret ne va pas sur le terrain, car il a été blessé dans le premier chapitre. Il mène son enquête de sa chambre d'hôtel par l'intermédiaire de sa femme qui apparaît longuement pour la première fois dans ce roman. Bergerac, autre petite ville rongée par l'espèce de méchanceté provinciale, est traumatisée par une série de meurtres. La scène d'introduction qui a pour cadre un train est admirablement enlevée et, pour l'essentiel, l'action principale consiste en un classique alignement de suspects.

La cause du crime est souvent une « femme fatale » qui séduit un jeune homme sans volonté. Dans *Au Rendez-Vous des terre-neuvas,* par exemple, Maigret se rend incognito, comme c'est souvent le cas, à Fécamp pour faire une enquête sur un jeune et innocent opérateur de radio et un capitaine, tourmentés l'un et l'autre par la sexualité obsédante d'Adèle, une sirène qui mène les honnêtes pêcheurs au naufrage. Dans *Un Crime en Hollande* qui se passe à Delfzijl, Maigret joue les privés auprès de la police hollandaise au cours d'une enquête sur une affaire de meurtre dans un contexte similaire : l'amour passionné d'un garçon naïf pour une jeune paysanne d'apparence saine et robuste, dans laquelle Maigret devinera une femme fatale en herbe au tableau de chasse déjà bien fourni. (Dans ce livre, Maigret expose en détail ses théories au cours d'une longue discussion sur la criminologie avec un jeune et pédant sociologue qui se trouve opportunément sur les lieux en tant que suspect.)

Si *Un Crime en Hollande* le ramène à son lieu de naissance littéraire, Maigret retrouve son lieu de naissance fictif dans *L'Affaire Saint-Fiacre*. Dans le petit village de Saint-Fiacre, son père était régisseur d'un domaine, et Maigret y a été enfant de chœur, comme Simenon à Liège, ce qui va lui permettre de comprendre les sentiments d'un autre enfant de chœur, et de favoriser la progression de son enquête. Le personnage central de cette affaire est un aristocrate désabusé, et l'atmosphère sinistre du dénouement participe à la fois de la tradition gothique et de l'ambiance de la Caque.

Le Port des brumes restitue avec bonheur, comme *Le Chien jaune* et *Au Rendez-Vous des terre-neuvas*, l'atmosphère d'une petite ville côtière. Il s'agit d'Ouistreham, en Normandie, où Simenon a écrit plusieurs des premiers Maigret. Mais l'intrigue est mal construite : sur fond de snobisme bourgeois et de mesquinerie provinciale, où la respectabilité cache le vice, se jouent une passion amoureuse désespérément tragique, la révolte d'une brebis galeuse qui réussit à se libérer du joug familial – et un meurtre. Encore une histoire où, transgressant une fois de plus un des dogmes les plus fondamentaux de la tradition du roman policier, le meurtrier n'est pas arrêté à la fin.

Simenon a cédé plusieurs fois à la tentation de placer Maigret dans son Nord natal, et dans *La Danseuse du Gai-Moulin* il l'introduit dans Liège où il va s'intéresser à une autre vamp (de nouveau Adèle), à un jeune prétentieux, Jean, et à son ami et corrupteur, René, qui entretient une relation sordide avec Adèle. Jean et René représentent l'antithèse chère à Simenon : d'une part, un être écrasé par un sentiment de culpabilité, très pauvre, faible, maladroit – l'image même du paumé provincial –; d'autre part, un personnage plein d'assurance, corrompu, cynique, égoïste et mondain. Ce sont les deux aspects potentiels et les dangers éventuels de la propre personnalité de Simenon. Un Maigret inhabituellement vif et plein d'entrain, qui aime les voyages à l'étranger, enquête sur l'assassinat d'un milliardaire grec dans lequel Adèle et son compagnon sont impliqués. Maigret adopte dans cette histoire l'attitude typique du privé, ridiculisant une police belge maladroite –, ce qui lui vaudra même d'être arrêté – et jouant à l'occasion le « dur » avec ses poings.

Liberty-Bar se passe sur la Côte d'Azur, à Cap d'Antibes, où Simenon a séjourné peu avant d'écrire ce roman. Maigret a toujours sa brusquerie du début. Ses manières d'homme du peuple font naître l'hostilité des riches, mais le rapprochent des créatures du milieu, des marginaux, des humbles qui hantent le *Liberty-Bar,* fournissant l'atmosphère nécessaire à la découverte des indices qui lui permettront de résoudre l'énigme criminelle. La victime, pour résumer, est un homme du monde qui a volontairement renoncé aux privilèges de sa classe, pour vivre une vie de clochard, trouvant plus d'attraits aux vagabonds qu'aux millionnaires étriqués. L'affaire sera finalement étouffée : il n'y a pas de criminel. A la fin du roman, Mme Maigret apparaît au premier plan quand Maigret s'ingénie en vain, mais dans une scène pleine d'humour, à lui expliquer une histoire embrouillée.

On notera que très peu de Maigret se passent à Paris, qui est censé être le terrain de chasse de Maigret : une partie de *Pietr le Letton, La Tête d'un homme, La Nuit du carrefour* (en banlieue); *L'Ombre chinoise* nous amène au cœur de Paris, place des Vosges, là où Simenon a habité, avec un autre sombre drame de famille qui s'articule encore sur l'opposition échec-succès, mais cette fois le personnage sympathique, Couchet, est l'homme qui a réussi dans la vie, tandis que cet idiot de Martin et le rejeton falot de Couchet apparaissent, eux, comme deux désagréables andouilles. En contrepoint de cette terrifiante anti-famille, Mme Maigret qui attend des parents de son Alsace natale est heureusement là pour rappeler le bien-être familial. *La Guinguette à deux sous* se passe en banlieue. C'est encore une histoire de « femme fatale », Mado, au milieu d'un essaim d'hommes. On y retrouve les lettres de Mme Maigret, qui est en Alsace, et presse son mari d'en terminer au plus vite et de venir la retrouver en famille – ce qu'il fera à la fin. *L'Écluse n° 1,* l'un des derniers ouvrages de la série, est une histoire qui se passe aussi à Paris et met en scène un autre caractère « fort », Ducrau, homme au solide bon sens, viril et ouvert. Maigret se sent immédiatement proche de lui car il lui ressemble beaucoup – il rappelle aussi Simenon –, et il est complètement différent du reste de sa famille composée de véritables imbéciles.

Les Maigret remportèrent un succès instantané. La presse leur accorda beaucoup d'attention, et les critiques furent le plus souvent élogieuses. Les plus enthousiastes considéraient que

Simenon faisait revivre le roman policier, le faisait accéder à un niveau supérieur, prouvait que ce genre pouvait aborder des sujets sérieux. On salua la simplicité du style et sa puissance descriptive, et remarqua quelquefois que l'on n'avait pas simplement affaire à des romans policiers. Les critiques moins enthousiastes se bornèrent à voir dans Simenon un bon artisan, d'un genre mineur, et le comparèrent au prolixe écrivain anglais Edgar Wallace. De temps à autre, une mauvaise critique le trouvait ennuyeux. Sa rapidité d'écriture et la fanfare publicitaire pour le lancement de la série lui valurent beaucoup de commentaires, souvent ironiques.

En mars 1931, les tout premiers articles de presse prédisent que Maigret occupera une place « honorable » parmi les enquêteurs de romans policiers et estiment que ses histoires feront de bons films de cinéma parlant. L'un de ces articles souligne que Simenon « renouvelle ce type devenu déjà conventionnel » et reconnaît que Maigret « demeure plus homme que policier » et que son enquête « s'enrichit d'une émotion plus familière ». Selon le critique du *Matin,* Simenon s'inscrit dans la lignée des grands écrivains du genre policier. Un peu plus tard, *Pietr le Letton* sera reçu avant tout comme un bon thriller (« un récit fort habilement construit, d'ailleurs, par un auteur doué d'une abondante imagination »), *Le Pendu de Saint-Pholien* comme « l'une des meilleures histoires policières que l'on puisse lire », *Le Charretier de la « Providence »* comme « un roman où règne l'imagination ». En 1931, *La Tête d'un homme* fut élu meilleur roman policier de l'année.

A l'automne de la même année, Simenon est devenu de toute évidence « quelqu'un ». Au moins deux essais sont consacrés à l'ensemble des Maigret. L'un souligne que « Simenon écrit avec une aisance, une jeunesse alerte qui plaisent infiniment », l'autre s'attache à démontrer que Simenon est « plus » qu'un écrivain de roman policier, et trouve que ses romans reflètent « intelligence et sensibilité... une manière d'œuvre d'art ». La toujours très alerte Janet Flanner (« Genêt ») du *New Yorker* s'intéresse à Simenon dans sa *Paris Letter* du 24 octobre 1931. Son article est bourré d'erreurs mais elle a le mérite de présenter Simenon à l'Amérique. Elle prédit que « Simenon » restera son pseudonyme, raconte qu'il a un jour commencé à écrire un roman dans une cage de verre, qu'il produit quatre Maigret par mois, et qu'il aurait déclaré : « Mon ambition est d'arriver à être de la classe de Jack London, ou –

qui sait ? – de Conrad », mais, ajoute « Genêt », obligeante, « il est déjà dans une classe à part ».

En 1932, Simenon et Maigret ont le vent en poupe. Bien entendu, les critiques ne sont pas toutes bonnes. *Le Canard enchaîné* continue à lancer ses piques (« Le métier de M. Georges Simenon consiste à tuer une personne par mois et à découvrir l'assassin »). Pour sa part, *L'Intransigeant* estime que pour passer une heure dans le train, Simenon c'est parfait, mais qu'il ne faut pas lui en demander davantage, et pour *Le Cri de Paris* Simenon n'est rien de plus qu'« un honorable commerçant » sur le déclin car, à une époque, il s'était mis en tête d'écrire un roman par semaine et qu'il n'en écrit plus qu'un par mois. Mais en général, le ton dominant de la critique va de l'appréciation modérée à l'enthousiasme :

> « Son œuvre pourrait bien contenir une critique subtile et très pénétrante des procès courants dans le roman policier actuel. »
>
> « Maigret, le policier inventé par Georges Simenon, [est] en passe de devenir aussi célèbre que Sherlock Holmes. »
>
> « L'art avec lequel Simenon crée une atmosphère, sordide et lamentablement humaine... »
>
> « [Trois énigmes qui relèvent] plus du roman psychologique que du roman policier, me confirment dans ma sympathie pour l'art de M. Simenon. »
>
> « Ce jeune auteur de romans policiers a l'étoffe d'un grand romancier. »
>
> « ... Une réussite à peu près parfaite. »

Dans un questionnaire portant sur les dix plus grands chefs-d'œuvre écrits depuis 1918, Roger Dévigne inclut *La Guinguette à deux sous,* et Jean Cassou écrit dans *Les Nouvelles littéraires* qu'il y a plus de poésie dans les histoires policières de Simenon que dans bien des œuvres de poésie.

Robert Brasillach, critique estimé de la moins estimable *Action française*, consacre à Simenon un article de fond dans l'édition du 11 août 1932. C'est une critique pertinente dans laquelle il lui reproche sa négligence dans la construction de ses récits mais loue son génie de l'observation qui lui permet de recréer des climats d'une grande richesse d'évocation. Brasillach est le premier à parler du « cas Simenon », une formulation que reprendront maints commentateurs de son œuvre. Pour Brasillach, Simenon est un cas parce qu'il est terriblement doué mais qu'il néglige ses créations. « M. Simenon acquiert l'éducation littéraire qui lui fait manque, soyons sûrs que nous pouvons attendre quelque chose de lui. » Quelques années plus tard, Brasillach identifie avec précision la contribution de Simenon dans le développement du genre policier : il lui a apporté, écrit-il, « son contrepoids de réalité ». Simenon, lui, poursuit son chemin comme si de rien n'était. En 1934, il écrit un pamphlet contre la fiction policière dans *Marianne* où il prétend que ce sujet le met mal à l'aise car il se rend compte, maintenant que le roman policier est à la mode et que la critique s'en est emparée pour le disséquer, qu'il ne peut qu'être mort.

Les Maigret ont été rapidement traduits en anglais, néerlandais, norvégien, et en d'autres langues ensuite. Ils reçoivent un accueil mitigé en Angleterre et en Amérique au début des années trente. La critique se borne le plus souvent à voir en Simenon un bon auteur de romans policiers. Le *New York Herald Tribune* rapporte en 1932 que Simenon fait fureur à Paris et, « qu'à 28 ans, il a déjà produit 280 romans policiers », et, ajoute le journaliste, « ce sont décidément des ouvrages qui se laissent lire ». L'année suivante, le *Tribune* ne voit dans *Pietr le Letton* qu'une « histoire inconsistante » et considère que Simenon « est susceptible de s'améliorer avec le temps ». Analysant *La Nuit du carrefour,* le *Saturday Review* remarque curieusement que « l'histoire est meilleure que le détective ». Pour le *Boston Evening Transcript,* l'aspect le plus intéressant chez Simenon est « d'avoir déjà écrit 300 romans à 30 ans ». Le *Pittsburgh Press* estime qu'il est « un bon écrivain ». Le *Denver News* considère que l'un de ses livres a « une importance littéraire parce qu'il est bien écrit ». Le *New York Times,* pour sa part, consent tout au plus à apprécier chez Simenon son habileté à « faire tenir beaucoup de mystère et d'excitation en quelques pages ».

En Angleterre, le *Sunday Dispatch* rapporte que « Simenon écrit ses romans sur un yacht dont il a fait sa maison au rythme d'un tous les onze jours ». Le *Times Literary Supplement* fait état d' « histoires ingénieusement construites et bien racontées ». A Manchester, l'*Evening Chronicle* critique non sans raison le fait que l'on compare constamment Simenon à Edgar Wallace, alors qu'ils n'ont d'autres points communs que leur côté prolifique.

Maigret est devenu tout aussi célèbre que son créateur. Très vite, les articles commencent souvent par une formule du genre : « Le fameux commissaire Maigret s'attaque à un autre mystère. » On peut relever dans une critique qui remonte au 1er février 1932, cette introduction : « Notre vieille connaissance, le commissaire Maigret... » Un journal américain titre en 1933 : « L'inspecteur Maigret marque encore un point. » Et un journal anglais rassure ses lecteurs : « Maigret maintient sa réputation. » Maigret, nous l'avons vu, est également une célébrité dans les romans mêmes : il est reconnu fréquemment par des chauffeurs de taxi, des concierges, des passants, pour ne rien dire des voleurs, des gangsters et des forces de police internationales. Pendant ce temps, à Liège, un cousin entreprenant ne perd pas le nord : il ouvre un café à l'enseigne *Chez Maigret*. Maigret et son créateur seront bien entendu rapidement connus de la vraie police judiciaire, et son directeur, Xavier Guichard, célèbre pour avoir arrêté la fameuse « bande à Bonnot », téléphone à Simenon et lui dit à peu près ceci : « Écoutez, vous écrivez des romans policiers bourrés d'erreurs. J'aimerais bien vous faire visiter la P.J. » Simenon accepte et c'est ainsi qu'il recueille une masse d'informations techniques sur les méthodes et l'organisation de la police. La P.J. lui offrira un écusson officiel au nom de Maigret.

Pendant que ses livres continuent leur chemin, Simenon s'active beaucoup comme à son habitude. Il ne lui suffit pas de travailler aux Maigret, il a besoin de jongler avec d'autres projets – le fait d'avoir gravi un échelon de la hiérarchie littéraire ne le rassure pas, aussi tient-il à garder en réserve son statut d'écrivain de littérature populaire, au cas où. Durant l'été 1931, il se lance dans un projet de « phototextes », un projet qui a un grand avenir commercial, pense-t-il. Un jeune éditeur, Jacques Haumont, veut publier une série de « phototextes » (ce qu'on appellera plus tard des romans-photos), et il engage Simenon pour les textes et Germaine Krull pour les photos. Le seul « phototexte » à voir le jour a pour sujet une histoire absurde, *La Folle d'Itteville*. Le héros, écrivain de romans policiers, enquête, en compagnie de l'inspecteur G 7 de la P.J. (et des *13 Énigmes*), sur un vrai meurtre : on a tué un médecin et remplacé son corps par un autre. A un moment, G 7 ironise : « Si c'était un roman, nous aurions des indices. » En août 1931, la publication donne lieu à un « mini-bal anthropométrique » – une « signature » qui devait durer toute la nuit à bord de l'*Ostrogoth*, amarré près de la Bastille. Ce battage publicitaire et la signature de Simenon valent quelques articles à *La Folle d'Itteville*, qui n'en méritait pas tant.

Simenon écrivit deux autres « phototextes » sur l'*Ostrogoth*, dont Haumont vint lui-même prendre livraison et qu'il lui paya cash. Mais peu après il fit faillite, et Simenon en profita pour revendre ses textes à Gallimard qui les publiera dans une collection intitulée « La Renaissance de la nouvelle ». Dans les années trente, Simenon fit aussi du journalisme : il publia dans le *Figaro illustré* une série d'articles sur la police sous le pseudonyme de Georges Caraman, et un reportage sur les canaux de France, « Au fil de l'eau ». Pour les besoins de ce reportage, il refit l'itinéraire qu'il avait emprunté avec le *Ginette* en 1928, dans une Chrysler noire importée spécialement des États-Unis, en compagnie d'un photographe tchèque et d'un chauffeur yougoslave, Jarko.

A l'automne 1931, les Simenon s'installent à Ouistreham. L'écrivain se sent à l'aise au milieu des marins et des pêcheurs avec lesquels il s'amuse à faire des parties de bras-de-fer. Un matin, alors qu'il est en train d'écrire sur le pont de l'*Ostrogoth*, Jean Renoir arrive dans sa Bugatti. « Enfin, Simenon ! » s'exclame-t-il, et il lui demande aussitôt si les droits de *La Nuit du carrefour* sont libres. Simenon lui répond que oui et Renoir lui en offre 50 000 francs, qu'il accepte immédiatement. Grand admirateur de Renoir, Simenon est très touché et pour l'honneur qu'il lui fait il aurait volontiers donné au cinéaste les droits de son roman. Ils se connaissaient déjà, mais dès lors deviendront intimes, fréquenteront les mêmes gens dans les années trente, mangeront souvent ensemble au restaurant *Ramponneau* à Paris. Seule la mort de Renoir viendra défaire ces liens étroits : « Il était un frère pour moi », dira alors Simenon.

C'est à peu près à cette époque que Simenon vend l'*Ostrogoth*, embarque ses affaires dans la Chrysler et descend sur la Côte d'Azur. Il s'installe à Cap d'Antibes dans une immense villa peinte en rouge, Les Roches Grises.

Il écrit des Maigret et des scénarios pour l'adaptation à l'écran de ses ouvrages. Il va chaque soir faire la fête jusqu'au petit matin dans les casinos de Nice et de Cannes, en compagnie d'une jeune et jolie secrétaire. Renoir le rejoindra sur la Côte d'Azur pour travailler à *La Nuit du carrefour*. Il arrive en compagnie de son frère, Pierre, qui jouera le rôle de Maigret – le meilleur des Maigret, dira Simenon, il a compris que le commissaire est, avant tout, un fonctionnaire. Le tournage est retardé par des difficultés de financement et par les déboires personnels de Renoir – son mariage avec Catherine Hessling est en crise et il s'est mis à boire. A la suite de quoi, des scènes capitales ne furent pas tournées et, lors de la présentation en avant-première, des critiques se plaignirent de la difficulté à suivre le déroulement de l'histoire. Le producteur crut pouvoir y remédier en faisant intervenir Simenon à l'écran pour expliquer l'intrigue; il lui proposa 50 000 francs, mais Simenon refusa.

Après Renoir, Simenon collabore avec le cinéaste Jean Tarride, qui a acheté les droits du *Chien jaune*, et qui l'a engagé pour écrire le scénario et les dialogues. Mais ne s'entendant pas avec Tarride, Simenon se retire du projet. Vient ensuite un « gros producteur de films » qui lui propose non seulement d'écrire le scénario de *La Tête d'un homme* mais d'en être le metteur en scène. Il engage Harry Baur pour le rôle de Maigret, rassemble la distribution, mais rencontre d'autres problèmes de financement. Simenon en conclut que le financement du cinéma se fait à la manière d'Eugène Merle, avec des chèques sans provision – les acteurs n'arrêtent pas de venir le voir pour s'en plaindre. Irrité et dégoûté, il abandonne le projet, qui sera repris par Julien Duvivier. Ces expériences lui laisseront une telle amertume qu'il ne voudra plus rien savoir de l'adaptation à l'écran de ses romans; il fera part de ses réflexions désabusées sur l'industrie du cinéma dans *Le Voleur de Maigret*.

A part un voyage ou deux à Paris, les Simenon ne bougent pas d'Antibes pendant près de quatre mois. En mars 1932, il en a assez de la Côte d'Azur et, se souvenant du plaisir que leur avaient procuré la campagne des environs de La Rochelle, à l'époque du *Ginette*, et leur voyage à l'île d'Aix, ils font leurs valises et s'en vont. Ils descendent à l'Hôtel de France à La Rochelle, le temps de trouver une maison. Ils parcourent la région à la recherche de la « maison idéale », qu'ils vont découvrir près de Marsilly. La Richardière est une gentilhommière qui ressemble avec sa tourelle à un petit château, et Simenon en tombe immédiatement amoureux. Il obtient du propriétaire, un fermier qui a refusé de la lui vendre, un bail de longue durée, entreprend aussitôt des travaux de réfection, l'installe confortablement, achète de vieux meubles rustiques. Il élève des chevaux et, s'étant acheté une forge, consacre chaque jour de longues heures à travailler des pièces de fer. A la fois simple et élégante, La Richardière répond admirablement pendant un temps à ce désir qu'a toujours eu Simenon de vivre à la campagne simplement (mais confortablement), et là, il peut aussi entretenir cette vie mondaine dont sa réussite lui a ouvert les portes. « Je recevais beaucoup... A onze heures, nous ne savions jamais combien d'invités nous aurions à déjeuner, ni à cinq heures au dîner [3]. » Il mène une vie de châtelain et, non sans ironie, en jouit pleinement.

Entre la fin des années vingt et le début des années trente, sa vie oscille entre deux pôles représentés d'un côté par les parties de bras-de-fer avec des marins ivres d'Ouistreham, et de l'autre par l'arrivée au *Fouquet's,* sur les Champs-Élysées, dans sa Delage décapotable vert pâle, qui a remplacé la Chrysler noire. Entre ces deux extrêmes, il y a La Richardière. Peut-être imite-t-il ainsi Eugène Merle, l'éditeur flamboyant, qu'il continue de fréquenter à Paris. Merle possède lui aussi une résidence à la campagne, à Avrainville, où il reçoit toutes sortes de gens huppés qui débarquent de Paris; il y a parmi eux beaucoup d'hommes d'affaires et de personnalités gouvernementales, milieu cynique où s'ourdissent de douteux trafics. Toujours est-il que Simenon, qu'il soit à Avrainville, à La Richardière ou au *Fouquet's,* vit sa réussite avec exultation. Son ami de longue date, le romancier Marcel Achard, se souvient, en relisant les premiers Maigret :

> « Mais quelle joie de relire les premiers Maigret, de me retrouver subitement en 1930, à l'époque d'Eugène Merle, (« nous autres, les chacals, nous n'avions pas de scrupules... ») et de notre jeunesse qui commençait à triompher. »

Simenon garde une image chaleureuse de Marcel Achard, déambulant sur les Champs-Élysées, accoutré de son inimitable costume à carreaux, coiffé de son chapeau de cow-boy gris perle, et arborant son « légendaire foulard [4] ». Parmi les amis de cette époque, il y a aussi Vlaminck, Jeanson, Marcel Pagnol, Maurice Garçon, le futur grand avocat, Pierre Lazareff, et bien d'autres. « Nous ne nous fixions pas de rendez-vous, nous ne nous réunissions pas chaque semaine pour dîner. Mais nous avions souvent l'occasion de nous rencontrer, et chaque fois avec le plus grand plaisir [5]. » Dans *Marianne,* son ami le journaliste Carlo Rim écrit à leur propos : « Réussir!... ce mot terrible et merveilleux est synonyme de haine, d'incompréhension, et aussi d'amitié et d'amour spontanés. » Il ajoute, en pensant peut-être à Simenon et à La Richardière, que si Paris est l'endroit où l'on forge son succès, c'est à la campagne qu'il se prépare. Beaucoup d'amitiés se nouèrent à *Marianne* : Rim, Achard et Simenon y ont tous écrit.

Ainsi, au début des années trente, Simenon a-t-il une vie brillante, mondaine. A Paris, il descend au George V ou dans d'autres palaces de même classe. Sa Delage est souvent garée devant le *Fouquet's* ou *Le Café de Paris*, le restaurant le plus chic de l'époque. Il est devenu un membre du Tout-Paris, et on le voit dans toutes les manifestations mondaines, comme dans ce défilé de haute-couture au Grand Palais, en décembre 1933. L'été de 1934, il entreprend une croisière de plusieurs mois en Méditerranée, sur l'*Araldo*, une goélette de cinquante mètres avec sept membres d'équipage. S'exprimaient là à la fois son côté « dur » et son goût du raffinement. Très spacieux, l'*Araldo* n'était pourtant pas un yacht mais un bateau anciennement affecté au transport du marbre. Aux escales, ses marins et lui se mesuraient à la pétanque avec les boulistes locaux.

Simenon n'abandonne pas pour autant son premier amour, l'enchanteresse île de Porquerolles. Au début des années trente, il y effectue de nombreux séjours de plusieurs mois. Il y loue pendant longtemps une maison en bord de mer, Les Tamaris, une résidence très originale avec une tour qui ressemble à un minaret, où il a installé son bureau. Là aussi les Simenon reçoivent beaucoup. Et en ces occasions, il n'hésite pas à prendre son bateau, à partir pêcher une cinquantaine de gros poissons pour faire une énorme bouillabaisse. L'un de ses hobbies à l'époque, c'est les pigeons voyageurs et il en garde toujours un à bord, qu'il dépêche en fin d'après-midi pour annoncer le volume de la pêche. Quand il n'y a pas assez de poisson pour les invités, Boule va en acheter aux pêcheurs.

Simenon, plus tard, évoquant cette partie de sa vie, dira qu'il en garde «... un mauvais souvenir... un arrière-goût dans la bouche [6] » :

> « Pour les années trente et quarante, je ne dirai pas que c'est un trou, mais je ne les reconnais pas, je ne me reconnais surtout pas et je ne me sens pas les vivre... La terrasse du *Fouquet's*, par exemple. Il m'est arrivé d'y passer toutes mes fins d'après-midi à une des tables de la terrasse, à côté de rangs d'acteurs et de producteurs. Qu'est-ce que je faisais-là? Je n'en sais rien [6]. »

Mais c'est le Simenon des années soixante-dix qui parlera

ainsi. Dans les années trente, son style de vie, son image publique, en disaient long sur le plaisir que lui procurait la réussite. Il exprimait un trait profond de sa personnalité, tempéré, il est vrai, par son sens de l'humour et aussi par son sentiment d'appartenir aux gens du peuple avec qui il pêchait ou faisait des parties de bras-de-fer dans les bistrots. Il ne savait pas au juste ce qu'il recherchait, mais cette incertitude ne le troublait pas. Il en vint à la conclusion qu'il voulait tout essayer, et que ce qu'il cherchait au fond, c'était cette entité insaisissable appelée « homme »; une quête de plus en plus importante dans sa propre mythologie, à mesure qu'il chercherait à comprendre le sens de son engagement dans le « vrai roman ».

9

Nouvelles frontières
1932-1935

En juin 1933, Simenon écrit le « dernier » Maigret. Il l'intitule tout simplement *Maigret*, signalant ainsi son désir de mettre un point final à la série. Il le laissait percevoir dans *L'Écluse n° 1*, écrit deux mois auparavant : il s'étend sur la retraite prochaine de Maigret, parle de sa petite maison qui l'attend près de Meung dans la vallée de la Loire, des parties de pêche et du jardinage. Dans *Maigret*, il a déjà pris sa retraite mais on vient l'enlever à son cher jardin pour lui confier une méchante affaire dans laquelle sont impliqués des gangsters professionnels. Il va une fois de plus mener son enquête à titre privé. Son successeur à la P.J., le commissaire Amadieu, pense que la fameuse « méthode » ne peut rien donner dans ce cas, mais Maigret va lui prouver le contraire en arrêtant son homme. Le cerveau du gang, un individu froid et cynique, se fera prendre justement parce qu'il se sera laissé aller à dévoiler un instant son humanité lors d'une longue discussion avec Maigret. Un court instant seulement car la fin est percutante, mais Maigret qui a la détente rapide prendra l'avantage et se réjouira d'avoir triomphé du Big Boss – encore un Maigret de la première génération, proche de l'école américaine du « dur à cuire ».

Ainsi donc, peu après avoir créé Maigret, Simenon s'en débarrassait. En même temps qu'il ménageait ses arrières en préservant son positionnement dans le roman populaire, il se préparait de toute évidence à s'aventurer dans une autre direction. Sa démarche était parfaitement logique : il n'avait jamais considéré les Maigret autrement que comme un jalon « intermédiaire » sur le chemin qui menait du roman populaire à la

« vraie littérature ». Comme on l'a vu, il avait déjà une longue pratique de la « vraie littérature » – et ce depuis l'époque lointaine où il obtenait les meilleures notes en classe de français. Il avait en chemin admiré l'écriture précieuse de Xavier de Maistre, lu les grands classiques, s'était lui-même essayé à l'écriture « précieuse » avec son essai *Le Compotier tiède*, et il s'y était consacré, après son travail quotidien, dans des compositions « privées » qu'il glissait dans ses enveloppes jaunes, ou encore avec ces passages « littéraires » qu'il insérait subrepticement dans ses romans populaires. Mais dans cette perspective, le plus important était sans doute cette accumulation d'observations qu'il avait lentement assimilées : elles n'avaient pas joué un rôle décisif dans son œuvre commerciale, mais avaient cependant enrichi les Maigret en attendant le moment propice pour influencer radicalement les futurs romans.

Peu après avoir lancé Maigret, Simenon s'était intéressé aux « non-Maigret ». Tout d'abord, il avait écrit deux romans policiers qui auraient pu être des Maigret, mais dans lesquels son commissaire n'apparaissait pas – comme si Simenon avait voulu voir comment pouvait fonctionner un ouvrage semi-littéraire sans ce personnage. Le premier, *Le Relais d'Alsace*, écrit durant l'été 1931, en pleine production Maigret, est beaucoup moins intéressant que la plupart des Maigret, tant du point de vue de l'histoire que de son personnage central, le commissaire Labbé. Ce dernier enquête sur un escroc international (rappelant vaguement Pietr) qui, au cours d'un voyage sur les traces de son enfance, se retrouve mêlé à une sordide affaire de vol et de séduction dans une auberge de la campagne alsacienne. L'autre, *Le Passager du « Polarlys »*, est meilleur. Un crime a été commis à bord d'un navire et le capitaine joue le rôle de détective. Sa sensibilité « à la Maigret » va lui permettre de mettre au jour les dessous d'une affaire criminelle fort embrouillée. Il va ainsi remonter aux fondements psychologiques du drame : l'innocence perverse de Katia, la séductrice, et la naïveté d'un jeune officier qui est tombé sous son charme. Cet ouvrage ne passa pas inaperçu de la critique : « Un chef-d'œuvre du genre », commenta *La Nouvelle Revue critique, Le Mercure de France* se bornant pour sa part à regretter l'absence de Maigret.

La plupart des Maigret de la première génération ont été écrits entre l'été 1930 et le printemps 1932. Seuls les deux derniers sont postérieurs. Durant tout le reste de l'année 1932, alors que les Maigret le rendent célèbre, Simenon, parallèlement à d'autres activités, écrit ses premiers « vrais » romans. Lui-même leur donnera différentes appellations : « romans durs », « romans-romans » et « romans tout court » pour les distinguer de ses ouvrages de « littérature populaire » et des Maigret. Il en écrit quatre entre l'automne et l'hiver 1932-1933, s'interrompt pour les deux derniers Maigret puis reprend et en écrit cinq de plus en 1933. Tous ces romans, comme les Maigret et comme d'ailleurs tous ses futurs ouvrages, se déroulent dans des lieux qu'il connaît souvent très bien. D'un autre côté, aucun de ces textes n'apporte de renseignements précis sur sa propre vie de l'époque à l'exception de quelques visions incidentes de l'univers mondain, toujours assorties d'ailleurs d'un commentaire défavorable.

Bien que ce ne soient pas des « policiers », la plupart de ces neuf ouvrages incluent des crimes, et les personnages centraux sont, ou deviennent, des parias, des marginaux, des paumés ou des victimes, ou tout cela à la fois. Nombre de ces histoires racontent des révoltes avortées contre un environnement ou un état d'esprit oppressifs. Certaines dépeignent des soumissions désespérées – voire pathétiques. Simenon y transpose, dans le thème et la trame psychologique, les remous qui ont agité son passé – ses rapports avec le clan Simenon, les troubles mentaux des Brüll, les problèmes de son enfance, les ressentiments de son adolescence, sa jeunesse dissipée. C'est ce qui confère à ces ouvrages leur côté sérieux, sans pour autant que ce soit une garantie de leur excellence. Ils expriment le versant « sombre » de Simenon au moment même où sa réussite s'harmonise avec le côté « lumineux » de sa personnalité. La tonalité générale et le caractère des personnages qu'ils mettent en scène découlent de tout ce passé qui n'a jamais cessé de gronder sourdement en lui, tandis que les ressources de sa mémoire et ses dons d'observation enrichissent la description des scènes et des comportements. Les imperfections de la structure et du développement de ces récits sont imputables à son irrépressible impatience d'écrire, aux doutes qui l'assaillent en tant qu'artiste. Puiser délibérément dans ses tripes était un moyen de ne pas se laisser déborder par ses extraordinaires ressources d'invention et de créativité. Les nausées que provoque en lui l'effort d'écrire « sérieusement » sont donc à la fois réelles et métaphoriques. Si les thèmes majeurs de sa fiction découlent bien de son expérience personnelle et de sa sensibilité singulière, ils ne sont pas non plus étrangers à l'esprit des années trente. La Grande Dépression a pour corollaire une conscience politique et sociale accrue. On va se préoccuper davantage du sort des « petites gens », scruter les souffrances et les états d'âme de ce milieu. Le personnage de Charlot exprime tout particulièrement les préoccupations de cette période. René Clair avec *A nous la liberté*, Renoir avec *Le crime de M. Lange* et *Boudu sauvé des eaux*, et bien d'autres cinéastes œuvreront dans le même sens. En littérature, on peut citer notamment Dos Passos, Farrell, Steinbeck, parmi une myriade d'écrivains qui abordent les mêmes thèmes. Le vernis de respectabilité de la « bonne société » et les forces brutales de la finance face auxquels se débattent les « petites gens » sont des thèmes récurrents dans tous les secteurs de la création artistique. Les ratés et les clochards de Simenon n'ont pas la fantaisie de Charlie Chaplin. Simenon exprime une vision plus sombre : en minimisant les dimensions sociales et politiques du drame, il met l'accent sur la détresse de l'individu.

Il est impossible de préciser avec certitude la chronologie de ces romans. Il se peut que le premier ait été *L'Âne rouge*, une transposition inhabituellement explicite de la vie de Simenon. *L'Âne rouge* est le nom de la boîte de nuit de Liège où se réunissait souvent la Caque. Le protagoniste, Jean Cholet, est un jeune journaliste de Nantes. Il travaille à *La Gazette de Nantes*, fréquente des bars louches (en particulier celui dont le roman porte le nom) et boit beaucoup. Il a une amie attitrée, mais cela ne l'empêche pas d'avoir des aventures. Sa mère, femme anxieuse, conventionnelle, qui harcèle constamment son entourage, l'énerve. En revanche, il se sent proche de son père, un employé de bureau qui a des problèmes cardiaques. Au début du livre, il se saoule dans une boîte de nuit, fait un scandale et, de retour à *La Gazette*, insulte le rédacteur en chef, le brave Dehourceau. Bien entendu, ces détails sont des transcriptions directes des expériences de l'adolescence de Simenon. Dehourceau, c'est Demarteau, de *La Gazette de Liège*. L'ami qui le pousse à s'enivrer c'est Deblauwe qu'il a décrit dans *Les Trois Crimes de mes amis*. Henriette et Désiré sont aussi clairement reconnaissables, comme Simenon dans le personnage de Jean Cholet. Le thème est aussi dans une large mesure autobiographique : un jeune homme qui suffoque dans l'univers familial et son besoin désespéré d'en sortir. Mais le contenu autobiographique s'arrête là, car Jean va faire de sa vie un désastre et glisser dans la déchéance – version sinistre du genre de destin que Simenon a toujours redouté; certains personnages de *Gens de Dublin* exercent la même fonction pour Joyce. Il se projette dans l'un de ses innombrables ratés et autres marginaux, et donne un tour curieux à son histoire en entraînant pour ainsi dire son père dans sa chute : ce dernier aura une crise cardiaque non pas dans son bureau mais dans un bordel. La fin du livre ne ressemble en rien ni à sa vie ni à l'orientation de sa fiction : après avoir traîné sans succès dans Paris en essayant de se faire un nom, Jean décide de s'amender. Il retourne à Nantes pour reprendre son travail à *La Gazette*, et redevient un honnête citoyen. Simenon donne la mesure de son art des « atmosphères » en décrivant Nantes noyée dans le brouillard reflétant la dérive de ceux pour qui la vie n'a plus de sens, l'ambiance glauque des night-clubs, l'alcool et le sexe sans joie.

Le Locataire s'inspire aussi de la jeunesse de Simenon : l'action se déroule pour l'essentiel dans une pension de famille, en tout point comparable à la maison familiale de la rue de la Loi. Il a seulement substitué Charleroi à Liège. On y retrouve, avec quelques changements mineurs, tous les pensionnaires : le juif polonais qui se dispute avec le Polonais catholique et le Russe qui se dispute avec les Polonais. L'un d'entre eux, plus fortuné, reçoit de riches colis de nourriture de sa famille, etc. Une chambre se libère, elle sera occupée par Élie, un « juif errant » levantin. Celui-ci a atterri à Bruxelles sans un sou après avoir tout investi dans une affaire foireuse, puis est venu se réfugier dans cette pension de Charleroi. Il a une liaison avec la fille de sa logeuse, Mme Baron, une créature attirante et mondaine mais également directe et généreuse. Élie se sent protégé dans cette pension – un univers irréel, un monde douillet, coupé des réalités extérieures, mais qui, néanmoins, lui procure le sentiment d'appartenir à une famille. Abordé dans *L'Âne rouge* (et dans bien d'autres romans), le thème de l'échappée hors du milieu familial se métamorphose ici en celui du retour au bercail. La psychologie régressive d'Élie, sa recherche d'un refuge, son désir de se reconstituer un cocon sont brillamment décrits. Il va jusqu'à s'installer dans la chaise de M. Baron quand celui-ci est absent (c'est un cheminot, allusion au second mari d'Henriette). Étranger parmi des étrangers, Élie s'invente le plus accueillant des foyers. Que celui-ci prenne la forme de la pension d'Henriette témoigne d'une transposition complexe du vécu à la fiction dans l'imagination de Simenon.

Chez Simenon le « foyer » est un élément fondamental : on le quitte, on y retourne, on le recherche, on en est chassé, on l'imagine, on s'en accommode, on le détruit. Dans *Les Suicidés*, deux jeunes amants, Émile et Julie, fuient Nevers – « la petite ville de province sous la pluie » – pour aller vivre à Paris. Émile et Julie, Roméo et Juliette de pacotille, vont abolir la barrière sociale qui, à Nevers, se dressait entre eux, dans l'univers déprimant de chambres d'hôtel sordides. En fin de parcours, au bout de leur dérive, ils font le pacte de se tuer. Elle se suicide mais lui est trop lâche pour aller jusqu'au bout. Émile est le premier de tous ces jeunes hommes qui font payer aux femmes leurs échecs personnels, et que leurs penchants entraînent vers la délinquance et poussent à maltraiter leur femme. Julie est une pure masochiste, Émile, personnage falot, morose et pleurnichard, est trop faible pour être réellement sadique : tableau tout à fait déprimant.

L'Évadé traite d'un autre type de raté. Celui-là s'est créé une vie confortable, tranquille et moyennement malheureuse. Mais un secret enfoui depuis de longues années fait surface et tout s'écroule. J.P. G., père de famille rangé, professeur d'allemand depuis quinze ans au lycée de La Rochelle, voit son univers familial s'écrouler quand réapparaît une femme aussi légère que mondaine avec laquelle il eut jadis une liaison. Elle ne fait rien de spécial : à sa vue, quelque chose se « casse » en lui. Le secret de J.P. G. rappelle, en plus sensationnel, celui qui hantait le professeur d'allemand de Simenon au collège Saint-Louis, qui cachait, on s'en souvient, le fait qu'il était pauvre. J.P. G. tente une échappée vers une vie plus passionnante avec elle mais, là encore, il est déçu : il n'a jamais été qu'un raté tout du long.

Simenon a déclaré que son premier « roman dur » est *La Maison du canal*, sans doute parce que ce fut le premier publié, ou parce qu'il avait oublié qu'il en avait déjà écrit. L'histoire se passe dans ce Limbourg rural, dont étaient originaires les Brüll, notamment ce grand-père qui perdit tout son argent et sombra dans l'alcoolisme. Le roman n'évoque pas tant des membres de la famille ou des épisodes du passé de Simenon que l'atmosphère de décomposition et de zizanie qui émanait de ce milieu. L'héroïne, Edmée, venue de Bruxelles pour vivre avec ses cousins de la campagne, découvre un patriarcat chancelant : le vieux père vient de mourir. L'un des fils, Fred, est un chasseur de jupons impénitent. L'autre, Jef, une intéressante figure de Quasimodo, va tomber amoureux d'elle. Dans une scène d'une puissante originalité, il attrape un écureuil et l'écorche devant elle. La charge sacrificielle de cet acte va créer un lien secret entre eux. Mais malgré sa bizarre et vibrante naïveté, il n'arrivera pas à conquérir Edmée. C'est Fred, play-boy paysan, qui l'emportera. Le drame survient quand un garçon de ferme, qui vient de les surprendre, se moque d'eux : Fred, furieux, le roue de coups et, sans le vouloir, le tue. Les trois protagonistes font disparaître le cadavre dans un canal de drainage, et les voilà liés par ce sombre secret. Dans son réalisme brutal, cet épisode fait écho à la scène du sacrifice de l'écureuil et aussi à celle de l'accident de la péniche au cours duquel des chevaux se sont noyés. Cette histoire est empreinte d'un réalisme sensuel et brutal qui jaillit d'autant plus librement que la structure familiale qui aurait pu y faire barrage s'est effondrée. Dans cette atmosphère froide et humide, la seule chaleur est celle du sexe. Remaniée, cette opposition symbolique aurait pu structurer et sauver ce roman qui, malgré quelques passages brillants, reste lourd.

Dans *Les Fiançailles de M. Hire*, le thème de la famille vire au désespoir, ce qui donne à ce titre toute son ironie. Parmi les premiers personnages que Simenon a créés, Hire est sans doute le plus aliéné, le plus déchu, le plus lamentable. Il vit au jour le jour dans la banlieue misérable de Villejuif, au milieu de « petites gens » dont il voudrait faire partie mais qui maintiennent leur distance. Le pathétique atteint son comble quand il s'éprend d'une servante qui habite de l'autre côté de la cour. Cette fille a une relation avec un voyou brutal qui vient de commettre un crime et qui va s'arranger pour le faire endosser au malheureux Hire. De marginal, Hire devient victime, rôle qu'il adopte avec un masochisme christique. La fin est mouvementée : trahi par la servante, il échappe à la colère d'une foule qui menace de le lyncher en grimpant sur un toit, d'où il se jette dans le vide. Simenon a repris là un fait divers qu'il avait rapporté quand il était journaliste à *La Gazette*. Comme le souligne Quentin Ritzen, c'est de tous ses premiers romans celui qui est le plus influencé par Gogol, l'un de ses écrivains favoris – mais il n'en a pas retenu la fantaisie.

Nombre de ces « romans durs » apparaissent, en quelque

sorte, comme des romans policiers « inversés », dans la mesure où le crime se produit au milieu ou à la fin de l'histoire, l'enquête policière ne constituant qu'un élément accessoire. Ces romans pourraient facilement être transformés en « policiers » en replaçant le crime au début, toute la première partie devenant alors l'explication du crime. A la différence des Maigret, l'intervention de la police est toujours entachée d'agressivité – les policiers sont même parfois des personnages douteux (dans *Les Fiançailles de M. Hire*, l'inspecteur qui mène l'enquête essaye de coucher avec la fille. Maigret où êtes-vous?...)

La différence la plus remarquable entre les Maigret et les « romans durs » tient au fait que ces derniers, dépourvus de la présence rassurante du commissaire – le « raccommodeur de destinées » – n'apportent aucun réconfort : les protagonistes sont abandonnés à eux-mêmes, livrés à leurs propres angoisses existentielles. De même *L'Homme de Londres* n'est pas un roman policier mais aurait pu le devenir facilement. Maloin, un grutier, a assisté à un crime sur les quais, et pris la mallette que le meurtrier a laissé tomber. Elle est remplie d'argent. L'arrière-plan de l'histoire est banal, mais le rapport de Maloin à l'argent est restitué avec une grande sensibilité. Le voilà devenu du jour au lendemain un « gros bonnet » aux airs supérieurs, un jouisseur menant grand train. Mais bientôt une anxiété diffuse s'installera en lui : toute cette affaire le trouble. Et quand, un soir en rentrant chez lui, il tombe sur l'assassin caché dans un appentis, il perd la tête et le tue. Dans la dernière partie, Maloin sera broyé par la machine judiciaire, ballotté entre des policiers et des magistrats aussi obtus les uns que les autres et incapables de pénétrer les arcanes d'une psychologie complexe et tourmentée. Maloin, qui était au départ un prolétaire, un fruste, est victime à présent d'une expéditive justice de classe et acquiert de ce fait une certaine dignité. Ce roman est une mini-tragédie à la Thomas Hardy.

Le Haut Mal est une autre évocation de la décomposition morale du milieu rural. Mme Pontreau, une femme désagréable et autoritaire dans le droit fil des femmes dominatrices qui sévirent dans l'enfance de Simenon (elle pourrait fort bien être une représentation de sa grand-mère), tue son gendre qui est épileptique. Ses trois filles s'en iront vivre aux colonies, pour échapper au milieu. Personnage opprimant, Mme Pontreau est victime elle aussi de l'hostilité de son entourage et de son propre égoïsme qui crée le vide autour d'elle.

Le passage de Simenon du « semi-littéraire » au « littéraire » est marqué de façon significative par un changement d'éditeur à l'automne 1933. Gaston Gallimard, patron de la prestigieuse *Nouvelle Revue française*, prend contact avec le romancier ; le contrat est signé en octobre. Gallimard recherche un auteur qui soit non seulement un best-seller mais qui ait aussi un potentiel littéraire de premier plan. Cette offre arrivait à point nommé, car Simenon, irrité par l'attitude rigide de Fayard qui s'obstine à le maintenir sous contrat pour des « romans populaires », était tout prêt à changer d'éditeur. Et il est ravi d'en trouver un qui démontre aussi nettement une hausse de niveau littéraire.

Simenon « marche fort ». Les premiers Maigret obtiennent un très grand succès au moment même où ses premiers « vrais romans » commencent à être publiés. Cette simultanéité crée les conditions d'un support mutuel : les Maigret sont davantage que de simples romans policiers, alors que la notoriété qu'ils confèrent à Simenon contribue au démarrage en flèche de ses nouveaux ouvrages aux ambitions littéraires marquées. Pourtant, à plus long terme, cette conjonction le gênera dans sa réputation même, mais aussi dans sa propre perception de son identité artistique. Cette transition des Maigret à d'autres romans ne passe pas inaperçue des critiques littéraires. Certains remarquent simplement que Simenon, écrivain de romans policiers, investit à présent ses talents dans un genre plus ambitieux. D'autres, au vu de son ascension littéraire, déclarent que ses histoires policières transcendaient déjà le genre policier. Le fait qu'il soit entré chez Gallimard retient certainement l'attention :

> « M. Georges Simenon, après avoir publié à la Librairie Fayard vingt-sept romans, jouit actuellement de l'hospitalité de la *Nouvelle Revue française* et a pris place dans le catalogue de cette maison aux côtés de Marcel Proust, d'André Gide, de Paul Valéry, d'André Malraux, etc., etc. »

Simenon s'emploie à faire connaître son passage à un autre niveau : « Dernièrement il annonça son intention d'abandonner le roman policier pour écrire des romans psychologiques. » Les critiques inaugurent un petit jeu qui se prolongera pendant une ou deux décennies et qui consiste à annoncer de temps à autre que tel ou tel de ses ouvrages anticipait ce nouveau départ. Pour l'un c'est *Les Fiançailles de M. Hire*, qui, bien que l'action gravite autour d'un crime, n'est pas un roman policier mais « une remarquable analyse psychologique ». Un autre considère que ce passage du roman policier vers le roman tout court se situe dans *L'Âne rouge*. Robert Kemp écrit à propos des *Suicidés* que ses romans sont mi-populaires, mi-policiers, ajoutant : « Ils m'apparaissent avoir beaucoup de mérites. » Le journaliste de *Rempart* pense que c'est en écrivant *Le Coup de lune* que Simenon a cessé d'être un industriel de la littérature. Dans un article consacré aux *Clients d'Avrenos*, *Le Matin* considère qu'il est « de plus en plus préoccupé par les personnages et de moins en moins concerné par l'intrigue du roman policier ». Dans *Europe* on constate que *Les Pitard* marquent son adieu au genre policier et qu'il écrit pour la première fois un simple roman.

Ses premiers « romans durs » ont donc reçu un accueil généralement favorable de la critique. *La Maison du canal* est remarquée pour ses atmosphères, de même que *Le Coup de lune*. *Les Suicidés* portent la marque d' « un inexorable réalisme » et Kemp parle de « cet étonnant conteur, M. Simenon ». Dès 1932, on le dit bien placé pour le prix Renaudot. En 1933, le critique Lucien Descaves estime que le Goncourt devrait aller soit à Céline soit à Simenon. Cette même année, son œuvre fait déjà l'objet d'une conférence.

En 1934, une enquête auprès du public révèle qu'il arrive en troisième position dans la liste des auteurs les plus lus.

Les Pitard, en 1935, reçoit un accueil enthousiaste et sans précédent des critiques littéraires. On trouve dans ce roman consacré au monde des marins un superbe tableau d'une tentative de sauvetage d'un chalutier en perdition dans un ouragan. Simenon explore le mythe du voyage fatal, comme il l'avait fait précédemment dans *Au Rendez-Vous des terre-neuvas*, ou comme il le fera dans *45° à l'ombre* – on retrouve le même thème dans *Les Mutinés du Bounty, Moby Dick, Lord Jim*, et dans bien d'autres récits. Simenon greffe sur le « voyage fatal » un antagonisme de classe et une incompatibilité de caractères entre Lannec, un vieux loup de mer, et sa femme Mathilde, née Pitard, dont la famille a investi dans le bateau de Lannec : le monde corrompu de l'argent fait intrusion dans le monde des honnêtes travailleurs de la mer. A première vue, cette fable n'a pas de rapport avec le passé liégeois de Simenon (on penserait plutôt à ses voyages sur l'*Ostrogoth*, ses séjours à Fécamp, ses pérégrinations dans les pays nordiques). Pourtant, cette femme dominatrice, obsédée par l'argent et prédisposée aux crises de nerfs quasi hystériques, rappelle étrangement Henriette, sa mère. Quant à cet homme placide, fumant la pipe, très attaché à son métier, c'est bien le portrait de son père, Désiré. *Les Pitard* met donc en scène l'antagonisme entre les Brüll et les Simenon. Lannec symbolise la volonté d'indépendance des Simenon, leur rejet du chaos et de la cupidité.

L'éminent critique du journal *Le Temps*, André Thérive, lui consacre un grand article. Il accorde d'emblée à Simenon ce statut d'écrivain sérieux qu'il lui avait peu de temps auparavant refusé. « Je crois bien que je viens de lire un chef-d'œuvre à l'état pur, à l'état brut », écrit-il. Balayés, ses préjugés contre Simenon dont il n'avait vu que le côté « écrivain commercial » : il a rejoint le camp des laudateurs. Analysant le « cas Simenon », il observe que sa démarche est à l'opposé de celle de tous ces auteurs qui profitent de leur réputation d'auteur « sérieux » pour publier un peu n'importe quoi pourvu que cela rapporte de l'argent. Sa démarche est plus courageuse car, ajoute-t-il, s'il avait commencé par publier *Les Pitard*, ou même *Les Suicidés*, il aurait déclenché « un grand enthousiasme dans la république des Lettres ». C'est vrai, et ce n'est certes pas le milieu littéraire qui a valu à Simenon son immense public. Mais l'*establishment* a commencé à lui accorder cette attention qu'il s'obstinait à lui refuser, et Simenon est même devenu l'objet d'un snobisme paradoxal, un peu comme ces fins gourmets qui se mettent à gloser sur le petit restaurant de quartier qu'ils viennent de découvrir. Pour Thérive, qui n'apprécie pas du tout les Maigret, ces nouveaux romans n'ont aucun rapport avec le genre populaire-policier. Il écrit à propos des *Pitard* : « Le pathétique confine au sublime. Aucun romanesque, aucun didactisme, une puissance inouïe pour faire sentir la vérité », et il défend le style de Simenon, qu'on attaque souvent.

D'autres critiques sont tout aussi admiratifs. En revanche Paul Nizan, ami de Jean-Paul Sartre, s'en prend à Thérive dans *L'Humanité* :

> « André Thérive a salué en lui un grand écrivain. M. Simenon a entrepris d'écrire des romans sans police. On s'aperçoit soudain qu'il était un écrivain passable de romans policiers, mais qu'il n'est qu'un fort médiocre auteur de romans tout court. »

On revient sur le « cas Simenon » :

> « Sait-on qu'il y a un cas Simenon? Un jeune homme
> commence par écrire, avec une facilité étonnante, une succes-
> sion de romans populaires... puis il se lance dans les ouvrages
> policiers... peu à peu, on introduit dans ses récits... des pay-
> sages obsédants par leur tristesse. Bientôt, ce qui fait l'essentiel
> de ses livres, c'est l'atmosphère qui règne autour de ses person-
> nages... *Les Pitard*, qu'il a fait paraître tout récemment, illustre
> fort bien cette évolution. »

Ces articles contribuent largement à faire progresser Simenon dans la hiérarchie littéraire. La plupart des critiques soulignent cette évolution, à l'exception notable de Nizan qui la considère illusoire. Ce sont aussi des particuliers qui lui expriment leur soutien. Le poète Max Jacob lui écrit en 1933 pour lui dire qu'il a été immensément touché par son dernier ouvrage (il ne précise pas lequel) et il ajoute qu'il l'admire depuis plusieurs années. De nombreux artistes, qui devinrent des amis de Simenon, apprécièrent aussi ces premiers romans dès leur parution; citons Vlaminck, Jean Renoir (leur correspondance en témoigne). Simenon qui visait haut, réussissait au-delà de ses espérances; tout cela était très encourageant.

Si Simenon progressait dans la République des Lettres, il se déplaçait aussi géographiquement. Las du circuit Marsilly-Paris, il s'embarque avec Tigy pour un long périple africain durant l'été 1932. Le voyage a commencé à Paris, à l'hôtel George V, où les Simenon sont descendus en attendant que le tailleur, Brennan, ait terminé les vêtements coupés dans un tissu très léger. Un spécialiste de la médecine tropicale leur a fait une longue liste des médicaments dont ils devront se munir. Le colis de médicaments qui est livré à l'hôtel comprend, entre autres, une grande quantité de petites boîtes vertes contenant des seringues et des ampoules étiquetées « Stovarsol ». S'il y en a autant, c'est que le pharmacien a mal lu l'ordonnance du médecin : au lieu de deux ampoules à injecter en cas de crise de malaria, il a compris deux « traitements complets » contre la syphilis. Cette erreur leur vaudra des regards narquois de la part des douaniers égyptiens qui leur souhaitent bon voyage. Mais elle se révélera providentielle car ils se rendront compte que les maladies vénériennes font rage en Afrique centrale et ils distribueront généreusement ces fameuses petites boîtes vertes au cours de leur voyage.

Ils embarquent à Marseille, visitent Le Caire, font un long voyage en train jusqu'à Assouan où, écrasés par la chaleur, ils passent quelques jours dans un hôtel miteux et, de là, prennent ensuite l'avion pour effectuer la traversée du Soudan – ils feront plusieurs étapes à bord d'appareils tous aussi déglingués les uns que les autres. Parvenus à la frontière du Congo belge, ils achètent une vieille Fiat et s'acheminent vers Stanleyville, en compagnie d'un jeune colon belge qui proteste quand Simenon veut photographier les indigènes tant qu'ils ne sont pas « vraiment » du Congo belge où il annoncera fièrement : voilà « nos » indigènes qui valent la peine d'être photographiés. Ils sont en pays pygmée et on a expliqué à Simenon ce qu'il faut faire pour arriver à rencontrer cette ethnie farouche. Il s'est procuré plusieurs pains de sel, des cigarettes bon marché, et a loué les services d'un cacique du coin. Après plusieurs heures d'attente, un froissement de feuilles signale l'arrivée des pygmées. Une fois le sel et les cigarettes distribués, ceux-ci perdent toute timidité, se laissent photographier et exécutent des danses en leur honneur.

La route de Stanleyville est en construction, et, en arrivant à un chantier, ils ratent de peu une scène de cannibalisme, du moins aux dires de leur chauffeur : un groupe d'ouvriers entourent l'un d'eux qui est mourant – un tronc d'arbre lui a écrasé les jambes et la plus proche antenne médicale se trouve à des centaines de kilomètres de là –, et ils attendraient donc qu'il meure pour le manger... Plus loin sur cette même route, ils arrivent au premier poste belge, où deux administrateurs vivent chacun dans une superbe villa de fonction, au beau milieu de nulle part, sans se fréquenter pour des raisons de protocole hiérarchique.

Simenon assiste à une assemblée de chefs indigènes, présidée par les deux mêmes administrateurs qui crèvent d'ennui dans leur uniforme. L'assemblée se transforme en quelque sorte en une audience de tribunal où les indigènes s'en donnent à cœur joie pour inventer des disputes extrêmement compliquées, juste pour le plaisir. Poursuivant son chemin, il recueille une série d'histoires horribles telles que celle de ce colon qui, soupçonnant son « boy » de vouloir l'empoisonner, l'a pendu par les pieds et l'a noyé en lui plongeant la tête dans un fût rempli d'eau, ou encore celle de ce Belge qui trompe son ennui en faisant des « cartons » sur des cadavres gonflés qui ballottent sur le fleuve Congo. Ils rencontreront, plus loin, une équipe de cinéma américaine en plein tournage d'un film exotique, avec leurs propres Noirs – américains.

A Stanleyville, ils vendent la voiture et descendent le Congo à bord d'un bateau à aubes du Mississippi qui a été acheminé en pièces détachées et remonté sur place, puis prennent un train jusqu'au port de Matadi, à l'estuaire. Simenon arrive chez son frère Christian qui, n'ayant pas été averti de sa venue, tombe des nues en le voyant. Georges n'a jamais beaucoup aimé son frère, quoiqu'il ait entretenu avec lui des relations plus fréquentes et cordiales que ce qu'il en a dit. Il est enchanté d'apprendre que le dialecte local désigne son frère sous le nom de « Blanc à la belle voix » et que cette appellation est lourde de sous-entendus puisqu'elle veut dire aussi « le Blanc à la grande gueule ». Les autres colons blancs, y compris la femme de Christian qui se prélasse à longueur de journée dans un hamac, se faisant apporter boissons et cigarettes par des serviteurs en uniforme, lui inspirent tout autant de mépris que son frère.

Ils mettent rapidement un terme à cette aimable réunion de famille et embarquent sur un cargo français en partance pour Bordeaux. Le cargo s'arrête souvent pour de courtes escales et Simenon descend à chaque fois faire un tour – il y trouve rarement du plaisir :

> « La rue principale? J'ai eu le malheur de m'y engager, tout seul... Pas une tache d'ombre. On marche. On sue. On sent brûler sa nuque. Et, après cinq minutes, je me demandais si j'arriverais vivant [1]. »

Il est à Port-Gentil sur la côte du Gabon. Il va boire au café, mais ne glane rien d'intéressant. On ne parle que de crise économique, de banqueroute, et du temps où les bûcherons s'installaient à la terrasse pour boire du champagne du matin au soir. L'escale de Libreville est plus longue. Simenon prend une chambre dans un petit hôtel situé à la périphérie. Il reluque la propriétaire, la belle Mme Mercier, une veuve, et observe aussi ces grosses brutes de bûcherons qui, pour fêter une vente, boivent le champagne à flots puis vont, titubants, s'approprier une femme indigène dans les cases environnantes, en bousculant sans ménagement le mari.

Simenon retint de son voyage en Afrique des impressions globalement négatives dont il rendra compte dans une série d'articles publiés dans *Voilà*, une nouvelle revue éditée par

Gallimard. Dans ces articles anecdotiques et émaillés de jugements quelque peu sommaires, s'exprime une vision très pessimiste de l'Afrique (qu'il oubliera plus ou moins quelques années plus tard) : « J'ai quitté l'Afrique en la haïssant [1]. » Comme il l'a toujours fait dans ses récits de voyage, il évite le pittoresque. Il est très fier d'avoir détourné le titre du film publicitaire de Citroën *L'Afrique vous parle* en « l'Afrique vous parle et elle vous dit merde ».

Bien des années après, Simenon sera tenté de voir dans ces expériences les signes annonciateurs de l'anti-colonialisme militant qui soufflera sur l'Afrique au temps des indépendances. Cependant cette « Afrique qui dit merde » n'a rien à voir avec Citroën : dans l'article de *Voilà*, c'est un vieux colon de la première heure qui jette cette amabilité à l'adresse des jeunes administrateurs qui, pas plutôt débarqués, voudraient réformer l'ordre colonial. Simenon considère que l'expérience coloniale est une catastrophe aux plans moral, mental, émotionnel et physique. Il a cependant une admiration distanciée pour les quelques vieux durs à cuire qui ont coupé les ponts avec l'Europe et fait leur trou au cœur du Continent Noir. Quant aux autres, ils deviennent des imbéciles imbus d'eux-mêmes, des brutes, des fous dangereux ou des cadavres. Il donne des exemples précis des abus, des mauvais traitements infligés aux Africains, mais le ton de ses articles est moins celui d'une révolte morale que du dégoût que lui inspire le monde colonial. Plus tard, il incorporera son expérience africaine dans sa quête de « l'homme nu », dans sa recherche de l'universalité de la condition humaine. Mais pour le moment, ses conclusions sont différentes : l'Afrique est étrangère et « autre », ceux qui la peuplent sont irrémédiablement « autres », et ceux qui vont là-bas perdent leur identité.

Désagréables ou pas, ses souvenirs africains s'entassent dans sa vaste mémoire pour engendrer d'autres romans, ou fournir une foule de détails annexes. Son premier roman « exotique » est *Le Coup de lune* qui paraît en 1933. Simenon, admirateur de longue date de Conrad, écrit ainsi son propre *Cœur des ténèbres*. Dans cette histoire qui se passe à Libreville, il restitue l'ambiance débilitante, morne, étouffante qu'est pour lui « l'Afrique », et le jeune Timor est l'archétype même du raté. Joseph a une liaison avec Adèle, une Lady Macbeth tropicale propriétaire d'un hôtel. Elle a tué son mari mais s'est arrangée pour faire endosser son crime à un Noir. Quand il découvre la vérité, Joseph, révolté, veut témoigner contre elle, mais tout est déjà trop tard ; la chaleur, la tristesse sordide, la misère et le désespoir lui ont fait perdre la raison, et c'est un fou que bientôt on rapatrie, un fou qui répète sans cesse que « l'Afrique » n'existe pas.

Dans ce récit, manifestement de fiction, où « toute ressemblance avec des personnes vivantes ou mortes ne pourrait être qu'accidentelle », Simenon a joué de malchance en appelant l'hôtel d'Adèle, l'Hôtel Central. Comme d'habitude, il a jeté quelques noms sur une enveloppe avant de se mettre à écrire. Se souvenant que l'hôtel de Mme Mercier dans lequel il a séjourné lors de son passage à Libreville se trouve à la périphérie de la ville, il s'est dit qu'il pourrait appeler l'hôtel du *Coup de Lune : Hôtel Central. Mais voilà, c'est précisément le nom de l'hôtel de Mme Mercier. La rumeur publique, des ragots de comptoir, ainsi que des informations officielles ou confidentielles du commissaire de police de Libreville sur l'affaire Mercier, et sur la belle veuve, lui ont fourni par ailleurs les éléments de l'intrigue.*

A Libreville, les coloniaux, déjà passablement irrités par ses articles dans Voilà qu'ils estimaient, non sans raison, diffamatoires, jugèrent qu'avec *Le Coup de lune* Simenon dépassait les bornes. En conséquence, ils incitèrent Mme Mercier à lui intenter un procès en diffamation et lancèrent une souscription pour couvrir les frais de justice. Simultanément, tous les organes de presse du lobby colonial attaquèrent Simenon et prirent fait et cause pour la chère dame. Cette femme témoignait en l'occurrence d'un courage hors du commun ou d'une stupidité non moins extraordinaire pour intenter un procès sous prétexte qu'elle se reconnaissait dans cette Adèle qui était somme toute un personnage peu valorisant.

Maurice Garçon, ténor du barreau et ami de Simenon, le défendit et ne fit qu'une bouchée de cette Mme Mercier : « Je ne crois pas que... vous ayez jamais vu une femme parcourir près de trois mille kilomètres pour vous dire : « C'est exact que j'ai été longtemps putain place des Ternes. C'est exact que mon mari, jaloux, m'a menacée parce que je couchais, entre autres... avec un de nos serviteurs... C'est vrai que j'ai tué mon mari. C'est vrai aussi que le procureur, avec qui je couchais une fois par semaine, n'a pas cru devoir ouvrir un dossier contre moi. C'est vrai que je ne porte habituellement rien sous ma robe, mais comment cet individu... a-t-il pu le savoir ? Il ne s'est

même pas donné la peine de changer le nom de mon hôtel [2]. »
Le procès eut lieu en septembre 1934. Quand un long exposé
des faits endormit un des magistrats, Carlo Rim souffla :
« C'est bien la première fois que je vois quelqu'un endormi par
un Simenon. » Mme Mercier perdit son procès et rentra à
Libreville. Simenon jura qu'à l'avenir il serait plus prudent
dans le choix de ses noms propres.

Après le voyage en Afrique de l'été 1932, Simenon part en
1933 pour deux longs reportages à l'Est. Le premier, pour *Le
Jour*, le conduit en Europe centrale et en Europe de l'Est. Il a
envie de connaître les pays d'origine des pensionnaires de la
rue de la Loi. Par un hasard extraordinaire, il rencontre l'une
d'elles à Vilna : une juive qui avait eu le coup de foudre pour
Christian. Mariée, elle a un enfant bizarrement nommé Christian. Le frère de cette femme l'emmène dans un bordel. Simenon fait son choix, la prostituée se déshabille, mais quand elle
apprend qu'il est français elle se lance dans une diatribe contre
la France, qu'elle accuse d'envoyer des canons à la Pologne au
lieu de vivres. Il se rattrapera à Varsovie où une jeune et belle
fille rencontrée dans la rue l'emmène dans son petit appartement et lui fait connaître « l'émotion sexuelle la plus forte de
[sa] vie [3] ».

Le second voyage, toujours en 1933, le conduit en Méditerranée orientale, il parcourt surtout la Turquie et fait un bref
séjour à Batoum, une ville frontalière d'Union soviétique. A
Istanbul, il parvient à interviewer l'exilé politique le plus
célèbre de l'époque, Léon Trotsky, qui n'accorde alors jamais
d'interview, et vit dans une villa retirée dans l'île de Prinkipio.
La moitié de son reportage, qu'il envoie immédiatement à
Paris et qui sera publié la semaine suivante dans *Paris-Soir*, est
l'évocation d'une atmosphère : la traversée du Bosphore,
l'intensité du trafic maritime, le bureau de Trotsky. Il rapporte
aussi les propos de Trotsky sur la situation internationale,
favorable, selon lui, aux dictatures fascistes dont on sous-
estime généralement le danger, et sur l'inévitable évolution du
monde vers le socialisme que les Hitler et autres Mussolini ne
pourront, tout au plus, que freiner.

Simenon enquête aussi sur la culture des bas-fonds d'Istanbul et il écrit plusieurs articles qui hésitent entre le ton didac-
tique et le conte grivois. Il se rend, entre autres lieux invrai-
semblables, dans un faux harem destiné à appâter de riches
Américaines qu'on délestera de leurs portefeuilles. Il fume du

haschisch, prend de la cocaïne, et en conclut que la Turquie est un pays parfaitement corrompu. Ses aventures turques lui inspireront deux romans mineurs dans lesquels des hommes sont pigeonnés par des femmes sexy : *Les Clients d'Avrenos*, et, plus intéressant, *Les Gens d'en face*, dans lequel un consul de Turquie à Batoum, personnage triste et solitaire, tombe amoureux d'une secrétaire que la Guépéou a placée auprès de lui et qui est en train de l'empoisonner lentement.

Après les années 1919-1922 durant lesquelles il a collaboré à *La Gazette*, sa période de journalisme la plus active se situe dans les années trente. La plupart de ses voyages sont subventionnés par des contrats de reportage avec des journaux. Il va ainsi en Europe du Nord, en Europe orientale, en Méditerranée (une série de reportages pour *Marianne* lui permet de louer l'*Araldo*), puis fait le tour du monde. Son plus grand succès de journaliste, il l'obtient avec une série d'articles pour *Paris-Soir* sur la diversité des affaires que traite un service de police en vingt-quatre heures, ce qui plus tard sera la source d'une nouvelle, « Sept petites croix dans un carnet ». Simenon s'y prononce nettement en faveur de l'ordre et de la discipline. On est loin des instincts charitables et de la compréhension de Maigret envers la délinquance. En 1934, par exemple, il écrit un article pour dénoncer une loi passée l'année précédente qui restreint les pouvoirs de la police et offre plus de droits au prévenu.

L'affaire Stavisky commence à agiter l'opinion publique en 1934, et Jean Prouvost, le directeur de *Paris-Soir*, va trouver Simenon à Porquerolles pour lui demander d'enquêter sur ce scandale. Simenon se met alors à fréquenter un bistrot de Montmartre où il s'emploie à faire savoir qu'il est prêt à payer pour toute information relative à l'affaire. Les renseignements sont d'abord tous « bidon », mais le voici bientôt sur une piste des plus sérieuses, menant jusqu'aux hautes sphères gouvernementales, ce qui lui vaudra quelques ennuis. Il découvre que le jeune journaliste qui l'aide dans son enquête émarge aussi au ministère de l'Intérieur. Cependant, c'est le ministre en personne qui a conseillé à Simenon de porter constamment une arme. Quelque temps plus tard, alors qu'il se fraye un chemin au milieu de la foule, rue Royale, il sent un revolver dans son dos. A sa plus grande surprise, c'est un haut fonctionnaire de police, un de ses invités à La Richardière, dont il a commis l'erreur de citer le nom dans un de ses articles parmi ceux des fonctionnaires qui pourraient être impliqués dans l'affaire Stavisky. « Écoute, mon petit Georges : je t'aime bien, mais je n'hésiterai pas à te descendre si tu ne me promets pas de rectifier ton article d'hier et de ne plus citer mon nom. » Simenon sort son automatique et refuse net.

Il travaillera également sur d'autres sujets. En 1933, il se rend à Berlin pour analyser la conquête du pouvoir par les nazis et se retrouve nez à nez avec Hitler dans un ascenseur. Il écrit ensuite quelques articles sur la Dépression dont il analyse, superficiellement, les aspects socio-économiques. Il écrit également sur l'agriculture, les douanes françaises, les régisseurs, les hôtels de luxe, les passagers de troisième classe, concocte une étude comparative sur les bordels dans le monde, etc. Bien qu'il ait débuté dans le journalisme et qu'il continue à le pratiquer épisodiquement, ce n'est pas le domaine où il excelle. Tout au plus a-t-il de la vivacité, comme en témoigne la série consacrée à la police parisienne, et fournit-il, ici et là, quelques belles descriptions, quelques brillantes esquisses de personnages. Mais l'ensemble reste très superficiel. Il écrit trop vite et ses articles ont un côté bâclé que, à la différence de ses romans, des éclairs d'imagination ne viennent pas sauver. Bien que Simenon se distingue avant tout par ses dons d'observation, on sent en lisant ses reportages qu'il a négligé cet aspect essentiel du métier et qu'il s'en tient le plus souvent aux ouï-dire. Ce n'est pas dans l'articulation immédiate de l'expérience mais dans sa restitution, après une longue maturation, qu'il exprime le mieux son talent, qui reste essentiellement celui d'un romancier.

10

Le romancier sérieux
1934-1939

Dans les années trente, l'échec s'enracina comme thème dans la fiction de Simenon aussi solidement que le succès dans sa vie réelle. On retrouve l'antithèse qui apparaissait déjà à Liège entre rébellion et conformisme, échec et réussite : la rébellion explicite des jeunes bohèmes et celle implicite des Brüll inadaptés représentaient pour lui des variantes de l'échec ; en revanche la volonté d'appartenance sociale que les Simenon cultivaient de même que son travail à *La Gazette de Liège* symbolisaient la réussite. Dans les années trente, tout ceci a été transfiguré mais non supprimé. Dans ses romans, l'échec est toujours associé, d'une manière ou d'une autre, à la rébellion, et plus particulièrement à l'échec de cette rébellion. Quant à la réussite, l'allégresse d'une vie brillante a peut-être ébranlé les institutions bourgeoises, mais pas radicalement. Au lieu du bureau d'assurance et de la *Gazette*, c'est le *Fouquet's* et le *Café de Paris*, et Simenon se rebellera aussi contre ces symboles. Sa réussite avait été avant tout financière et ce n'est que dans le courant des années trente qu'il connaîtra un succès d'*estime*.

Vers le milieu des années trente, l'argent coule à flots. Gallimard lui verse une avance de 50 000 francs par ouvrage, et la pré-publication en feuilleton qui accompagne généralement chaque nouveau livre lui rapporte en gros la même somme. Dans la période d'avant-guerre, ses revenus annuels sont estimés à plus d'un million de francs. Il dépense la plus grande partie de cet argent en achetant des maisons, des meubles et des tableaux. C'est aussi une façon, on l'a vu, de se prémunir contre ses tendances à la rébellion : les solides bâtisses l'empêchent de foutre le camp, le garantissent de l'échec et du naufrage. Mais il ne réside jamais longtemps au même endroit, alors il achète des maisons et les vend – souvent à perte –, ou les garde par caprice. C'est ainsi qu'il dépense avec une réelle insouciance presque tout son argent. Il ne fera pratiquement jamais d'investissement. Contrairement à Balzac qui engloutit des fortunes dans des affaires malheureuses, Simenon n'a pas le goût de la spéculation.

Cela lui arriva une seule fois, par hasard. C'était durant l'hiver 1936-1937 : il allait faire du ski à Innsbruck et, voyageant en wagon-lit, il partagea un compartiment avec un homme soigneusement vêtu, et extrêmement nerveux. C'était le banquier Oustrick à la triste réputation, dont les escroqueries venaient d'être révélées et qui fuyait la France. Après avoir vidé la bouteille de cognac de Simenon, il lui raconta sa vie pendant au moins trois heures puis, en témoignage de sa reconnaissance, il lui donna un « tuyau » boursier sur une société minière africaine. Bien qu'échaudé par son expérience de l'Afrique, Simenon décida de tenter sa chance : il acheta en arrivant à Innsbruck quelques actions de cette société qui cotaient alors cent cinquante francs. Mais cette valeur s'effondra pour finir à dix centimes où elle se fixa.

> « Tel a été mon premier contact avec la finance. Cela a été le seul. L'argent ne m'intéresse pas. Certes, j'aime mon confort, j'aime un certain nombre des plaisirs qu'il permet. Mais je me refuse à jouer avec, si je puis dire... Je veux vivre de mes romans, rien que de mes romans, et il n'y a qu'eux qui me réussissent [1]. »

Il n'y a pas de raison de douter de sa sincérité. Simenon a souvent affirmé son mépris du capitalisme, de l'argent qui engendre l'argent, et proclamé qu'il n'avait de respect que pour l'argent gagné par le travail. Derrière le grand train de vie l'éthique petite-bourgeoise du travail n'est jamais très loin.

> « Une biographie donnerait l'impression d'une vie tumultueuse et brillante. Or, il n'y a rien de plus faux. J'ai beaucoup voyagé, c'est vrai. J'ai vécu dans un certain nombre de pays, de maisons, de châteaux. Partout je suivais le même horaire. Chaque heure a son emploi du temps [2]. »

Il voyage énormément et luxueusement, mais il se fait payer les voyages les plus longs par des journaux auxquels il envoie en contrepartie des reportages sur le vif. Au début de l'année 1935, le moment est venu d'accomplir un tour du monde, et il va taper aux portes des rédactions habituelles : il rencontre Noël Bailby du journal *Le Jour*, Jean Prouvost à *Paris-Soir*, et quelques autres, pour signer des contrats et recevoir des avances sur ses reportages. Tigy et lui s'embarquent sur un paquebot des United States Lines pour New York, à la fin janvier. Alors qu'il se découvrira plus tard un véritable amour pour l'Amérique, cette première visite ne l'enthousiasme guère et ses articles ne rapportent que des aspects insignifiants et des clichés de la vie américaine. Panama, l'étape suivante, l'intéresse beaucoup plus. Il n'y restera pas longtemps, mais ses reportages regorgent de détails sur la vie panaméenne. Il observe beaucoup, s'imprègne des atmosphères particulières qu'il restituera dans ses prochaines fictions. Il profite de son séjour dans la ville de Panama pour aller demander des comptes à un éditeur véreux qui a piraté les éditions de plusieurs de ses ouvrages. C'est revolver au poing qu'il réclame ses droits d'auteur.

Après une brève incursion au Costa Rica, les époux Simenon s'embarquent pour les tropiques : ils visitent la Colombie, l'Équateur et le Pérou, brefs séjours où il enregistre une multitude d'impressions. On retrouve dans ses articles la même vision pessimiste que lui a inspirée l'Afrique. Gare à l'Européen qui par malheur s'approche de trop près de l'Amérique du Sud, le malheureux s'y enlisera comme dans un inextricable bourbier.

Ils traversent le Pacifique sur la French Line, font escale aux Galapagos et s'arrêtent à Tahiti. Ils ont tout loisir de découvrir l'île. C'est le moment le plus agréable de leur voyage – il en dit le plus grand bien dans ses articles et il fera souvent revivre ses souvenirs tahitiens dans ses romans. Il trouve les indigènes beaux, amicaux, généreux et pleins d'innocence charmante. La décontraction sexuelle des jeunes Tahitiennes l'impressionne. Il est en plein ébat avec l'une d'elle quand tout à coup celle-ci se lève d'un bond et saute par la fenêtre d'une hauteur de presque trois mètres, nue comme un ver (elle a entendu rentrer Tigy). Simenon se rappellera toujours avec gratitude l'exquise discrétion de cette fille et sa compréhension de la jalousie de son épouse.

Ils s'embarquent à Papeete et font escale aux Fidji, aux Nouvelles-Hébrides, en Nouvelle-Calédonie, en Australie et en Nouvelle-Zélande. Pendant la traversée d'Australie à Bombay,

Simenon tombe follement amoureux, pour la première fois depuis Joséphine Baker, d'une Anglaise de seize ans. Il est terriblement possessif et se bagarre avec un jeune Anglais qui l'a invitée à danser. Elle ne parle pas un mot de français, et il ne parle pas encore anglais. Bien qu'elle ait une cabine contiguë à celle de ses parents, il s'y faufile, en pyjama, très tôt le matin ou tard dans la nuit, pas pour lui faire l'amour mais la cour, à l'aide d'un dictionnaire de poche. Il a décidé de l'épouser dès leur arrivée en Europe, mais ne donnera pas suite à ce projet. Aussi surprenant que cela paraisse, ce fut la seule de ses innombrables liaisons dont Tigy sera informée.

Le reste du voyage, à travers l'océan Indien, la mer Rouge, en passant par Suez, Malte et Marseille, se passa sans faits notables. Ce périple donna naissance à une pléthore d'articles dont quelques-uns seront réunis en 1938 dans un ouvrage intitulé *La Mauvaise Étoile*. Il présente des portraits déprimants d'épaves des tropiques et tente d'analyser ce qui distingue ces « ratés de l'aventure » des misérables qu'il a si souvent décrits. Ce voyage fera aussi l'objet de sa première conférence, en 1937, intitulée « L'aventure est morte » et destinée à un public d'étudiants.

Peu après leur retour, les Simenon abandonnent La Richardière et s'installent plus près de Paris, en forêt d'Orléans, dans un ancien prieuré cistercien appelé La Cour-Dieu. Durant quelque temps, il loue une douzaine d'hectares sur lesquels il organise des battues dans la grande tradition, bien qu'il n'y participe pas lui-même. A la première partie de chasse, il avait blessé un cerf et, les larmes aux yeux, avait été obligé de l'abattre. Depuis lors, il ne tuera plus, sauf, « Dieu seul sait pourquoi », des moustiques [3]. Il fait beaucoup de balades à cheval dans les bois, mais il trouve La Cour-Dieu lugubre. « Il pleuvait sous les pins, et je m'ennuyais beaucoup [4]. »

Insatisfait et sentant que Tigy l'est encore davantage, elle qu'un chronique besoin « artistique » poussait à vivre dans la capitale, il loue l'été suivant un appartement chic dans un immeuble habité par des gens de cinéma et de théâtre, boulevard Richard-Wallace, en face du bois de Boulogne. Un décorateur installe des bibliothèques d'ébène qui arrivent au plafond, des meubles en peau de porc, une salle à manger en bois de rose brésilien et une chambre à coucher tendue de soie jaune vif avec des meubles recouverts d'authentique parchemin. (C'est sans doute inconsciemment mais pas par hasard, que l'appartement des gangsters dans *Maigret et l'indicateur* sera tendu de soie jaune.)

Pour lui, c'est surtout l'appartement de Tigy et il s'y sent en visite. Il sort constamment : il va au théâtre, assiste aux premières des films, participe à des soirées qui durent jusqu'au matin, dîne dans des restaurants chics. Il est un habitué du *Café de Paris*, où il observe à loisir de nombreuses personnalités, comme le baron Edmond de Rothschild qui a son salon réservé en permanence, Georges Mandel, le ministre de l'Intérieur et ancien secrétaire de Clemenceau dont l'illustre homme avait dit : « Lorsque je pète, c'est Mandel qui pue », un trait utilisé par Simenon pour son portrait de Clemenceau dans *Le Président*. Les dignitaires de cette engeance ne l'attirent pas : il les trouve tout aussi malhonnêtes et cyniques que ceux qu'il voyait durant ses week-ends chez Eugène Merle. Son cercle d'amis inclut maintenant beaucoup de noms du théâtre et du cinéma : Renoir, bien sûr, Sacha Guitry, Raimu et, un peu plus tard, Jean Gabin et Jean-Pierre Aumont. (C'est Aumont qui lança le projet d'une des rares adaptations théâtrales d'une œuvre de Simenon, *Quartier nègre*, au cours d'un après-midi passablement arrosé, au *Fouquet's*, en compagnie de Simenon et d'un riche Belge, Lucien Fonson, qui devait produire la pièce à Bruxelles. Le texte de cette adaptation a disparu mais il en reste deux chansons que Simenon écrivit dans un anglais approximatif pour un groupe de chanteurs noirs américains.)

S'il fréquente surtout des acteurs et des peintres, il a aussi des amis dans le monde des lettres, bien qu'il ait toujours manifesté une aversion profonde pour tout ce qui était « cercle » littéraire. Il est déjà ami de Marcel Achard, et il fait la connaissance de l'écrivain-aventurier Blaise Cendrars (qui, comme lui, écrit à *Paris-Soir*), de Marcel Pagnol, de Jean Cocteau, et, quelque temps après, de Pierre Benoit, autre habitué du *Fouquet's*, avec lequel il restera très lié tout au long de sa vie.

Il y a des contrepoints à la vie ultra-chic – des rébellions – comme ces promenades où en sortant du boulevard Richard-Wallace il traverse la Seine jusqu'aux quartiers ouvriers de Puteaux au lieu de rejoindre les promeneurs du Bois. Comme c'est en marchant que s'amorce pour lui le processus créatif, nombre de ses romans ont dû naître au contact des « petites gens » de Puteaux. Et il a des périodes où il a besoin de tout quitter, soit en prenant un avion sur un coup de tête, soit en faisant des fugues plus modestes, comme par exemple dans un petit hôtel de Port-en-Bessin, en Normandie, avec cuisine familiale, personnel sans livrée et escalier de bois. C'est là qu'il écrit *La Marie du port,* en 1937 – un café du même nom s'élève aujourd'hui sur les lieux.

Les années 1936-1938 sont exceptionnellement agitées, même par rapport aux critères simenoniens. Bien qu'ils résident officiellement toujours dans l'appartement du boulevard Richard-Wallace et qu'ils aient gardé leur maison de La Cour-Dieu, ils passent en fait le plus clair de leur temps ailleurs. En 1936 et 1937, ils sont surtout à Porquerolles. En décembre 1936, ils skient dans les Alpes tyroliennes. Ils passent à Paris une partie de l'été 1937, le mois d'août sur une île du lac Majeur; en octobre, partis à la recherche d'une vie simple et tranquille, ils s'installent dans un modeste hôtel en Normandie et, en décembre, dans un autre petit hôtel à Saint-Thibault-sur-Loire, dans le Cher. Simenon en est arrivé au point où il ne peut plus supporter les mondanités parisiennes : « J'ai été pris soudain de révolte contre ce qui m'entourait, contre le pantin dont je jouais le rôle dans un monde de pantins... » Il déclare à Tigy : « Je veux travailler ailleurs, dans une petite maison à ma taille, loin des villes, loin des touristes, avec la mer toute proche [5]. »

Ils auraient bien acheté Les Tamaris ou La Richardière, mais ni l'une ni l'autre n'étaient à vendre. Ils entassent alors leurs bagages dans la voiture, roulent vers le nord, passent quelque temps en Hollande, puis redescendent sur les côtes normandes et bretonnes, qu'ils trouvent trop touristiques. En mars 1938, ils sont de retour à Porquerolles, puis ils vont dans la vallée de la Dordogne, et s'arrêtent dans la petite ville de Beynac suffisamment longtemps pour qu'il écrive *Le Coup de vague.* Un mois plus tard, les voilà de retour dans leur vieux repaire de La Rochelle et là, en pleine crise d'inactivité, Simenon décide de revenir au genre policier : il se met alors à produire un flot de nouvelles et fait renaître Maigret. Et le miracle se produit : il trouve exactement la petite « maison de grand-mère » dont il rêvait, à Nieul-sur-Mer, à deux pas de la mer, près d'un parc à huîtres. En refaisant les façades, il découvre qu'une fois de plus il a acheté un ancien prieuré. Il fait aménager un jardin, achète un portail en fer forgé, et court les antiquaires à travers la France pour trouver des meubles qui lui conviennent exactement – il veut composer un intérieur aussi différent que possible de celui de l'appartement du boulevard Richard-Wallace, qui avait été entièrement conçu par un décorateur.

> « Je recommençais à m'habiller normalement, sans jouer les gentlemen anglais, et, lorsque j'allais à Paris, j'oubliais souvent le rendez-vous de cinq heures de l'après-midi au *Fouquet's* [6]. »

Le bonheur est de retour et le soleil triomphe des nuages : « Le soleil pénétrait par toutes les fenêtres de la maison, et j'ai dû écrire un roman dans mon nouveau bureau, où je me sentais comme un dieu. (Il s'agit probablement des *Inconnus dans la maison*.) La présence d'une nouvelle secrétaire, Annette de Bretagne, parachève le tout :

> « ... jeunette, aux grands yeux rieurs, à la bouche gourmande, car elle était gourmande de tout, non seulement de ce qui se mange, mais de soleil, de mouvement, de couleurs, et je la vois encore, un après-midi, apporter de la ferme d'en face de pleines brouettes de fumier chaud que nous étendions sur les plates-bandes [7]. »

Comblé et enthousiaste, il retourne à son rôle de gentleman farmer : il s'occupe de tout, du jardin et des bêtes, il fait du cheval, parle agriculture avec ses voisins, fréquente les pêcheurs du coin, les éleveurs d'huîtres et les ramasseurs de moules. La jolie secrétaire mise à part, Nieul active chez lui le mythe de la stabilité domestique et de la continuité des générations. Se trouvant dans une « maison de grand-mère », il se laisse aller à rêver de petits-enfants. Il s'imagine, patriarche, recevant sa chère progéniture. Le sens de la famille a été très important pour lui dans le passé et a pris une place paradoxale dans sa fiction et son idéologie. Dans ses romans, la famille joue un rôle prédominant, par sa négation même : la famille qu'on désire mais qu'on ne peut créer, ou la famille stérile et destructrice, l'anti-famille.

C'est à Nieul que lui et Tigy décident d'avoir un enfant – une décision paradoxale puisqu'elle survient à un moment où ils ne se font plus d'illusions sur la solidité de leur mariage. Il s'en était rendu compte quand il était tombé follement amoureux de la petite Anglaise sur le bateau de Bombay, et il avait alors senti que sa femme était parvenue au même constat : « Pour la première fois, je pense, elle a senti confusément que je lui étais étranger, plus exactement qu'elle m'était étrangère [8]. » Sa relation avec Tigy, bien que durable, avait toujours été précaire, et ce dès le début : il s'était fiancé de façon apparemment arbitraire, et s'était marié pour se marier, le choix de Tigy tenant plus du hasard ou du coup de tête. « Je me suis aperçu presque tout de suite que ce n'était " pas ça " [9]. » Il lui reprochait de ne pas vouloir d'enfants, de manquer de tendresse et d'être jalouse, mais il appréciait cependant sa présence auprès de lui.

> « Elle a été longtemps un excellent camarade, toujours prête à partir à pied vers n'importe quel coin du monde. Je pourrais dire qu'elle aurait été parfaite si elle n'avait pas été en proie à une jalousie de tous les instants [10]. »

Leur séparation décidée en 1935, reculée probablement par l'arrivée d'un enfant, par la guerre et peut-être aussi tout simplement par une certaine inertie, redevint d'actualité quelques années plus tard (en attendant encore d'être effective). Tout se décida le jour où Tigy le surprit au lit avec Boule. Curieusement, c'était la première fois qu'elle s'en rendait compte, alors qu'il couchait pratiquement chaque jour avec elle depuis qu'elle était entrée à leur service. En fait c'était un peu une routine : il allait faire la sieste, et elle le rejoignait pour un interlude amoureux. Ce jour-là, « un après-midi de soleil, Tigy a surgi, raide et blême, m'a fait un signe de sortir qui aurait été digne de la Comédie-Française [10] ». Elle demanda que Boule soit renvoyée sur-le-champ, et quand il refusa, elle déclara que c'était alors lui qui devait quitter les lieux. Finalement ni l'un ni l'autre ne partirent et il proposa qu'à l'avenir chacun ait sa vie privée.

Cet accord, tel qu'il le conçut, prévoyait qu'à partir de 1943 lui et Tigy continueraient à vivre sous le même toit en s'accordant mutuellement une « liberté complète ». Mais, à partir de 1946, ils cesseront de vivre ensemble et ils divorceront en 1950. D'un autre côté, le rêve de Simenon de voir Nieul devenir la maison de famille des Simenon se réalisera en partie, car il cèdera la maison à Tigy qui y vécut jusqu'à sa mort, y recevant de temps en temps ses enfants et petits-enfants.

Tel était le couple qui décida en 1938, sur le tard, d'avoir un enfant. Peu de temps après la conception du bébé, la paix du foyer sera troublée non seulement par les tensions internes mais aussi par les bruits de bottes sur la scène internationale. Les nuages de guerre s'amoncellent du côté de Munich, Simenon part se mettre à l'abri en Belgique, mais, rassuré par les proclamations de paix, il revient aussitôt à Nieul. Il va s'investir dans « Sans Haine », un mouvement sans lendemain créé par son ami le journaliste Lucien Descaves, dont le programme aurait pu se résumer par ces mots : « Soyez gentil vis-à-vis de votre prochain. » Ils distribuent des boutons à l'effigie de la colombe à diverses personnalités, Descaves écrit quelques articles, puis le mouvement disparaît. Simenon n'ira jamais plus loin dans la voie de l'engagement politique car en fait ce domaine ne l'intéressa jamais. A la même époque, son enthousiasme pour la paternité qui s'annonce est indiscutable. Ayant peur de paraître trop vieux à son futur enfant, il se met à faire de la gymnastique intensive. Voulant que sa femme bénéficie du meilleur environnement médical possible, ils partent pour Strasbourg, avec Boule et Annette, où une clinique leur a été recommandée. Mais les événements dans le monde se précipitent, et ce projet devra être abandonné. Hitler vient d'annexer les Sudètes, il lorgne du côté de la Pologne, et on observe d'importants mouvements de troupes allemandes. Mû par une espèce d'instinct de retour au pays, en même temps que par la dérisoire conviction de la neutralité belge, Simenon se précipite à Bruxelles, où, le 19 avril, naît Marc Christian Simenon. Une fois de plus, les nuages de la guerre semblent s'éloigner, et Simenon ramène sa famille au bercail, à Nieul.

Entre 1934 et fin 1939, Simenon a écrit trente romans – trente « romans-romans » (si l'on inclut *Les Trois Crimes de mes amis*). Les préoccupations et les développements des romans précédents reviennent en se ramifiant, mêlant les fantômes du passé au tourbillon des expériences récentes. Sa fécondité littéraire ne faiblit pas : une nouvelle œuvre se constitue, suffisamment abondante pour que l'on puisse en distinguer les caractéristiques, de même que les exceptions et les variantes. Les thèmes simenoniens ont été souvent classés et commentés. Il y a l'aliénation, la fugue, le retour, la destinée, la justice, le goût de la destruction, de l'auto-destruction, le désir, le désespoir, la haine, la tendresse, l'envie. Il y a le couple, la famille, la descendance, la relation parents-enfant (souvent père-fils), le clan, la ville, la société, l'humanité, « les autres ». Et derrière ces thèmes, ou au-delà, il y a la solitude.
La plupart des personnages simenoniens sont profondément aliénés, soit dès le départ, soit à la suite d'un événement qui est

venu les arracher à leur environnement. Le thème de la fugue procède fréquemment de cette dislocation : un beau jour le protagoniste quitte tout, saute dans un train et s'en va. Quelquefois il reste physiquement sur place mais il a exactement l'état d'esprit de son semblable qui a pris le train. Assez souvent, le fugueur abandonne une bonne intégration sociale pour une position d'aliénation dans laquelle il se sent plus à l'aise, et où il retrouve sa vraie personnalité. L'un des éléments constitutifs de cette aliénation est le désir de ce qui vous aliène, c'est-à-dire de ce qu'on a fui. Une douloureuse sensation d'exclusion prévaut comme quand, transi de froid, on regarde un intérieur douillet. Les uns désirent s'échapper, les autres rentrer; en parvenant à s'échapper, on se retrouve dehors... avec le désir de rentrer.

Souvent, les personnages simenoniens essayent de construire quelque chose, qui ne sera en fait qu'un château de cartes sur des sables mouvants, ou bien ils découvrent que c'est dans une telle structure qu'ils ont vécu jusque-là. Si on ajoute à cela des placards où sont cachés des cadavres, on obtient l'habitat de base des romans de Simenon. Les exceptions et les alternatives sont rares. La plupart des protagonistes sont poussés par une destinée inexorable, comme dans la tragédie classique, mais avec un plus fort mélange de futilité et de désarroi, et une remarquable absence d'héroïsme. Les destinées sont le plus souvent individuelles, parfois il s'agit de la destinée d'un petit groupe, qui donne rarement une image d'équilibre ou de réussite, bien que certains parviennent à se maintenir malgré leurs désaccords.

Chez Simenon, toutes les familles malheureuses se ressemblent. Ce sont des gens liés par la haine : des anti-familles, des anti-couples, des anti-partenaires. Simenon aime parfois expérimenter comme dans une éprouvette des situations extrêmes combinant une hostilité profonde, une proximité étroite et l'isolement : îles, jungles, vaisseau en pleine mer, bien que ces tensions se retrouvent tout autant dans un appartement en ville, ou dans un coin de province. Des moments d'amour, de tendresse, de loyauté, de respect et de responsabilité illuminent parfois ces paysages lugubres, mais, le plus souvent, ils ne servent qu'à les souligner.

Tout au long des années trente, Simenon élabore sa vision, par accumulation plutôt que par affinage, multipliant les prises plutôt que focalisant son regard, mais toujours avec la même prodigieuse énergie et ses dons d'imagination. Dans le même temps, la critique de ses ouvrages passe à un registre supérieur, et le « cas Simenon » nourrit les débats de la République des Lettres. Les romans de cette période constituent la phase majeure de la « période Gallimard » – après Fayard et avant les Presses de la Cité.

Simenon poursuit son exploration de la veine tropicale, qu'il a entreprise avec *Le Coup de lune* en 1933, avec plusieurs romans s'inspirant de son voyage en Afrique en 1932 et de son tour du monde en 1935. Dans *45° à l'ombre,* un autre de ces bateaux au destin tragique fait route de l'Afrique occidentale vers la France. Des voies d'eau le menacent en chemin, et une épidémie de fièvre jaune ravage les infortunés Asiatiques qui sont parqués dans l'entrepont. Le sombre destin du navire fait écho à celui du jeune protagoniste, Huret, qui fuit les tropiques et manifeste dans sa vie quotidienne une agressivité vaine et une amertume pleine de ressentiments. Reflétant la vision de Simenon d'un monde partagé entre « les fesseurs et les fessés », Huret distingue les mangeurs des mangés et se considère comme un « mangé ». Le fataliste Dr Donadieu, fumeur d'opium, sent bien que ce pauvre Huret finira mal, mais malgré la relation père-fils qui naît entre eux, il ne peut rien pour le jeune homme : Donadieu n'est pas un « raccommodeur de destinées ». Il ne peut qu'observer la catastrophe, avec une sympathie toute paternelle.

Dans *Quartier nègre*, qui a pour cadre Panama, Dupuche fuit une épouse bourgeoise et prétentieuse avec une jeune et sexy Panaméenne, Véronique, qui l'appelle « Puche » et s'emploie à lui remonter le moral. Pas suffisamment, cependant, pour l'empêcher de sombrer dans une indifférence léthargique. En arrière-plan se profile la présence de la mère qui l'a toujours poussé et à laquelle il n'ose pas écrire pour ne pas lui révéler son échec. Henriette Simenon, on s'en souvient, s'attendait toujours à ce que son fils aîné échoue, et elle ne croira jamais vraiment à la réalité de sa réussite. Dupuche, en particulier, et tous les ratés de Simenon en général, sont peut-être une façon de régler ses comptes avec sa mère, comme s'il voulait ainsi lui dire : « Tu t'attendais à voir ton fils échouer : eh bien, te voilà servie ! »

Dans *Long Cours* Mittel et Charlotte voguent vers les tropiques en passagers clandestins d'un autre de ces vaisseaux marqués par la fatalité. Le capitaine, Mopps, s'éprend de Charlotte et se montre paternel envers Mittel. L'intérêt de Simenon

166

pour la navigation donne lieu à des descriptions très réalistes de la vie à bord, avec une multitude de détails sur tout, des machines au financement du fret. Pour la deuxième partie du roman, la plus longue et la plus prenante, Simenon s'est inspiré d'une histoire qu'il avait entendue lors de son tour du monde, et qu'il a reprise dans *La Mauvaise Étoile* : celle d'un ingénieur recruté pour diriger l'exploitation d'une mine d'or perdue dans la jungle colombienne et qui, abandonné par un employeur sans scrupules (une compagnie frauduleuse), va frôler la folie dans son combat contre les rats et la maladie. Dans *Long Cours*, il s'appelle Plumier et sera rejoint par Mittel et Charlotte. Le trio formera alors un modèle d'anti-communauté simenonienne, vivant en vase clos dans un climat d'hostilité mutuelle, coupé du reste du monde.

Ceux de la soif, une histoire très bizarre, s'inspire directement, semble-t-il, d'un fait divers qui défraya la chronique : la baronne de Wagner (la comtesse von Kleber dans le roman) était une excentrique aristocrate allemande qui, après avoir mené grande vie à Paris, s'était embarquée un jour pour les Galapagos avec l'intention de créer un hôtel ou de fonder une colonie sur une des îles désertes. Elle devint folle, se proclama impératrice et mourut de soif. La baronne est l'une de ces nymphomanes alcooliques de la haute société qu'a observées Simenon, une femme entourée de personnages douteux et corrompant tous ceux qui l'approchent. Simenon introduit cependant dans cette histoire vraie un personnage encore plus extravagant : le professeur Müller, philosophe et ancien médecin, qui a abandonné à Berlin femme et enfants pour vivre dans une nature vierge, s'est fait arracher toutes les dents pour éviter de succomber à la tentation de manger de la viande et élabore un traité de philosophie universelle. Ce personnage volontairement marginal est peut-être pour Simenon représentatif de l'intellectuel raté – le portrait d'intellectuel ne sera jamais son point fort. Quelques-uns des plus vieux fugitifs des tropiques – tel Müller – inclinent vers le type clochard, traduisant l'intérêt de Simenon pour les hommes qui tournent le dos à la réussite sociale et professionnelle. Ils ont parfois un peu de la fantaisie du clochard, de la sérénité et du renoncement chargé d'humour, mais le plus souvent échouent dans leur culture de l'échec. Les jeunes sont pour la plupart de purs et simples ratés. Dupuche, dans *Quartier nègre,* veut jouer les clochards, mais il n'a pas les moyens de ses ambitions : ce n'est qu'un raté. La possibilité d'un retour à la nature sous les tropiques n'est qu'un mirage, vite évanoui.

Le Blanc à lunettes constitue une exception à cette déliquescence tropicale : ce roman se termine bien. L'histoire se passe au Congo et incorpore beaucoup de détails tirés du voyage de Simenon en Afrique : les pains de sel qu'on distribue aux indigènes, les palabres du tribunal, la traversée du Soudan en avion, l'entrée en voiture au Congo, les deux administrateurs belges absurdement isolés l'un de l'autre par leur sens des convenances hiérarchiques. Le protagoniste, Graux, est le propriétaire d'une plantation de caféiers (le modèle de ce personnage est un entrepreneur qui apparaît brièvement dans *La Mauvaise Étoile*). La plantation de Graux est bien conçue, bien entretenue : Simenon investit Graux de ce professionnalisme qu'il possède lui-même, et qu'il relie à l'éthique artisanale héritée des Simenon. Ce sens des réalités ne survit pas habituellement au cauchemar tropical mais avec Graux, miraculeusement, le bon sens s'enracine sous ces latitudes où tout se délite. Sa fiancée, une femme courageuse, soutient son entreprise et son moral – une exception chez Simenon où les femmes fortes sont déplaisantes, quand elles ne sont pas nuisibles.

Durant cette période, le projet le plus ambitieux de Simenon, bien qu'il ne soit en aucun cas le plus réussi, est *Le Testament Donadieu*. Ce roman qui agitera la critique est le seul pour lequel Simenon écrira une suite. Dans une lettre à Gilbert Sigaux en 1960, commentant le livre que vient de lui consacrer Quentin Ritzen, il rejette l'idée que *Le Testament Donadieu*, ainsi que d'autres romans écrits à peu près à la même époque, appartienne à sa période « balzacienne ». Il rétorque que cela n'a rien à voir avec Balzac, mais que c'est en rapport avec le fait qu'il s'est lié alors d'amitié avec de gros armateurs rochelais, dont il connaît bien le milieu. Et quant à la longueur de cet ouvrage, il rappelle qu'elle lui a été imposée par *Le Petit Parisien* qui désirait le publier en feuilleton. Il explique à Gide en 1939 que *Le Testament Donadieu* n'a pas été écrit, comme la plupart de ses livres, d'un seul jet, mais qu'il s'est autorisé des interruptions dans la composition : il est allé à la pêche, a accepté des invitations, ce qui explique l'aspect décousu du texte.

Gide avait lu le livre en 1939 quand il écrivit à Simenon pour lui dire combien il appréciait la construction de ses romans, sauf celle du *Testament Donadieu*. Cependant, dix ans plus tard, il lui écrira, oubliant semble-t-il qu'il l'avait déjà lu, pour lui faire part de l'enthousiasme que lui a procuré sa « découverte » : « Comment un tel livre a-t-il pu passer inaperçu ?... Livre considérable... Je m'émerveille... » Dans cette seconde lettre, Gide souligne la multiplicité des caractères et la complexité de l'intrigue, inhabituelles chez Simenon – et qui ont d'ailleurs enthousiasmé les critiques qui verront (une fois de plus) dans *Le Testament Donadieu* son premier vrai roman. Mais Gide porte sans doute un jugement plus juste sur cet ouvrage dans sa première lettre où il en critique la mauvaise construction. André Rousseaux, du *Figaro*, exprime sa perplexité quant au talent de Simenon, il suggère qu'il y a peut-être un chef-d'œuvre caché sous ce style peu travaillé et cette construction bancale. Thérive n'aime pas *Le Testament Donadieu* pour les mêmes raisons. Émile Henriot, auquel Simenon a envoyé un exemplaire, lui écrira pour lui dire qu'il vient de lire un chef-d'œuvre et qu'il le considère comme un romancier majeur.

Le cœur du roman est constitué par l'ascension sociale de Philippe, jeune homme sans scrupules qui se sert de Martine Donadieu, fille d'une riche famille d'armateurs de La Rochelle, pour sortir de sa condition : un Rastignac de troisième classe pénètre ainsi chez des Buddenbrook de même calibre. Oscar, frère cadet de Martine Donadieu, est le héros de la suite du roman, *Touriste de bananes*. Dans le premier roman, il donne l'impression d'être potentiellement un naïf qui pourrait devenir intéressant et qui, s'étant révolté contre un milieu qui l'étouffe, se retrouve ouvrier sur un barrage aux États-Unis, dans un coin appelé Great Hole City. *Touriste de bananes* est une autre histoire tropicale, avec Oscar dans le personnage du fugueur malchanceux qui va à Tahiti pour se regénérer sous les tropiques mais qui n'y trouvera que le désespoir. Chez Simenon le salut-par-la-nature n'est qu'une éventualité entraperçue et vite exclue.

La Marie du port fera également couler beaucoup d'encre. Lors de sa parution, Simenon considère ce roman comme une nouvelle étape dans l'évolution de son œuvre. Pendant vingt ans, déclare-t-il, malgré « quelques pitreries » et des activités purement « alimentaires », il a « recherché la vérité humaine au-delà de la psychologie, qui est seulement une vérité publique ». Gide, qui a reçu un colis de livres de Simenon parmi lesquels seul *La Marie du port* porte une dédicace, pense que Simenon lui signale ainsi qu'il attache une importance particulière à ce roman, mais il lui écrit en retour qu'il les a tous trouvés très bons, et que *La Marie du port* ne lui a pas paru meilleur que les autres. Simenon lui répond :

> « Si j'ai paru donner une certaine importance à *La Marie du port*, c'est pour des raisons purement techniques. C'est le seul roman que je suis parvenu à écrire sur un ton entièrement objectif [11]. »

Les remarques de Simenon manquent de précision, et Gide a probablement raison de penser que c'est un peu par hasard qu'il a distingué ce roman.

La démarche de Simenon est d'ordre plus général : il sait qu'il est en train de monter dans la hiérarchie littéraire, et il cherche, non sans difficulté, à donner un cadre conceptuel à ses aspirations. Il demande à être jugé, non sur sa production antérieure, mais sur un nouveau cycle de romans qui commence avec la *La Marie du port* – une demande qu'appuie fermement André Thérive : « Si ce roman paraissait signé d'un nom inconnu, on crierait au chef-d'œuvre. » C'est incontestablement un de ses meilleurs romans, mais on ne peut pas parler d'un nouveau style ou de passage à l'échelon littéraire supérieur. C'est essentiellement un roman comique qui a été écrit, ne l'oublions pas, au moment où il a décidé de se retirer des mondanités de la vie parisienne pour vivre au contact des gens rudes du petit port normand, Port-en-Bessin, où l'action se situe.

Chatelard, un jeune propriétaire de café de Cherbourg, tombe amoureux malgré lui de Marie, femme de caractère provocante, qui est serveuse à Port-en-Bessin. Lui incarne la vigueur populaire, la rudesse, la vulgarité et un certain égoïsme. « Il était peuple. » Il l'a « dans la peau », il la séduit plutôt grossièrement, mais il est piqué au vif et humilié quand, s'étant donnée à lui, elle se montre froide et passive. Contrarié, il envisage pourtant le mariage. Dans une scène assez comique, il demande à plusieurs de ses employés comment ils s'y sont pris pour se marier. En fait, c'est elle qui a tout manigancé dès le début pour « l'accrocher », elle a flairé en lui le bon parti, le célibataire à épouser qui lui permettrait de grimper dans l'échelle sociale. *La Marie du port* offre quelques scènes brillantes, comme celle où Chatelard, « monsieur » de Cherbourg à la recherche d'une aventure, vient narguer les gars du village ;

ou, lorsqu'en sortant d'un bar, il saute dans sa voiture et laisse Marie en plan – après lui avoir passé la main sur la cuisse – sans qu'elle ait pu ouvrir la bouche. « Il ne s'était pas donné la peine de refermer la porte. Ce fut le plus proche client qui la poussa du pied, avec violence, pour se soulager, lui aussi. » Les premiers paragraphes qui introduisent Port-en-Bessin comptent parmi les meilleurs exemples de son art de la description, dans cette période de son œuvre. L'ensemble de la critique fit l'éloge de *La Marie du port*.

L'homme qui regardait passer les trains est le plus représentatif des romans de fugues « non tropicales ». Kees Popinga, un fondé de pouvoir hollandais, apprenant un beau matin qu'il est ruiné, part pratiquement sur-le-champ pour Amsterdam. Il rend visite à l'attirante maîtresse de son patron, essaye de la séduire, l'étrangle quand elle se moque de lui, et prend le train pour Paris (son arrivée à la gare du Nord fait penser à celle de Simenon en 1922). Sa fuite n'est pas le résultat d'une cause ; la cause apparente est simplement une occasion. Ce n'est pas le fait d'être soudain ruiné qui a causé son équipée, c'est le fait d'être confronté, par le biais de cette banqueroute, à une réalité qu'il avait toujours perçue mais qu'il se refusait à regarder en face : celle du mensonge de l'ordre bourgeois auquel il avait voué sa vie. De la même manière le meurtre qui le force à s'enfuir à Paris est un accident.

Popinga lit dans les journaux parisiens tous les articles qui lui sont consacrés et leur envoie des lettres dans lesquelles il s'efforce de rectifier l'image qu'on donne de lui. Sa version est-elle plus conforme à la réalité ? On n'en sait rien au juste car il est en train de sombrer dans la folie. Il échoue entre les mains de psychiatres, qui ne sont plus, eux, des « raccommodeurs de destinées » mais des adversaires. A un moment donné, il fait une brillante partie d'échecs avec l'un d'eux (en se payant le luxe de faire tomber un pion dans la tasse de thé du docteur), et le lecteur se demande tout à coup si Popinga ne serait pas, après tout, sain d'esprit. A la fin, Popinga est en train d'écrire quelque chose dans un cahier. Le psychiatre découvre qu'il n'a écrit qu'un titre : « La vérité sur le cas de Kees Popinga. » Popinga se tourne alors vers lui avec un sourire contraint et murmure : « Il n'y a pas de vérité, n'est-ce pas ? »

Le Suspect traite aussi d'une fugue à deux niveaux. Chave est un jeune Belge qui n'a pas réussi dans la vie. Ce garçon rangé fait d'abord une fugue en compagnie d'anarchistes – un groupe de dangereux frustrés qui a des ascendants littéraires (*L'Agent secret, Sous les yeux d'Occident, Les Possédés*) et une filiation biographique (les pensionnaires d'Henriette). On retrouve le jeune Chave à Paris où il parvient à faire échouer un projet d'attentat à la bombe. Ce qu'il recherche vraiment c'est la vie de famille – bien qu'il sache, de par sa propre expérience, à quoi s'en tenir – et à la fin, il retourne en Belgique pour recoller les morceaux de son foyer détruit.

Bergelon est l'histoire d'une double fuite. La première est celle de Bergelon, docteur d'une petite ville de province. Il a commis une faute professionnelle grave et il y trouve le prétexte d'une escapade sexuelle (là aussi « l'affaire » n'est pas la cause de sa fugue mais simplement l'occasion). Il envisage un moment de partir sous les tropiques puis se résigne à sa médiocrité domestique. Cosson, lui, fait une fugue tropicale : ce petit-bourgeois bien élevé tombera rapidement dans la déchéance alcoolique et disparaîtra dans une aventure de chercheurs d'or en Afrique. L'alcool joue un rôle important chez les deux protagonistes, comme c'est souvent le cas dans bien d'autres romans de Simenon. Lui qui regrettait de ne pas avoir été médecin introduit fréquemment des médecins dans ses romans, et ceux-ci sont souvent en situation d'échec, pas tant sur le plan professionnel que sur le plan personnel. Malempin, dans le roman du même nom, en fournit un autre exemple. La véritable « action », c'est sa fouille, sous les apparences d'une vie professionnelle et domestique apparemment sans histoires, dans une enfance et une hérédité qui le hantent. Le récit est mené à la première personne (pour la première fois chez Simenon), et les rêveries causées par la maladie de son fils et qui déclenchent ses souvenirs de son propre père sont sa manière à lui de s'évader comme Popinga et Bergelon, bien qu'il n'aille physiquement nulle part : il court sur place. Douloureusement, à la fin, il « rentre chez lui », ayant compris qu'aucune communication n'est possible avec sa famille, passée ou présente : l'homme est un étranger pour l'homme. Dans une émouvante scène, à la fin du livre, l'incommunicabilité qu'il ressent se confirme lorsqu'il surprend le sourire qu'échangent sa femme et son enfant.

Le thème de la « fuite sur place » est aussi fréquent chez Simenon que celui de la fugue réelle. *Le Bourgmestre de Furnes* en fournit un autre exemple. Cet ouvrage obtiendra également un grand succès critique. Simenon en attend beaucoup et il écrit à Gide en 1939 : « Je crois avoir marqué une nouvelle étape avec *Le Bourgmestre de Furnes*... Pour employer le terme de Thérive, ce serait mon œuvre de maîtrise [11]. » Le personnage en fuite a cette fois une forte personnalité : Terlinck, un fabricant de cigares, maire d'une ville flamande, est un tyran sur le plan social, politique et domestique. Chez lui, le déclic de la fuite se produit quand l'un de ses ouvriers auquel il a refusé un prêt – il avait besoin d'argent car sa maîtresse, Lina, est enceinte – se suicide après avoir tenté de tuer la fille. La fuite de Terlinck revêt deux aspects. Il recherche Lina – ses motifs sont assez obscurs, peut-être veut-il se racheter –, mais elle va se révéler être une mégère provocante et Terlinck en devient obsédé. Il réagit comme beaucoup d'autres personnages de Simenon qui découvrent « l'aventure sexuelle », mais d'une façon qui correspond à sa personnalité complexe. Le second aspect de sa fuite est constitué par son aliénation – son ostracisme, quasiment – dans la ville, malgré sa position puissante. On pourrait même dire que c'est la ville qui le fuit. Ayant perdu la sympathie de ses administrés, il gagne celle du lecteur, par son bon sens simple et direct, qui contraste avec la prétention de ses pairs.

L'Assassin est une version plus simple de la « fuite sur place ». Le fugueur, contrairement à Terlinck, est un faible – un autre médecin à problèmes dans le genre de Bergelon et de Malempin. Tout s'enclenche avec la découverte, par le Dr Kupérus, de l'infidélité de sa femme, et le double meurtre qui s'ensuit : de sa femme et de l'amant de celle-ci. La situation métaphysique, pour ainsi dire, est très semblable à celle de Popinga dans *L'Homme qui regardait passer les trains* : ce qui est en jeu n'est pas tant une relation de cause à effet – de l'infidélité au meurtre et à la fuite – que l'occasion d'une découverte. Et la découverte sera similaire à celles de Popinga, Bergelon ou Malempin : l'inanité des structures sociales et domestiques que l'on a forgées et entretenues pendant des années. Pour une raison quelconque, tout éclate comme un ballon; pour n'importe quelle raison, en fait; l'infidélité et le meurtre, tout comme l'incurie du praticien ou la banqueroute, ne sont qu'accessoires. Simenon minimise à l'évidence la dimension morale dans *L'Assassin* et dans d'autres romans du même type en plaçant ses personnages dans un monde métaphysiquement déterminé où la « morale » ne joue pas un grand rôle. Dans cette perspective, il se place tout à fait dans le courant de la littérature française moderne. Il crée un monde qui rappelle beaucoup plus *La Nausée*, *L'Étranger* ou même *En attendant Godot*, que *Le Cousin Pons* ou *L'Assommoir*.

Toutes ces fuites, bien sûr, conduisent à une aliénation radicale, chez soi ou à l'étranger – avec parfois à la fin, comme pour l'anarchiste repenti dans *Le Suspect*, une réinsertion fragile. *L'Outlaw* dramatise sombrement la fuite et l'aliénation de Stan, un jeune Polonais désespéré à Paris, qui se laisse entraîner par une bande de gangsters polonais. *Faubourg*, un autre roman pour lequel Gide exprima la plus grande admiration, est une fuite inversée : le retour au bercail d'un fils prodigue, qui aussitôt se lance à nouveau dans la prodigalité. Son vrai nom est Chevalier, qu'il a traduit littéralement en De Ritter. Il réapparaît dans sa ville natale après vingt-cinq années d'errance et d'escroqueries qui l'ont conduit sous les tropiques et en prison.

L'enfance de De Ritter nous est familière : une mère qui se plaint, dont le rêve est d'avoir un petit commerce et qui a pour meilleure amie une vendeuse de magasin avec laquelle elle travaillait autrefois. Une tante qu'on a enfermée dans un asile psychiatrique, une autre qui est alcoolique. Un grand-père qui s'est suicidé, et un oncle qu'on surprend en train d'uriner contre un mur – en résumé, c'est vraiment le catalogue des Brüll. Le père est un petit employé de bureau à la santé fragile. La rébellion de De Ritter vingt-cinq ans plus tôt a exactement la même tonalité que celle de l'adolescence de Simenon. Dans une transposition surprenante, c'est *après* son retour à la maison que le protagoniste entame une carrière de journaliste. Il se fait un nom grâce à des articles passionnants sur ses aventures exotiques. Bien qu'il ait la quarantaine, il se conduit comme l'un des jeunes loups que met en scène Simenon, ces jeunes hommes antipathiques, arrogants, souvent entretenus par des femmes maltraitées, et qui finissent encore plus mal qu'ils n'ont commencé. Dans ce livre, tout glisse dans la dépravation la plus totale : Simenon connaît bien ces pulsions destructrices, qu'il a bien observées pendant une trentaine d'années et qu'il a senti gronder en lui-même de temps à autre ; il opère une extrapolation rapide – trop rapide – qui aboutit à des extrémités cauchemardesques.

Il y a plusieurs variantes du modèle « fuite-aliénation-échec ». *Le Cheval blanc* met en scène, dans une auberge du même nom, des fugues tragi-comiques, avec une autre incarnation de Léopold en brebis galeuse qui, après une longue escapade coloniale, finit dans la pire des aliénations avec un emploi de gardien de nuit. Dans *Chemin sans issue*, deux marins russes (inspirés de Vladimir et Sacha à Porquerolles) font une fugue sur un mode plus subtil et plus souriant, dans l'atmosphère décadente de la Côte d'Azur. *Oncle Charles s'est enfermé* narre la fuite du pauvre type de la famille dans le grenier, d'où il menace malicieusement son beau-frère de révéler un secret embarrassant qu'il a découvert. *Monsieur La Souris* donne également dans le registre comique, mettant en vedette un jovial clochard qui se fait détective, dans la veine du *Boudu* incarné par Michel Simon dans le célèbre film de Renoir. Un clochard, par définition, est un homme qui fuit, ou mieux un homme arrivé à une étape particulière de la fuite – une sorte de phase finale prolongée. L'intrigue pleine d'entrain mêle gangsters, meurtre, haute finance, haute société, la police judiciaire, l'enlèvement de La Souris, et une poursuite palpitante. Il y a une scène délicieuse dans laquelle Lognon, le détective mélancolique des Maigret, file durant toute une journée La Souris et arrive ainsi au bord de la Seine. Le clochard facétieux s'installe alors avec son litre de vin et une pile de vieux journaux qu'il se met à lire méticuleusement pendant des heures. *La Maison des sept jeunes filles*, qui donne sans réserve dans le genre comique, raconte essentiellement les escapades des filles d'un petit-bourgeois tourmenté.

Dans ces « romans de fuite », le thème de la « fuite entravée » occupe une place importante. Les personnages se morfondent, enragent, ou sont « coincés » dans leur environnement. Dans nombre de ces romans, l'oppression est le fait de femmes dominatrices. Dans *Le Haut Mal*, Mme Pontreau en est un des premiers modèles. Guérec, dans *Les Demoiselles de Concarneau*, est élevé et brimé par ses deux sœurs qui comploteront pour l'empêcher d'échapper à leur emprise en se mariant. Elles réussissent à le ramener à la maison, où il s'atrophiera. Dans *Les Sœurs Lacroix,* les sœurs se haïssent et tyrannisent une lugubre famille bourgeoise, « anti-famille » par excellence.

On retrouve dans *Le Coup de vague* deux sœurs tyranniques qui s'acharnent à détruire la fragile famille que leur « neveu » Jean vient de créer avec sa Marthe bien-aimée. Jean, qui est en fait le fils illégitime de l'une des sœurs, sera la proie facile qu'elles manipuleront « pour son bien ». L'histoire se déroule à Marsilly et fait mention de La Richardière. On y trouve incidemment quelques belles descriptions du ramassage des moules.

Il pleut, bergère... est une variation remarquable sur le thème de la fuite et des femmes tyranniques. C'est un enfant qui nous fait pénétrer dans cette histoire, et le procédé est très efficace : Jérôme observe, assis à sa fenêtre, l'appartement en face de chez lui et il établit une sorte de communion secrète avec l'enfant qui vit là, le fils d'un anarchiste qui se cache de la police et d'un voisinage conservateur et hostile. Jérome est réceptif aux notions de fuite et de révolte car il est lui-même opprimé par une tante, méchante et rancunière. Cette femme, qui voue une haine farouche au radicalisme politique et exècre autant les ouvriers que les enfants, dénoncera l'anarchiste. Simenon rend compte brillamment de la sympathie qu'éprouve Jérôme pour la famille tourmentée qu'il observe de sa fenêtre. Simenon s'identifie clairement à lui : il le dépeint toujours de façon sympathique et lui attribue beaucoup de traits caractéristiques de sa propre enfance. Il est étonnant qu'un tel roman, reflet de l'agitation politique des années trente, ait pu être publié en 1941, bien qu'il ait été écrit en 1939.

Un autre thème majeur de ces romans et de toute l'œuvre de Simenon est celui de la justice, ou, plus souvent encore, de l'injustice née du préjugé dont se rend coupable toute une communauté vis-à-vis d'une minorité d'origine étrangère. Simenon a abordé ce sujet très tôt, puisqu'il lui a consacré ses premiers articles du *Matin*, et il lui donne un développement dramatique avec *Chez Krull*. Ce roman met en scène une famille allemande installée depuis longtemps dans une ville française, mais que l'on n'a jamais cessé de regarder d'un œil soupçonneux. Cette attitude va dégénérer en hostilité ouverte quand le fils de cette famille, un garçon au caractère faible qui a l'habitude de suivre timidement les filles dans la rue, est faussement accusé de viol et de meurtre. Le point culminant est une longue scène dans laquelle la populace injurie et attaque la famille – brillante dramatisation de l'injustice de la foule.

L'injustice dont traite le plus fréquemment Simenon n'est pas celle de la foule, mais celle du système judiciaire. Bien que son intérêt pour la justice se soit manifesté très tôt et ait ses racines à Liège, depuis le mythe des « petites gens » aux rancunes familiales, c'est en écrivant ses romans policiers qu'il s'est directement intéressé à l'injustice « officielle ». En composant ses histoires policières, il a été amené à réfléchir sur les réalités de la justice et ses implications, un intérêt qu'il maintiendra toute sa vie et qui prendra de nombreuses formes dans son œuvre. Le conflit permanent entre Maigret et le système judiciaire en fournit un exemple majeur.

Dans les romans-romans, l'une des stratégies utilisées pour aborder ce thème consiste à présenter une double version d'une affaire criminelle : la version officielle, telle qu'elle est consignée dans le dossier, et la version « réelle », celle qu'a vécue le protagoniste de l'affaire. Cela permet à Simenon d'attirer l'attention sur les écarts entre les deux, les divergences pouvant être flagrantes ou subtiles. Dans *Cour d'assises* (publié en 1941 mais écrit en 1937), le héros, Petit Louis, est un escroc sans envergure compromis dans une méchante affaire impliquant des gangsters chevronnés : on l'accuse d'un meurtre qu'il n'a pas commis. Simenon développe un double récit intéressant qui lui permet de décrire simultanément ce que faisait Petit Louis le jour du crime, et ce dont il sera accusé ou ce qu'il sera dans l'impossibilité de prouver au procureur, « Soudain, il fut forcé de revoir toute sa vie, mais ce n'était pas comme cela qu'il l'avait vécue ! » On y a glané toutes sortes de détails pour l'incriminer, y compris ses rapports avec sa mère qui ne l'aimait pas. Simenon anticipe, toutes proportions gardées, la célèbre situation judiciaire de *L'Étranger* de Camus. Dans le cas de Petit Louis, le personnage ne cadre absolument pas avec son destin. De nature espiègle et joviale, c'est le genre d'individu à passer sa vie à se prélasser au soleil, à jouer aux boules, à plaisanter et à faire des farces. Simenon le place à Porquerolles pour un bref répit avant la catastrophe, s'inspirant du côté clair et ensoleillé de sa vie avant de plonger dans ses propres zones d'ombre pour la suite du roman. *Les Rescapés du Télémaque* met également en scène une menace d'erreur judiciaire. Une information est ouverte, très longtemps après les faits, à propos d'une affaire de cannibalisme qui s'est produite, à la suite d'un naufrage, sur un canot de sauvetage. Une histoire psychologique de rivalité entre enfants du même lit (comme dans *Pietr le Letton* et dans *La Maison du canal*) s'inscrit en surimpression sur une enquête policière (il s'agit de trouver le meurtrier pour innocenter l'accusé), avec une aventure de « bateau fatal » en arrière-plan.

Simenon traite avec une subtilité particulière du thème de la justice dans l'un de ses meilleurs ouvrages de l'époque, *Les Inconnus dans la maison* – rendu célèbre par le film qui en fut tiré en 1941, sur un scénario signé Henri-Georges Clouzot (qui deviendra un ami de Simenon), et dans lequel Raimu, grand ami de l'auteur, tient la vedette. (Une version anglaise avec Géraldine Chaplin et James Mason, *Stranger in the House*, est sortie en 1967.) L'histoire, tirée d'un procès réel qui eut lieu à Reims, se déroule à Moulins. Le héros, Loursat, un ancien avocat qui a sombré dans l'alcoolisme, vit en reclus dans sa grande maison où il élève seul sa fille Nicole. Sa femme l'a quitté depuis longtemps.

Deux actions s'entremêlent dans ce roman. L'une concerne la vie sociale de Nicole : un groupe de jeunes provinciaux mènent une vie décadente et tapageuse, pimentée de quelques délits mineurs. Ils se rencontrent au dernier étage de la maison de Loursat – ce qui rappelle la Caque qui se réunissait au-dessus de l'appartement des Renchon. Nicole est amoureuse de Manu, un jeune homme fragile et tourmenté, issu du petit peuple. De retour d'aventures confuses, le groupe ramène un garçon qui a été blessé par un automobiliste ivre et qui, plus tard, sera tué d'un coup de feu. A ce point de l'histoire, commencent à tourner les rouages de l'injustice à la Simenon : Manu est accusé du crime (qui en fait résulte des fréquentations douteuses de la victime).

La deuxième action concerne Loursat. Il est resté pendant des années dans son étude avec ses livres et son vin, ignorant les voyous qui viennent chez lui. Il se refuse obstinément à tout contact avec sa famille et ses anciens pairs qu'il méprise pour leur arrivisme, leur snobisme, et considère comme des hommes d'affaires malhonnêtes. Loursat est un des marginaux de Simenon les plus intéressants – il n'a rien de conventionnel, il est intelligent, honnête, et sans illusions. Il porte bien son nom, il a vraiment un côté ours. De fait, il est resté en hibernation pendant des années, et son action va consister à sortir de sa tanière pour prendre la défense de ce pauvre Manu, victime de préjugés sociaux, et que l'on a déjà condamné. Loursat renaît à la vie, ranimant son amour pour sa fille, retrouvant toute sa générosité et son sens de la justice, qualités profondément enracinées en lui mais qu'il n'avait plus laissé paraître depuis longtemps, réveillant ses talents d'avocat et se dévouant avec une fermeté et une efficacité rares dans l'œuvre de Simenon. Archichroniqueur de la dérive, Simenon n'offre pas souvent une vision de retour à l'action en termes aussi positifs.

André Gide en sera frappé au point de lui décerner les plus grands éloges :

> « Je viens de lire votre stupéfiant *Inconnus dans la maison*. Depuis longtemps je n'avais été aussi vivement intéressé... Merveilleux, le retentissement de l'histoire sur l'avocat. Vous êtes dans le vrai. Le sujet du livre est là. Bravo! »

C'est dans les ouvrages écrits entre 1934 et la fin de la décennie que Simenon établit la plupart de ses thèmes et met au point ses techniques – ce qui ne l'empêchera pas, bien entendu, d'introduire des contrepoints, des variations, des extensions et des exceptions dans ses romans. Cette phase de son œuvre valorisera sa réputation de romancier, en même temps qu'elle confirmera l'existence du «cas Simenon». A l'orée de la Deuxième Guerre mondiale, Simenon compte beaucoup d'admirateurs. Des gens éminents comme Carl Jung, Georges Bernanos. Moins distingué, mais plus démonstratif dans son soutien, le romancier Claude Farrère (de son vrai nom Frédéric Bargone) écrit à Simenon :

> « Est-ce que je vous ai déjà dit que vous avez un des plus fiers, un des plus nobles talents que je connaisse?... Il y a des imbéciles qui disent : " Simenon, le fabricant de roman policiers... " Vous avez le don... de faire vivre. – Et de la pitié. – Et une belle soif de justice. »

François Mauriac l'avait remarqué en 1937, et lui écrivit pour lui dire qu'il avait lu la plupart de ses livres, qu'il n'avait pas apprécié les romans policiers, mais qu'il saluait néanmoins son talent. Il lui recommanda de travailler les détails stylistiques, tout en reconnaissant qu'il avait « du style ». Dans la presse, à quelques exceptions près, la note dominante lui est favorable et l'on discute du « cas Simenon », parfois de façon admirablement pertinente; et au sein des critiques le même jeu continue. Chacun revendique là la dernière découverte : Simenon n'est pas seulement un auteur de policiers. Thérive demeure toujours aussi enthousiaste, en particulier dans une longue critique du *Temps* du 5 janvier 1939 qu'il consacre à *La Marie du port* et au *Suspect*, et où il évalue la stature d'écrivain de Simenon. Son article regorge de superlatifs : « Vraiment, quel grand romancier, ce M. Simenon », « Son don personnel, un des plus extraordinaires qui aient jamais paru en France ». Mais Thérive note avec perspicacité ce « goût du malheur », qui noie intrigue et personnages dans *Le Suspect*.

Deux points principaux reviennent dans ces critiques. L'un concerne son potentiel – on considère que c'est un écrivain prometteur et qu'il ne tardera pas à publier une vraie grande œuvre. Brasillach, supporter de la première heure, adopte clairement ce point de vue quand il écrit en 1939 dans *Le Matin* : « Si quelqu'un peut écrire un jour le grand roman de notre époque, nous admettrons volontiers qu'il y a toutes les chances que ce soit ce garçon... » Brasillach termine son essai sur le « cas Simenon » – il parle de « l'aventure Simenon » : « On voudrait le voir chercher autre chose... Nous suivons attentivement son aventure, qui est la plus curieuse aventure littéraire de ce temps. » On remarque aussi que Simenon se tient en retrait des coteries littéraires, à l'écart de « l'esprit de cénacle ». Son ami Lucien Descaves, animateur du mouvement « Sans Haine », écrit à ce propos :

> « C'est un homme heureux, sans accointances, et l'on peut dire qu'il n'a tenu qu'à lui d'occuper dans la littérature le rang le plus élevé auquel il a droit. Il n'avait pour cela qu'à moins produire et à fréquenter davantage les cénacles où se font les réputations littéraires. »

Pour François Porche dans *L'Époque*, le fait que sa réputation vienne des listes des best-sellers plutôt que des milieux littéraires constitue un handicap, ce à quoi Simenon souscrit complètement : l'image de l'écrivain farouchement indépendant, artisan de sa propre réussite, qui évite la fréquentation des gens « en vue » dans le microcosme littéraire, lui plaît. L'interaction entre cette « image » et les encouragements de ces mêmes personnalités qu'il affecte de ne pas fréquenter, sera la source de tensions qui le perturberont de temps à autre pendant des années.

L'un de ses admirateurs les plus constants de la fin des années trente est le comte Hermann von Keyserling, un écrivain allemand mineur mais néanmoins respectable qui, semble-t-il, l'a « découvert » en 1935 ou 1936, et qui entame une correspondance suivie avec lui. Mais le comte a une écriture si tortueuse que Simenon renoncera bientôt à lire ses lettres – l'influence de Keyserling sera donc assez limitée. Cependant l'intérêt qu'il lui témoigne flatte suffisamment Simenon pour qu'il lui fasse parvenir de volumineux colis de ses ouvrages, et qu'il lui rende visite, au moins une fois, à Darmstadt. Flatté, mais aussi suspicieux, Simenon a l'impression que Keyserling l'observe comme s'il étudiait les réactions d'un cobaye de laboratoire.

> « Il y a deux ans, Keyserling a insisté pour me voir, pour m'étudier, un peu à la façon d'un cobaye. J'ai fini par aller passer quelques jours à Darmstadt. Et je crains bien de l'avoir désillusionné car il a vu arriver un gros garçon musclé qui refusait sa vodka et dont la grande préoccupation était de conserver son équilibre. Un gros garçon *timide* par-dessus le marché. Timide ou *impudent* [11]. »

D'un côté, l'admiration de Keyserling et l'illisibilité de ses lettres, de l'autre la timidité et l'impudence de Simenon, voici qui résume bien ses relations avec le milieu littéraire. Keyserling admire *L'Assassin*, qu'il trouve « lugubre et sinistre » et il le qualifie de « poignant ». Il trouve que Simenon excelle dans les esquisses plutôt que dans les longues compositions. Il apprécie ses « rapides traits »... et estime qu'il s'agit là d'« un style bien à [lui] ». Comme d'autres intellectuels de ses admirateurs, Keyserling déclare que Simenon n'a pas le public qu'il mérite, et que ses livres ont « une profondeur que je suppose qu'une bonne partie de vos lecteurs les plus assidus ne soupçonnent même pas ». Il le qualifie de « prodige de la nature » et, pour tout dire, voit en lui « un imbécile de génie ».

Mais le « contact » le plus prestigieux de Simenon dans la République des Lettres est assurément André Gide. Selon Simenon, c'est Gaston Gallimard qui parraina leur première entrevue, répondant ainsi au désir de Gide. Combien de fois se rencontrèrent-ils ? On ne le sait pas précisément, mais ce qui est sûr c'est que leur correspondance parle de rencontres plus souvent manquées qu'effectives. L'enthousiasme de Gide est spontané, énergique, généreux. Ayant fait sa propre découverte de Simenon, il y donne suite avec la vigueur intellectuelle et la curiosité qui le caractérisent. Il se procurera des montagnes d'ouvrages de Simenon, les lira voracement avec la rapidité de lecture qu'on lui connaît, les relira, les annotera abondamment, en fera mention dans son journal, les lira à haute voix à ses amis et parents, et en discutera dans ses lettres à l'auteur.

> « Je viens de lire coup sur coup neuf de vos derniers livres ; c'est-à-dire : tous les derniers parus... Bien plus, j'ai voulu reve-

nir en arrière et j'ai ressorti de la collection Fayard, que je venais de me procurer au complet, Le Fou de Bergerac et Au Rendez-Vous des terre-neuvas, que je ne connaissais pas encore... Ceux-ci (tous ceux que vous avez publiés depuis deux ans) m'épatent considérablement et en particulier *Le Cheval blanc* que j'achevai précisément hier soir et dont je viens de lire à haute voix certaines suites de pages, successivement à Jean Schlumberger, puis à Roger Martin du Gard... »

Il rapporte dans son journal :

« Je lis surtout de l'allemand et de l'anglais ; mais je viens de dévorer d'affilée huit livres de Simenon à raison d'un par jour (en seconde lecture pour *Long Cours, Les Inconnus dans la maison* et *Le Pendu de Saint-Pholien*). »

Plus tard encore, Gide répandra une « simenonite aiguë » dans son entourage :

« Vous auriez ri sans doute à nous voir, dans la même pièce, plongés, Richard Heyd dans *Lettre à mon juge*, Jacqueline H... dans *Il pleut, bergère*, Jean Lambert, mon gendre, dans *Le Haut Mal*, Catherine, ma fille, dans *Le Bourgmestre de Furnes* et moi-même, dans douze de vos anciens relus en quinze jours... Gallimard avait eu la gentillesse de nous envoyer quatorze volumes de vous et, de plus, nous avions cherché, dans les librairies d'ici, tous les Fayard disponibles (dire que je n'avais pas encore lu *Les Fiançailles de M. Hire*!). Ajoutez les volumes de la nouvelle série, soit achetés ici, soit envoyés par vous (merci !) dévorés aussitôt... J'étais plein de vous, le suis encore. »

Gide, donc, fasciné par Simenon, le recommande à droite et à gauche. Il projette d'écrire des articles, des conférences, et même un petit texte critique sur lui (aucun de ces projets, malheureusement, ne verra le jour) et lui pose beaucoup de questions. Tout comme Keyserling et certains critiques littéraires, il sent que Simenon est radicalement sous-estimé et que ses lecteurs ne sont pas à la hauteur de ses livres : « Le curieux malentendu qui s'établit à votre sujet ; vous passez pour un auteur populaire et vous ne vous adressez nullement au gros public. » La créativité de Simenon est pour lui une énigme : « Je ne comprends pas bien comment vous concevez, composez, écrivez vos livres. »

Cette interrogation sera, dans les années à venir, une sorte d'aiguillon qui, en contrepoint des compliments que Gide ne cesse de lui prodiguer, incitera Simenon à viser plus haut et à faire toujours mieux : « Vous nous devez des merveilles », lui écrit Gide en 1942, qui ne doutera jamais de la capacité de Simenon à écrire, bientôt, son « grand livre ».

Simenon est évidemment touché par les attentes de Gide et lui répond de Nieul dans une longue lettre datée de janvier 1939. Il lui dit qu'il avait décidé à douze ans d'être écrivain et que « depuis l'âge de dix-huit ans, je sais que je veux être un jour un romancier complet et je sais que l'œuvre d'un romancier ne commence pas avant quarante ans au bas mot [11] ». Il a alors presque trente-six ans et, quelle que soit la valeur de cette affirmation sur l'écrivain en général, il est clair qu'elle souligne, chez Simenon, une attente, un désir d'accéder à autre chose. En fait, il précise dans cette lettre les étapes de sa maturation artistique – les stades qu'il a perçus très consciemment dans l'évolution de son œuvre : l'apprentissage avec ses ouvrages purement commerciaux, sa décision d'ajourner temporairement son passage à la « vraie littérature » avec ses ouvrages « semi-littéraires » (les Maigret), et enfin son ascension vers la maturité avec ses « romans-romans ».

Ce qui le retarde dans cette progression, explique-t-il à Gide, tient à sa méthode de composition : il lui faut se mettre entièrement dans la peau de ses personnages, vivre leur vie à fond pendant tout le temps qu'il écrit. C'est si épuisant qu'il ne peut écrire que pendant un temps limité. Il espère surmonter peu à peu ce handicap, en écrivant sur de plus longues périodes, un mois peut-être, et en s'efforçant de s'investir dans plusieurs personnages à la fois, ce qu'il n'a pu faire jusqu'alors.

Il regrette que l'écrivain ne puisse avoir, à l'instar du peintre, un « modèle vivant » et finit de répondre à la question de Gide portant sur son processus d'écriture en utilisant pour la première fois des expressions qu'il reprendra souvent pour préciser les étapes de son procédé de composition : il lui faut « se mettre en transe » pour pouvoir se glisser dans la personnalité de ses personnages, atteindre « l'état de grâce » – une métaphore théologique –, puis « rester dans le bain » car, s'il lâche prise un instant, c'en est fini du roman, et du « souffle » qu'il lui faut garder jusqu'à la fin, comme un coureur à pied. Il s'avoue incapable de faire des révisions de ses textes : « Comme je ne sais pas comment c'est fait, je sais encore moins comment ça peut se réparer [11]. » Il examine sa propre situation d'écrivain, procède à sa propre analyse du « cas Simenon », sur un ton fébrile :

> « L'intelligence... me fait horriblement peur... J'essaie de sentir plutôt que de penser. Ou plutôt de penser avec... (?) et voilà ! Je serais bien en peine de dire avec quoi ! Un tableau de Rembrandt, de Renoir... Une petite pièce pour clavecin ou pour violon que Bach pissait pour apprendre la musique à ses enfants [11]. »

Cette fébrilité réapparaît peu après dans une autre lettre à Gide :

> « Alors que tout l'été je m'étais senti vide et incapable de retrouver le fil de mon effort j'ai écrit en trois mois, gratuitement, trois romans et si je souhaite les voir paraître bientôt, c'est que j'ai hâte de savoir si, comme je le pense, je suis enfin arrivé à un commencement de plénitude, à avoir chaque être et chaque clique en place dans le petit monde que je voudrais créer [12]. »

Gide, pour sa part, poursuivra ses interrogatoires durant la décennie suivante, tout en continuant à l'encourager et à formuler des critiques pertinentes.

La réussite du début des années trente est relayée à l'orée des années quarante par une autre plus complexe celle-là. Fouillant dans sa sensibilité, ses souvenirs, ses expériences, il produit une imposante série de romans où naissent, reviennent et se transposent un ensemble de préoccupations. Tout le monde l'encourage. Tout l'incite à aller de l'avant. Mais, en réponse à tout cela, son attitude est mitigée. Il sent en lui des aspirations mais rien n'est clair, et c'est paradoxalement dans l'angoisse autant que dans la confiance qu'il vit sa condition d'écrivain.

Il a cependant décidé de ressusciter Maigret et de faire d'autres incursions dans le genre policier.

Désiré et Chrétien Simenon.
Le père et le grand-père de Georges,
rue de l'Enseignement.

Les parents,
Henriette et Désiré Simenon,
en 1920.

Georges à deux ans...

... et à neuf ans, en tambour major.

1918, Simenon (à gauche) avec des prisonniers russes libérés,
quelques mois avant son entrée à *la Gazette de Liège*.

A Paris, entre Tigy (à gauche) et Joséphine Baker. 1927.

Le baptême de l'*Ostrogoth* par le curé de Notre-Dame
à la pointe du Vert-Galant à Paris.

Le romancier à succès signe ses livres à Deauville.

A Ouistreham, en Normandie, en compagnie de deux pêcheurs. 1931.

Les voyages : l'Afrique, 1932 et Tahiti, 1935.

Les années Gallimard
sont marquées par l'amitié avec Gide.

A la veille du départ pour le Nouveau Monde,
Simenon et sa famille à Saint-Mesmin : Boule (à gauche), Tigy et Marc.

L'Amérique.... En Arizona en 1948.

Shadow Rock Farm à Lakeville dans le Connecticut.

Simenon et Denise
font en 1952 un voyage triomphal en Europe.

Lors d'une visite
à la P.J.,
Simenon devant
ce qui pourrait être
le poêle de Maigret

Avec son éditeur
Sven Nielsen.

Portraits

1922.

1925.

1945.

1955. (Ph. Grooteclaes)

1927.

1935.

1968. (Ph. Horst Tappe)

1981. (Ph. R. Picard/A2)

Le château d'Echandens, en Suisse.

Au premier étage, à gauche,
la fenêtre du bureau.

Sur la porte, la célèbre pancarte :
Do Not Disturb.

Avec Marie-Jo et Pierre en 1960. *(Coll. privée.)*

L'immense maison
d'Epalinges,
près de Lausanne.

Teresa,
la compagne
des dernières années.

11

Le retour de Maigret
et les années de guerre
1939-1945

Quand Simenon abandonna Maigret en 1933, Arthème Fayard pensa que c'était une folie et qu'il tuait la poule aux œufs d'or. Mais Simenon était réellement décidé. Il avait écrit *L'Écluse n° 1* comme son dernier Maigret. Sollicité par le public, il écrivit encore *Maigret*, mais quand ce livre parut en feuilleton dans le journal *Le Jour*, il rédigea une préface qui ne laissait planer aucun doute quant à sa décision d'en finir avec son commissaire. Qu'est-ce qui le fit donc changer d'avis?

La raison initiale est sans doute financière. Les « romans tout court » sont une source de revenus moins fiable et moins abondante que les Maigret et une grande partie de leur vente résulte du fait que Simenon est toujours perçu comme le créateur de Maigret, ou comme celui qui a *cessé* d'écrire les Maigret – un facteur sur lequel il ne peut compter indéfiniment. Plus encore, notons la coïncidence de sa décision de faire revivre Maigret avec la naissance de son fils Marc en 1939, et le début de la Deuxième Guerre mondiale. L'homme qui voulait paraître jeune aux yeux de son fils ne voulait en aucun cas prendre des risques financiers. La guerre était là et garder une poule aux œufs d'or dans un coin de son poulailler lui parut alors judicieux.

Mais il y avait aussi d'autres raisons, comme sa théorie de la « récréation », qu'il invoqua souvent. L'écriture des « romans tout court » constituait une très dure épreuve psychologique, et en même temps son éthique du travail était telle qu'il ne supportait pas de rester longtemps sans écrire. Il trouvait que l'écriture d'un Maigret le divertissait. « J'ai découvert une formule qui m'a enchanté : des romans durs et des Maigret, Maigret devenant un exercice, un plaisir, un délassement [1]. » Par exemple, stressé par l'imminence de son divorce et par la naissance de son second fils, « je me mis à taper *Mon Ami Maigret* pour me calmer ». Un autre facteur à prendre en compte est ce qu'on pourrait appeler « l'identification facile avec Maigret ». Comme le fit remarquer Thomas Narcejac, qui écrivit le premier livre entièrement consacré à Simenon : « Avec l'âge et l'expérience, il a rattrapé son héros, et n'a plus besoin de faire un effort pour parvenir à une adéquation totale entre lui et son personnage. Maigret... devient un artiste, un connaisseur d'âmes, comme Simenon. » Une perception que Simenon validera plus tard : « Peu à peu, en fait, nous finîmes par nous ressembler un peu [2]. » Ainsi donc les Maigret lui apparurent comme un moyen de se couvrir, à la fois financièrement et artistiquement.

En fait, Simenon avait épisodiquement écrit des Maigret et d'autres nouvelles policières depuis 1936, à commencer par « L'Affaire du boulevard Beaumarchais », paru en feuilleton en octobre 1936 dans *Paris-Soir Dimanche* et à l'occasion duquel, encore une fois, on invitait les lecteurs à participer à la résolution de l'énigme. Les admirateurs de Maigret ne furent donc privés de leur héros que durant trente et un mois et non, comme on le croit souvent, pendant huit ou dix ans. De 1938 à 1941, Simenon a publié quarante-trois nouvelles policières, dont dix Maigret, chez Offenstadt, un éditeur de littérature populaire. Gallimard rassemblera la plupart de ces nouvelles avec quelques autres dans trois gros recueils qui paraîtront au début des années quarante : *Le Petit Docteur, Les Dossiers de l'Agence O* et *Les Nouvelles Enquêtes de Maigret,* auxquels on doit aussi ajouter *Signé Picpus,* qui contient quelques autres nouvelles.

Les récits des années trente ne sauraient constituer cependant le véritable retour de Maigret. Ces Maigret, tout comme les non-Maigret, ne pèsent pas lourd dans la saga Maigret, ni dans la carrière de Simenon qui n'a probablement pas eu d'autre préoccupation, en les écrivant, que de gagner rapidement de l'argent, comme il le faisait en bâclant des articles pour différents journaux. Certains de ces textes, cependant, ne manquent ni de charme ni d'intérêt. « Stan-le-Tueur », qui met en scène un gang de tueurs polonais qu'on démasque dans une intrigue intéressante, est une étude préliminaire de *L'Outlaw* – ce qui prouve, pour le moins, que Simenon *pouvait* retravailler ses matériaux quand il le voulait. Pris individuelle-ment, ces textes ne font qu'esquisser Maigret mais, considérés collectivement, ils donnent davantage l'impression que le vrai Maigret est toujours là – ou du moins que Simenon garde la main en attendant de faire vraiment renaître le commissaire. A l'occasion, comme dans « L'Auberge aux noyés », Simenon assigne à Maigret le rôle inhabituel d'un enquêteur purement cérébral qui ne quitte pas son fauteuil. Souvent il est à la retraite quand ces « affaires » lui arrivent incidemment – c'est le cas de « Tempête sur la Manche », du « Notaire de Chateau-neuf », ou de « Mlle Berthe et son amant ». Dans « Une erreur de Maigret », il a le profil d'un « dur » : il tabasse un dégoûtant pornographe aux manières onctueuses. Dans « L'Amoureux de Mme Maigret », le commissaire, qui habite précisément place des Vosges, découvre, à l'occasion d'un scandale sur la voie publique, une affaire d'espionnage. « La Vieille Dame de Bayeux » emmène Maigret en Normandie où il va tomber sur une affaire classique de famille prétendument unie qui couve une vieille histoire de meurtre.

La plupart des autres nouvelles policières – sans Maigret – sont réunies dans trois recueils. Dans *Les Dossiers de l'Agence O,* l'inspecteur Torrence, le Torrence des Maigret, a monté une agence de détectives privés, dont cependant le « cerveau » et l'enquêteur de premier plan est un photographe, Monsieur Émile. *Le Petit Docteur* a pour personnage principal un jeune médecin de campagne du nom de Jean Dollent, qui pratique dans la région située entre Marsilly et Nieul – un caractère ins-piré du médecin de Simenon à La Richardière, le Dr Édouard de Becheval. Dollent est une autre variante de l' « enquêteur qui ne quitte pas son fauteuil ». Il est ironique et pétillant, et ses manières cavalières de prendre en main des affaires criminelles sont dans le droit fil d'Arsène Lupin et de Rouletabille.

La troisième série était intitulée *Nouvelles Aventures policières,* mais fut publiée, après son acquisition par Galli-mard, sous le titre de *Nouvelles exotiques,* avec *Signé Picpus,* en 1944. Ces textes combinent les genres policier et exotique, et jouent sur le registre comique, à l'exception de « L'Escale de Buenaventura » : une histoire de gangsters sous les tropiques, avec du sexe, de la violence, et beaucoup d'argent à la clef. Dans « Un crime au Gabon », un commissaire colonial, intel-ligent mais paresseux, a eu vent de la préparation d'un crime ; il fait mettre des balles à blanc, et tout finit bien. Dans

« L'Enquête de Mlle Doche », une affaire de vol de bijoux est élucidée à bord d'un paquebot sur le Pacifique Sud, ce qui permet à un couple de jeunes amoureux de couler des jours heureux. « Le Policier d'Istambul » résout une affaire de troc d'identités entre un homme riche et son valet. « La Ligne du désert » envoie l'inspecteur Nordley de Scotland Yard en Égypte et au Soudan, sur les traces d'un criminel chevronné ; tout finit bien, et l'inspecteur Nordley, au mépris de toutes les traditions du genre, se marie avec l'héroïne. La meilleure de ces histoires est une histoire de crime, qui n'est pas cependant un policier : « Le Châle de Marie Dudon », composé avec la précision d'un Maupassant, raconte l'histoire d'une pauvre femme qui a vu, dans la riche maison en face de chez elle, une femme empoisonner son mari. Elle envisage d'exercer un chantage mais hésite, et quand elle se décide, c'est trop tard : le corps a été incinéré, il ne reste plus de preuves.

La vraie renaissance de Maigret date de la fin 1939, quand Simenon écrit *Les Caves du Majestic*. Mais le public devra attendre 1942 pour le retrouver dans *Maigret revient...*, un recueil publié chez Gallimard qui comprend *Les Caves du Majestic, La Maison du juge* et *Cécile est morte*, et qui sera suivi de trois autres en 1944. Le public, qui s'impatientait, n'attendait que cela. Claude Farrère s'en était sans doute fait le porte-parole, lorsqu'il envoya un télégramme à la police judiciaire – une démarche qui faillit lui valoir des ennuis – : « Commissaire Maigret disparu. Très inquiet. » Ces recueils constituent un « second mouvement » de la saga Maigret qui a tendance à passer inaperçu de la critique : les commentateurs, qui font le plus souvent référence aux « premiers Maigret » ou aux « derniers Maigret », laissent de côté les « Maigret intermédiaires », et c'est une erreur. Si l'on accorde quelque valeur littéraire aux Maigret, deux romans de cette époque sont de toute première qualité.

Dans *Les Caves du Majestic*, le rythme du récit, le suspense et la construction de l'histoire sont admirablement coordonnés, avec une caractérisation très fine des personnages et une mise en scène des plus convaincantes. Simenon a repris, en l'élaborant considérablement, un cadre déjà utilisé dans le premier Maigret, *Pietr le Letton*. Il s'agit des différents services qui assurent le fonctionnement d'un grand hôtel parisien, le Majestic. Maigret entreprend de flairer l'atmosphère, et le lecteur s'immerge complètement, en même temps que le commissaire, dans l'infrastructure labyrinthique de l'hôtel où règne une activité fiévreuse et disciplinée. Maigret observe attentivement le principal suspect, le préposé au café – le doux raté Donge, qui arrive chaque matin à bicyclette, de son pavillon de banlieue. Une crevaison survenue le matin fatidique où le crime a été commis l'a mis en retard, un retard d'une importance capitale. Cherchant à reconstituer son itinéraire quotidien, Maigret, dans une scène charmante, prend un vélo et pédale derrière Donge, en vient à connaître son pathétique foyer et l'histoire de sa vie malheureuse. Ce commissaire qui pédale humblement symbolise bien toute la sympathie qu'éprouve le « raccommodeur de destinées » pour ce « petit homme » injustement accusé de crime.

Cécile est morte est aussi un splendide conte, une sorte de festival Maigret. Le meurtre d'une vieille femme avare et paralysée, dans une banlieue populaire de la région parisienne, donne lieu à une extraordinaire distribution de personnages et à des situations qui fournissent à Maigret l'occasion idéale de briller. Simenon le sent bien et il l'encombre bientôt d'un criminologue américain qui étudie sa « méthode » :

> « – J'aimerais tout d'abord... connaître vos idées sur la psychologie des criminels...
>
> Maigret, pendant ce temps, décachetait son courrier qu'il avait pris sur le bureau.
>
> – Quels criminels ? questionna-t-il tout en lisant.
>
> – Mais... les criminels en général...
>
> – *Avant* ou *après* ?
>
> – Que voulez-vous dire ?
>
> – Je vous demande s'il s'agit des criminels *avant* leur crime ou *après*... Parce que, évidemment, *avant*, ce ne sont pas encore des criminels... Pendant trente, quarante, cinquante ans, parfois davantage, ce sont des gens comme les autres, n'est-ce pas ? Pourquoi un homme commet-il un crime, monsieur Spenser ? Par jalousie, par cupidité, par haine, par envie, plus rarement par besoin... Bref, poussé par une quelconque des passions humaines... Or, ces passions, nous les avons tous en nous à un degré plus ou moins fort...
>
> – Je comprends votre pensée... Mais la mentalité des criminels *après* ?
>
> – Cela ne me regarde pas... c'est l'affaire des jurés et des directeurs de prison... Mon rôle est de découvrir les coupables... Pour cela, je n'ai à m'inquiéter que de leur mentalité *avant*... Savoir si tel homme a été capable de commettre tel crime, quand et comment il l'a commis. »

L'échange continue un peu plus tard devant un déjeuner savoureusement décrit – coq au vin, cèpes à la bordelaise et beaujolais – après une halte fâcheuse dans un bistro où Maigret a commandé un « calva » et Spencer un verre de lait :

> « – Dans un grand verre, patron!
> – Le lait?
> – Non! Le calva! »

Le mystère est bien développé, et l'élucidation, empreinte de suspense, s'inspire de la pure tradition du roman policier. Simenon, qui se moque de toutes les conventions des différents genres « policiers », réussit le tour de force dans *Cécile est morte* : il joue le jeu du « mystère », tout en se laissant aller à sa fantaisie et ses tendances contradictoires.

Les autres Maigret de cette période ne sont pas aussi bons malheureusement. *La Maison du juge* est une sombre histoire de juge à la retraite qui reste cloîtré chez lui, avec sa fille folle et nymphomane. Elle est courtisée par un naïf ramasseur de moules (Simenon vit dans une région de mytiliculture). *Signé Picpus* repose également sur une intrigue simpliste. Une veuve demande à un clochard, Mascouvin, de se substituer à son défunt mari pour pouvoir continuer à percevoir les revenus d'un héritage.

L'Inspecteur Cadavre est une bien meilleure histoire. Maigret y enquête à titre privé, sur les problèmes d'une de ces grandes familles provinciales aux lugubres secrets. Sa conscience de classe, comme celle de Simenon, s'en trouve ravivée. On y trouve des références aux troubles sociaux des années trente et à leur répression par les grands propriétaires. Maigret accorde toute sa sympathie aux « petites gens » et il est outré par la corruption de la classe possédante, mais dit à la fin : « Tout s'arrange. » Ces gens arrivent toujours à se tirer d'affaire.

Félicie est là est beaucoup plus gai. Maigret, qui a repris du service, enquête sur le meurtre d'un vieil homme dans un lotissement. Il a réussi à obtenir des informations sur l'affaire auprès de la femme de chambre, Félicie, qui croit à tort que le coupable est un neveu qu'elle aime en secret et qu'elle cherche à protéger. Maigret soupçonne la vérité, en partie grâce à son intuition mêlée de sympathie qui lui permet d'imaginer la vie de Félicie avec son employeur, et son enfance miséreuse à Fécamp. La partie la plus mémorable du livre est un passage merveilleusement comique dans lequel Maigret, qui passe toute la nuit à veiller sur la sécurité de Félicie, s'empare d'un homard vivant. Le crustacé lui cause toutes sortes de problèmes alors qu'il est en train de donner des coups de téléphone importants – il finit par demander à Félicie de cuire ce homard et de le servir avec une mayonnaise maison au grand dam de l'inspecteur Lucas qui avait des vues sur la bête. Ces péripéties font l'objet d'un chapitre intitulé bien entendu « La nuit du homard », dont voici quelques extraits :

> « – Aïe... grogne Maigret.
> – Quoi ?
> – Ce n'est rien... C'est le homard... J'écoute.
> Puisque le homard ne veut pas rester tranquille, Maigret le dépose délicatement par terre et grogne :
> – Bouge pas...
> – Hein ?
> – C'est au homard... »

> « – Dites-donc, vous ne feriez pas un saut jusqu'ici ?...
> Maigret hésite, son pied heurte le homard...
> – Pas maintenant... »

> « Il dit quelques mots à Lucas qui contemple le homard d'un œil morne.

> Et tenant le homard derrière son dos :
> – Dites-moi, Félicie, une question importante...
> Elle se met déjà sur la défensive.
> – Savez-vous faire une mayonnaise, au moins ?
> Sourire hautain.
> – Eh bien, vous allez en faire une tout de suite et mettre ce monsieur à cuire...
> Lucas regarde le homard avec un rien de rancune. »

Le chapitre se termine : Maigret referme la porte avec soin, reprend sa place dans la cuisine, près de la fenêtre, après avoir éteint la lumière et avoir entrevu une fois de plus sur la table la carapace rouge du homard.

La renaissance de Maigret coïncide avec le début de la guerre. Les Simenon sont retournés à Nieul avec Marc nouveau-né, en début d'été 1939 et, excepté un ou deux voyages à Paris, ils demeurent dans la région pendant un an. Le 3 septembre, Simenon se trouve dans un café en compagnie d'Annette de Bretagne, quand on annonce la déclaration de guerre. De retour à Nieul, son premier geste est d'arracher toutes les fleurs et de les remplacer par des légumes. Il écrit à Gide qu'il se partage entre le jardin et la machine à écrire : deux mesures de précaution. Pendant plusieurs mois, il s'attend à être appelé sous les drapeaux en Belgique. Mais c'est encore la « drôle de guerre », et pour l'instant rien ne se passe.

Quand la guerre commence vraiment en mai 1940, Simenon gagne en toute hâte Paris – il porte son calot qu'il a gardé du service militaire – et se présente à l'ambassade de Belgique qui est en plein chaos, recevant des ordres contradictoires de Bruxelles où la Blitzkrieg fait rage. Léopold III capitule rapidement et, dès lors, la question d'aller servir ne se pose plus. Au contraire, l'ambassade demande à Simenon de rentrer chez lui pour diriger, à La Rochelle, les services d'aide aux réfugiés belges. Il a autorité pour réquisitionner des logements afin d'accueillir tous les Belges qui fuient devant l'avancée des troupes allemandes et il enrage contre l'une de ses amies, une dame de la bonne société, qui le prie de ne lui envoyer que des « gens *bien* ». Une petite flottille de pêcheurs ostendais va bientôt arriver avec femmes, enfants et bagages, et il aura beaucoup de mal à les convaincre de sortir du port militaire pour aller dans un petit port des environs et d'accepter de s'installer dans les logements réquisitionnés par ses soins. Ces gens qu'il a observés, il leur rendra hommage six ans plus tard dans *Le Clan des Ostendais*.

Le 22 juin, tout est fini : la France a capitulé, Pétain dirige le gouvernement de Vichy et Simenon se retrouve en zone occupée. Avec sa famille, il se replie sur Nieul. Ils n'y resteront pas longtemps, car la R.A.F. s'est mise à bombarder le port voisin de La Pallice, considéré comme une zone stratégique. Ils vont s'abriter dans l'arrière-pays vendéen et s'installent temporairement dans une petite ferme en pleine forêt de Vouvant. C'est là que, s'étant blessé à la poitrine en taillant un bâton pour Marc, il a si mal qu'il va passer une radio à Fontenay-le-Comte. Le médecin diagnostique un problème cardiaque et lui annonce qu'il n'a plus que deux ans à vivre – un verdict que Simenon accepte avec une remarquable sérénité. Deux ans plus tard, alors qu'il fait une partie de bridge avec, notamment, un médecin, il mentionnera son état de santé et ce dernier lui conseillera d'aller d'urgence consulter un spécialiste à Paris. Il s'y rend clandestinement (les déplacements étant interdits aux étrangers) et apprend que le radiologue a mal interprété la radio et que son cœur est en pleine forme. Il fête la bonne nouvelle en compagnie de Marcel Pagnol et de Jean Cocteau qui étaient venus avec lui pour lui soutenir le moral. Les deux compères veillent sur sa sécurité et ouvrent l'œil pour repérer les patrouilles allemandes avec lesquelles il pourrait avoir maille à partir.

Les Simenon sont trop à l'étroit dans la petite ferme au milieu de la forêt, et ils déménagent un peu plus tard, à l'automne 1940, pour aller s'installer en ville à Fontenay-le-Comte, dans le petit château de Terre-Neuve, qui date de la Renaissance et que fréquentèrent les poètes de la Pléiade et peut-être même Rabelais. Mais le climat de Fontenay s'avère trop humide pour Marc; aussi, l'été 1942, ils retournent à la campagne et s'installent dans une ferme à l'orée du village de Saint-Mesmin-le-Vieux. Il y a un verger, des légumes en abondance, trois vaches, des volailles, des dindes, des oies, des canards et des chèvres, et aussi des ruches fort utiles en cas de pénurie de sucre. Simenon se sent assuré de pouvoir subvenir aux besoins de sa famille.

Il a rencontré quelques problèmes au début de l'occupation; il s'est heurté en particulier à un personnage extrêmement désagréable du Commissariat aux Affaires juives qui lui soutint froidement que « Simenon » venait de « Simon » et que « Simon » était un nom juif; d'ailleurs, dit-il, il était capable de flairer un juif à dix pas. Simenon avait un mois pour lui amener actes de naissance et certificats de baptême remontant à trois générations afin d'établir qu'il n'avait pas de sang juif. Consterné et effrayé, Simenon écrivit à sa mère pour obtenir ces papiers. Après avoir couru pendant des semaines dans les mairies et les paroisses, elle obtint miraculeusement tous les documents requis. Simenon les remit au préposé aux Affaires juives qui les empocha, en lui décochant un regard plein de soupçons.

Mais, cet incident mis à part, les années de guerre seront une période de calme pour Simenon, contrastant avec l'effervescence de sa vie dans les années trente. Avec le petit Marc souvent à ses côtés, il cultive ses légumes et s'occupe de ses animaux, pêche, va cueillir des champignons, ramasse des escargots, et sillonne la campagne sur son buggy. Il a de bons rapports avec les fermiers et ceux-ci finissent par lui demander son avis sur des problèmes d'agriculture. Il aura aussi une aventure avec une veuve attirante. Il ne donnera jamais, ni de près ni de loin, dans l'activisme politique, n'aura pas grand-chose à voir avec la résistance mais il lui arrivera de fournir des provisions et du vin, et plus tard de prêter sa voiture à des parachutistes britanniques.

Août 1944 : Paris est libéré et les Allemands commencent à se retirer de Vendée. Simenon va se cacher dans les bois avec sa famille, par crainte, dira-t-il, des représailles des colonnes allemandes qui passaient près de leur ferme. Cependant, d'après Boule et Tigy, ce n'est pas par les Allemands qu'il se sentit menacé, mais par les Forces Françaises libres pour des raisons incompréhensibles car, même s'il n'avait pas pris part à la Résistance, il n'avait rien d'un collaborateur. Toujours est-il qu'il passa plusieurs jours caché en pleine nature, ce qui lui valut une pleurésie qui nécessitera une longue convalescence aux Sables-d'Olonne. Revenant sur sa décision de ne plus lire de romans, il passa ces vacances forcées en lisant Proust, Balzac et Zola, et écrivit aussi la plupart des récits qui seront repris dans *Le Bateau d'Émile*.

L'été 1945, la guerre finie et la pleurésie guérie, Simenon retourne à Paris, pendant que Tigy, à Nieul, prépare leur déménagement – sans savoir encore où ils iront s'installer. Toujours aussi débrouillard, il trouve à se loger à l'hôtel Claridge sur les Champs-Élysées, et il passe deux mois en compagnie de sa nouvelle secrétaire. Il reprend contact avec ses vieux amis et s'en fait d'autres : Raimu, Gabin, Charles Spaak, Pierre Lazareff et Marcel Pagnol, qui s'est marié et a été élu à l'Académie française. Près du Claridge, il fréquente le *Vernet*, le night-club de Jean Rigaud, qui le présente à Justin O'Brien, biographe de Gide et professeur de français à l'université de Columbia. Simenon, Rigaud et O'Brien passent beaucoup de soirées à boire et à faire la fête au *Vernet*, jusqu'à la fermeture – « un trio de très joyeux lurons ». La tolérance que montre le colonel O'Brien envers des soldats ivres qui l'injurient fournit à Simenon ce qu'il prend pour un avant-goût de la « vraie » Amérique.

Gide était à Paris à la même époque, ils restent en contact, comme ils l'ont fait pendant toute la durée de la guerre, mais ils ne parviennent pas à se voir souvent. Au terme d'un échange de lettres, de coups de téléphone et de pneumatiques, ils partent en voiture pour Fécamp où ils passent deux jours. Rien n'est resté de leurs entretiens à part le plaisir qu'en retira Simenon : « J'ai gardé un merveilleux souvenir des deux jours que vous avez bien voulu partager avec moi [3]. » Gide essaya plus tard de lui faire rencontrer l'auteur distingué des *Thibault*, Roger Martin du Gard, mais évidemment sans succès : Simenon n'entendait se faire des relations dans le milieu littéraire qu'à ses propres conditions.

La guerre a forcé Simenon à diminuer sa production qui reste cependant importante. Il a fait renaître Maigret dans six romans et une poignée de nouvelles. Il a continué, quoiqu'en diminuant le tempo, à écrire des « romans tout court ». En privé, en public, il a continué aussi à laisser paraître ici et là ses interrogations quant à la valeur littéraire de son œuvre. Et il a franchi une nouvelle étape, pris un nouveau départ en abordant l'autobiographie. C'est début 1937 qu'il avait ressenti pour la première fois le besoin de faire le récit de sa vie : il vivait à l'époque dans le somptueux appartement du boulevard Richard-Wallace et le mal de vivre qu'il y avait ressenti l'avait poussé à faire revivre une autre période de sa vie qu'il avait tout aussi mal vécue – c'est ainsi qu'il avait écrit *Les Trois Crimes de mes amis*.

Il explique en avant-propos qu'il croyait au départ écrire un roman mais que cela était devenu une autobiographie. Les fantômes de sa vie étaient remontés les uns après les autres des profondeurs du passé pour peupler finalement tout l'espace de la fiction, ainsi tout d'un coup la fiction s'était-elle évanouie. Hyacinthe Danse, Deblauwe, et le pathétique petit Klein qui se pend dans l'église Saint-Pholien apparaissent sous leur propre nom, de même que la Caque et *Nanesse*, et tous ces personnages cyniques du milieu interlope de la Première Guerre mondiale. Parmi eux, un personnage appelé Simenon, mais qui apparaît rarement sous ce nom, un personnage peut-être de fiction, celui-là. Et derrière lui, un commentateur plus mûr, dont la fonction est de dénoncer la morale de l'époque.

La destinée artistique de Simenon sera toujours imprégnée d'éléments autobiographiques et cette influence souterraine se fera plus impérieuse quand il pensera qu'il n'a plus que deux ans à vivre. Jusqu'à la parution de *Mémoires intimes* en 1981, il ne mentionnera ces circonstances qu'une seule fois, au hasard d'une conversation, pour expliquer, sur un ton très enjoué d'ailleurs, les raisons qui l'ont amené à écrire ses souvenirs d'enfance qui seront publiés en 1945 sous le titre *Je me souviens*. Croyant avoir peu de temps à vivre, il avait voulu laisser à Marc un texte qui lui permette de comprendre qui était son père, quelles étaient ses origines. La rédaction de cet ouvrage revêtit pour Simenon une importance considérable. Interviewé à Fontenay en 1941, il déclare au journaliste qu'il en a fini avec la fiction :

> « – Pour le moment, je travaille à l'œuvre de ma vie.
> Il alla prendre dans un tiroir un grand carnet sur la couverture duquel était marqué : « Pedigree de Marc Simenon, accompagné de portraits de quelques oncles, tantes, cousins et amis de la famille, de même que d'anecdotes concernant son père (1940). »
> – En combien de volumes ?
> – Je n'en sais encore rien. Peut-être quinze ou vingt.
> – Quand cela sera-t-il publié ?
> – Probablement après ma mort. Je ne travaille plus que sur cela [4]. »

Il exagérait, mais il est clair que l'autobiographie le préoccupait au plus haut point. Il aurait déclaré en 1942 que *Pedigree* était « la réalisation suprême de mon art [5] ».

Bientôt le récit informel se transforme en une « œuvre en cours » relatant de façon romancée l'histoire de sa famille, sa propre enfance et son adolescence. Il garde le titre du récit originel, *Pedigree*, et, contrairement à ses habitudes, il y travaillera de façon épisodique pendant plus de deux ans, peut-être même davantage. Le résultat, publié en 1948 sous forme de roman, est une chronique de Liège et de son enfance, intéressante non pour l'histoire mais pour les portraits et les scènes qu'elle présente. L'élément le plus fictif de *Pedigree* est un jeune anarchiste, Félix Marette, lié à la famille Mamelin (les Simenon). Félix, profondément hostile à la famille et à la société, est le faire-valoir et le parallèle de Roger, l'*alter ego* de Simenon. Il représente encore une autre projection de ce que Simenon a senti ou craint qu'il aurait pu devenir. Comme Simenon l'a fait autrefois, Roger se sauve à Paris, mais ce n'est pas la soif de vivre autre chose qui l'y pousse, il est en fuite après avoir tenté de faire exploser une bombe. Son lien narratif avec la saga des Mamelin est l'oncle Léopold que la famille a rejeté, un anarchiste d'une autre tendance qui lui vient en aide. Le ton sombre et caustique de *Pedigree* est dû pour une large part à ce que Simenon a clairement identifié comme étant sa fonction d'exorcisme : ramener à la surface les fantômes du passé, avec leur cortège de ressentiments, d'angoisses et de conflits.

« Lorsque j'ai écrit *Pedigree* j'avais une autre raison de l'écrire et j'avais surtout une raison de pousser un soupir de soulagement lorsque je l'ai terminé. Je me suis dit : j'en ai fini avec tous ces gens-là ! A présent que je les ai mis en chair et en os dans un livre, ils ne m'encombreront plus et je vais pouvoir écrire sur de nouveaux personnages [6]. »

Il attribuera plus tard les mêmes motivations à son ami le peintre Bernard Buffet : « ... à coups de pinceau cruels, il s'efforce de se débarrasser de ses fantômes [7] ». Gide joua un grand rôle dans la progression – ou l'inhibition – de *Pedigree*. Il en reçut plusieurs versions, à commencer par le texte original, et c'est lui qui suggéra à Simenon de le romancer. A propos du rôle de Gide, Simenon se bornera à dire que Gallimard (il s'agit probablement de Claude, le fils) vint un jour le voir et repartit avec le texte manuscrit de son autobiographie. Il le donna à lire à Gide, et celui-ci eut ce commentaire :

« J'ai été immensément intéressé mais attention ! Cessez d'écrire à la première personne. N'écrivez pas à la main aussi. Faites comme vous en avez l'habitude. Prenez votre machine à écrire et écrivez-le sous forme de roman. »

« Je me suis dit, poursuit Simenon, pourquoi pas ? Tous ces "je" m'ennuient. Et c'est devenu *Pedigree* [7]. »

Pedigree est plus que tout autre ouvrage abondamment cité dans la correspondance de Simenon, car c'est le seul texte qu'il ait écrit sur une longue période et fait circuler dans son entourage pour en recueillir des commentaires. Gide, d'abord, trouva que le texte était dépourvu des qualités qui permettaient à Simenon de « nous donner de la vie d'autrui une vision saisissante, hallucinante.... créer des personnages vivants, haletants, pantelants, réels ». Quelques mois plus tard, il sera moins critique : « Si vous ne faiblissez pas, écrit-il, vous aurez réussi bientôt un grand livre. » L'été suivant, en 1942, il commente la version romancée : il y trouve d'autres améliorations, en particulier dans les portraits de Désiré et de Léopold. Il garde ensuite le silence pendant deux ans, mais à la fin de 1944 (commentant probablement d'autres passages de *Pedigree*), il renouvelle ses encouragements et ses critiques :

« Le grand reproche que l'on pourrait vous faire, c'est de peindre de préférence et presque exclusivement des abouliques.

Vous aurez partie gagnée quand vous aurez su peindre aussi les autres; dussiez-vous montrer que, même ceux-ci, les volontaires, les " héros ", sont, eux aussi, des êtres *menés*. N'empêche que vous-même, vous êtes bien le contraire d'un ab+oulique, et le prouvez; c'est bien pourquoi j'attends beaucoup de *Pedigree*. »

Dans cet intérêt pour la force et la faiblesse des volontés, c'est bien Gide qui s'exprime – le Gide des *Caves du Vatican* et des *Faux-Monnayeurs*, celui, en arrière-plan, de *L'Immoraliste*, et l'auteur semi-nietzschéen des *Nourritures terrestres*. Ses brefs commentaires sont intéressants : pour lui Simenon se limite sans raison en s'attachant à des personnages dont le trait dominant est un manque de volonté; cette limitation n'a pas lieu d'être dans la mesure où lui-même est très volontaire; il a donc les moyens de faire de *Pedigree* un grand livre. Gide en conclut que la publication de l'ouvrage devrait être différée. Simenon répond aux encouragements de Gide avec déférence et gratitude :

« Je suis tout à fait de votre avis pour *Pedigree*. Il y a même des moments où je me demande si cela n'a pas été une erreur – d'autres, il est vrai, où je chéris à nouveau cette œuvre longue et lente... Il n'entre pas dans mes intentions de la publier – ni rien de ce que je compte écrire – avant cette entrevue dont j'escompte, et j'en ai honte, non seulement une joie profonde, mais un grand profit et peut-être une grande paix [8]. »

Les derniers échanges de Simenon avec Gide à propos de *Pedigree* portent sur les articles de presse qui ont salué la sortie du livre en 1948, et qui lui font plaisir. Les derniers mots de Gide, qui vient de relire toute une fournée de ses romans anciens, sont que, en comparaison, *Pedigree* lui semble toujours aussi ennuyeux, « mais sans doute avez-vous bien fait de l'écrire » lui dit-il.

Les années de guerre sont donc, pour Simenon, une période de bilan personnel qui prend la forme d'une autobiographie, et de réceptivité – alternant avec l'angoisse – à l'intérêt soutenu que lui témoigne Gide. C'est aussi durant cette période que Simenon sent plus que jamais qu'il entame une autre phase de son développement littéraire. A ce sujet, les critiques lui ont déjà donné le tournis, qui criaient à la nouvelle orientation de Simenon à chaque nouvelle parution. Dans un texte publié en 1943, « L'Age du roman », et dans une interview en 1945, il explique qu'il a attendu le moment propice pour se consacrer, de façon plus réfléchie, à la littérature « sérieuse ». Ce moment était arrivé pendant l'occupation, à l'approche des quarante ans : « J'ai atteint cet âge où l'on écrit des romans... Maintenant j'imagine une progression insensible, une montée très douce [9]. » De façon un peu imprudente, il met l'histoire littéraire en parallèle avec son histoire personnelle, et proclame que l'âge du roman approche.

C'est le début d'incursions sporadiques dans l'histoire littéraire, un des épiphénomènes de cette période d'introspection. Cela lui vaudra d'être pris à partie par le critique André Billy qui accueille avec scepticisme ses déclarations, et qui attaque sa notion d'histoire littéraire : « Qu'est-ce qui l'autorise à proférer d'aussi grosses sottises ? » Mais cela ne l'empêchera pas cependant de faire l'éloge de certains de ses romans et de suivre attentivement sa carrière pendant les trois décennies à venir. Le premier « livre » sur Simenon – qui est plus exactement un pamphlet écrit par Raymond Queneau en 1942 et intitulé « Simenon : ses débuts, ses projets, son œuvre » – est entièrement axé sur l'ascension littéraire de Simenon et son aspiration à l'excellence. Il cite abondamment Simenon, qui compare l'écriture à la peinture et déclare vouloir œuvrer à l'image de Courbet et de Renoir qui ont cherché « à donner à chaque centimètre cube de chair sa vie propre. C'est là ce que je voudrais faire avec des mots ». Quoi qu'il ait fini par accomplir, Simenon plaçait haut, à l'époque, la barre de ses ambitions : le début des années quarante constitue un temps fort dans ses ambitions littéraires.

Après tout ce battage, il est surprenant qu'on ne mentionne jamais, ou rarement, dans les études consacrées à l'œuvre de Simenon, un nouveau départ avec les ouvrages de cette période. Il est vrai que cela n'apparaît pas de façon évidente, mais beaucoup de détails témoignent que l'écriture est plus soignée, que la symbolique est mieux structurée, que les points de vue sont mieux étayés. La plupart des thèmes sont familiers, mais des variations émergent, ainsi que de nouveaux personnages. Il y a davantage d'« hommes de pouvoir » et on pense bien sûr aux conseils de Gide, mais la plupart d'entre eux sont apparus dans des romans écrits antérieurement ; de plus, ces caractères forts s'en sortent plutôt mal à la fin et sont entourés des ratés habituels.

Le personnage central de *L'Aîné des Ferchaux* est un fonceur qui a fait fortune en Afrique, mais l'histoire, qui se situe à Panama, met en scène son déclin, son vieil âge, son sentiment de plus en plus fort d'impuissance. Le grand projet de Ferchaux est d'écrire sa désillusion dans ses mémoires, et il est tentant de faire le rapport avec le propre besoin autobiographique de Simenon. Cependant, le personnage principal n'est pas Ferchaux mais son secrétaire, Maudet. Celui-ci est l'un des jeunes gens désespérément ambitieux que Simenon voue habituellement à la chute. Une variation intéressante du motif père-fils est développée : le fils tue le père d'une façon presque rituelle, et devient à son tour « l'homme fort ». Mais le succès a un goût amer : Maudet a gagné le pouvoir mais a perdu toute illusion, il vit dans le luxe mais est cruellement conscient de la stérilité qui gouverne sa vie.

Dans *La Vérité sur Bébé Donge*, François Donge est aussi un caractère fort. Le thème du roman est la faiblesse qui se retourne contre la force. Ce thème est dramatiquement développé dès la première scène quand sa femme réussit presque à l'empoisonner en mettant de l'arsenic dans son café. La scène est narrée deux fois : d'abord de manière objective, puis à travers les yeux de Donge. Le passé de sa femme est aussi sombre et trouble que le sien est solide et normal : elle est un de ces personnages marginaux et faibles qui, chez Simenon, regardent avec envie les personnalités bien intégrées et en pleine possession de leurs moyens. François évolue : il éprouvera un besoin passionné de comprendre sa femme et c'est cette transformation de son caractère qui constitue le cœur de l'action.

Le Cercle des Mahé est un de ces romans qui plaisent par la structuration de l'action, le choix des caractères et la distribution des symboles (ce dernier facteur souffrant peut-être d'une excessive clarté). L'histoire se situe à Porquerolles, et l'île, avec ses atmosphères chaudes, languides, sensuelles, merveilleusement évoquées, est chargée d'une symbolique de mort et de vie qui rappelle beaucoup celle de Venise chez Thomas Mann. Le protagoniste, le Dr Mahé, passe beaucoup de temps à chercher à attraper un « péquois », poisson très apprécié et difficile à pêcher. Il se sent presque l'objet d'une conspiration diffuse, mythique, destinée à faire échouer sa quête, de la part des pêcheurs de l'île, dépositaires d'un secret, ou d'une vérité, ou d'une réalité. Il ressent également une vague attirance pour une adolescente; Simenon estompe avec délicatesse, ce qui est inhabituel chez lui, cet aspect sexuel.

L'autre face du symbole est la vie bien ordonnée de Mahé à Saint-Hilaire, comme celle de Gustav von Acchenbach à Munich : ce sont les « cercles » évoqués par le titre, les contraintes de la position sociale, du statut professionnel, de la sécurité, et de la « famille » représentée sous les traits d'une mère autoritaire, de la petite épouse timide qu'elle a choisie pour son fils, et qui hait Porquerolles et la mer. Mahé ressent le besoin de couper avec cet aspect de sa vie et de se fondre dans Porquerolles – un besoin de fuite fait de désir, d'anxiété et de sentiment de culpabilité. Il navigue seul sur son bateau et contemple par-dessus bord ce monde de la mer – univers « autre », sensuel, à la fois dangereux et attirant. L'effet du soleil, la fascination et comme une *Liebestod* suicidaire le font se jeter à l'eau et il se noie. Cette histoire s'épuise un peu à mi-course, mais cela mis à part, elle constitue une variation originale et réussie de la fuite simenonienne.

Une version plus classique du thème de la fuite, et l'une des mieux connues, est celle que l'on trouve dans *La Fuite de M. Monde*, d'un style plus affirmé, plus arrondi, moins « dénudé ». Au tout début, Mme Monde, faisant part de la disparition de son mari, est décrite dans une surprenante cascade de métaphores : « Elle fouillait dans son sac à main de ses doigts gantés de noir, secs comme de l'ébène, précis comme un bec d'oiseau de proie. » Beaucoup plus tard, quand Monde rencontre accidentellement sa première femme à Nice, celle-ci est décrite de façon inhabituellement enveloppée, dans une phrase très imagée :

> « C'était une expression qui était tellement à elle, et rien qu'à elle, que les années s'effaçaient, qu'il la retrouvait tout entière, telle qu'il l'avait connue : une petite bête fragile, sans défense, que la peur fige au moindre bruit, qui se sait incapable de fuir et qui, immobile, rentre un peu le cou, regarde avec une douceur étonnée fondre sur elle la méchanceté du monde. »

S'enchaînent des images aquatiques de plongeons, d'immersions, associées comme dans *Le Cercle des Mahé* à la fuite d'un environnement étouffant. L'histoire elle-même est résumée dans le titre : un riche grossiste abandonne soudainement sa maison et son travail à Paris pour chercher « autre chose » – la liberté – à Marseille et à Nice. Il a quelques aventures sexuelles, traîne dans les endroits mal famés et poursuit sa quête. A terme, il retrouvera son identité, peut-être justement pour l'avoir perdue, au prix d'une résignation désespérée. Des années après, Simenon, traversant une période de dépression, se mettra à observer ses amis et il lira dans leur regard le même désespoir qu'il avait mis dans celui de M. Monde. Il craignit d'avoir lui-même ce regard-là.

Il y a encore divers « romans de fuite ». Dans *Le Bilan Malétras*, le personnage qui donne son nom au titre du roman est lui aussi un homme d'ordre extrêmement méticuleux qui a étranglé sa maîtresse au cours d'une crise de jalousie. Dans *Les Noces de Poitiers*, un couple malheureux fuit la province et une mère dominatrice mais ne sera pas plus heureux à Paris. Simenon puise dans ses souvenirs de la Ligue de Binet-Valmer pour donner plus d'intérêt aux circonstances dans lesquelles son protagoniste échouera misérablement. *Le Fils Cardinaud* est un roman « anti-fuite », comme le sera, beaucoup plus tard, *L'Horloger d'Everton*. Cardinaud ne bouge pas, c'est sa femme qui fuit. Tout en lui rappelle Désiré – ponctuel, méthodique, déférent envers son patron à la petite société d'assurances. Ce qui est touchant chez lui, et ce qui donne d'ailleurs toute sa valeur à cette histoire, est l'application méthodique de son point fort, la diligence, pour ramener au foyer sa femme. Simenon dessine le portrait d'un innocent sympathique, dont l'innocence est habilement exprimée par une série d'images religieuses (ceci alimentera les thèses de ceux qui ont toujours pensé que Simenon, en dépit des apparences, était croyant).

Deux romans se situent dans la catégorie récurrente des romans de la « dégénérescence rurale ». Le plus connu est *La Veuve Couderc*, que Gide a porté aux nues – ses louanges sont en fait un peu extravagantes – en le comparant favorablement à *L'Étranger* de Camus. Ce roman semble toutefois plus proche de Mauriac que de Camus dans sa description de la vie sordide de la veuve Couderc (« Tati »), femme à poigne, et de sa relation tragique avec un jeune homme sans volonté. La situation psychologique est brillante, mais le roman ne lui rend pas vraiment justice. Bien moins intéressant est *Le Rapport du gendarme* qui exploite le thème de la misère rurale. C'est l'histoire d'une vie qui s'écroule comme un château de cartes : après un séjour sous les tropiques, le soudain retour d'un passé agité va ruiner l'équilibre de l'héroïne, Joséphine Roy.

Le Voyageur de la Toussaint met en scène un naïf, Gilles Mauvoisin qui, héritant une somme d'argent d'un oncle excentrique de La Rochelle, hérite du même coup une famille marquée par la haine, un empoisonnement, le préjugé de classe, l'ostracisme, la cruauté, la violence, le scandale, le chantage et autres. Peu à peu Mauvoisin en conclut qu'il n'appartient pas à cette famille, qu'il est un étranger qui y a été soudain plongé, et que, pour être lui-même, il doit rester un étranger.

La Fenêtre des Rouet est un bon roman qui a reçu moins d'attention qu'il ne le mérite, en comparaison avec d'autres ouvrages fréquemment encensés. Il est centré sur le thème de l'exclusion. Une belle scène d'introduction décrit ce que ressent Dominique, une femme d'un certain âge, troublée d'avoir entendu un jeune couple auquel elle loue une chambre faire l'amour. Cette scène est une des pierres de touche de ce sentiment d'exclusion et de désir inassouvi qu'elle a éprouvé toute sa vie et qu'elle ressent également dans une rue animée, devant des gens attablés dans des cafés ou de jolies filles qui attirent les regards ardents des hommes. Elle les envie mais elle s'en sent exclue, comme elle se sent exclue de la famille fortunée qui habite en face de chez elle, et dont elle épie toutes les allées et venues de sa fenêtre. C'est ainsi qu'elle se rend compte qu'un conflit terrible oppose Antoinette Rouet, femme pleine de vie et attirante, d'origine modeste, à sa belle-famille morbide, stérile, opprimante. Dominique s'identifie à la lutte que mène Antoinette pour se libérer, même si cela passe par le meurtre implicite de son mari malade qu'elle prive du médicament dont il a besoin pour survivre. Le récit faiblit vers la fin : l'identification de Dominique avec Antoinette devenant trop insistante, explicite et répétitive. Cet ouvrage constitue néanmoins une remarquable étude d'une certaine forme de voyeurisme.

Plusieurs nouvelles qui paraîtront en recueil dans *Le Bateau d'Émile* en 1954 et *La Rue aux trois poussins* en 1963, s'ajoutent aux romans de cette période. Simenon, qui les avait pour la plupart oubliées, sera très surpris lorsque sa secrétaire les découvrira dans ses archives. Étant donné sa méthode de travail, il est surprenant qu'il n'ait pas davantage cultivé ce genre. Bien qu'il en ait signé beaucoup, il ne s'est jamais considéré comme un nouvelliste et n'a jamais cherché à en tirer gloire. Malcolm Cowley a sans doute eu raison de faire la distinction entre les talents du romancier et ceux du nouvelliste, quelle que soit la longueur des textes, et de considérer que Simenon est d'instinct « un vrai romancier ». Cependant, certaines de ces nouvelles sont très bonnes, exemptes des problèmes de structure qui font souvent tort à ses romans – en particulier ces actions qui tournent court, ces développements marginaux, cette tendance à introduire des personnages superflus.

« Les Demoiselles de Queue-de-Vache » sont une version miniaturisée, simplifiée et beaucoup plus sombre du *Coup de vague*. « Le Petit Restaurant des Ternes » exploite, comme *La Fenêtre des Rouet*, ce même thème de l'exclusion. Simenon y fait revivre ses souvenirs d'une veille de Noël solitaire à Paris. « La Révolte du canari » et « L'Épingle en fer à cheval » s'inspirent de ses souvenirs d'enfance et d'adolescence, de même que « Le Matin des trois absoutes » qui met en scène un enfant de chœur terrifié par un criminel, une description qui a autant de force que la fameuse scène au début des *Grandes Espérances*. « Le Docteur de Kirkenes » s'inspire des souvenirs de son voyage en Laponie. Beaucoup mettent en scène des ratés. « Le Mari de Mélie », « La Rue aux trois poussins » et « Le Destin de M. Saft », entre autres. Un bon nombre d'entre elles traitent du milieu des gens de mer que Simenon connaît bien : « Le Capitaine du *Vasco* », « La Femme du pilote », « Le Bateau d'Émile », « Le Comique du *Saint-Antoine* ».

Avant de partir pour l'Amérique en 1945, Simenon se prépare à changer d'éditeur. Son entrée aux Presses de la Cité, auxquelles il restera fidèle jusqu'à sa mort, va marquer une évolution importante. En effet, ce changement symbolise un aspect de la personnalité de Simenon : l'écrivain qui a réussi, le personnage mondain, sûr de lui, fait un pied de nez aux coteries littéraires et aux encouragements que lui prodigue l'élite. En 1945, les Presses de la Cité sont des nouveaux venus dans le monde de l'édition en France. Cette petite maison a été créée quelques années auparavant par Sven Nielsen, un jeune immigré danois. Sa femme et lui ont assuré, pratiquement seuls, le fonctionnement de cette toute petite entreprise. La légende veut que Nielsen se soit occupé de l'emballage des colis de livres et de leur acheminement à la poste dans une brouette. Entrepreneur audacieux, Nielsen a décidé, à la Libération, malgré tous les avis contraires, de travailler « à l'américaine ». Il s'agit de changer le format et la reliure traditionnels : on va remplacer la reliure cousue, méthode qui revient cher, par une reliure collée et cartonnée, procédé plus simple et plus économique, puis généraliser le livre au format de poche, si populaire aujourd'hui, et qui permettra de lancer des tirages de masse. Les Presses de la Cité de Nielsen obtiennent un succès phénoménal, elles récolteront les dividendes d'une politique de capitalisation hardie et deviendront un véritable empire. « Mon rêve, déclare Nielsen, est de faire comme la General Motors qui fabrique plusieurs modèles se concurrençant entre eux. »

Le premier contact de Nielsen avec Simenon a lieu en 1944, à l'occasion de la publication d'un roman policier écrit par un écrivain norvégien, Arthur Omré. En lui remettant le manuscrit, le traducteur a eu cette remarque : c'est un vrai Simenon. Nielsen va s'empresser de l'envoyer à Simenon, avec le vague espoir qu'il rédige le « prière d'insérer ». Simenon, alors en convalescence aux Sables-d'Olonne, aime le livre, intitulé *Traqué*, et il lui consacre, non pas quelques lignes, mais une longue préface. A l'insu de Simenon, de Nielsen, et plus encore d'Omré, il y eut une extraordinaire coïncidence entre le côté commercial de Simenon et son côté littéraire. Dans cette préface, quel que soit son rapport avec l'ouvrage d'Omré, Simenon tente de répondre – ce n'est certes pas nouveau – à ses propres interrogations sur son travail : il s'efforce d'en préciser la direction, de lui assigner une place dans l'histoire du roman. En fait, il retrouve, dans le livre d'Omré, l'esprit qui anime son œuvre et il voit là l'émergence inconsciente d'une nouvelle fraternité entre des écrivains éparpillés aux quatre coins du globe, reflétant une nouvelle conception de l'homme, « l'homme lui-même, l'homme et son rapport avec le monde ». Comme d'habitude, il reste d'un vague insupportable sur ce genre de choses, mais ce qui est significatif c'est qu'il éprouve le besoin de définir un mouvement littéraire, aussi vague qu'il soit, dont il se considère comme faisant partie.

Nielsen fut plus que reconnaissant pour la préface et, quand Simenon rentrera à Paris au lendemain de la Libération, ils se rencontreront et deviendront amis. Nielsen voudrait qu'il écrive un roman pour les Presses de la Cité mais Simenon ne le peut pas à cause de son contrat avec Gallimard. Il remet cependant à l'éditeur la première version manuscrite de *Pedigree*, que Nielsen publiera en 1945 sous le titre *Je me souviens*. L'année suivante, Simenon signera en Amérique un contrat en bonne et due forme avec les Presses de la Cité. Son amitié pour Nielsen et son désir d'avoir un éditeur personnel, « sur mesure », ont été sans doute essentiels. Chez Gallimard, la fréquentation des gens de lettres le

mettait mal à l'aise – sa présence dans une de ces soirées « littéraires », à cette époque, lui apparut soudain totalement
incongrue. L'argent a probablement joué aussi un rôle décisif
dans sa décision : Nielsen est un fonceur qui a décidé d'investir
dans Simenon et qui lui a offert un contrat hautement avantageux – l'une des clauses, apparemment, prévoyant de promouvoir aussi bien les romans-romans que les Maigret. Abandonner le prestige de la N.R.F. pour entrer, par le biais d'une
préface très littéraire, dans une maison qui se voulait grand
public, marquait une évolution complexe dans sa carrière.

Ainsi, en même temps qu'il projetait son départ pour l'Amérique, il se préparait à rejoindre une entreprise qui se proposait
de dynamiser l'édition française en mettant en pratique la
conception américaine des affaires. Il y avait d'ailleurs une
constante américaine dans son destin – l'américanisme affecté
du Bal anthropométrique, les rapports subtils de Maigret avec
les policiers *hard-boiled*, tout cela culminerait bientôt dans
l'enthousiasme de Simenon pour l'Amérique.

12

L'Amérique
1945-1950

Pendant l'été 1945, Simenon prépare son voyage et il se démène pour partir le plus tôt possible. La guerre vient juste de se terminer et les voyages transatlantiques sont encore réservés aux missions officielles. Cependant une apparence d'officialité peut être acquise facilement : il ira « établir des contacts officiels avec des éditeurs américains et avec la presse américaine ». Il obtient des visas canadiens pour Tigy et Marc, mais Boule devra rester. A la fin de l'été, ils sont à Londres et font partie de quelque chose appelé le « pool » : ils attendent au Savoy Hotel pendant plus d'un mois, jusqu'à ce qu'on les avertisse de se rendre sur-le-champ à Southampton pour prendre leur bateau. Comme de bien entendu, Simenon n'est pas resté oisif pendant son séjour au Savoy et il a écrit quelques articles baclés sur la vie londonienne au lendemain de la guerre pour *France-Soir* : les hôtels, rapporte-t-il, sont remplis de gens en « missions officielles » – comme lui!

En octobre, ils embarquent sur un petit cargo suédois, emmenant avec eux une trentaine de malles et de caisses (il a prévu un long séjour), et ils entament une traversée mouvementée de douze jours, affrontant parfois des vagues de dix mètres de haut. Ils arrivent à New York en pleine grève des dockers, mais Justin O'Brien, qui est venu les attendre au quai, réussit à faire débarquer les trente malles et ils s'installent dans un hôtel de luxe. Les O'Brien comptent parmi leurs premiers amis américains et Simenon est charmé par leur appartement de Greenwich Village et leur maison de campagne dans le Massachusetts. En vérité, son premier contact avec New York et l'Amérique suscite en lui le même enthousiasme qu'il a ressenti vingt-trois ans auparavant en arrivant à la gare du Nord pour commencer une nouvelle vie à Paris. L'Amérique lui procurera un plaisir aussi intense que Paris et Porquerolles.

> « Dès mon débarquement à New York, je me suis senti chez moi. Aucun dépaysement. Je dirais même aucune curiosité. Tout me paraissait logique, naturel, et les gratte-ciel eux-mêmes étaient tout simplement à leur place [1]. »

Il est de toute évidence dans un état d'esprit très réceptif. Il aime les motels, les restaurants *drive-in*, les pizzas et les supermarchés. Il fréquente avec plaisir les bars un peu louches de Brooklyn bourrés d'Irlandais ivres qui l'invitent à « boire un coup ». Il prend goût à la Pabst Blue Ribbon (et apprécie même la chanson qui en accompagne la publicité à la radio), et de temps en temps il prend des Martini dry. Il aime Coney Island et le pont de Brooklyn. La saga de l'immigration américaine, que reflètent des quartiers aussi différenciés que Little Italy, le Lower East Side (quartier juif) ou Chinatown, l'impressionne beaucoup. Le concept américain de « job » lui plaît et il le compare avantageusement à la notion européenne de « carrière ». Il est content de voir qu'à Martha's Vineyard ce sont des étudiants – parfois de familles aisées – qui, pendant leurs vacances, travaillent à l'hôtel, nageant ou jouant au golf avec les clients durant leurs heures de loisir. Lui qui hait la bourgeoisie européenne est surpris de se sentir parfaitement à l'aise avec son homologue américaine qui, remarque-t-il, « n'a pas, ici, la morgue, ni les idées mesquines des grands bourgeois que j'ai connus en Belgique et en France [2] ». En bref, il aime la démocratie et l'individualisme américains.

Tout en étant bien entendu conscient des paradoxes et des contradictions de la culture américaine, il découvre au cœur de l'expérience américaine une version dynamique de son mythe des « petites gens ». Il écrit des articles enthousiastes pour *France-Soir* – un revirement complet par rapport à ce qu'il écrivait dix ans plus tôt. Il traduit l'émerveillement de l'Européen qui débarque d'un continent ravagé par la guerre et contemple l'abondance des magasins, les lumières de Broadway, les myriades de restaurants. Il réfute les idées toutes faites sur la vie à l'américaine, notamment la notion d'un mode de vie hyperactif : les gens sont plus calmes, les automobilistes conduisent plus lentement à New York qu'à Paris, et on y rencontre autant de flâneurs. Il prédit aussi avec beaucoup d'acuité, l'« américanisation » imminente de l'Europe.

Mais il est d'autres aspects de l'Amérique qui suscitent son ironie. Il remarque cette bizarre ségrégation qui s'établit dans les soirées entre les hommes et les femmes, et il est stupéfait devant cette institution américaine – telle lui semble-t-elle – qui consiste à être *on the wagon* *. Bien entendu, il observe sur toutes les coutures la gent féminine. New York est plein de belles élégantes. A chaque fois qu'il invite une Américaine, il constate qu'elle choisit invariablement un steak, et que, lorsqu'il la raccompagne, elle prend congé de lui d'un baiser et lui demande de l'appeler dans la semaine. Après un nombre approprié de rendez-vous, elle l'invitera chez elle pour prendre un verre.

> « On vous installe dans un fauteuil, on vous sert un whisky et votre partenaire vous dit :
> – Je reviens dans un instant.
> Cet instant dure près d'une demi-heure, pendant laquelle vous entendez des bruits d'eau. Et quand la jeune femme paraît, elle est en peignoir et sa peau sent bon le savon. Ce soir-là, tout vous est permis, ainsi que les autres soirs si vous en avez l'un et l'autre envie [3]. »

Il rencontrera peu de prostituées, sauf dans les bas-quartiers. Mais il sera enchanté par la découverte de la call-girl, invariablement belle, impeccablement vêtue, et très chère.

Les Simenon ne resteront pas longtemps à New York. L'anglais de Georges est rudimentaire, Tigy et Marc n'en parlent pas un mot, aussi décide-t-il d'aller au Canada français pour faire une transition entre le Vieux Continent et le Nouveau Monde. Ils partent fin octobre pour Montréal et s'installent bientôt dans leur première maison américaine, à une quarantaine de kilomètres de la ville, au bord du lac Masson, près du village de Sainte-Marguerite. Leur maison, L'Estérel, construite en pierres, a un grand salon avec une immense cheminée et un mobilier rustique. Cette pièce très élégante donne sur le lac recouvert de glace. Un journaliste canadien, qui lui rendra visite quelques mois plus tard, rapporte que Simenon est déjà bien connu au village et dans la campagne environnante. Au cours de ses promenades, il ne manque jamais de

* S'abstenir de toute boisson alcoolisée suite à un problème d'alcoolisme ou de santé.

209

s'arrêter pour faire un brin de conversation avec les fermiers du coin, pour parler de la pêche à la truite, du temps et de l'état des cultures, comme il le faisait à La Richardière et à Saint-Mesmin. Bien qu'il aille souvent à New York, il est content d'être à Sainte-Marguerite, où « la neige est beaucoup plus gaie que le soleil du court été [4] ». Il est content de ce que lui offre la vie. Il a une femme, un fils de six ans (un tuteur assure son éducation). A New York, il a déniché une ravissante rousse qui l'appelle « D'jord'ge » et avec laquelle il compte bien avoir « des relations tendres et peut-être durables ». Il a aussi une secrétaire, mais cela est une autre histoire. L'un de ses articles pour *France-Soir* commence ainsi :

> « Lorsque j'ai terminé mon dernier article, ma secrétaire, qui est canadienne (et canadienne française 100 %, sinon 1 000 %), a pincé les lèvres et m'a regardé avec des prunelles noires en boutons de bottines. Comme je lui demandais quel crime j'avais commis, elle laissa tomber :
> – Il est inexact qu'Ottawa soit une ville anglaise, puisqu'un tiers de la population y est français [5]. »

La secrétaire aux yeux noirs s'appelle Denyse Ouimet et c'est Rudel Tessier, l'associé de son éditeur canadien, qui la lui a recommandée. Ils ont travaillé ensemble au Service d'Information du Canada, il a pu ainsi apprécier ses compétences et, voulant rendre service à Simenon qui a besoin d'une secrétaire parlant français, il s'emploie à la persuader de travailler pour lui. Elle est employée au Service d'Information britannique à Philadelphie et n'est pas particulièrement intéressée par sa proposition, mais, pour faire plaisir à son ancien collègue, elle accepte de téléphoner à Simenon à New York. Lorsqu'elle prend contact avec lui, elle le trouve tout d'abord très brusque (« et alors ? » lui aurait-il répondu lorsqu'elle s'est présentée à lui) et elle manquera lui raccrocher au nez, mais juste à ce moment-là, il se répandra en excuses, mobilisant tout son charme. Il l'invite à dîner au *Brussels*, un luxueux restaurant de New York où il va souvent. Encore froissée et peu disposée à travailler pour lui, elle se sent néanmoins attirée par le charme de sa voix et accepte son invitation.

Denyse Ouimet est d'Ottawa et écrit son prénom avec un « y » pour plaire à sa grand-mère qui admire Dyonisos et pense que ça fait plus dyonisiaque (Simenon, moins sensible à Dyonisos et enclin à changer le prénom de ses femmes, optera pour un simple Denise).

210

> « Mon père occupait un poste de haut fonctionnaire au parlement. Canadien de vieille souche, il nous avait inculqué, dès l'enfance, l'amour et le respect des langues française et anglaise. Ma mère... elle aussi était issue d'une grande famille de mon pays. »

Ou, si l'on préfère :

> « Son père était fonctionnaire, ses trois frères sont fonctionnaires, sa sœur, célibataire, est fonctionnaire et elle-même était, lorsque je l'ai connue, employée dans un consulat britannique [6]. »

Au grand désespoir de ses parents, elle a quitté la maison familiale pour aller travailler au Service d'Information, et à la fin de la guerre, se considère comme une femme émancipée, avec de belles perspectives de carrière dans les affaires. Avant de prendre le train pour rencontrer Simenon, elle a trouvé un exemplaire de *Liberty Bar* et l'a lu pendant le trajet. Elle s'est dit : « Pas mal, ce Simenon. »

Si les récits que feront respectivement Simenon et Denyse de leur première rencontre s'accordent quant aux faits, ils divergent en revanche totalement dans leur interprétation. Simenon, retardé par les embouteillages, est arrivé en retard au *Brussels*. Denyse qui, en attendant, a déjà pris deux cocktails, est sur le point de s'en aller, mais au moment de payer elle s'aperçoit qu'elle a laissé son argent à l'hôtel. (Dans *Un oiseau pour le chat*, elle fait curieusement grand cas de ce qu'elle n'avait sur elle qu'un chèque de 3 000 dollars – son salaire d'un mois –, somme qui semble extraordinairement élevée pour 1945.) Elle est donc forcée de l'attendre mais son attente sera récompensée par l'arrivée d'un Simenon qui vient à elle « en se frottant les mains comme s'il les passait sous le robinet » et qui s'excuse abondamment. Comme les Américaines qu'il a invitées au restaurant, elle aussi prendra un steak. Elle sera choquée que Simenon commande les desserts alors qu'elle n'a pas fini son plat. Cela mis à part, le déjeuner s'est bien passé. Simenon n'a pas cessé de parler. Il s'est montré très charmant, trop peut-être, car elle a trouvé irritante sa suprême confiance en lui.

Elle avait en début d'après-midi un rendez-vous, et il tint à l'accompagner. Ils traversèrent Central Park. Ils longèrent un des étangs où évoluaient une cane et ses quatre canetons, et ils s'en souviendraient longtemps après. Elle sentit « un charme extraordinaire, une indéniable chaleur derrière ses manières brusques » et fut surprise de se sentir aussi intensément attirée par lui – en fait, elle était en train de tomber amoureuse. Quant à lui, des années plus tard, il se souviendra que c'était aussi près de cet étang que « j'ai été ému par une certaine faiblesse que je sentais en elle, par un désarroi qui se traduisait par les déclarations les plus orgueilleuses sur sa famille, son passé, etc. ». Simenon la pressa de venir le retrouver à son hôtel, le Drake, après son rendez-vous, car il n'avait rien de prévu ce soir-là et avait horreur d'être seul. Elle lui répondit « peut-être ». Elle hésita en sortant de son entretien sur la conduite à tenir, puis se décida à aller au Drake, avec l'intention de n'y rester que le temps d'une conversation et d'aller ensuite retrouver des amis pour dîner. Simenon mobilisa alors toutes les ressources de son pouvoir de séduction « avec son regard aigu et profond, avec cette espèce de pesanteur de tout le corps que je n'ai connue chez aucun autre : une sorte de magnétisme sourd ». Ils finirent par passer la soirée ensemble, marchèrent dans New York, et échangèrent spontanément des cadeaux.

> « Il s'est arrêté à la devanture d'une boutique... [il] examinait une cravate dans les tons rouille assortie au complet qu'il portait. Je suis entrée et je l'ai achetée... Je me souviens qu'elle coûtait 8 dollars et 50 cents. »

Ou bien :

> « Brusquement, s'arrêtant devant un marchand de cravates à la sauvette, à trois cravates pour un dollar, elle m'a annoncé triomphalement qu'elle me les offrait. Or, je ne portais à cette époque que des cravates de Sulka, ou de Charvert, qui étaient les plus exclusives du monde [7]. »

Dans une autre boutique, plus tard, il lui acheta une cane et quatre canetons en céramique, en souvenir de Central Park. Ils se promenèrent ensuite jusqu'à Greenwich Village et allèrent écouter le chanteur noir Josh Whyte dans un petit club qu'elle connaissait bien. Simenon lui demanda si elle y venait souvent et, sur un ton plus revêche, si elle y venait en compagnie d'hommmes. Ils y passèrent pas mal de temps, dansèrent sur « The Man I Love », ou « It's Been a Long, Long Time », et flirtèrent sans retenue. Elle se sentit conquise, mais lui dit néanmoins qu'elle devait prendre le dernier train pour Philadelphie.

Il s'arrangea pour le lui faire manquer, et ils passèrent la nuit ensemble au Drake. Ils firent l'amour avec passion et, transportés de bonheur, se déclarèrent leur amour (plus tard, Simenon dira qu'elle avait ce soir-là feint l'orgasme).

Il l'appela souvent à Philadelphie, lui demandant de chanter « The Man I Love » (ou « It's Been a Long, Long Time ») et, au bout de quelques jours, finit par la persuader de revenir à New York. Leurs retrouvailles furent encore plus passionnées mais un peu gâchées par une consommation excessive d'alcool – premier épisode d'une longue série –, et par la jalousie de Simenon envers le passé de la jeune femme. Il piqua une colère violente en apprenant que son premier amant s'appelait Georges et il exigea qu'elle ne l'appelât plus jamais par son prénom – ils finirent par choisir « Jo ». Le résultat de cette crise fut qu'il l'obligea, en sa présence, à brûler toutes ses lettres d'amour, à jeter tous les vêtements qu'elle avait portés, et même les sacs et les valises qu'elle avait utilisés lors d'autres liaisons. Elle dira plus tard qu'il lui avait fait brûler jusqu'aux lettres de son père, ce qu'il niera. Il vit en elle une jeune femme quelque peu perturbée, mais pleine de verve et de passion, et il tomba amoureux d'elle. Elle se voyait en femme compétente et équilibrée, promise à un grand avenir, et elle tomba amoureuse de lui.

Soit qu'elle s'efforçât de préserver son indépendance pour poursuivre ses projets de carrière, soit que, ayant besoin d'un « job », elle acceptât l'aide de Simenon, elle vint à Sainte-Marguerite en prétendant être sa secrétaire. Simenon avait tout prévu : elle aurait sa chambre dans la cabane en rondins adjacente à la maison qui lui servait aussi d'étude, et leur liaison s'engagerait pour de bon. Il avait déjà annoncé à Tigy qu'il était tombé amoureux mais n'avait pas donné de nom. Elle se demanda quelque temps qui cela pouvait bien être et elle pensa à une cover-girl. Par ailleurs la tranquillité du foyer n'en fut pas troublée pour autant et sa liaison avec Denyse se développa dans un climat de passion grandissante. Ils se réunissaient souvent avec leurs uniques voisins, des gens de Montréal, les Mandeville, et ce fut Nina Mandeville qui, la première, devina que le nouvel amour de Simenon était Denyse.

Tigy l'accepta plus ou moins et s'absenta souvent, allant de temps en temps en Europe (mais pas aussi souvent que le dira Denyse dans son livre). Leur liaison devient de plus en plus notoire et reconnue : l'ambassade de France, à Ottawa, leur envoie des invitations séparées... à la même réception. « Denise » se glisse dans le rôle de maîtresse de maison et Simenon célèbre sa nouvelle union avec un dîner-surprise au champagne, en tête à tête. Denise portera ce soir-là une robe de Tigy qu'elle a retouchée à la hâte. Après dîner, ils sortent dans la nuit glaciale pour admirer l'aurore boréale. Ils partagent un bonheur total. Quels que soient les ressentiments qu'ils exprimeront par la suite, ni l'un ni l'autre ne contestera la réalité de leur amour à cette époque. « Qu'est-ce qui m'est arrivé ? Je suis tombé amoureux, d'un amour passionné, violent, et à la fois très tendre [8]. » Elle est pour lui la seule femme qui lui a apporté et l'amour et le plaisir sexuel.

Peu de temps après que Denise eut pris les choses en main à Sainte-Marguerite, Simenon annonça qu'il allait écrire un roman. Il n'avait pas écrit de fiction depuis son arrivée. Juste avant son départ de Paris, il avait écrit deux Maigret. « La Pipe de Maigret », où un jeune fugueur lui vole sa pipe favorite, est une nouvelle pleine de charme et d'humour qui donne à Simenon l'occasion de développer l'image paternelle de Maigret. Ce petit incident comique mettra fortuitement Maigret sur une affaire criminelle et un vol de diamants. Avec « Maigret se fâche », qu'il a écrit rapidement à la demande de Pierre Lazareff qui voulait lancer alors *Libération*, Maigret reprend du service alors qu'il est déjà à la retraite. Il va découvrir des « cadavres dans le placard » soigneusement dissimulés au sein d'une famille aussi riche que sordide. Simenon glisse dans le texte une touche de roman gothique avec notamment la scène dans laquelle le « vilain », que Maigret observe en cachette, rôde autour d'une niche abandonnée où il a emprisonné son fils. Ces deux titres ne paraîtront en édition qu'en 1947 et seront les premiers Maigret publiés par les Presses de la Cité.

Le premier roman « non-Maigret » qu'il donnera à Nielsen est celui que Denise lui a vu écrire durant l'hiver 1945-1946 : *Trois Chambres à Manhattan*. Il ressent toujours ce besoin autobiographique auquel il a donné libre cours pendant la guerre, mais il revient sur des événements récents : il y transpose les circonstances de sa relation avec Denise. En fait, il réunit deux plans autobiographiques : d'une part, son histoire d'amour avec elle, qui est une phase positive et enrichissante de sa vie, et, d'autre part, ce côté sombre que l'on connaît bien, ce pathétique extrait des profondeurs de sa personnalité, enraciné dans un lointain passé. Simenon se met à écrire à ses amis des lettres où il exprime avec enthousiasme son bonheur d'avoir, enfin, découvert l'amour. Mais quand il transpose son expérience dans la fiction, il en révèle une image bien moins lumineuse, comme un photographe qui aurait cherché à sous-exposer son cliché.

Son héros, Frank, acteur reconnu soudainement plongé dans le monde des ratés, rencontre Catherine (Kay Miller, que Denise orthographie « Kaye » dans son livre) à une heure avancée de la nuit dans une petite cafétéria minable où, aussi morose et désœuvrée que lui, elle est entrée par hasard. Ils passent par les mêmes phases physiques et émotionnelles que Simenon et Denise, et Denise qui lit les chapitres au fur et à mesure qu'ils sortent de la machine est gênée de se reconnaître dans Kay. Elle retrouve tous les bars, les magasins, les rues où ils sont allés, en fait c'est tout le cadre de leur rencontre et des premiers jours qu'ils ont vécus ensemble qui est repris là. Pourtant l'hôtel dans lequel ils consomment leur amour n'est pas le Drake mais un établissement minable comme des centaines d'autres dans l'œuvre de Simenon. Les crises de jalousie de Frank déclenchées par l'alcool, sa façon sado-masochiste de fouiller dans le passé de sa partenaire pour tout savoir des hommes qu'elle a connus, ses insultes et sa cruauté toujours suivies de larmes et de repentir, tout cela renvoie aux scènes que décrira Denise dans *Un oiseau pour le chat*. Dans *Trois Chambres*, Kay est en butte aux injures de Frank mais elle supporte sa tendance à vouloir détruire la tendresse qui était née entre eux, tient bon et, une fois la crise passée, reprend son rôle maternel.

Simenon lui-même entretiendra des rapports ambigus avec *Trois Chambres*. Il le considéra d'abord comme son premier et peut-être unique roman d'amour, et alla même jusqu'à déclarer que ce serait le livre qu'il choisirait s'il devait fuir et n'emporter qu'un seul de ses romans. L'ayant relu à l'occasion d'une réédition, il écrira : « Je ne suis pas content du style, mais j'ai redécouvert le début de mon amour pour Denise[9] ! » Son ami le romancier Pierre Benoit lui écrivit qu'il n'avait jamais rien lu d'aussi beau que *Trois Chambres*. Jean Renoir prêta le roman à Charles Boyer qui en fut si impressionné qu'il se déclara prêt à tenir à l'écran le rôle de Frank, ajoutant toutefois qu'il doutait beaucoup que le Hayes Office ne le censure pas. (Marcel Carné dirigera un film tiré du roman en 1965.) Mais *Trois Chambres* fut loin d'enthousiasmer André Gide :

« J'attendais beaucoup de vous et vous ne tenez guère vos promesses – ou du moins ce que vous m'avez fait espérer : un roman. C'est très joli de découvrir l'*Amour* à votre âge, mais ce prodigieux don de sympathie qui vous permettait... de vivre dans autrui, de devenir autrui, cède ici à l'expérience personnelle, et, presque, à la confession ; et ce qui, pour vous, est nouveau, ne l'est pas du tout en littérature. »

Trois Chambres fut aussi l'occasion, pour Denise, d'apprendre à s'accommoder des relations de Simenon avec l'alcool. Il s'est contredit sur le rapport entre son travail d'écriture et sa consommation d'alcool. En 1979, il affirma dans une interview qu'il ne buvait que du café, et plus tard du thé, lorsqu'il avait commencé à écrire les Maigret et les romans durs. Il rejeta catégoriquement « une légende entretenue par ma seconde femme... que j'écrivais au whisky [10] ». Ailleurs, cependant, il dit qu'il écrivait *Pietr le Letton* en prenant deux petits verres de genièvre chaque matin, et qu'il avait longtemps maintenu ce régime. Il a aussi souvent déclaré que, lorsqu'il était en France, il buvait toujours deux ou trois bouteilles de vin rouge quand il écrivait, mais qu'il avait arrêté à la quarantaine, et qu'il lui était arrivé dès lors de ne plus boire du tout – comme ces Américains *on the wagon* qu'il avait observés avec stupéfaction. En 1952, il écrivait à Maurice Restrepo qu'il buvait beaucoup, qu'il était « un de ceux qui ne peuvent boire un verre ou deux sans avoir envie d'en boire davantage [11] ». Pour cette raison, ajoutait-il, sa femme et lui avaient décidé un beau jour d'en finir avec l'alcool. Deux ans plus tard un journaliste qui l'avait interviewé en Arizona rapportait qu'il s'en tenait strictement au Coca-Cola. En 1951, un correspondant du *Time* rapportait qu'il écrivait avec un pot de café à côté de lui.

D'un autre côté, son fils John, son ami intime le Dr Jean Martinon, et d'autres encore ont dit que sa femme et lui buvaient beaucoup, et régulièrement. Denise rapporte que les premières fois qu'elle le vit travailler, il s'enfermait avec une bouteille de whisky. Quand il lui annonça qu'il allait écrire un roman (selon elle, c'était *Trois Chambres,* et il est impossible d'identifier l'ouvrage qu'elle l'aurait vu écrire avant celui-ci), elle lui proposa du thé comme substitut à l'alcool et resta assise devant sa porte pour lui donner des tasses de thé chaud. Il faiblit à la quatrième tasse et lui dit qu'il ne pouvait pas continuer ainsi, mais elle lui mit alors une compresse chaude sur l'estomac en lui disant : « Mon pauvre amour, reste un peu là, sans parler, ça va passer. » Il se remit finalement à écrire et ressortit triomphant avec son premier chapitre. Il a corroboré cette version des faits dans *Quand j'étais vieux*, mais la niera plus tard avec véhémence.

Deux mois après avoir importé ses « romans-romans » en Amérique, Simenon importa Maigret. *Maigret à New York* est le premier écrit sur le nouveau continent et Simenon n'hésita pas à faire traverser l'Atlantique à son commissaire. Il était trop curieux de voir quel serait son comportement dans une ville comme New York pour se soucier du côté improbable de ce déplacement. On conçoit en effet difficilement que ce brave Maigret ait pu accepter d'abandonner son jardin et ses parties de pêche pour aller jouer à des milliers de kilomètres les détectives privés dans une méchante affaire. Fidèle à sa méthode, imitant en cela son créateur, Maigret va s'immerger dans la ville, fréquentant à la fois la haute société et les bas-fonds, et refera surface avec une collection de personnages hauts en couleur : des gens du show-biz, des indigènes du Bronx, un détective merveilleusement négligent et rongé par l'alcool qui va lui apporter son aide, et deux policiers qui appartiennent à la « Federal Police » et forment un tandem amusant. « Je ne fais jamais de suppositions », « Je ne suis pas intelligent », leur grogne souvent Maigret.

Au printemps 1946, la bougeotte chronique de Simenon se réveille et il annonce : « On s'en va ! » Ils consultent des dépliants touristiques et décident de passer l'été dans une petite station sur la côte du Nouveau-Brunswick, Saint Andrews by the Sea. C'est là qu'il écrira, coup sur coup, « On ne tue pas les pauvres types », nouvelle qui paraîtra dans *Maigret et l'inspecteur Malgracieux,* et deux non-Maigret. Le premier, *Au bout du rouleau,* peut être considéré comme un reflet de la lutte qu'il a entamée pour cesser de boire, car son protagoniste, un jeune homme morose, est un alcoolique qui, à mesure qu'il boit, devient de plus en plus agressif en particulier vis-à-vis de sa malheureuse maîtresse, et qui est toujours à la recherche de pères de substitution qu'il rejette aussitôt qu'il les trouve.

Le Clan des Ostendais, l'un des deux romans qu'il a écrits sur la guerre, raconte la lutte acharnée que livrent les pêcheurs belges réfugiés à La Rochelle où Simenon les avait aidés. Le roman s'ouvre sur une brillante description de l'arrivée des chalutiers et du débarquement des réfugiés. La tension qui s'installe entre les Rochelais et ces intrus venus du Nord est bien dramatisée, de même que la cohésion du

217

clan face à un environnement étranger. Il y a aussi une indéniable qualité dramatique dans le portrait d'un très vieux grand-père qui ne peut se lever de sa chaise et qu'on débarque ainsi au début du roman pour le rembarquer de la même manière à la fin – et qui rappelle le « Vieux Papa » de Simenon. Le récit, toutefois, souffre de ne pas être assez clairement structuré autour du thème central qui est – ou aurait dû être – la volonté quasi épique du chef, Omer, de sauver tous les membres de son clan du danger allemand comme de l'hostilité française.

L'installation à Saint Andrews by the Sea, toute temporaire, fut ponctuée de joyeuses excursions à travers la région des Provinces Maritimes dans une vieille Oldsmobile achetée d'occasion. « C'est l'été, écrit-il. Tout est beau, la Gaspésie surtout, qui, avec ses villages blancs de pêcheurs, ressemble à la Bretagne [12]. » En août 1946, il sent que le moment est venu de quitter le Canada, et de se mettre à explorer les États-Unis. Il décide de longer la côte atlantique, du Maine à la Floride. Tigy et le précepteur de Marc partent seuls dans l'Oldsmobile et suivent leur propre itinéraire. Pendant ce temps-là, Simenon, Denise et Marc descendent lentement dans une vieille Chevrolet qui gémit sous le poids des bagages (il n'a jamais voyagé « léger »).

Pour meubler les étapes les moins intéressantes du voyage, Simenon explore les possibilités de la radio et tombe ainsi sur une autre expression de la culture américaine : le *soap opera*, qui éveille aussitôt l'intérêt de l'ex-prodige du roman populaire. Il deviendra ainsi rapidement un aficionado de programmes tels que « Stella Dallas ». Il va dépêcher une série d'articles, « L'Amérique en auto », qui seront publiés courant novembre dans *France-Soir* (dirigé à présent par Pierre Lazareff). Il décrit sa femme comme une Européenne snob qui n'arrête pas de se plaindre de la nourriture qu'elle compare à du carton-pâte. Quant à lui, il se présente comme l'interprète, ironique parfois, mais ouvert, du mode de vie et des valeurs de l'Amérique. Ils arrivent en Floride à la fin de l'automne et retrouvent Tigy qui les attend à Sarasota. Elle avait l'intention de passer l'hiver avec Marc, mais, en fait, elle se ravisera et partira en Europe pour un séjour prolongé.

Simenon trouve une maison sur la plage dans l'île Santa Maria, près de Bradenton Beach dans la baie de Tampa, et ils y demeureront pendant quatre ou cinq mois. Le soir de Noël, ils gambadent sur la plage, plongent dans le golfe et en émergent couverts de gouttes phosphorescentes. Ils font l'amour et se murmurent à l'oreille « Joyeux Noël, mon merveilleux amour » alors que les cloches d'une église sonnent minuit. Leur amour est toujours aussi passionné et leur liaison s'affirme. Qu'il dise plus tard qu'il avait perdu la tête à cette époque témoigne de l'intensité de son sentiment. A Bradenton Beach, tout baigne dans la plus grande harmonie. Il sent qu'il a découvert la « vraie » Denise :

> « Quelle différence avec la jeune femme artificielle, aux rôles multiples et imprévus... et la D. [de Bradenton Beach]! La transition a été lente, parfois orageuse. Cela a commencé par l'absence de maquillage... elle a accepté aussi de se laisser pousser les cheveux [12]. »

Quand Tigy rentre d'Europe, les tensions qui s'étaient manifestées avant son départ se sont atténuées, et elle partage aussi cette harmonie : « Elles ne se tiennent plus chacune sur la défensive. Elles s'appellent par leur prénom [12]. »

C'est à partir de cette époque que Denise commence à assurer – du moins en apparence – les fonctions d'agent littéraire et de conseiller économique et juridique. Elle entreprend l'édification de l'empire Simenon, donnant une image d'elle-même qui sera largement diffusée après leur mariage. Plus tard, Simenon réfutera cette image de super-femme bâtie par les médias et dira que c'était lui qui l'avait fabriquée de toutes pièces pour consolider l'ego chancelant de Denise. Toutefois, pendant des années, il aura répété à des générations de journalistes qu'il y avait cinq femmes en Denise : l'épouse, l'amante, la mère de ses enfants, la maîtresse de maison, et le manager de ses affaires. Pour Denise, tout cela est vrai : elle veillait aux intérêts de Simenon avec une énergie sans faille, et efficacement. Du point de vue de Simenon, elle commença par embrouiller ses archives à Sainte-Marguerite, puis, une fois en Floride, il lui confia la traduction en anglais de son courrier et l'autorisa à donner quelques coups de téléphone en anglais. Il lui donna ensuite l'opportunité de négocier un contrat à Hollywood, qui miraculeusement tourna bien. Plus tard, il l'observera d'un œil sceptique quand elle prendra l'initiative de s'occuper de ses affaires; toujours d'après lui, elle s'y montrera pour le moins inefficace, passant des heures au téléphone pour régler des problèmes qui ne demandaient que quelques minutes. Les éditeurs ne la portaient pas dans leur cœur, mais était-ce parce qu'elle leur faisait perdre du temps ou parce qu'elle défendait avec acharnement ses intérêts? Les divergences d'interprétation entre Denise et Simenon à ce sujet s'étaleront des années plus tard en public et prendront une ampleur démesurée, tout comme leurs disputes sur la question de savoir qui des deux buvait le plus. Mais à Bradenton Beach, durant l'hiver 1946-1947, leur histoire ne faisait que commencer et la Denise-maîtresse passionnée éclipsait tous les autres rôles.

En janvier, ils firent un voyage à Cuba, où l'aventurisme sexuel de Simenon inclut pour la première fois Denise dans ses ébats. Cherchant une boîte de nuit à La Havane, ils échouèrent dans un bordel où ils furent pris en main par deux jeunes filles avenantes qui leur offrirent un spectacle très intime. Simenon y participa et incita Denise à se joindre à eux (il déclarera par la suite que c'était elle qui avait un penchant pour le voyeurisme et les ébats sexuels en groupe). *Life Magazine,* lors d'un reportage sur Simenon dix ans plus tard, décrit, entre autres bibelots de son décor personnel, une photo d'une prostituée cubaine avec cette dédicace : « En remerciement pour l'aide et les conseils que lui ont apportés M. et Mme Simenon. »

A part l'escapade cubaine, les ménages Simenon ne bougèrent pas de Bradenton Beach jusqu'en avril 1947, date à laquelle il annonça qu'il était temps de faire les valises et de partir vers l'Ouest. Il acheta une Packard (ou une Buick) flambant neuve, une décapotable à l'intérieur en cuir rouge, et partit avec Marc et Denise. Ils devaient d'abord visiter la Louisiane. Tigy préféra rester en Floride en attendant qu'il trouve un endroit où s'installer. Ils traversèrent les immenses plaines du sud des États-Unis et se dirigeaient vers Phoenix, Arizona, lorsque Simenon se trompa à un croisement, c'est ainsi qu'ils arrivèrent à Tucson.

> « C'était l'heure du coucher du soleil. La beauté du site, la fête des couleurs changeantes sur les montagnes ont fait surgir en moi une voix qui disait : « C'est ici mon ami! [12] »

Simenon a toujours pris la décision de s'installer dans un lieu – ou d'en partir – en un clin d'œil. Le lendemain matin, ils entrèrent dans la première agence immobilière, furent enchantés par la première maison, une hacienda, qu'on leur proposa dans un quartier appelé Snob Hollow et s'installèrent pratiquement sur-le-champ. La propriétaire, la veuve d'un certain juge Keegan (ou Kingham) les adopta immédiatement et ne fit aucun cas de leur statut un peu particulier. Tigy arriva peu après, s'installa dans la grande chambre à coucher, et continua à très bien s'entendre avec Denise. Quand Simenon donna une grande fête, quelque temps après, les cartons d'invitation portaient l'inscription : « Monsieur et Madame Georges Simenon et Mademoiselle Denise Ouimet ont l'honneur de vous inviter... » L'arrivée de Boule, qui était restée à Paris tout en demeurant à leur service, complétera, pour ainsi dire, ce petit ménage.

Ils resteront à Snob Hollow presque toute une année, jusqu'au printemps 1948 où Simenon, qui a adopté la mentalité de l'Ouest, ressent l'appel des grands espaces et choisit en conséquence un ranch encore plus retiré dans le sud de l'Arizona : « Stud Barn » est situé à une quinzaine de kilomètres de la frontière mexicaine, près de Tumacacori, un minuscule village. Tigy et Marc s'installent dans une ancienne école aménagée. Simenon retrouve avec délice les chevaux, et c'est à cheval qu'il va chercher chaque jour son courrier à Tumacacori, ou qu'il part pour de longues randonnées dans le désert avec Marc. Comme d'habitude, il se mêle sans problème aux gens du coin et se fait des amis parmi les Indiens et les Mexicains. Il éprouve de la sympathie pour ces pauvres immigrants qui passent la frontière clandestinement et sont amenés ainsi à traverser son ranch. Il leur offre souvent à boire et à manger et, lorsqu'il s'absente, laisse même des provisions bien en évidence. Dans l'un de ses romans d'Arizona, il exprime ainsi ses sentiments en faisant dire à l'un des personnages secondaires, à propos de ces immigrés clandestins : « Des pauvres bougres qui cherchent du travail et qui sont fascinés par les dollars. Pour ceux-là, j'ai toujours une boîte de sardines et une bouteille de bière [13]. »

Mais il lui arrivera d'être aussi de l'autre côté de la barrière en prenant part à une chasse à l'homme dirigée par le shérif local pour capturer un évadé du pénitencier qui se trouve dans les parages. La vie dans les grands espaces a évidemment sa part d'aventure. Une fois qu'ils étaient allés dîner de l'autre côté de la frontière, des cris d'alarme (« Agua! Agua! ») les firent se précipiter dans la Packard et repartir en catastrophe sous une pluie torrentielle qui gonflait à vue d'œil ces arroyos normalement à sec qu'ils avaient l'habitude de traverser. Parvenus à une dizaine de kilomètres de Stud Barn, le dernier arroyo qu'il leur restait à franchir s'étant transformé en un torrent rugissant, ils furent contraints de se déshabiller et de traverser à la nage. Ils rentrèrent ainsi au clair de lune, tout nus : « Nous étions comme un couple de coyotes, et les vrais coyotes devaient nous épier [14]. »

Cette longue immersion dans l'Amérique des grands espaces avait quelque chose de déroutant pour certains de ses amis. Vlaminck, par exemple, lui écrit :

> « Il y a pas mal de temps que nous nous demandions ce que devenaient les Simenon...
> Est-ce que la vie là-bas te satisfait entièrement? Trouves-tu ta nourriture? Je ne parle pas évidemment de la nourriture matérielle. »

Nous ne connaissons pas sa réponse mais elle a dû être un « Oui! » retentissant. A Gide, il écrit : « Je suis si heureux ici, si parfaitement adapté aux horizons, aux gens et aux choses, que je répugne à m'éloigner [15]. » Il a du mal, lui confie-t-il, à s'imaginer dans l'ambiance des cafés d'écrivains et des bureaux d'éditeurs. Mais cela ne veut pas dire qu'il n'a pas de vie sociale. Il a pris les habitudes locales, selon lesquelles on se permet de passer chez les voisins à n'importe quelle heure du jour ou de la nuit pour prendre un verre, comme on peut décider d'aller dire bonjour à des amis qui vivent dans des ranchs à deux ou trois cents kilomètres. Il reçoit des amis qui viennent de Californie et même d'Europe. Jean Renoir qui est à Hollywood vient le voir et lui présente sa nouvelle épouse, Dido, une Brésilienne, ce seront de joyeuses retrouvailles.

Durant ses deux années en Arizona, Simenon ne s'absentera que deux fois – c'est dire combien le pays le comble – pour aller à Hollywood. La première fois, c'est à l'occasion d'une grande fête qu'Alexandre (« Sacha ») de Manziarly, le consul de France à Los Angeles, donne chez *Romanoff*. Il se liera d'amitié avec Charles et Oona Chaplin. Denise semble avoir été très impressionnée par la qualité des invités. Lorsqu'elle relatera cette soirée, elle fera grand étalage, en effet, du fait d'avoir rencontré « Rosalyn Russel » (sic), Betty Grable, Claudette Colbert, et Charles Boyer « dont j'ai décliné en souriant l'invitation à danser ». Simenon est déconcerté de voir réapparaître chez Denise son côté névrosé, qui contraste tellement avec la « nouvelle », la « vraie » Denise qu'il s'est efforcé de faire naître. Il retournera une seconde fois à Hollywood pour négocier un contrat de film, et il en profitera pour rendre visite aux Renoir. A part cela, il trouve dans son coin d'Arizona toutes les stimulations dont il a besoin. Il assouvit sa libido extravagante en allant régulièrement à Nogales, de l'autre côté de la frontière, dans un des meilleurs bordels. Denise l'attend souvent dans la voiture, la patronne finit par l'inviter à entrer et à attendre dans le salon. Elle fait ainsi la connaissance des filles qui lui parlent toutes avec tendresse de cet adorable Monsieur Simenon.

Début 1949, Denise est enceinte et ils partent en mai de leur coin perdu de Tumacacori pour retourner à Tucson afin qu'elle bénéficie de toute l'attention médicale nécessaire. Chez les Simenon, l'ambiance a changé. Une relation amoureuse qui s'est enracinée, une longue cohabitation, et maintenant un enfant qui va naître : tout cela annonce un divorce et un remariage. Tigy, entre-temps, est devenue plus amère, et c'est à contrecœur, pour le bien de Marc, qu'elle acceptera de déposer une demande de divorce au Nevada. Elle est contrainte d'accepter une formule qui est loin de la satisfaire : elle aura la garde de Marc, mais à condition qu'elle ne réside pas à plus de dix kilomètres de son ex-mari. Simenon se prépare à quitter l'Arizona : il va s'installer à Carmel, en Californie. Tigy, Boule et Marc partent en premier, pendant que lui reste à Tucson en attendant la naissance du bébé. Jean Denis Chrétien Simenon – « Johnny » – naît le 29 septembre 1949 et son père lui dédie le livre qu'il vient juste de terminer et qui porte un titre de circonstance, *Un nouveau dans la ville.*

Il est tombé amoureux de Carmel, « une ville de conte de fées », « unique », et y a loué une spacieuse villa à deux niveaux, en face de la tour du poète Robinson Jeffers. Les relations avec Tigy, qui vit dans une autre villa du voisinage, sont plutôt froides, mais il sent que Denise est calme, équilibrée, en pleine possession de ses moyens – c'est la « vraie » Denise qui s'affirme, pense-t-il. En mai 1950, Tigy se rend à Reno et ils la rejoignent six semaines plus tard. C'est la fin d'un mariage qui aura duré vingt-sept ans. Ce soir-là, alors qu'il s'est mis à jouer aux machines à sous, un geyser de pièces de un dollar jaillit d'une des machines. Denise lui dit que le jour de son divorce est un jour de chance. Le lendemain matin, 22 juin, ils seront mariés pour dix dollars par un juge de paix arborant un magnifique costume de cow-boy. Ils envisagent de s'installer à San Francisco, ou dans le sud des États-Unis, ou en Europe, mais en attendant choisissent, sans raison particulière, d'aller à New York, histoire d'y voir plus clair.

Durant ses cinq premières années en Amérique, la vie littéraire de Simenon a été considérablement plus calme que par le passé, et certainement bien moins agitée que sa vie conjugale. Vers la fin des années quarante, il se préoccupe beaucoup moins de savoir quelle est sa place dans la littérature, se pose moins de questions quant au devenir de son œuvre, à ses perspectives d'évolution. Il donne l'impression d'avoir passé le cap des turbulences et de voguer tranquillement sur des eaux plus calmes, en se partageant sans aucune difficulté entre les Maigret et les non-Maigret. Dans cette période, ses rapports avec Gide se sont espacés. Gide, qui n'a pas été enthousiasmé par *Pedigree*, pas plus que par ses romans d'après-guerre, ne lui en a pas pour autant retiré son soutien, et il s'attend toujours à ce qu'il produise quelque chose de fort :

> « J'attends encore que vous m'apportiez dans un *roman* à nombreux personnages la perfection et la maîtrise dont vous avez maintes fois fait preuve dans la construction d'un personnage unique. »

Il a souligné le mot roman car il considère, non sans raison, que *Pedigree* n'en est pas un. Sa foi en Simenon sera justifiée par la publication, en 1948, de *La neige était sale*. Il y verra une « extraordinaire résurgence ». Il terminera sa dernière lettre, écrite peu avant sa mort, par ces mots : « Cher Simenon, je vous aime bien et vous embrasse très fort. » Pendant plus de douze ans, il n'avait jamais cessé de considérer Simenon comme un grand romancier.

Dans la France des années quarante, le débat sur Simenon, moins intense par rapport à la décennie précédente, continue cependant de faire des vagues et il demeure, au moins dans la presse, un « cas » : Le Cas Simenon (*France Socialiste,* 1er août 1942), Le Cas Simenon (*Le Soir* de Bruxelles, 3 avril 1940), Le Cas Simenon (*Volontés,* 1er août 1945), le Cas Simenon (*Arts et Lettres,* décembre 1945). A l'évidence, personne n'arrive à le situer. Comme quelqu'un le soulignera – probablement Brendan Gill, – Simenon souffre d'une surabondance de « niches ». « Un roman qui n'est pas vraiment un roman policier », écrit le critique de *Paris-Soir* à propos de *Il pleut, bergère,* comme s'il faisait une révélation... *Gavroche,* en 1946, situe Simenon à mi-chemin entre Conrad et Sartre, tandis que *France Illustration* rapporte bizarrement, en 1948, que Simenon s'est retiré en Arizona et qu'il est en train d'écrire son « premier roman »! A l'exception notable de Gide, ses écrits autobiographiques ont reçu un accueil généralement favorable du public ; et il passe pour un des écrivains dont on vole le plus les livres.

Depuis qu'il a traversé l'Atlantique, la réputation de Simenon a considérablement grandi dans le monde anglo-saxon. Maigret, après ses débuts brillants, s'était rapidement répandu en Angleterre et en Amérique, mais les critiques étaient demeurées, au mieux, réservées, et en 1935 on ne parlait pratiquement plus de lui. Dans les années trente, l'ascension littéraire de Simenon passa inaperçue et aucun de ses romans n'a été traduit à cette époque. Il faudra attendre le début des années quarante pour voir les premières traductions des non-Maigret, ainsi que celles des premiers Maigret qui n'avaient pas attiré l'attention des éditeurs lors de leur parution. Le premier « nouveau » Maigret à être traduit en anglais, *Les Vacances de Maigret* (publié en France en 1948), paraît en Angleterre en 1950 et aux États-Unis en 1953. Les livres de Simenon étant courts, on en publiera souvent deux ou trois – pas nécessairement de la même période – en un volume.

C'est avec *La neige était sale* qu'il accomplit sa percée décisive dans le marché anglo-saxon. L'ouvrage est publié en 1950 par Prentice-Hall, un an et demi après sa parution en France. Il a été traduit par Louise Varèse, la femme du compositeur Edgar Varèse (tous deux deviendront des amis de Simenon). L'une des traductions les plus rapides, et des plus bizarres, est celle d'une courte nouvelle, « Le Petit Tailleur et le Chapelier ». Parue en 1948 dans l'*Ellery Queen's Mystery Magazine* sous le titre « Blessed Are the Meek » (Bénis soient les humbles), elle obtient le prix du meilleur récit policier. Cette version anglaise sera traduite en français et paraîtra bientôt dans *Mystère-Magazine*, alors que le texte original en français ne sera publié qu'en 1950 dans *Maigret et les petits cochons sans queue*. Mais, pendant ce laps de temps, Simenon avait transformé l'histoire originale et l'avait développée en un roman, *Les Fantômes du chapelier* : le récit policier était devenu un roman psychologique. Dans la nouvelle, un tailleur découvre que le chapelier qui tient boutique de l'autre côté de la rue est en fait le meurtrier qui terrorise la ville. Dans le roman, le regard est focalisé sur le chapelier : ses moindres mouvements sont observés et tous les éléments de son passé examinés avec soin.

Le succès de Simenon dans les années quarante n'a pas été

extraordinaire. *Newsweek* déclarait bien en 1946 qu'il avait « inventé un des plus grands détectives dans l'histoire du roman », et qu'il s'était ensuite « consacré à une écriture plus sérieuse », mais n'allait pas plus loin. Un article du *San Francisco Chronicle* sur *L'Homme qui regardait passer les trains,* qui venait juste de paraître chez Reynal et Hitchcock, en 1946, affirmait de façon sibylline que « Georges Simenon représente la littérature à sensations qui se rapproche le plus de la Littérature ». Autrement, le ton de la critique américaine avait tendance à être plus ironique, plus hostile qu'en France.

D'un autre côté, probablement grâce à Justin O'Brien, Simenon se fit connaître des milieux littéraires américains en donnant une conférence à l'Institut français de New York à la fin de 1945, au cours de laquelle il fit un exposé sur son évolution dans le roman et ses conceptions de l'écriture. Cette conférence parut peu après dans la *French Review,* sous le titre « Le Romancier ». Il expliquait qu'il avait fait son apprentissage avec le roman populaire, avait ensuite écrit de la semi-littérature, et que son passage à la littérature proprement dite s'inscrivait dans une recherche de « l'homme nu ». Il esquissait une théorie du style axée sur les « mots-matière » – des mots qui ont le poids, la texture et la tri-dimensionnalité des objets. Il définissait ensuite la fiction comme une situation permettant à un personnage de se révéler complètement en allant au bout de ses potentialités.

Durant les quatre années écoulées entre son départ du Canada et celui de Californie (été 1946 – été 1950), Simenon, où qu'il s'installe, retrouve son rythme normal d'écriture : il écrivit trois romans à Bradenton Beach, six en Arizona et deux à Carmel – sans compter une poignée de Maigret et quelques nouvelles. Nombre de ces textes brodent sur le thème de l'urgence du besoin de comprendre. Dans *Lettre à mon juge,* le besoin de comprendre est également le besoin de communiquer et d'expliquer : un condamné pour meurtre essaie à tout prix de faire comprendre ce qui s'est passé au juge qui se trouve être Coméliau, ce juge borné que l'on retrouve dans les Maigret. Avec ce roman, Simenon veut démontrer une fois de plus l'écart entre ce que comprend la justice officielle et ce que peut révéler une analyse plus profonde de la personnalité humaine. Alavoine, le condamné, est un médecin de campagne qui a étranglé sa femme pour des raisons complexes : sa jalousie pour ses infidélités passées plutôt que pour ses infidélités actuelles, sa haine de la femme superficielle qu'elle a été (l' « autre » Martine) qui contraste tant avec la « vraie » Martine, innocente effarouchée, qu'il a découverte.

Quand Denise lut *Lettre à mon juge*, qu'il venait de terminer, à Bradenton Beach, elle fut consternée de voir que Martine avait comme elle une cicatrice au ventre et qu'Alavoine ressemblait beaucoup à Simenon, qu'il était poursuivi par les mêmes fantômes que lui. De fait, les parallèles sont évidents, et le roman révèle des détails de leur propre histoire d'amour. De plus, la première épouse d'Alavoine, une femme frigide, est peut-être une transposition de la manière dont Simenon voyait Tigy, tandis que Martine reflète ce que Denise est en train de devenir, ou est déjà aux yeux de Simenon : une femme qui veut tout régenter, obsédée par l'argent et le statut social – et que penser du fait que Martine soit originaire de Liège, et de l'autoritarisme de la mère d'Alavoine? Dans cette histoire centrée sur les failles d'un système judiciaire incapable de prendre en compte la complexité psychologique, Simenon s'inspire des traits manifestes ou latents de sa propre personnalité – ses désirs, ses peurs, ses ressentiments, ses échecs, et surtout sa colère –, et des personnalités de femmes qui ont traversé sa vie, à commencer par sa mère. Comme souvent, il a laissé de côté les aspects les plus heureux de ses expériences pour n'incorporer que le côté sombre dans la structure thématique de son roman. C'est l'aspect qu'il veut nous faire partager et comprendre.

Dans les années quarante, *La neige était sale* fut son plus grand succès. Il réussit brillamment à transformer l'un des personnages les plus odieux de son œuvre (ce qui, chez lui, n'est pas peu dire) en objet de compassion : on parvient non seulement à le comprendre, mais même à l'admirer. Cet ouvrage peut être aussi considéré comme un roman de guerre dans la mesure où l'histoire se déroule dans un pays non identifié occupé par un ennemi non identifié également (il dira qu'il avait pensé à une petite ville autrichienne). Il y a une «Gestapo», mais certains détails s'apparentent plus à la Belgique de la Première Guerre mondiale qu'à la France de 39-45, et les noms tendent à être vaguement germaniques (Kromer, Friedmaier, Holts, Lotte).

Le protagoniste, Frank, représente un cas extrême d'aliénation : adolescent brutal, crâneur, abject dans ses comportements avec les femmes, doté d'une profonde maussaderie, typique de Simenon et particulièrement exemplaire dans ce roman. La mise au jour graduelle de l'humanité sous-jacente du caractère – sa marche progressive vers la conscience et sa naissance à l'amour – étaye l'action. La trajectoire du roman part de l'aliénation la plus sombre pour aboutir à la compréhension. On y retrouve l'opposition symbolique qui s'inscrit dans la fiction simenonienne des années quarante. Frank, particulièrement pervers, a sexuellement traumatisé Sissy, une fille pleine d'innocence qui l'aime. A la fin, il est en prison et attend son exécution : il a assassiné un officier ennemi, non pas dans un acte de résistance mais par ennui. Sissy et son père, Holts, lui rendent visite, lui pardonnent et l'aiment – il acquiert ainsi symboliquement une épouse et un père.

Le symbole paternel est le plus important : Holts, qui a été accidentellement témoin du meurtre, a commencé à jouer le rôle de père, et aussi de témoin – ce dont Frank a désespérément besoin. Un autre symbole est un rêve qu'il fit enfant d'un chat coincé dans un arbre : blessé, l'animal a pourtant peur qu'on vienne le chercher. Ce qui renvoie principalement à la situation de Frank mais qui évoque aussi celle de Sissy. Cette neige salie est évidemment l'emblème de l'innocence bafouée, le titre s'inspirant d'une remarque de Denise devant le paysage enneigé de Sainte-Marguerite. *La neige était sale*, qui parut en 1948, reçut en France un accueil triomphal de la critique et Simenon fut aussi très encouragé par ses amis. Renoir se montra particulièrement enthousiaste et lui écrivit plusieurs lettres pour lui proposer d'en faire un film. Il voulait transposer l'action dans une ville américaine : « Tu imagines le choc en Amérique si ton action était située, par exemple, à Boston ?... Le film pourrait faire une fortune. » Mais le projet n'aboutit pas. Simenon écrira une adaptation pour la scène, et la pièce donnée en 1950 eut un succès mitigé. Vint ensuite une adaptation radiophonique, et Luis Saslavsky en fit un film en 1952.

Les Volets verts furent inspirés par son ami, l'acteur Raimu, qui mourut en 1946. Simenon avait observé, avec beaucoup d'empathie et d'admiration, sa lutte pour passer de la routine du music-hall au statut de grand comédien. Il sentait que Raimu avait connu le succès trop tardivement, et qu'il en était devenu amer, acariâtre, sardonique vis-à-vis des flagorneurs qui l'entouraient. Mais il aimait cet aspect de Raimu et s'identifiait à lui. Quand Maugin, le personnage qu'incarne Raimu dans *Les Volets verts*, affiche son mépris pour les habitués du *Fouquet's* et du *Café de Paris*, c'est Simenon qui parle. En fait, *Les Volets verts* est à bien des égards plus intéressant si on le considère non pas comme un roman, ou même un portrait de Raimu, mais comme une série désordonnée d'autoportraits. Les accès de jalousie de Maugin, son incapacité à jouer sans boire, son bateau appelé *Girelle*, la découverte de sa maladie cardiaque qui ne lui laisse plus que quelque temps à vivre : cela évoque autant Simenon que Raimu. Les détails servent à étayer un parallélisme plus profond. Simenon éprouve par empathie la situation de Raimu telle qu'il la voit, le succès assombri par la désillusion, l'échec-dans-le-succès.

La division entre les faibles et les forts qui apparaît dans certains ouvrages de Simenon a toujours renvoyé à leur auteur. Le plus paradoxal, comme le remarquera son ami Vlaminck, c'est qu'il fréquentait les forts, ceux qui avaient réussi, alors que dans ses romans il se penchait sur la vie des faibles et leurs échecs. Probablement réceptif aux conseils de Gide, il avait commencé à explorer, sans toutefois les stéréotyper, des caractères forts. Maugin, chez qui la faiblesse et la force s'imbriquent de façon complexe, exprime particulièrement bien les paradoxes de la personnalité de Simenon.

Dans deux romans datant de cette période, Simenon s'immerge dans cet Arizona qu'il aime pour en ramener de sombres récits. *La Jument perdue* (intitulé d'abord *La Rue des vieilles dames*, qui fait allusion à Snob Hollow) est l'histoire d'un *rancher*, Curly John, qui, après avoir passé trente-huit ans de sa vie à soupçonner son vieil associé Andy de vouloir le voler, le fait assassiner, pour ensuite avoir la preuve de son innocence. Ce roman contient quelques subtilités psychologiques quand John parvient à comprendre Andy et, surtout, à comprendre la complexité de ses propres sentiments à l'égard de son ami-ennemi. *Le Fond de la bouteille* dépeint de riches propriétaires de ranchs abrutis par l'alcool et vivant dans l'inertie la plus totale. On y trouve une excellente description d'une crue de la rivière Santa Cruz qui isole les ranchs – un rappel de l'aventure de Simenon et Denise traversant des arroyos gonflés par une averse en rentrant un soir de Nogales. *Un nouveau dans la ville*, qui a pour cadre un lieu indéterminé en Amérique, est une histoire plutôt faible : un homme débarque dans une petite ville pour échapper à de redoutables gangsters.

Parmi les romans de cette période, *Le Passager clandestin reprend le cadre exotique et dépeint un Anglais aimable mais nonchalant et mélancolique, Owen, et la naissance de sa sympathie, en contrepoint de son aliénation et de sa solitude, pour le passager clandestin du titre et le jeune Français qu'il recherche et qui mène une existence idyllique dans l'arrière-pays de Tahiti. Les autres romans se situent en France. Dans L'Enterrement de M. Bouvet*, seule la scène du début est mémorable : à Paris, un vieil homme qui a mené une vie paisible s'écroule mort sur un trottoir. *Le Destin des Malou* est axé sur le thème de la quête de la compréhension et la recherche d'un père. Alain Malou veut connaître la vérité sur la réussite financière de son père, sur sa personnalité et son suicide. Le père qu'il met au jour, un « homme » vrai sous le personnage mondain comblé par la réussite, n'est pas sans ressembler à une certaine image que Simenon se fait de lui-même.

Les Quatre Jours du pauvre homme racontent les faibles efforts de Lecoin pour survivre moralement et financièrement à Paris, sa chute après avoir réussi par malhonnêteté et le suicide de son fils quand il apprend la vérité. Écrit moins d'un an après la publication de *Pedigree*, il démontre que le projet de Simenon de se débarrasser de ses fantômes familiaux ne marche pas bien, car *Les Quatre Jours* sont aussi pleins des spectres liégeois de Simenon que des douzaines de ses livres précédents. Les personnages plus forts et plus affirmés qui avaient commencé à surgir ont tous disparu, laissant le monde entièrement aux canailles, aux naïfs et aux naïfs s'efforçant vainement d'entrer dans l'univers des canailles. Simenon élargit son répertoire, mais la fascination pour l'échec reste puissante.

13

Shadow Rock Farm
1950-1955

Si dans les années quarante, Simenon avait quelque peu ralenti ses activités, les années cinquante, par contre, marquèrent le retour de l'effervescence des années trente, bien que, paradoxalement, il commençât la décennie en s'établissant à Lakeville, dans le Connecticut, pour un séjour qui allait durer cinq ans – sa plus longue « installation » jusqu'alors. Ce furent les années les plus heureuses de sa vie : il avait une belle maison, aimait sa femme (malgré des tensions chroniques), adorait ses deux fils – et plus encore sa fille qui allait naître durant ce séjour –, gagnait beaucoup d'argent, avait beaucoup d'amis, et était plus célèbre que jamais. Pratiquement tout le monde témoigne de sa bonne humeur, de son énergie sereine, de sa satisfaction. Même Denise ne trouvera rien à redire de ces années : « Jamais, sans doute, nous n'avons eu autant l'impression d'être chez nous qu'à Shadow Rock Farm. » Quant à Simenon, il écrivait :

> « Ici, dans notre vieille maison-rempart de Shadow Rock Farm, je suis envoûté, persuadé que c'est pour la vie, car je m'intègre naturellement à la vie d'un pays auquel, pour la première fois peut-être, j'ai l'illusion d'appartenir. Un univers intime et chaud, dans lequel nous nous intégrons tous [1]. »

Et Renoir, répondant à l'une de ses lettres dont on ignore la teneur, lui écrit : « L'optimisme qui se dégage de ta lettre nous fait voir la vie en rose. »

Les Simenon étaient arrivés un peu par hasard à Lakeville et avaient acheté Shadow Rock Farm à l'écrivain et journaliste Ralph Ingersoll. C'était une ancienne scierie construite au xviiie siècle (et non au xviie, comme le dit Denise) qu'Ingersoll avait transformée en une résidence de dix-huit pièces sur plusieurs niveaux. La propriété comprenait une vingtaine d'hectares couverts de bois, de rochers, de falaises, de prés, d'étangs, et était traversée par deux ruisseaux à truites. Dans un article paru dans le *New Yorker* en 1953, Brendan Gill rapporte :

> « C'est une maison confortable, ensoleillée charmante.
> – C'est ma vingt-sixième maison, dit Simenon avec une expression où se mêlent amusement, nostalgie face à un énorme passé et plaisir devant un énorme avenir. »

Il loua une autre maison pour Tigy et Marc, à Salmon Creek, à huit kilomètres de là. Il prenait beaucoup de plaisir à aller plusieurs fois par jour en ville saluer les gens du coin, à prendre des bières avec eux, à discuter du temps qu'il ferait le lendemain, exactement comme s'il avait été quelqu'un de la région. Il entretenait l'étang envahi par les mauvaises herbes, allait souvent à la pêche, cultivait des tulipes. Il combattait aussi les castors qui s'entêtaient à vouloir établir un barrage sur ses ruisseaux à truites. Il allait aux réunions de parents d'élèves et le soir jouait au bridge ou regardait la télévision, un nouveau jouet qui entrait dans les maisons. C'est à la télévision qu'il suivit les retransmissions en direct des auditions de la commission McCarthy – ce qui le dissuada de demander la citoyenneté américaine.

Il s'occupait de la propriété mais aussi rencontrait des amis, veillait à ses affaires, entretenait un puissant courant de relations publiques. Denise et lui allaient souvent à New York, descendant au Plaza (c'est dans cet hôtel que Simenon trouva le fameux écriteau *Do Not Disturb* qui fera partie durant un bon quart de siècle des objets rituels qui entoureront son travail d'écrivain). A New York, ils fréquentaient aussi le *Stork Club,* le *Copacabana,* le *Sardi's* et le *Brussels* où il avait rencontré Denise. C'était comme une résurgence de la vie parisienne des années trente – il dira plus tard que c'était pour plaire à Denise qui avait besoin de cette ambiance. A New York, son amitié avec les Varèse se développa : « J'adore me balader avec lui dans Greenwich Village dont il connaît tous les recoins et dont il parle avec une verve savoureuse [1]. » Il alla même patrouiller en voiture avec la police – le New York Police Department se montrait évidemment obligeant envers le créateur de Maigret.

C'est à New York qu'il initia Marc à la sexualité. Au départ, il s'agissait surtout d'épater l'Américain au cours d'une soirée à Lakeville qu'il donnait en l'honneur de son éditeur new-yorkais de l'époque, Doubleday. Il y avait donc ce soir-là John Sargent et sa fiancée, Neltje Doubleday. Denise, probablement à l'instigation de Simenon, déclara que son mari voulait initier Marc à la sexualité. Sargent pouvait-il lui recommander une bonne « maison »? Apparemment, Sargent la lui indiqua et le projet se réalisa. Mais Miss Doubleday fut scandalisée, d'autant que Denise avait aussi déclaré qu'elle appréciait que son mari aille avec d'autres femmes, car il découvrait constamment de « nouveaux trucs » dont elle bénéficiait.

La vie allait bon train à Lakeville. Simenon avait des dizaines d'amis dans la région. Il s'était lié d'amitié avec James Thurber, qu'il avait rencontré chez le coiffeur. Des journalistes européens et américains venaient souvent l'interviewer. Il donna plusieurs conférences dans des universités, y compris à Yale, où il fut introduit par Thornton Wilder qui devint un grand ami et un admirateur. En octobre 1954, il fut invité à un banquet donné par le Cancer Fund, en compagnie de Rex Stout, Frederick Dannay et tout un groupe d'écrivains de romans policiers. Durant cette soirée, il déclara à un jeune admirateur liégeois qu'il s'affairait à « conquérir l'Amérique » et il lui donna un aperçu de ses activités:

> « Cela a été dur, mais je l'ai emporté aujourd'hui. On va jouer une de mes pièces à Broadway; la semaine dernière, grande première de gala de *La Marie du port*; lancement des *Volets verts* qui est classé chaque semaine parmi les best-sellers de la saison; suite d'émissions de mes œuvres régulièrement à la télévision[2]. »

En fait, le projet de Broadway ne se matérialisa pas, celui de série télévisée non plus, et *Les Volets verts* n'étaient pas sur la liste des best-sellers – il est d'ailleurs possible que ce jeune Belge ait mal rapporté ses propos – mais qu'importe, Simenon débordait d'activité. Dans les soirées, on le trouvait toujours charmant et on appréciait son humour un peu acide: « L'expression qui dépeint le mieux Simenon est une espèce de gaieté triste », rapporta très justement Brendan Gill. Sa mère vint lui rendre visite à Shadow Rock Farm. Elle en profita pour remarquer que son fils dépensait trop d'argent. Joséphine Baker vint aussi (« Oh, encore celle-là! » commenta Boule).

L'événement domestique le plus marquant fut la naissance de Marie-Georges, « Marie-Jo », le 23 février 1953.

D'autres admirateurs vinrent remplacer les anciens ou s'y ajouter. Parmi eux, Anaïs Nin, qui, curieusement, ne le rencontra jamais (c'est d'autant plus surprenant qu'elle était une amie des Varèse et d'Henry Miller), mais qui, dans son journal, témoigne de son enthousiasme pour Simenon. En 1948, elle louait son extraordinaire capacité à identifier les « premières manifestations » et la « germination » d'un « besoin d'auto-destruction ». Elle écrivit plus tard : « C'est mon romancier favori. Il a une bonne histoire à raconter, et son travail sur les caractères est plein de subtilité. » Elle le considérait comme « le meilleur parmi les réalistes, meilleur que Zola ou Balzac » et louait « ses portraits de mines boudeuses » et la manière dont « Simenon a décrit des centaines de fois la façon dont un homme prend un jour conscience du fait qu'il est totalement déconnecté de sa propre vie ». Sa fervente admiration fut cependant mal récompensée puisque, en 1953, alors qu'elle avait des problèmes financiers et survivait en écrivant des adaptations de romans à l'écran, elle tenta vainement d'obtenir son accord pour écrire le scénario d'un de ses ouvrages. Anaïs Nin dira : « J'ai écrit à sa femme qui m'a répondu sèchement que ces options étaient réservées à ses seuls agents. »

Ce fut peut-être bien Anaïs Nin qui signala Simenon à l'attention d'Henry Miller. Ce dernier fit les premiers pas : « Cher Monsieur Simenon, je vous prie d'ajouter mon nom à la liste déjà longue de vos fidèles admirateurs de par le monde ! » La réponse de Simenon a disparu mais, un mois plus tard, Miller lui écrivait à nouveau, cette fois en français, pour lui annoncer qu'il avait parlé de lui à ses amis de Big Sur et d'ailleurs, et que ceux-ci avaient grossi les rangs de ses admirateurs. Il lui disait qu'il occupait une position unique parmi les écrivains français et qu'il trouvait une certaine « tendresse » dans son œuvre – ce qui, selon lui, faisait défaut à la littérature française. Il appréciait tout particulièrement *Les Quatre Jours du pauvre homme,* car ce roman lui rappelait ses années à Montparnasse. Pour lui, *Les Quatre Jours* formaient « le plus merveilleux, le plus exact portrait de Paris ». Il y retrouvait « les gens, les types, les rues, les manières, la cuisine, etc. ».

Thornton Wilder fut un autre admirateur qui se signala à Simenon dans les années cinquante :

234

« Chère Madame et cher joyeux maître !
... Les livres de Georges Simenon m'ont tellement enthousiasmé que je les ai donnés – j'en ai offert à tous mes invités. C'est pour moi une grande joie que d'en partager le plaisir. Le don du récit est ce qu'il y a de plus rare en ce vingtième siècle. Georges Simenon le possède – sur le bout des doigts. »

« La vie – la vie – la vie y est condensée », écrivait-il à propos des deux derniers livres qu'il venait de lire.

Durant les années cinquante, l'un des correspondants les plus assidus de Simenon fut Maurice Restrepo. Ce riche Colombien, qui avait séjourné à Paris, était fasciné par l'écrivain et collectionnait tous ses ouvrages. Tous deux avaient en commun un problème d'alcool ; Simenon en parlait librement avec Restrepo, et lui donnait des conseils pour s'en sortir – il en parlait, lui, comme s'il avait surmonté ce problème. Simenon comptait encore beaucoup d'autres admirateurs de par le monde : John Cowper Powys, W. Somerset Maugham, C. P. Snow. Parmi les fans de Maigret, il y avait entre autres T. S. Eliot et Claude Rains. Et lorsqu'on demanda un jour à William Faulkner s'il lisait des romans policiers, il déclara : « Je lis Simenon parce qu'il me rappelle Tchekhov. » Des croyants trouvaient un sentiment religieux dans ses ouvrages, ainsi Marcel Moré, qui consacra en 1951 un article à ce sujet. De même, un jésuite, le père Jean Mambrino, amorça à cette époque une longue correspondance avec Simenon, qui finalement donna à entendre qu'il y avait, tout bien considéré, quelque chose de religieux dans son œuvre. Une personne, en tout cas, semble nettement *ne pas* avoir fait partie de ses admirateurs : Henriette fut, rapporte-t-on, « épouvantée par le style de vie de son fils et par ses romans qui étaient pour elle l'expression d'une moralité fort douteuse ». Elle est censée lui avoir déclaré : « Tu dois avoir l'âme bien noire pour voir les gens sous cet aspect méchant. » Et Simenon lui aurait répondu : « Maman, si j'écrivais sur moi, ce serait pis encore[3]. »

Dans les années cinquante, sa renommée grandit considérablement. En Amérique, il fut accueilli à l'American Academy of Arts and Letters, et élu président des Mystery Writers of America. En France, une caricature parue dans *Les Nouvelles littéraires* présentait la « République des Lettres » avec Jules Romain au ministère du Travail, Malraux à la Culture,

Camus aux Affaires arabes, et Simenon – tenant un sac d'argent – aux Finances. De 1950 à 1959, il publia vingt-huit romans-romans et vingt-trois ou vingt-quatre Maigret. La critique, tant en Europe qu'aux États-Unis, leur réserva un accueil largement favorable. Toutefois, il lui était toujours difficile de se dégager de l'image de « père de Maigret ». Qu'on éprouve régulièrement le besoin de souligner, à l'occasion de la parution d'un roman, qu'il ne s'agissait pas d'un Maigret en témoigne. Dans un article consacré à *Lettre à mon juge,* le *Saturday Review* expliquait : « Sans doute était-il inévitable que Simenon décide d'abandonner la formule statique du roman policier pour écrire des romans sur le thème de l'éternel conflit entre le Bien et le Mal. » Et un journal de l'Oklahoma titra : « L'auteur de polars se tourne vers le vrai roman. »

Sa résidence américaine fut de plus en plus souvent mentionnée, ainsi que l'estime que lui portait Gide – sans doute à cause de Justin O'Brien, qui cita Gide dans sa critique de *La neige était sale.* Des appréciations telles que « réussite de premier ordre », « un grand Simenon », « puissamment écrit », « écrivain magistral » ne sont pas rares, bien qu'on déplore souvent le fait qu'il n'ait fait que frôler le chef-d'œuvre : « Cela aurait pu être un chef-d'œuvre si M. Simenon l'avait voulu. » Et sa « phénoménale productivité » continuait d'être un objet d'étonnement et une source de mots d'esprit du genre : « Simenon est comme un magazine, il s'entête à paraître à date fixe. » On s'intéressait aux différents niveaux de son œuvre : le professeur Otis Fellows dans le *Saturday Review,* Charles Robb dans le très distingué *New World Writing,* et comme de juste l'*Arizona Quarterly,* qui rendait hommage à ses « westerns psychologiques ». Harvey Breit l'interviewa pour le *New York Times,* et des articles de fond parurent dans *Life* et *Look,* tandis que Brendan Gill écrivit un très élégant « Profile » dans le *New Yorker* qui soulignait notamment :

> « Il plaît aux extrêmes, mais pas au juste milieu où règne l'agitation. Il est le chéri des intellectuels, et les lecteurs de livres de poche le tiennent en aussi grande estime que Caldwell ou Spillane. »

Ses admirateurs intellectuels estimaient « qu'il devrait être considéré comme un artiste et non pas comme un industriel ; il est regrettable qu'on ait pu le comparer à General Motors ». Claude Mauriac montra beaucoup de clairvoyance en prenant Simenon comme un exemple d' « alittérature » moderne – « l'alittérature » étant un nouveau concept qu'il appliquait aux écrivains désireux de se démarquer des connotations péjoratives du terme « littérature ». En tout cas, cela lui allait comme un gant.

Durant cette même période, on consacre des ouvrages au phénomène Simenon. C'est d'abord Thomas Narcejac qui écrit *Le Cas Simenon* (cela fait déjà au moins une quinzaine d'années que l'on parle de « cas Simenon »). L'étude ne manque pas de pertinence, mais l'enthousiasme ne justifie sans doute pas que Narcejac place Simenon au-dessus de Camus. D'autres livres, comparativement mineurs, lui sont consacrés, par André Parinaud en 1957, Léon Thoorens en 1959. Il est même paru en 1955 une monographie soviétique, « Les romans socio-psychologiques publiés de 1933 à 1955 par Georges Simenon », de Mariya Nikolaïeva Agafonova.

Une nouvelle fois, Simenon fait le point sur sa situation littéraire. Comme il l'a déjà tenté, il essaie d'identifier les « étapes » de son développement, mais de façon moins formelle. Par exemple, dans une interview donnée à *Combat*, il cite *Trois Chambres à Manhattan, Lettre à mon juge, Antoine et Julie* et *Feux rouges* dans lesquels « par marches successives, je suis passé du thème de la résignation... à celui de l'accommodement avec moi-même ». A Maurice Restrepo, il écrit : « J'avance lentement vers ce que j'ai envie d'écrire. » Dans une lettre ouverte à Jean Cocteau (« Jean, mon vieux frère »), il choisit de parler d'art en termes inhabituellement respectueux : « L'art, à mes yeux, n'est jamais un miracle mais le fruit d'un labeur patient, certes, avant tout d'un *renoncement*. » Dans le « Profile » de Brendan Gill, il définit une nouvelle catégorie dans ses écrits, faisant non seulement la distinction entre les Maigret et les romans durs, mais aussi entre les romans durs et les romans mi-durs. C'est peut-être la même distinction que celle qu'il établit lors d'un entretien avec Parinaud entre les romans « à deux étapes » et les romans à une seule étape. Dans le premier cas, il rédige à la main, la veille, un brouillon du chapitre qu'il dactylographie le lendemain, tandis que dans l'autre, il tape directement à la machine le premier jet. On ne sait pas au juste quels sont les ouvrages qui furent écrits selon la première méthode, ni combien de temps il la pratiqua, mais il finit par l'abandonner, l'étape du brouillon l'incitant à une écriture plus sophistiquée.

Dans l'interview accordée à Carvel Collins pour la célèbre série de portraits d'écrivains qui lança *The Paris Review* en 1953, Simenon brossa un autoportrait complet et intelligent. Là aussi, il exprima le sentiment d'avoir progressé sur le plan littéraire, mais avec une honnête modestie.

> « Quand un roman est terminé, j'ai toujours l'impression de ne pas avoir réussi... j'ai envie de recommencer... Je considère que mes romans sont à peu près au même niveau, cependant il y a des étapes. Après cinq ou six romans, j'ai, même si je n'aime pas le mot, le sentiment d'un " progrès ". Il y a un bond qualitatif. »

Selon lui, le lecteur du vingtième siècle souffre d'une telle angoisse que ce qu'il recherche dans le roman n'est pas tant un moyen d'évasion que la preuve rassurante qu'il n'est pas le seul à être rongé par l'angoisse. Il décrit aussi la genèse et le développement de ses romans : d'abord la perception vague d'une scène peuplée de personnages encore flous. Puis une idée, ou un thème, qu'il doit porter inconsciemment en lui depuis quelque temps, vient s'accrocher à la scène et à ce qui va devenir le personnage principal. « J'ai donc cet homme, cette femme, dans cet endroit donné. Que va-t-il se passer qui les fera aller au bout d'eux-mêmes ? » Dans cette même interview, il met l'accent sur son côté artisan, et dit qu'il aimerait pouvoir travailler ses romans comme on sculpte une pièce de bois. Il conclut : « Je n'écrirai jamais un grand roman. Mon grand roman est la mosaïque de tous mes petits romans. » L'interview de *Paris Review* témoignait donc d'une maturation esthétique et d'une réflexion plus poussée sur son œuvre. Par contre, dans une lettre adressée à Jean Mambrino, il est plus hésitant sur son orientation littéraire : « La cinquantaine arrive. Je ne vois rien de définitif dans le passé. Les derniers romans me laissent cependant espérer que j'approche de ce que j'ai toujours senti sans trop le définir. »

S'il fait une distinction entre la littérature « commerciale » et la littérature « sérieuse », cela ne signifie pas que cette dernière n'a pas un côté commercial, et encore moins que Simenon le néglige. Si ses admirateurs intellectuels étaient choqués par l'idée d'une « industrie Simenon », lui-même ne l'était pas : « L'usine fonctionne à plein rendement », écrit-il à Renoir en 1954, faisant allusion aux contrats qu'il négocie à Hollywood, et Denise parle, elle, de « l'entreprise Simenon ». Vers le milieu des années cinquante, environ 3 millions de Simenon étaient vendus annuellement, et en 1957 il déclara que 80 millions de ses ouvrages sous patronyme avaient été vendus.

En Amérique, ses best-sellers en 1958 étaient *La neige était sale* (850 000), *Le Temps d'Anaïs* (430 000), et *Lettre à mon juge* (350 000). Il refusa toujours de signer des contrats types avec ses éditeurs, rédigeant lui-même des contrats brefs, simples et très avantageux pour lui. Les Presses de la Cité le considéraient comme un négociateur « draconien ». Il n'a jamais accepté les dix pour cent habituels mais personne n'a jamais su exactement combien il demandait. (*Paris-Match* rapporta qu'il avait en fait réussi à inverser les rôles, puisque c'était lui qui octroyait à l'éditeur un certain pourcentage.) Il finit même par se réserver tous les droits d'exploitation annexes de ses ouvrages, et par limiter dans le temps la validité des contrats qu'il signait.

Il prenait un certain plaisir à ces négociations financières, qu'il abordait avec des convictions très fermes : « Je considérais que les usages actuels profitent davantage aux éditeurs qu'aux auteurs et que je me battais en quelque sorte pour ceux-ci [4]. » Cette attitude de la part d'un milliardaire avait de quoi dérouter, mais elle s'expliquait. Comme Dickens qui eut toujours des différends avec ses éditeurs, Simenon s'insurgea souvent contre leur rapacité, bien qu'il n'eût personnellement pas de problèmes et qu'il ait toujours eu d'excellents rapports avec les siens. Sa dureté en affaires se retourna parfois contre lui. Doubleday, par exemple, avec lequel il avait un contrat très avantageux (négocié par Denise ou lui-même) pour vingt livres, ne le renouvela pas, arguant que les courts romans de Simenon étaient difficiles à commercialiser et que ses conditions étaient exorbitantes. Doubleday trouvait plus profitable de publier des collections policières. Mais Simenon, irrité, passa chez Harcourt, Brace où Helen et Kurt Wolff, avec lesquels il se lia d'amitié, s'engagèrent à promouvoir ses romans-romans comme ses Maigret. En Angleterre, au début des années cinquante, il choisit comme éditeur Hamish Hamilton et lui resta fidèle.

A Shadow Rock Farm, il savoure la réussite, mène une vie à la fois stimulante et paisible, on l'admire, il est choyé, on l'aime, mais son intérêt pour le monde de l'aliénation et de la misère ne faiblit pas. *Pedigree*, édité et réédité, ne suffit pas à exorciser les fantômes de son passé liégeois. Lakeville est comme un contrepoids qui les ramène à la surface et leur laisse le champ libre pour aller jusqu'au bout de leur destin tragique et violent. Si leur créateur avait vécu dans la frustration et la mélancolie, peut-être aurait-il imaginé des vies heureuses, des vies épanouies. Il dit une fois : « Dès que j'ai réussi, je n'ai plus aimé que les humbles, que ceux qui courbent la tête [5]. » Et à propos des romans de ces années : « On chercherait en vain... un reflet de mon état d'esprit du moment [6]. » Il craignit même, à cette époque, que le bonheur dont il jouissait à Shadow Rock Farm, en contraste avec les difficultés conjugales ou autres dont il émergeait, ne fût un handicap dans son travail, mais finalement il déclara : « Au contraire, mon travail y a puisé plus d'humanité [7]. »

Dans *Tante Jeanne*, l'héroïne revient après une absence de cinquante ans dans son petit village. Elle retrouve tout ce qu'elle avait fui : un milieu étriqué, contraignant, et sa famille à la dérive. Sa belle-sœur qui s'enferme dans sa chambre pour boire n'est pas sans rappeler une des tantes Brüll. *Marie qui louche* est une tragi-comédie. Le comique vient du ton, du style et des dialogues, le tragique (au sens large) de l'action : deux jeunes provinciales d'un milieu modeste forment le projet de monter à Paris. Sylvie qui est jolie deviendra riche, mais malheureuse, confinée dans une somptueuse maison avec sa vieille amie, la Marie qui louche du titre. Ces deux romans démontrent, comme si souvent chez Simenon, la futilité de la fuite.

Dans *Une vie comme neuve*, c'est un accident qui pousse un homme à aller jusqu'au bout de lui-même. Dudon est renversé par une voiture à Paris et aborde une nouvelle phase de sa vie à l'hôpital (ce thème préfigure *Les Anneaux de Bicêtre*, un roman bien plus célèbre publié douze ans plus tard). Simenon y fait une description magistrale de Dudon reprenant lentement conscience après l'accident, et luttant pour échapper aux remords et à la honte que lui inspire sa vie. Là aussi, la fuite sera futile. La fin du roman n'est malheureusement pas à la hauteur du début.

Deux pressions opposées révèlent le héros simenonien à lui-même : l'une le pousse vers l'avant, au cours d'une action qui occupe le premier plan, et le mène jusqu'aux limites extérieures de son être; l'autre le tire vers l'arrière, en flash-back, jusqu'aux causes intérieures de cet être, généralement l'enfance. Cette régression prend souvent une coloration psychanalytique plus ou moins explicite.

Le Temps d'Anaïs (intitulé d'abord *L'Auberge d'Ingrannes*), un des succès les plus marquants parmi les ouvrages écrits dans le Connecticut, accorde une grande importance à cette exploration psychologique d'une vie. Fort justement, un groupe de psychanalystes le choisira comme exemple pour démontrer qu'il y a dans l'œuvre de Simenon matière à psychanalyse. Le véritable héros du roman est un psychiatre à qui le protagoniste, Bauche, arrêté pour meurtre, choisit de parler : il sent que, contrairement aux juges, aux policiers, à son épouse, à sa mère, aux journalistes, et au public en général, lui seul peut le comprendre. Bauche s'est engagé dans une quête solennelle de sa vérité : pourquoi est-il attiré par des femmes faciles (des femmes qui toutes lui rappellent Anaïs, la jeune nymphomane qui a marqué sa sensibilité d'adolescent et qu'il regardait se faire trousser par des hommes y compris par son propre père), pourquoi a-t-il tué cet escroc qui l'a trahi et cocufié? Il conclura que ce n'était ni la jalousie ni la vengeance qui l'ont poussé à agir, mais la prise de conscience de sa virilité chancelante, résultat de traumatismes remontant à l'adolescence.

Le Grand Bob est aussi la quête d'une vérité intérieure, la clé d'un secret, mais cette fois c'est un sympathique narrateur qui s'interroge : Charles veut comprendre pourquoi Bob, un ami de vacances, le type même du bon vivant, s'est suicidé. L'explication psychologique n'est pas convaincante, mais cet ouvrage se distingue par une certaine délicatesse de ton et par l'accent mis sur le choix plutôt que sur la fatalité. Il apparaîtra que Bob a *choisi* sa vie de bout en bout, jusqu'à son suicide.

On retrouve dans *L'Escalier de fer* l'atmosphère sombre à laquelle nous a habitués Simenon. Étienne est un homme modeste, anxieux et aliéné, qui découvre que sa femme est en train de l'empoisonner. Son mariage l'avait fait provisoirement sortir d'une solitude désespérée en même temps qu'il l'a rendu profondément vulnérable : une situation masochiste type. Cet escalier de fer qui donne son titre au roman devient le symbole de l'incommunicabilité, la voie de toutes les menaces, de la haine plutôt que de l'amour. *L'Escalier de fer* provoqua l'enthousiasme dithyrambique de Thornton Wilder : « Je pense que c'est une merveille... Je suis bouleversé, bouleversé. Oh, Georges, vous êtes *étonnant*. »

Dans *Les Témoins*, le thème de l'imperfection de l'appareil judiciaire est comme vu de l'intérieur : un juge a soudain des problèmes de conscience en se rendant compte, au cours d'un procès qu'il préside, de l'importance des préjugés de classe dans l'examen des circonstances du crime. Les choses se passeraient-elles ainsi s'il se trouvait, lui, dans le box des accusés? Cette réflexion l'amène à penser à son épouse, une femme frigide, invalide – elle ne survit que grâce aux médicaments. Et voilà que sa femme meurt, et la question reste spectaculairement posée dans toute son ambiguïté.

L'alcoolisme joue un rôle prédominant dans un très grand nombre des romans de cette époque, mais c'est toujours un symptôme, jamais une cause. Le protagoniste d'*Antoine et Julie* ressent subitement un sinistre « déclic », et c'est la beuverie. Il entre alors dans un cercle vicieux de honte, de remords, de contrition, de colère, de désespoir et d'alcool, d'alcool encore. Le tableau que Simenon brosse de l'homme ivre – qui monte chez lui à quatre pattes, qui n'arrive pas à mettre la clé dans la serrure – et la description de la sombre intimité qui l'accompagne furent salués par Henry Miller : « Tout est si terriblement familier, pourtant il y a très peu d'écrivains qui soient capables d'exprimer cet univers de pensées et de sensations, à la fois universel, intime et quotidien. »

A Lakeville, Simenon écrivit quatre romans ayant pour cadre l'Amérique – quatre et demi si l'on inclut *Crime impuni* qui débute à Liège dans une pension rappelant celle d'Henriette et se termine en Arizona : un conflit oppose deux étudiants juifs, Élie, le perdant, le raté, et Michel, riche et sûr de lui. Deux des romans écrits à Lakeville, *Feux rouges* et *Les Frères Rico*, furent publiés – avec *Le Fond de la bouteille*, écrit en Arizona –, par Doubleday en un volume intitulé *Tidal Wave* (« Raz de marée »), lequel obtint un succès honorable.

Dans *Feux rouges*, l'alcool joue encore un rôle central. Un couple d'Américains se déplace en voiture pendant le Labor Day (la fête du travail). Steve, qui a trop bu, se chamaille avec sa femme. Elle refuse de continuer la route avec lui et descend de voiture. Peu après, elle se fera violer. Les mornes autoroutes noyées sous une pluie drue et pénétrante, les arrêts fréquents dans les bars de routiers, tout cela forme un tableau d'une intensité dévastatrice. Simenon écrivit à Wilder :

> « C'est probablement le roman qui m'a coûté le plus grand effort, je veux dire la plus grande tension nerveuse... il s'agissait, en somme, de vivre pendant dix jours avec le rythme de la grand'route, sans jamais le perdre. A la fin j'étais aussi éreinté que si j'avais conduit pendant ces dix jours sur les mêmes routes au milieu du trafic du Labor Day [8]. »

Il décrit très bien la détérioration rapide de Steve sous l'emprise de l'alcool : sa difficulté à parler, ses accès de sentimentalisme qui lui font montrer des photos de ses enfants dans les bars, ses tentatives pour adopter un style laconique, à la Gary Cooper. Sans le savoir, Steve rencontre le violeur de sa femme et raconte sa vie au voyou. Celui-ci devient dans son esprit embrumé un symbole d'individualisme libertaire. Mais les démons de la révolte et de la libération faussement séducteurs en la personne de l'infâme Halligan seront bientôt exorcisés, et Steve retournera dans le droit chemin. C'est un roman de fuite, la fuite arrêtée à mi-course et inversée. La conclusion optimiste reflète peut-être la vie heureuse de Simenon à Shadow Rock Farm.

Les Frères Rico fut probablement le roman « américain » de Simenon qui connut le plus grand succès. La critique lui réserva un accueil élogieux tant en Amérique qu'en Europe et l'ouvrage fut adapté par Hollywood en 1957. Simenon lui-même en fit grand cas dans l'interview qu'il accorda à *Paris Review*. Pour lui cette histoire était avant tout celle d'un homme qui pourrait être très bon mais qui ne recule devant rien pour garder sa place au soleil. « J'ai essayé de raconter les choses très simplement. Et, vous savez, il n'y a pas une seule phrase " littéraire ". C'est comme si c'était un enfant qui avait écrit. » C'est l'histoire d'Eddie Rico, qui, avec ses frères, a gagné ses galons dans « l'Organisation », et règne en maître sur son « territoire », sur la côte de Floride (certains détails évoquent Bradenton Beach). La vie confortable d'Eddie se disloque lorsque son jeune frère Tony abandonne « l'Organisation ». Envoyé à sa recherche, Eddie se refuse à voir qu'il joue le rôle du rabatteur pour les tueurs de la Mafia. C'est Tony qui, dans une scène intense, l'oblige à regarder la vérité en face. Contraint de participer au meurtre de son frère, Eddie retourne ensuite chez lui : son « territoire » est intact, mais lui est moralement anéanti.

C'est dans *La Mort de Belle* que l'on retrouve le plus le cadre de Lakeville. Le roman plut beaucoup à Henry Miller, et c'est peut-être l'un de ceux que Simenon estime le plus – il y fait probablement allusion lorsqu'il parle d'un « important roman en cours » dans une lettre à Renoir en 1952. Il traite de cette exclusion graduelle d'une communauté que craignait tant Eddie Rico. Spencer Ashby, héros et narrateur, est bien intégré dans une petite ville du Connecticut où il est professeur d'histoire (Simenon s'est inspiré d'un de ses amis qui enseignait l'histoire à Hotchkiss). Une adolescente, Belle, que sa femme et lui hébergent depuis un mois, est violée et étranglée une nuit dans sa chambre.

Et peu à peu arrive l'inimaginable : la police, incapable de trouver le coupable, se met à soupçonner Ashby. Confronté à lui-même, il en vient à se demander s'il n'y a pas quelque chose en lui qui aurait pu le pousser à un tel acte. Il conclut que, malgré les apparences, il n'a jamais réellement été intégré à la société. L'histoire a un dénouement inattendu : Ashby s'enivre, rencontre une secrétaire aux mœurs légères et, incapable de faire l'amour avec elle sur le siège arrière de sa voiture, l'étrangle. Il devient ainsi ce que les autres le soupçonnent d'être, ou ce qu'il croit qu'on le soupçonne d'être.

Le dernier des romans « américains » de cette période du Connecticut est *L'Horloger d'Everton*. L'ouvrage est exemplaire de la « compréhension » simenonienne qui incite à rechercher la vérité profonde d'une situation traumatisante. Dave Galloway, paisible horloger d'une petite ville de l'État de New York, veut comprendre ce qui s'est passé : son fils, Ben, s'est enfui avec une fille et la police le recherche pour un vol et le meurtre d'un homme. « L'action » du roman, c'est la rencontre, aux sens propre et figuré, du père avec son fils. Dave Galloway parvient à comprendre la destinée de son enfant.

Durant les dix années qu'il passa en Amérique, Simenon retourna seulement deux fois en Europe. La première, en 1952, à l'occasion de son élection à l'Académie Royale de langue et de littérature françaises de Belgique. Malgré son dédain affiché pour ce genre d'honneurs, il n'en était pas moins secrètement heureux – comme il le fut quand des rumeurs circulèrent à propos de son élection à l'Académie française ou lorsqu'on parla de lui pour le prix Nobel. Pendant la traversée à bord de l'*Ile-de-France*, Boule eut le mal de mer, Simenon s'amusa beaucoup, et Denise moyennement. Il refusa de la laisser danser avec qui que ce soit, mais lui-même s'intéressa de près à une jolie dame qu'il surnomma la « Petite Baronne », ce qui fut l'occasion d'une autre expérience sexuelle de groupe que Denise et Simenon racontèrent l'un et l'autre. Un soir, la Petite Baronne arriva dans leur cabine et se déshabilla. Simenon en fit autant et convainquit Denise de se joindre à eux. Simenon, au plus haut de sa forme, passa de l'une à l'autre pendant une heure. Alors qu'il était sur le point de jouir dans la Petite Baronne, celle-ci s'écria « Non ! Pour elle ! » – et il revint à Denise. Il mentionna souvent cet épisode comme l'exemple d'une générosité remarquable, convaincu que Denise l'avait apprécié à sa juste mesure, ce qui apparemment ne fut pas le cas.

A leur arrivée au Havre, ils furent accueillis par des admirateurs qui scandaient « Sim-e-non ! Sim-e-non ! ». Denise, canadienne française, pleura, dit-on, en touchant pour la première fois le sol français. Elle fit la une de *France-Soir* en déclarant très élégamment qu'elle attendait depuis trois cents ans le moment de retrouver la France. L'heure était propice aux déclarations solennelles et aux grands gestes. Ils allèrent à Bruxelles et, au moment de franchir la frontière belge, Simenon arrêta la voiture et prit Denise dans ses bras avant d'entrer dans son pays natal. Ils s'arrêtèrent d'abord à Liège, où, arrivé avec un jour d'avance, Simenon fit une visite surprise à Henriette : il fut ému de revoir les meubles de son enfance mais mécontent – il n'a jamais supporté la trahison d'aucune de « ses » femmes – de les retrouver à côté de ceux du « Père André », le deuxième mari de sa mère, à présent décédé. Son vieil ami Victor Moremans avait programmé pour son bref passage à Liège une série de réceptions, d'interviews et de réunions avec de vieux amis. « Mon petit Sim !... je n'espérais plus [9]... » s'écria en le serrant très fort dans ses bras un Joseph Demarteau à la barbe chenue.

A Paris, les Simenon furent happés par un tourbillon de galas offerts en leur honneur. Le père du célèbre commissaire fut reçu à la préfecture de police, dans les services de la P.J. où trônait en l'honneur de Maigret un vieux poêle en fonte. Marcel Achard offrit un dîner auquel il avait convié les intimes : Pierre Benoit, Marcel Pagnol, Fernandel, Joseph Kessel, Maurice Garçon et d'autres. Les Simenon partirent ensuite pour quelques jours à Milan où ils furent reçus par son éditeur italien, Arnoldo Mondadori. Au retour, ils s'arrêtèrent à Monte-Carlo pour honorer un autre gala extravagant donné dans la superbe résidence de Pagnol sur les hauteurs de la ville, et ce soir-là, Jean Cocteau, un autre vieil ami, fit une entrée étudiée – il était arrivé en dernier –, lançant un théâtral « Mes chéris, je suis là [9] ! » De retour à Paris, il y eut encore un grand dîner à *La Boule Blanche,* organisé par Nielsen en commémoration du Bal anthropométrique. Simenon se sentit au mieux de sa forme d'un bout à l'autre de son séjour. Le dernier jour, alors que Denise était en train de faire les valises, il fit l'amour avec trois ou quatre femmes. « Ça, c'est de la sexualité à l'état pur [10] », commenta-t-il. Plus tard, il avouera avoir été pris durant ce voyage d'une véritable frénésie sexuelle.

Le deuxième voyage eut lieu à l'automne 1954. Il s'agissait surtout de s'occuper de la promotion de ses ouvrages en Angleterre. Denise était « radieuse », Simenon visiblement morose au milieu des reporters, des journalistes, des critiques et, à Oxford et à Cambridge, des universitaires – à l'exception d'une soirée chez Hamish Hamilton durant laquelle il entreprit de lutiner une accorte jeune demoiselle dans les escaliers. Ils allèrent ensuite à Paris pour rendre visite aux Renoir et aux Pagnol, et Simenon montra à Denise tous les endroits où il avait vécu : les premiers hôtels, le bar où il avait dévoré douze croissants, etc. Ils rentrèrent à Shadow Rock Farm à la mi-novembre et tout donnait à penser qu'ils y demeureraient encore longtemps.

Vers la fin février 1955, Hamish Hamilton (« Jamie ») fit une visite à Lakeville, et dans le courant de la conversation demanda à l'écrivain ce qui le retenait en Amérique. Simenon se contenta d'une réponse assez vague, mais, peu après, il annonça à Denise : « Nous partons. » Lorsqu'elle lui demanda pour combien de temps, il répondit « Pour toujours [11] » et s'enquit du temps qu'il lui faudrait pour préparer leur départ. Le 19 mars 1955, les cinq Simenon et Boule s'embarquèrent à bord de l'*Ile-de-France*. Tigy, qui préférait prendre son temps pour achever le déménagement, les rejoindrait plus tard. Il garda Shadow Rock Farm pendant encore plusieurs années. Cinq ans après son départ, il écrivait à propos de son séjour de dix ans en Amérique :

> « Les seules années de ma vie que j'aimerais revivre, Sainte-Marguerite, le Nouveau-Brunswick, la Floride, l'Arizona, Carmel et enfin cette maison de Lakeville que je garde sans raison, par sentiment [12]. »

14

Fissures
1955-1963

Le retour de Simenon en Europe pouvait certes apparaître comme une lubie, mais c'était aussi la conscience que quelque chose était en train de changer et, quoi qu'il se passât, il fallait le marquer – ou le préparer – par un changement de lieu radical. Après tout, n'était-ce pas ainsi qu'il avait toujours manifesté tout changement ? En fait, son second mariage se détériorait et Simenon se sentait profondément insatisfait, ce qu'il s'efforcerait pourtant, pendant des années, de cacher au public comme à la plupart de ses amis, préférant donner l'image d'un homme comblé par une réussite grandissante et un parfait bonheur personnel. Toute sa vie il avait agi ainsi, et le même schéma se retrouvait dans l'écart incongru entre sa vie énergique et triomphante et l'atmosphère lugubre de la plupart de ses romans. Cette dualité reflétait une sorte d'existence à deux niveaux, dans laquelle le manque et la plénitude cohabitaient depuis toujours. A Liège, déjà, le « chouchou » du professeur bouillait de rancœurs, et l'adolescent infatué de ses premiers succès dissimulait sous des airs satisfaits sa honte, son malaise et sa culpabilité.

Il y eut quelque chose de triomphal dans son retour d'Amérique. Les Simenon débarquèrent avec dix-sept malles, un break Dodge blanc, et un caniche nommé Mister (il remporte un premier prix dans un concours canin et il devint « Mystère » pour nombre de journalistes, qui pensaient qu'il avait quelque chose à voir avec Maigret).

Après un bref séjour à Paris, ils descendirent en Dodge sur la Côte d'Azur et s'installèrent dans une vaste villa nichée sur les hauteurs de Mougins, entourée de rhododendrons, de lauriers-roses et d'eucalyptus. A l'automne ils s'installèrent dans une autre villa, Golden Gate, à Cannes, et Marc vint vivre avec eux : « Tigy m'écrit une charmante lettre pour me dire qu'à l'âge de Marc, elle ne peut plus lui être utile et que c'est de son père qu'il a besoin[1]. » Tigy se retira dès lors complètement de la vie de Simenon, restant cordialement distante, et, quelque temps après, s'installa dans la maison de Nieul où elle vécut jusqu'à sa mort.

Simenon et Denise passent deux ans sur la Côte d'Azur et poursuivent leur vie très active et scintillante : ils voyagent beaucoup, fréquentent les célébrités du cinéma et de la littérature, et donnent de gigantesques fêtes à Golden Gate. On les voit souvent au George V à Paris, au Savoy à Londres, parfois à Rome, à Venise, et même à Bruxelles et à Liège. Un été, voulant faire revivre son passé, Simenon loue un yacht, embarque toute sa famille et vogue jusqu'en Belgique et en Hollande en empruntant les canaux. Durant ces deux années, il se consacre, bien sûr, à son travail littéraire et para-littéraire : il écrit une douzaine de romans, soigne ses relations publiques et sa publicité, donnant entre autres une avalanche d'interviews, et collabore volontiers à des projets de cinéma, de télévision, et même de ballet. Au début de l'année 1956, il donne une interview dans laquelle il précise les circonstances qui l'ont amené à s'intéresser à ce projet de ballet :

> « – Mais dites-moi, cette année, non seulement vous faites vos premiers pas dans le cinéma, mais vous avez écrit votre premier ballet.
> – C'est vrai. Là encore, je me suis laissé séduire. Un jour, je reçois un coup de téléphone de Roland Petit :
> » – Il faut absolument que vous m'écriviez un ballet.
> » – Expliquez-moi d'abord ce que c'est.
> » – D'accord, j'arrive.
> » Il saute dans le train de nuit, débarque chez moi et repart le lendemain avec quatre pages que j'avais tapées pendant la nuit, après qu'il m'eut expliqué de façon lumineuse ce qu'était un ballet[2]. »

Parmi ses amis de l'époque, Henri-Georges Clouzot est, comme Renoir, toujours en train d'échafauder des projets d'adaptation à l'écran de ses romans dont aucun ne se concrétise. Simenon, qui ne s'intéresse plus à ce genre de choses – sauf, bien sûr, à l'argent que cela pourrait lui rapporter –, s'en amuse, et ne se formalise pas si les projets échouent. Une seule fois il acceptera d'écrire l'adaptation d'un de ses romans pour un producteur américain, à la condition toutefois qu'il n'ait pas à relire son roman – quelqu'un le fera à sa place et lui en donnera un résumé – mais ce projet, lui non plus, n'aboutit pas.

En 1956, Simenon et Denise décidèrent de s'installer en Suisse, tant pour des raisons géographiques que fiscales, et choisirent la région de Lausanne. En juillet 1957, ils jetaient leur dévolu sur le château d'Echandens, près de Lausanne, qui sera leur résidence pendant sept ans. Echandens deviendra le sujet de prédilection de la presse féminine française qui en fournira des descriptions émerveillées. *Marie-France* rapporte que tout le rez-de-chaussée est réservé à « l'usine Simenon » : outre la bibliothèque remplie de ses propres ouvrages et son bureau (avec les soixante-quinze pipes, les cinq douzaines de crayons soigneusement taillés dans leur pot en cuir rouge, la boule en or massif que Denise lui a offerte pour flatter son sens du toucher), on y trouve le bureau de Denise et, attenant, celui de Joyce Aitken (la jeune femme efficace qui devint la principale collaboratrice de Denise et qui, plus tard, prendra en main le « secrétariat » de Simenon). Le magazine *Elle* ajoutera à cette description celle du système d'interphone, baptisé par la revue « l'interphone de l'amour », parce que son reporter a entendu Denise appeler de l'étage : « Mon amour ? Tout va bien ? A tout à l'heure. »

Le nombre de gens à leur service augmente au fur et à mesure de leur installation. A Echandens, il passe de six en 1957 à onze en 1961. C'est Denise qui donne les ordres, et plus tard, Simenon prétendra qu'il était horrifié par la mesquinerie de la discipline quasi militaire qu'elle imposait à tous. Il rapportera entre autres qu'elle avait interdit au personnel de marcher dans le jardin, de frapper à sa porte, de faire du bruit, de s'adresser à lui en le croisant, et même de le dévisager. Mais tout cela n'empêche pas le côté brillant de sa « vie à deux niveaux » de bien se porter.

En 1957, Jean Renoir lui écrit : « La nature t'a donné le don de jouir de la vie, de t'en enivrer sans enlever la faculté d'isolement, nécessaire aux créateurs. »

Son admirateur le plus fidèle, Henry Miller, lui rend visite en 1960 et témoigne avec enthousiasme de sa bonne humeur :

> « Je l'ai vu détendu, sans souci (ou bien jouait-il un rôle ?). J'ai vu le mari et le père, et l'ami qui se mettait à ma disposition tel un monarque débonnaire, hautement civilisé.

...Le bébé faisait ses dents, la cuisinière piquait des crises, Mme Simenon n'avait pas eu plus de trois ou quatre heures de sommeil par nuit... Notre Simenon, pour sa part, était comme un oiseau dans son nid. Il n'avait qu'à siffler, et tout lui était pourvu... Comme nous disons en Amérique, il mène la vie de Reilly, ce qu'on appellerait en France une vie de cocagne...

Avec Simenon, j'ai eu le genre de conversation que j'apprécie le plus : je veux dire, parler pour le plaisir de parler... Pas de hache à affûter, pas de but à atteindre, pas de convictions à imposer. Je me suis aperçu que j'écoutais comme j'aurais écouté de la musique d'orgue. Surtout, j'étais impressionné par l'étendue des connaissances qu'il révélait, et cela... sans la moindre ostentation.

C'est un homme mûr, qui a goûté à tout et en a extrait le jus... quelqu'un qui ne juge ni ne condamne jamais, qui est constamment en harmonie avec le rythme de la vie. »

Simenon présente Miller à Charles et Oona Chaplin, ses voisins à Lausanne, avec lesquels il est très lié. Dans une lettre ouverte à Blaise Cendrars, Simenon considère le quatuor Cendrars, Miller, Chaplin et lui-même comme une sorte de fratrie rayonnante et créatrice de non-conformistes.

Ce que Simenon partage clairement avec Miller, de même d'ailleurs qu'avec Chaplin et Cendrars, c'est une sexualité hyperactive. Les liaisons régulières sont rares ou ne sont pas révélées. Simenon préfère raconter les petits coups à la sauvette : par exemple, la secrétaire qu'il se met à masturber, gentiment, sans façon, en plein milieu d'une dictée. Elle atteint tranquillement son orgasme et la dictée reprend à l'endroit où elle a été interrompue – un rituel quotidien qui durera plusieurs semaines. Cette expérience est à l'origine de l'un de ses plus bizarres romans d'aliénation, *Les Complices*, dans lequel Joseph Lambert cause un terrible accident qui entraîne la mort de tous les enfants à bord d'un bus scolaire. Joseph n'a pas fait attention à la route, car il masturbait sa secrétaire tout en conduisant.

Durant son séjour sur la Côte d'Azur, Simenon connaît une période « strip-tease ». Il fréquente les boîtes de Cannes et devient l'ami de nombreuses strip-teaseuses. L'une d'elles, une non-professionnelle que son propre show excite jusqu'à l'orgasme, coupe le souffle au public, à l'orchestre et, bien sûr, à Simenon. Il ira la voir, soir après soir, fera sa connaissance et, après avoir fait l'amour avec elle, conclura que ses orgasmes en public sont plus intenses que ceux qu'il provoque. Son expérience avec cette fille, entre autres, est à l'origine de

Strip-Tease, écrit en 1957 à l'instigation de Clouzot qui voulait en faire un film. Comme souvent, il transposera l'atmosphère de l'histoire : ce qui était une curiosité somme toute bénigne et joyeuse devient dans le roman un sordide mélodrame de la désintégration.

Financièrement, l'usine Simenon tourne certainement à plein régime. Somerset Maugham, qui lui rend visite à plusieurs reprises, lui donne des conseils pour obtenir le maximum d'argent dans la négociation des droits d'adaptation cinématographique de ses romans – des conseils que Denise va suivre à la lettre, tant et si bien que Simenon finira par le regretter après avoir acquis la réputation d'être trop cher. On mentionne, ici et là, des chiffres extravagants qui, même s'ils ne sont pas tous exacts, donnent malgré tout une idée de l'ampleur de sa réussite : 200 millions d'exemplaires vendus, des traductions en vingt-huit langues, 11 millions de dollars au seul titre des droits d'auteur, un Simenon publié dans le monde tous les trois jours... En 1960, il « loue » Maigret à la B.B.C. pour la coquette somme, rapporte-t-on, de 2 800 000 dollars, pour une durée de sept ans (bien qu'il ait trouvé que Denise avait complètement raté la négociation du contrat : elle avait bu et l'agent était douteux). C'est Rupert Davies qui a été choisi pour jouer Maigret, et il viendra passer quelque temps avec Simenon pour se mettre dans la peau de son personnage. Il a du mal à visualiser comment Maigret se comporte avec sa femme en rentrant chez lui. Davies optera finalement pour une tape sur les fesses.

Malgré son indifférence affichée pour le cinéma, Simenon est élu président du jury du Festival de Cannes en 1960 et il se révélera être un juge aux convictions très arrêtées. Il décide immédiatement que *La Dolce Vita* mérite la palme d'or. Il n'aura aucun mal à convaincre Henry Miller (qui fait lui aussi partie du jury mais passe son temps à jouer au ping-pong – il votera, pour le principe, comme Simenon), puis, n'admettant ni compromis ni alternative, s'obstinera à convaincre les autres membres du jury. Denise semble avoir été particulièrement active pendant tout le festival, rivalisant avec les stars pour arriver la dernière aux projections. Marcel Achard écrit à Simenon : « Il paraît qu'on appelle le Festival 1960 le Festival Denise. »

Ainsi, à un certain niveau, tout semble aller pour le mieux. Il n'a que louanges pour sa femme et vante « le couple » et « la famille » à tous les journalistes de passage à Echandens. Dans un article intitulé « Ces extraordinaires Simenon », avec en sous-titre « Nous sommes assez fous pour être encore amoureux », il déclare entre autres : « Quand on me demande mon métier, je réponds " mari et père de famille ". Si on me demande mon violon d'Ingres, j'ajoute " romancier " [3]. » En mai 1959, la naissance d'un autre fils, Pierre, renforce son idéal familial. Il se voit, dès lors, en patriarche entouré des siens – un vieux rêve dont Tigy l'avait frustré. C'est pour lui une manière de recréer l'ancien clan Simenon.

En surface, le succès est donc éclatant. Simenon est un peu dans la même situation que F. Scott Fitzgerald qui, en 1923, dans une interview parue sous le titre « Ce qu'un romancier *flapper* pense de sa femme » disait de Zelda : « Elle est l'être le plus charmant du monde... Elle est parfaite. » Mais ce qui se tramait sous les apparences est bien connu aujourd'hui. Et ce n'est probablement pas un hasard si la lecture de *Zelda*, de Nancy Milford, en 1973, met Simenon mal à l'aise. Il est choqué notamment par la soif de réussite de Zelda et, après qu'elle a échoué, par son besoin, aux yeux de Simenon, de « détruire son mari [4] ».

En fait, le mariage de Simenon, qui n'avait jamais cessé d'être tumultueux, a commencé à se briser à Echandens. Dans *Un oiseau pour le chat,* Denise l'accuse de s'être mis à boire et de l'avoir agressée verbalement et physiquement. Elle raconte par exemple que, s'étant réfugiée dans la chambre de Boule pour lui échapper, il s'était mis à tambouriner contre la porte en proférant des menaces de mort, jusqu'à l'arrivée du Dr Pierre Dubuis qui, se rendant compte que Simenon n'était plus qu'une brute malade, l'avait endormi en lui faisant une piqûre. Il rejettera ces accusations et, à son tour, la chargera de tous les maux : elle aurait proclamé devant le personnel, « tout en me regardant haineusement : "Je sais que j'ai été une putain, que je suis encore une putain, que je serai une putain toute ma vie " [5] » ; elle aurait fait venir les domestiques dans sa chambre à lui tandis qu'il dormait, abruti d'alcool, en leur disant : « Voilà votre patron ! » ; elle aurait rejeté de tendres avances sexuelles de sa part ; elle aurait retenu une équipe de la télévision italienne sous prétexte de leur offrir un verre et, après avoir trop bu, se serait mise à danser le french-cancan sur une table devant ses hôtes gênés ; et bien d'autres choses...

Leur guerre de trente ans culminait en un duel à l'artillerie lourde. Quelle que soit la justesse des allégations de Denise, Simenon avait déjà reconnu autrefois qu'il avait des tendances violentes :

> « Tout enfant, aussi loin que je me souvienne, j'ai été si affecté qu'il m'arrivait de sangloter tout seul ou de serrer les poings de rage, d'impuissance – et cela m'arrive encore à cinquante-huit ans [6]. »

Et, parlant de ses disputes conjugales, il écrira :

> « Une fois, au moins, j'ai sorti mon pistolet de sa boîte [7]. »

L'adulte avait gardé la colère de l'enfant. Certains épisodes de son adolescence révèlent que la sexualité était pour lui davantage l'occasion d'une revanche que d'un plaisir. Que Denise le rejette le touchait certes cruellement mais, plus encore, excitait sa colère : ce qu'il concevait, lui, comme de tendres avances sexuelles, pouvait fort bien être chargé de violence.

Il est évident que Denise avait atteint un stade de dépression aiguë, et que Simenon, quel que soit son comportement, ne pouvait rien y changer. Si elle attribuait son état de santé au fait qu'elle travaillait trop et aux accès de colère de Simenon, d'autres se rappelaient l'avoir toujours connue très nerveuse, et pour ceux-ci il était clair que son état n'avait fait qu'empirer.

Selon Helen Wolff, Denise était déséquilibrée dès le début des années soixante et constituait une gêne plutôt qu'une aide dans la gestion des affaires de son mari.

L'attitude de Simenon envers ses problèmes passa de la compassion à l'hostilité. Vue sous l'angle de la compassion, Denise avait un besoin névrotique d'être la meilleure, de prouver au monde entier qu'elle pouvait tout réussir ; s'efforçant d'atteindre la perfection mais intrinsèquement faible, elle s'était peu à peu enfoncée dans la névrose ; il avait tenté de la sauver en l'aidant à se forger une image de gagnante mais ç'avait été une erreur. Vue sous l'angle de l'hostilité, elle était une malade mentale dès le départ ; c'était elle, et non lui, qui était alcoolique ; elle s'était insinuée dans ses affaires en dépit de sa totale incompétence et lui avait causé beaucoup de tort ; il avait été assez stupide, au début des années soixante, pour l'aimer et pour la plaindre alors qu'elle n'éprouvait plus pour lui que de la haine. Cette attitude d'hostilité se développa au fil des ans.

Au moment de la dépression nerveuse de Denise, il n'est question que de sa fatigue et des effets de celle-ci : « Denise a été très fatiguée cette fin d'année et est entrée en clinique pour toute une série de tests. Ceux-ci n'ont révélé qu'une dépression causée par trop de soucis et de travail [8] », écrit-il à Renoir. Marcel Pagnol, ayant pris connaissance des « tristes nouvelles » concernant Denise, lui exprime sa compassion, attribuant lui aussi son état au surmenage. Simenon semble avoir été sincèrement perplexe quant aux causes de cette dépression : « Qu'ai-je dit qui a provoqué une crise aussi douloureuse ? Je n'en sais rien. Je cherche en vain. Elle est là, abattue, à bout, et tout ce que je dis la heurte ou la blesse. Hier, avant-hier, je croyais que nous refaisions surface. Ce matin, tout est à recommencer [9]. »

En 1958, l'année où ses problèmes conjugaux prirent un tour vraiment critique, Simenon écrivit *Le Passage de la ligne*. C'est un roman curieusement autobiographique dans lequel un personnage fictif, Steve Adams, quitte sa province pour Paris et y fait fortune. Dans une conclusion bâclée en quelques pages, Steve fait, en 1950, un mauvais mariage – « la période la plus troublée de ma vie ». Il fuit sa femme, qui demande alors le divorce et l'attaque en justice pour lui soutirer de l'argent. Steve va renoncer au luxe pour se retirer et vivre une vie modeste dans un village en Normandie – étrange anticipation de la fiction sur la réalité. Dans la dernière page du roman, Steve révèle qu'il consulte un psychiatre, détail peut-être signifiant et qui, en tout cas, relancera le débat à propos des graves problèmes que Simenon allait connaître bientôt. Est-ce un signe des temps ? *Dimanche,* roman écrit aussi en 1958, est un inventaire détaillé – presque un mode d'emploi – de ce qu'il faut faire pour empoisonner sa femme sans être pris.

Cette crise conjugale de la fin des années cinquante et du début des années soixante n'était que la manifestation principale d'une insatisfaction plus profonde sur laquelle il y a beaucoup de témoignages. Pendant cette période, Simenon va faire l'expérience de l'impensable : le blocage de l'écrivain. Un matin, il commence un roman, mais, en milieu de matinée, il déchire son premier chapitre ; cela ne s'était jamais produit. Il en est très affecté et il frôle peut-être, lui aussi, la dépression, craignant d'avoir perdu sa créativité. Le découragement l'assaille, il est désemparé pendant quelque temps, puis se force à écrire *Maigret aux assises* (dédié à Denise). En fait, il ne sera resté que quatre mois sans écrire – une simple pause pour n'importe quel autre écrivain.

Néanmoins, il se sent dans une ornière, et il est très mécontent de son travail de l'année 1959-1960. Il écrit un Maigret, mais pense qu'il perd son temps, qu'il aurait dû écrire un « vrai roman ». Il écrit au moins un roman à la main, *Les Autres,* expliquant : « Je n'ai pas eu le courage de taper à la machine ce matin [9]. » Il le donnera à taper à Denise. En fait, il écrit mieux quand il se sert de la machine à écrire : le seul aspect intéressant de ce roman est que c'est la version romancée que donne le héros de ses ennuis avec sa morne famille, ennuis qu'il a déjà décrits sous la forme plus intime d'une autobiographie détruite parce qu'un « célèbre écrivain » auquel il l'avait envoyée l'avait jugée d'un exhibitionnisme indécent. Le rapport avec le problème d'écriture de Simenon est indirect mais curieux.

Après le Festival de Cannes, il décide d'écrire un roman « plein de soleil » mais abandonne au bout de trois pages. Il écrit *Maigret et les vieillards,* qu'il considère comme son meilleur Maigret, mais, bizarrement, il a éclaté en sanglots en pleine composition. Le roman « ensoleillé » arrive, c'est *Le Train* – il en a reculé l'écriture pendant des semaines, le temps de résoudre les problèmes que lui pose le personnage principal, Marcel. Séparé de sa femme et de son enfant pendant l'exode des premiers jours de la guerre de 40, Marcel est libéré de son désespoir par la rencontre dans le wagon d'un train de marchandises d'un groupe de réfugiés parmi lesquels une « femme en noir », une juive. C'est le côté « ensoleillé ». Malgré sa découverte des valeurs communautaires au milieu de ces réfugiés et l'attrait qu'il ressent pour la « femme en noir », son ancienne mentalité va vite refaire surface : après avoir retrouvé sa femme, il rentre chez lui et reprend sa petite vie bourgeoise. La « femme en noir » réapparaît un peu plus tard, elle combat dans la Résistance, et, dans une conclusion dramatique, est tuée après avoir vainement sollicité l'aide de Marcel.

Sa mauvaise humeur littéraire conduit parfois Simenon à se sentir négligé par la presse, incompris même des critiques qui lui sont le plus favorables, et amer devant la curiosité de ses lecteurs vis-à-vis de sa réussite financière – ils le considèrent comme le gagnant d'une « loterie littéraire ». A d'autres moments, il a le sentiment d'être moins un écrivain qu'une espèce de star, et a envie de tout laisser tomber : « Et tant pis si dans vingt ans, dans trente, mes romans moisissent dans les greniers [9]. » (Cependant, peu de temps après, il écrit aussi : « Il est entendu que je crois à l'importance de ce que je fais, sinon je n'aurais pas écrit pendant quarante ans [9]. ») Le 12 octobre 1960, il finit le lugubre *Betty*, qu'il avait pensé intituler « Le Cauchemar ». Ce roman est inspiré des propos plus ou moins décousus que lui avait tenus une femme qu'il avait rencontrée dans un bar à Versailles. Betty est alcoolique, voyeuse, exhibitionniste, dépressive. C'est une nymphomane paranoïaque, qui a commencé bas dans la vie et finit encore plus bas.

Les carnets de 1960-1963, publiés en 1970 sous le titre *Quand j'étais vieux*, sont à la fois le résultat et la transcription de tout ce qui le tourmente. Rendu nerveux par ses récents échecs et s'interrogeant sur la valeur de ses romans, Simenon se tourne une fois de plus vers l'autobiographie – ce ne seront pas des mémoires, mais une sorte de journal de sa vie quotidienne. Il se sent vieux ; sept ans après, quand il publie ces carnets, la crise est passée et il leur donne ce curieux titre : *Quand j'étais vieux*. Plus tard, il désavouera le ton de certains passages, prétendant que Denise lisait par-dessus son épaule pendant qu'il écrivait, ce qui l'aurait empêché d'être authentique ; il finira même par renier totalement cet ouvrage. Néanmoins, si on ne peut pas le prendre pour argent comptant, on ne peut pas davantage attacher grande foi à ce désaveu écrit par la suite dans un moment d'amertume.

S'il doute de temps à autre de la valeur de son œuvre, Simenon continue toutefois à revendiquer son statut de romancier et à se prononcer sur la fonction sociale du roman. Ces efforts aboutissent à un long essai, intitulé *Le Roman de l'homme*. L'ouvrage, publié en 1959, passe inaperçu et cela le déprime beaucoup. Il est vexé que seul *Paris-Presse* lui ait consacré un article et, qui plus est, pour ne rapporter que l' « histoire de Charlie Chaplin », qu'il a déjà racontée des dizaines de fois. Un soir qu'il était avec Chaplin, la conversation s'étant engagée sur les besoins accrus de la société en psychiatres et en maisons de repos, Chaplin avait alors remarqué que tous deux avaient beaucoup de chance : chaque fois qu'ils commençaient à « perdre la boule », ils faisaient un film ou un roman, et ils étaient même « payés pour ça ». L'anecdote n'avait pas tant pour but d'expliquer le mystère de l'art que de souligner le fait qu'il y *avait* un mystère en lui donnant une explication farfelue. Dans un accès de mauvaise humeur, Simenon démentira l'histoire : « Je suis un homme heureux. Je n'écris pas pour me guérir de mes complexes [9]. » (D'un autre côté, il répétera dans des dizaines d'interviews qu'il commençait un roman précisément au moment où il éprouvait une certaine instabilité, parce qu'il « ne se sentait pas bien dans sa peau ».) On retrouve dans *Le Roman de l'homme* cette vieille idée simenonienne qui veut que le roman trouve sa source dans la peur, que la fiction permet d'affronter les menaces et l'angoisse. Il contient une esquisse d'histoire littéraire : après avoir traité des dieux, des héros, des puissants, des nobles, et de l'homme ordinaire, le roman serait prêt à traiter de « l'homme nu ». Cette partie sur l' « histoire littéraire » est des plus réduites, mais Simenon en profite cependant pour attirer l'attention sur la place qu'il pense y occuper.

Ces découragements tant littéraires que domestiques ne font pas de la fin des années cinquante une période moins féconde que les précédentes. En ce qui concerne les romans-romans, le déblocage s'accomplit avec l'écriture de *L'Ours en peluche,* où l'on peut facilement lire le trouble qui agite Simenon. Le Dr Chabot est un homme qui a réussi dans son métier, il a beaucoup de relations, gagne beaucoup d'argent, mais il sent que tout cela est factice, et qu'il trahit ainsi le milieu des « petites gens » dont il est issu.

Sa secrétaire et maîtresse, qui rappelle Denise, le trompe avec un étudiant en médecine. Chabot hésite entre le meurtre et le suicide, et, presque par hasard, opte pour le meurtre. Simenon, dans l'une de ses rares interprétations, déclara que, psychologiquement, Chabot et lui étaient interchangeables. Chabot est ce que Simenon aurait pu devenir : un médecin, un marginal, un médecin marginal. Ce roman contient quelques bonnes scènes et descriptions de personnages, mais n'est pas un livre aussi réussi que semblent le croire Simenon, quand il se plaint que des journalistes le jugent « au-dessous de ce qu'ils appellent mes grands livres », ou Nielsen, qui a dit à Marcel Achard que c'était probablement le chef-d'œuvre de Simenon.

L'Ours en peluche a été écrit en 1960. Il est tentant de considérer qu'*En cas de malheur,* écrit quatre ans et demi auparavant, constitue une première exploration des mêmes problèmes personnels qui l'ont affecté durement à la fin des années cinquante. Là aussi, le protagoniste, Gobillot, grand avocat qui a brillamment réussi, examine les fissures qui courent sous le vernis de son succès. Le procédé est ingénieux :

Gobillot, qui a acquis sa réputation en défendant des cas impossibles, décide d'ouvrir un dossier intitulé « Moi »; bien décidé à extraire sa propre vérité, il y mettra le même acharnement que lorsqu'il traque la vérité chez ses clients, qui commencent toujours par se dérober. Si le problème de Gobillot (son obsession sexuelle pour une nymphette de vingt ans) ne correspond pas à ceux de Simenon, sa vie, à bien des égards, rappelle la sienne – en particulier sa femme, nerveuse et énergique, ambitieuse et parfaite hôtesse, très tolérante envers ses aventures féminines. Le caractère de Gobillot est bien campé mais il aurait été plus convaincant s'il avait été plus désagréable. S'il ne l'est pas, c'est probablement parce que Simenon s'est, plus que de coutume, projeté dans ce personnage. Gobillot est un homme sensible et très humain, mais se conduit comme un galopin – un peu comme Simenon.

Les deux chefs-d'œuvre incontestés de cette période marquée par la crise de la fin des années cinquante sont *Le Président,* écrit en 1957, et *Les Anneaux de Bicêtre,* en 1962. Comme si, après avoir produit un « grand livre », il se laissait ensuite aller pour émerger enfin, triomphant, avec un autre. Les deux ouvrages, une fois de plus, reprennent le thème de la remise en cause d'une réussite. La genèse du *Président* est bien connue : une gravure représentant un paysage marin avait fait renaître les souvenirs d'un séjour en Normandie, puis d'une vieille demeure dont il s'était demandé qui pouvait bien y vivre, ce qui l'avait amené à évoquer Georges Clemenceau qui finit sa vie dans une maison de campagne, en Vendée.

Il décide d'écrire un roman mettant en scène un ancien Premier ministre et, comme d'habitude, se met à feuilleter des annuaires téléphoniques pour lui trouver un nom, mais il décide pour finir de le garder anonyme. Consultant ses cartes géographiques pour lui donner une ville de naissance, il choisit Évreux, en Normandie, et consulte alors les statistiques la concernant. Puis, sur son inévitable enveloppe jaune, il esquisse l'entourage du vieil homme : le secrétaire, le cuisinier, la bonne, l'infirmière et un chauffeur, probablement un espion placé à ce poste par le gouvernement pour mieux le surveiller. Il attribue à chacun une biographie détaillée. Enfin, il se demande ce qu'un ancien Premier ministre en retraite peut bien faire de ses journées et conclut qu'il ne peut qu'écrire des mémoires comportant un certain nombre de révélations très embarrassantes pour le gouvernement. Le vieil homme en veut aux gens actuellement en place de l'avoir évincé. Et c'est ainsi qu'une histoire se dessine. Cela donnera un bon roman, avec un point de vue stable et une intrigue subtile, pleine de suspense.

Chalamont, qui a été autrefois son protégé, est sur le point de former un nouveau cabinet. Le vieil homme, qui s'était juré naguère de l'en empêcher, détient un document compromettant. Il se demande à présent s'il va ou non saboter Chalamont. Durant cette soirée critique, il est suspendu aux nouvelles que diffuse heure par heure la radio. La tension monte quand il entend quelqu'un fureter autour de la maison : on vient sans aucun doute pour mettre la main sur le fameux document. Il s'attend à voir arriver Chalamont, mais Chalamont ne vient pas et le gouvernement est formé. Le vieil homme se demande si les gens de Chalamont n'ont pas volé le document, mais il est toujours là : c'est cela même – nuance toute jamesienne – qui le trouble le plus. En fait, les agents du gouvernement se sont bornés à photographier le document et Chalamont a formé son cabinet sans s'en soucier. Le vieil homme n'a plus l'importance qu'il croyait avoir et il a l'impression qu'on le traite comme s'il était déjà mort.

Bien entendu, il pourrait toujours divulguer ce document et créer un scandale qui ferait peut-être tomber le nouveau gouvernement. Mais il hésite, et ce sont les raisons de son hésitation qui sont jamesiennes : en utilisant son arme, il serait fidèle à son passé d'homme de pouvoir et d'autorité ; en ne l'utilisant pas, il demeurerait fidèle à son présent d'homme au-dessus de la mêlée. Comme tant de héros simenoniens, l'ancien Premier ministre, détaché du monde qu'il a connu, entre dans un monde nouveau. Mais la transformation sera à la fois graduelle et, jusqu'à sa renonciation finale, ambiguë et partielle. Le détachement fait partie de son lot quotidien, mais il est toujours attiré par le monde extérieur, la vie publique. Lorsqu'il se demande s'il doit passer le coup de téléphone dévastateur, il est comme sur des charbons ardents : « ses doigts, ses genoux se mettaient à trembler et ses nerfs, comme toujours à ces moments-là, ne lui obéissaient plus. La machine tournait soudain à vide à une vitesse croissante. » Une belle image d'énergie frustrée, de dynamisme qui se perd dans le vide.

Les Anneaux de Bicêtre sont le plus grand succès de cette

période. Cela s'explique pour plusieurs raisons : la qualité intrinsèque du roman, le fait que Simenon, rompant avec sa célèbre routine, a passé vingt-quatre jours à le composer et dix à le réviser, et enfin le lancement exceptionnel dont il a bénéficié : Simenon a fait circuler un grand nombre d'exemplaires avant parution, l'envoyant à quelque deux cents médecins – certains enseignants le mettront au programme pour que leurs étudiants puissent se faire une idée de ce qu'est la vie à l'hôpital du point de vue des malades. C'est aussi le roman pour lequel il a fait le plus de recherches avant de passer à la composition. Il y raconte les suites d'une crise cardiaque, et au moins trois spécialistes lui ont fourni une documentation complète sur le sujet. Il est allé à l'hôpital pour observer les lieux : il s'est mis dans une chambre et a déterminé le champ de vision d'un patient alité, il a demandé à une infirmière interloquée à quelle heure on venait vider les poubelles. Surpris de constater qu'il n'y avait pas de chapelle avec une cloche, il a voulu se rendre compte si on pouvait entendre les cloches des églises environnantes – les cloches, un symbole majeur, donnèrent son titre de roman.

Les Anneaux de Bicêtre, une fois de plus, retrace les étapes d'une réussite et sa remise en question : Maugras, un puissant patron de presse, vient de s'effondrer dans les toilettes d'un célèbre restaurant, *Le Grand Véfour*, où il rencontre chaque mois des amis qui ont également réussi. Quand le roman parut, on voulut à tout prix faire dire à Simenon qu'il avait modelé Maugras sur Pierre Lazareff qui avait eu une attaque au *Grand Véfour*, ce qu'il nia énergiquement. Par bien des détails, le passé de Maugras rappelle plus celui de Simenon que celui de Lazareff : il aime Porquerolles et, comme Simenon, il n'a pas réellement de talent pour le journalisme mais plutôt un certain flair et un grand intérêt pour les gens.

L'incapacité physique de Maugras, qui se réveille dans un lit d'hôpital au son des cloches, lui donne une clairvoyance inhabituelle : il a passé sa vie à fréquenter le monde des affaires et la haute société, mais tout cela lui apparaît à présent vide de sens. Ce qui compte maintenant, c'est ce qu'il vit dans l'instant, ses pensées et ses souvenirs, et les « petites gens » dont il est issu et qu'il redécouvre à travers les vieillards de l'asile qu'il peut voir de la fenêtre de sa chambre. Il essaie de résister aux intrusions du monde extérieur – sa femme, ses amis – car il ne veut pas redevenir ce qu'il a été. Mais, vaincu par la solitude, il renouera peu à peu avec son monde, accablé néanmoins par le sentiment que tout n'est qu'agitation dérisoire pour éviter les vraies questions et les réponses troublantes.

La solitude, déjà omniprésente – celle que l'on s'impose en se retirant du monde, celle que l'on subit parce qu'on en est exclu – est encore plus évidente dans d'autres romans de cette période. *La Boule noire* présente un placide directeur de supermarché du Connecticut qui, sa demande d'admission au country club local ayant été rejetée, se sent exclu par sa «communauté» (Simenon s'est intéressé à l'acception américaine du mot) et découvre qu'il en a toujours été ainsi.

Le Petit Homme d'Arkhangelsk décrit aussi, avec beaucoup plus de finesse cependant, à la fois le processus d'aliénation et l'aliénation elle-même. Jonas Milk, un réfugié juif, homme mesuré et sensible (inspiré en partie du personnage de Charlot) est apparemment bien intégré dans une petite ville française. Mais tout va changer quand sa femme, une jeune nymphomane, se sauve avec son voyou d'amant. Soupçonné de l'avoir tuée, Milk essaie d'expliquer qu'il ressentait pour Gina de la tendresse et qu'il l'acceptait telle qu'elle était, mais il est totalement incompris des autorités et des gens de la ville qui ne voient en lui qu'un vieux pervers. Se voyant refuser la communion sociale qui était devenue un élément essentiel de son équilibre intérieur, il se suicidera – noble tentative, encore que vaine, de survivre moralement. La relation de Jonas Milk et de Gina est un exemple d'un thème récurrent chez Simenon : l'homme à la sexualité défaillante face à une femme pleine d'ardeurs.

Simenon, sexuellement hyperactif, se méfiait généralement – bien qu'il les appréciât aussi à l'occasion – des femmes au fort appétit sexuel et s'est toujours montré compréhensif envers l'impuissance masculine : dans *Le Veuf*, par exemple, où Jeantet, impuissant et isolé, se marie avec la prostituée qu'il a hébergée après qu'elle s'est fait rosser par son «protecteur». Rares sont les romans dans lesquels la passion est également partagée. *La Chambre bleue*, au récit très structuré, est une exception. *La Porte* en est une autre : l'amour entre un ancien militaire paralysé et sa femme qui lui est toute dévouée est de façon répétitive troublé par des crises de jalousie, dont il finit par triompher en reconnaissant qu'elles n'étaient pas fondées.

Il y a, bien sûr, plus de mauvais que de bon sexe chez Simenon. Ainsi, dans *La Vieille*, la sexualité, destructrice et autodestructrice, est un élément d'une dégradation plus profonde et diffuse incarnée par deux personnages saugrenus mais intéressants : Sophie, qui aurait pu être une jeune femme vigoureuse et saine si elle ne s'était laissé entraîner dans des parties sordides par des fréquentations douteuses, et sa grand-mère, autoritaire, qui a ruiné ses deux mariages et qui finit comme un mauvais génie à qui Sophie résiste dans un combat inégal entre Éros et Thanatos. *La Vieille* a un côté psychologique intéressant, mais le roman fonctionne mal. C'est également le cas de *L'Homme au petit chien*, un récit mal orienté qui se perd dans des méandres pour déboucher en fin de compte sur la situation psychologique déjà utilisée dans *Le Temps d'Anaïs*. Des faiblesses dans la construction et la narration affectent aussi *Le Fils* dans son exploration du thème père-fils.

En revanche, *Le Nègre* est un travail mineur mais dont l'intrigue est beaucoup plus solide, axée sur un paumé sympathique qui n'arrête pas de dire « Je vais les avoir un de ces jours ». Cette chance s'offre à lui lorsqu'il se retrouve en position d'exercer un chantage sur quelques personnages louches, mais il la laissera passer. Sa vie a été un catalogue d'humiliations parfois comiques, qui culmine en une dernière scène : ayant donc laissé passer sa chance de « les avoir », il noie sa peine dans l'alcool et, rentrant chez lui, trébuche sur un chien endormi ; il veut embrasser ce compagnon d'infortune, mais celui-ci le mord.

Quand Simenon retourne en Europe en 1955, sa réputation littéraire est alors à son apogée, et le restera. Les amis qui l'admirent continuent de l'encenser. Marcel Achard, qui lui écrit à présent sur du papier à en-tête de l'Académie française, dévore, comme Gide le faisait, des montagnes de ses livres : « J'ai été à la campagne pendant dix jours, faisant ma cure annuelle de Simenon... Vous êtes un vrai maître. » Renoir, qui a beaucoup aimé *Les Anneaux de Bicêtre* et *Pedigree*, en fait l'éloge en 1961 dans un bref essai qui ne sera jamais publié. Marcel Pagnol lui écrit : « Vous êtes un grand créateur de caractères, quelquefois en une douzaine de lignes. » D'autres études lui sont consacrées : celle de Bernard de Fallois en 1961, celle également de Quentin Ritzen (le Dr Pierre Debray) toujours en 1961, *Simenon, avocat des hommes*, une psychobiographie et une analyse morale thématique qui troubla le Simenon morose de ces années-là. En 1964, paraît *Simenon et l'homme désintégré*, d'Anne Richter. La presse périodique continue d'être partagée à son sujet, mais, dans l'ensemble, lui est plutôt favorable. L'influent *Figaro* voit dans *Le Petit Homme d'Arkhangelsk* « un grand Simenon ». *Le Président* a été très admiré (notamment par Robert Kemp dans *Les Nouvelles littéraires*). Et, en Angleterre et en Amérique, la presse tend à être plus favorable.

La traduction de *Pedigree*, parue en 1962, a été un best-seller en Angleterre – l'ouvrage a été classé dans la catégorie « fiction » par le *London New Daily* et dans la catégorie « non-fiction » par le *Birmingham Mail*. *Les Anneaux de Bicêtre*, paru en 1963, engendre une revalorisation ou un renforcement de la position de Simenon. L'article que lui consacre *Le Monde* est d'ailleurs précédé d'un long essai réexaminant « la situation de Georges Simenon » qui présente ses ouvrages sérieux comme des « romans-tragédies », *Les Anneaux de Bicêtre* soulignant particulièrement « le côté sérieux, la gravité, l'intériorité même » de Simenon.

Le soutien le plus prestigieux est celui que lui apporte François Mauriac dans *Le Figaro littéraire*. Il place *Bicêtre* dans la tradition du *memento mori* chrétien et trouve que « Simenon l'agnostique prêche mieux » que la plupart des ouvrages religieux. *Les Anneaux de Bicêtre* sera rapidement traduit et très commenté à l'étranger, le plus souvent dans la perspective d'une réévaluation de la place de Simenon dans la littérature. Pour le *Tagespiel* de Berlin, Simenon est « un romancier sérieux qui, à l'évidence, connaît non seulement les problèmes et les techniques de la prose moderne, mais en saisit le potentiel épique ». Le *Times Literary Supplement* considère que « M. Simenon écrit merveilleusement bien sur la maladie » et le *New York Times* l'inclut dans sa liste des livres qu'il faut absolument lire. Le *Washington Post* rappelle une fois de plus le cheminement peu commun de Simenon, passé du commercial à la littérature, et note que cette évolution « en sens contraire » contraste avantageusement avec la pratique qui vise à retirer des avantages commerciaux d'une renommée littéraire. L'article signale aussi l'importance de sa rencontre avec Kurt et Helen Wolff, des éditions Harcourt, Brace, « une maison qui a la réputation de promouvoir de bons écrivains ». Dans l'*Atlantic Monthly*, William Barrett, bien qu'il mette en garde les admirateurs de Simenon contre toute exagération tendant à l'arracher à son image d'auteur de romans policiers, estime néanmoins que *Bicêtre* est « un roman psychologique d'une profondeur et d'une puissance considérables », et que Simenon a « une force réelle... dans sa façon franche et inflexible d'appréhender la vie »; « nous n'avons jamais le sentiment qu'il triche ». Ainsi donc, dans un combat déjà vieux de trente ans, des intellectuels continuaient à vouloir arracher Simenon à l'indifférence de leurs pairs et l'aider à se dissocier de l'image de créateur de Maigret qui persistait dans l'esprit du grand public.

15

Les dernières demeures
1964-1989

Les Simenon quittèrent le château d'Echandens durant l'hiver 1963. Depuis deux ou trois ans, ils savaient qu'ils allaient devoir partir, car l'autoroute reliant Genève passerait bientôt devant chez eux et un dépôt ferroviaire devait être construit juste sous leurs fenêtres. Denise craignant qu'ils ne trouvent rien d'assez beau dans la région, Simenon se décida pour la première fois de sa vie à faire construire. Pour lui qui instinctivement choisissait des demeures solides dans l'espoir de sédentariser le nomade qui était en lui, la désintégration de son mariage était une raison supplémentaire de bâtir un lieu inexpugnable – le dernier.

Il découvre un magnifique terrain juste à la sortie du village d'Epalinges, où il se rend souvent en raison de sa récente passion pour le golf. Il concevra lui-même la maison – une version agrandie de la ferme bretonne ou picarde, toute blanche avec un toit d'ardoise. Elle aura des chambres et des fenêtres immenses, des murs épais, de lourdes portes en acier capitonnées, une piscine sous un dôme de verre, et elle sera pourvue du confort le plus moderne : des conduits d'évacuation du linge sale dans chaque salle de bains aboutiront à une pièce équipée de six machines à laver. C. Day Lewis se rend à Epalinges en 1967 pour interviewer Simenon à l'occasion de la sortie de la version anglaise du film tiré des *Inconnus dans la maison*, et rapporte qu'il trouve tout aussi ordonné que sur un bateau – *shipshape*, l'expression plaît à Simenon. Day Lewis, assis dans l'une des pièces spacieuses et contemplant le panorama spectaculaire, se sent comme « dans la maison témoin d'un promoteur immobilier ». Il essaie de faire un portrait du maître des lieux : « La joie de vivre se manifeste par quelques éclats de rire qui jaillissent en gerbe quand il parle : je ne suis pas si sûr de sa sérénité intérieure. »

Plus tard, Simenon jettera sur Epalinges un regard encore plus acide que sur ses châteaux de La Cour-Dieu ou d'Echandens : « Je l'avoue sans honte, je m'étais mis à boire. Je me sentais seul dans une maison immense, avec beaucoup de personnel et les enfants qui posaient des questions [1]. » Il n'alla pas une seule fois sur la pelouse pour jouir de la vue admirable, et finit par se lasser de voir tous ces authentiques meubles Louis XV qu'il avait choisis. Il y eut cependant quelques bons souvenirs : le premier Noël en 1964, « un Noël dans la joie, sans une ombre, sinon peut-être dans un recoin de mon cœur [2] ». Il fréquentait quelques voisins, tout particulièrement les Chaplin, mais aussi David Niven et James Mason. Ses nombreux amis médecins figuraient parmi ses hôtes les plus réguliers.

Une nouvelle amitié fleurit au milieu des années soixante avec Federico Fellini, très chaleureuse et marquée par une bruyante admiration mutuelle. Simenon sent qu'ils partagent beaucoup de choses : une certaine anxiété, un sentiment de désenchantement, une tendance à être hanté par des « fantômes » qu'ils cherchent, l'un et l'autre, à exorciser par le biais de l'art. Ils correspondent fréquemment. En 1969, Simenon écrit à Fellini pour rendre hommage à son *Satyricon*, et, en 1977, il lui envoie ce télégramme à propos de *Casanova* : « Je suis ébloui et profondément remué », puis un autre télégramme pour lui dire qu'il n'a même pas exprimé la moitié de son admiration dans le premier. Fellini, pour sa part, écrit qu'il sent chez lui « un talent illimité et une puissance, une discipline surhumaines », et qu'il recherche en lui « un compagnon dans le travail, et, dans la vie, un ancrage qui ne trahit jamais et insuffle de l'énergie ».

L'habituelle exubérance simenonienne s'exprime librement dans cette amitié avec Fellini, mais, cela mis à part, la vie à Epalinges n'a rien de lyrique. On sent s'installer chez Simenon le besoin de se retirer peu à peu. En public, il n'a plus son air d'insouciance. Il déclare en 1967 :

> « Je suis par-dessus tout un homme qui a beaucoup travaillé, qui continue de travailler, et qui serait désespéré s'il ne pouvait pas continuer jusqu'à la fin de ses jours.

Je souhaite pouvoir écrire beaucoup d'autres romans. Je voudrais vivre très vieux pour deux raisons : la première est que c'est la seule façon de vivre notre vie. La seconde, plus personnelle, est que je voudrais voir mes enfants adultes et voir quelle direction emprunte leur vie [3]. »

Georges Simenon tient compte de son âge. Il voyage moins, que ce soit pour son plaisir ou pour ses affaires. Exceptionnellement, il se rend à Delfzijl pour assister à la cérémonie d'inauguration de la statue de Maigret organisée par les autorités néerlandaises. Son dernier grand voyage en famille sera une croisière en Méditerranée qui les amènera en Sicile, en Grèce et en Turquie en 1965.

Sa famille le préoccupe profondément. Il désire ardemment – et y parvient occasionnellement – tenir ce rôle de *pater familias* qui l'enchante, comme le montre sa joie éclatante à Noël. L'un des tableaux favoris de sa collection privée est un tableau hollandais du XVIIe siècle représentant un patriarche à la longue barbe blanche entouré de jeunes hommes, de femmes et d'enfants. Mais les troubles de Denise projettent une ombre croissante. Ses crises atteignent un paroxysme et entraînent une rupture définitive et très difficile. La phase « psychiatrique » qui a débuté à Echandens concernera non seulement Denise mais aussi la fragile Marie-Jo.

En 1962, Denise est en relation avec le Dr Durand, directeur d'une clinique psychiatrique à Prangins, près de Lausanne, qu'elle appellera dans son livre « Les Chênes » (et Durand : « Dupont »). En a-t-elle pris la décision, ou est-ce le fait de Simenon ? Cela appartient à la controverse qui les opposera, mais il est certain qu'elle accepte d'y entrer en juin 1962 pour une cure de repos. Ses séjours à la clinique alternent dès lors avec des périodes orageuses à Echandens, et son état ne s'améliore pas. A Prangins, elle croit qu'elle est victime d'une sinistre conspiration de la part de Simenon, cherchant à se débarrasser d'elle, et du Dr Durand, désireux d'en tirer le plus d'argent possible. Elle se sent manipulée et virtuellement prisonnière. Lasse d'être traitée en malade, elle contre-attaque en faisant courir le bruit que c'est Simenon qui est très malade et qu'il faut donc l'approcher avec mille précautions, ce qui aura pour résultat d'alarmer les enfants, en particulier la très sensible Marie-Jo.

Le Dr Durand déclare à Simenon que Denise est très troublée à l'idée que Boule, en son absence, puisse être la maîtresse de la maison. A son grand regret, et avec beaucoup de chagrin, il consent à se séparer de sa plus ancienne servante et maîtresse, et à la placer chez Marc qui vit en famille à Paris (Denise réfutera cela et l'accusera d'avoir congédié Boule avec une pension ridicule). Simenon rapportera des épisodes assez déments : Denise, par exemple, allant s'installer sur un lit de camp dans la chambre de Pierre qui, réveillé en sursaut et effrayé, s'enfuyait et courait se cacher quelque part dans l'immense maison. Denise rameutait alors tout le personnel et le lançait à sa recherche. Pire, Denise, qui avait emmené Marie-Jo en vacances, se serait masturbée devant elle, choquant l'adolescente et la chargeant d'un lourd secret alors que son psychisme fragile était déjà déstabilisé par l'amour dangereux que lui vouait son père. (Denise nia l'incident, mais reconnut que Marie-Jo avait pu croire qu'une telle chose s'était passée. Elle réussit à faire expurger cet épisode des *Mémoires intimes* par une décision de justice en 1981.) Dès l'été 1964, Denise ne réside pratiquement plus à Epalinges. Elle est le plus souvent à Prangins mais séjourne aussi dans divers endroits en Suisse et, plus tard, s'installera en France. Tous deux ont amplement expliqué leur point de vue dans la presse, manifestant une étonnante insouciance quant au respect de leur vie privée. De toute évidence, la véritable Denise était la jeune femme ambitieuse et mondaine que Simenon avait invitée dans un luxueux restaurant new-yorkais. La Denise toute simple avait été son invention, un rôle qu'il avait réussi à lui faire tenir dans un petit port de pêche en Floride, dans un ranch en Arizona. A Hollywood et à New York la véritable Denise aurait réapparu. Lakeville marquerait une pause et le retour en Europe coïnciderait avec l'abandon du rôle. Cependant, il la fait vivre dans le luxe le plus fou et la place dans un milieu où il évolue avec désinvolture mais où elle perd pied. Pour finir, il lui en voudra de n'être ni telle qu'il la veut ni telle qu'elle se veut.

Elle n'a sans doute jamais compris ce qu'il attendait d'elle. L'une des causes de l'échec de leur mariage fut que Simenon réclamait une attention constante. Il pouvait être très chaleureux, extravagant même envers ceux qui la lui accordaient, mais aussi très hargneux dans le cas contraire. Au début de leur relation, Denise sut répondre à ce besoin en l'admirant, en lui étant dévouée, en satisfaisant ses moindres désirs, en s'investissant avec passion dans la réalisation de ses projets multiples.

Au fil des ans, elle passa d'une vie de dévotion absolue centrée sur Simenon, à une névrose centrée sur elle-même. Dès lors il lui manifesta une hostilité grandissante, tout en maintenant l'illusion qu'il essayait de l'aider. Les accusations mutuelles d'alcoolisme sont probablement fondées : étant donné leur situation et leur tempérament, on imagine facilement qu'ils se soient mis à boire.

Les vestiges de l'apparence du parfait bonheur planeront encore un certain temps sur leur couple. En 1969, Dennis Drysdale, qui travaillait à une énorme étude sur l'œuvre de Simenon, lui rendit visite. « Que vais-je faire seul dans cette maison ? » soupira Simenon et, quand Drysdale lui fit remarquer que sa femme pouvait revenir puisque les enfants étaient partis et que la maison était plus calme, Simenon eut un sourire forcé et minimisa le drame en affirmant que Denise avait acquis une indépendance à laquelle « elle préférerait sans doute ne pas renoncer ». Même des amis proches ne sont pas au courant de la gravité de la situation, qu'on leur présente comme une crise passagère. Achard en 1964 souhaite que Denise « soit tout à fait rétablie très vite ». Renoir en 1967 écrit : « Nous sommes heureux que Denise aille mieux », et dans une lettre d'avril 1968 ajoute : « Embrasse Denise. » En avril 1968, Achard continue de s'adresser aux deux : « Cher Georges, chère Denise. » Ainsi, seuls les psychiatres savaient à quel point la désintégration du couple était avancée – bien qu'elle n'ait peut-être pas été aussi abyssale que les Simenon le racontèrent plus tard l'un et l'autre.

Malgré son désarroi, Simenon s'arrangea toujours pour prendre le temps de se consacrer à ses enfants. Marc, bien sûr, était adulte dans les années soixante ; marié puis divorcé, avec deux enfants, il essayait de faire carrière dans la production cinématographique. Johnny, après avoir terminé sa scolarité, entreprit divers apprentissages. Pierre grandissait. C'était avec Marie-Jo, dont il se sentait très proche, que sa relation était la plus délicate. Quand elle était une petite fille enjôleuse, juste avant l'ère des blue-jeans, il aimait lui acheter de jolies robes et la voir coiffée à l'ancienne. Il lui avait appris à nager et, aux thés dansants de Bürgenstock, à valser. « Tennessee Waltz » était leur chanson favorite, – elle sera plus tard remplacée, quand l'adolescente se mit à gratter la guitare, par la plus belge des chansons de Jacques Brel, « Le Plat Pays », qui émouvait Simenon aux larmes.

A huit ans, Marie-Jo persuada son père de lui acheter une alliance en or, dont elle ne se sépara jamais. Quels que soient ses problèmes avec sa mère, ses relations avec son père furent toujours marquées d'un fort complexe d'Electre. La plupart de ses lettres commençaient par « Mon grand Dad » ou « Mon grand vieux Dad », et finissaient par : « Ta petite fille, Marie-Jo ». L'une de ses dernières lettres, écrite en anglais, commençait par « You, Daddy, my " Lord and Father " ». Il sentit toujours qu'elle était la seule de ses enfants à s'intéresser à son travail et la seule à pouvoir devenir écrivain. Il est certain qu'elle lisait beaucoup de ses ouvrages et qu'elle s'imaginait parfois dans un rôle de collaboratrice, qu'elle aurait pu éventuellement tenir. Elle eut aussi des crises de révolte et d'hostilité, et à dix-sept ans, elle s'enfuira d'Epalinges pour aller vivre, provisoirement, sa vie à Paris.

Dès son adolescence, elle fut soignée dans des cliniques psychiatriques à Lausanne, Cannes, Paris et Prangins, où le Dr Durand qui soignait sa mère s'occupa d'elle. Il est surprenant que Simenon, qui s'intéressait à la psychiatrie, ait aveuglément nourri la fixation qu'elle avait sur lui. Loin de s'en inquiéter, il en était satisfait et, habitué à être entouré de femmes complaisantes, et qui le vénéraient, il laissa sa fille prendre place parmi elles. Il est remarquable qu'il n'y ait pas une seule analyse notable de la relation père-fille dans son œuvre, alors que nombreuses sont celles de la relation père-fils.

Henriette Simenon consentit à venir leur rendre visite deux fois à Epalinges. Lors de la seconde visite, il y eut un bruit sourd provenant de sa chambre et on la retrouva par terre avec l'armoire sur le dos. Elle remit à Simenon quatre petites bourses de pièces d'or en lui expliquant qu'elle avait essayé de les cacher au-dessus de l'armoire qui avait basculé. Elle avait gardé tout l'argent que son fils lui avait envoyé régulièrement et elle lui dit que ces pièces d'or étaient pour les enfants. Simenon alla à Liège pour son quatre-vingt-dixième anniversaire. Elle était toujours alerte et, interviewée à la télévision, elle prit rendez-vous pour son centième anniversaire. Mais elle mourut quelques mois après à l'Hôpital de Bavière, où Simenon avait été enfant de chœur. Il passa toute une semaine à son chevet.

« Elle m'a souri, de son sourire que je connaissais si bien, un sourire à la fois un peu ironique, incrédule, qui affirmait la confiance inébranlable qu'elle avait dans son propre jugement. " Pourquoi es-tu venu, fils ? " [4] »

Simenon lui tint compagnie, le plus souvent silencieux, méditant sur les générations passées et à venir, les parents et les enfants, les maris et les épouses, les hommes et les femmes. Le docteur qui s'occupait de sa mère rapporta qu'il se comportait en fils modèle, mais que, l'ayant invité à dîner, il avait été surpris par la teneur de ses propos, tournant autour de son besoin urgent de femmes avec qui coucher, et, curieusement, de ses problèmes avec Marie-Jo à qui il reprochait de se conduire en adolescente irresponsable.

Vers la fin des années soixante, l'âge, les tensions domestiques et la malchance firent qu'il souffrit d'une série de problèmes intestinaux, pulmonaires et orthopédiques. Il était atteint de vertiges chroniques, mais ce qui l'inquiéta le plus fut un problème de prostate qui lui fit craindre le pire : l'impuissance. Pourtant ces années de tribulations lui apportèrent aussi un grand réconfort et la relation amoureuse stable qu'il avait attendue toute sa vie. Fin 1961, Denise avait engagé une nouvelle femme de chambre. Lorsqu'une Italienne nommée Teresa Sburelin se présenta, Simenon eut une prémonition. Pendant plusieurs mois, leurs rapports furent distants, Teresa n'échangeant avec son maître que quelques politesses et amabilités de circonstance, jusqu'au jour où, entrant dans une pièce, il la trouva penchée en train d'épousseter une table et, sans un mot, la prit. Il eut un plaisir d'une exceptionnelle intensité et sentit qu'il en était de même pour elle. Honteuse, Teresa proposa sa démission, mais Denise la refusa (dans sa version des faits, elle dira qu'elle avait surpris Teresa en train d'écouter derrière une porte et l'avait congédiée, mais qu'elle s'était ensuite laissé fléchir.)

Il eut par la suite des relations sexuelles sporadiques avec Teresa, mais l'événement décisif se produisit alors que Denise était à Prangins. Simenon glissa dans sa baignoire, se cassant sept côtes, et passa un long moment à appeler en vain du fait de l'insonorisation des murs. Ce fut Teresa qui se porta la première à son secours. Il louera à maintes reprises le calme avec lequel elle avait pris les choses en main et la gentillesse avec laquelle elle s'était occupée de lui, restant à ses côtés à l'hôpital, et l'aidant durant toute sa convalescence. Cette expérience cimenta une relation qui prit pour lui des dimensions mythiques. Dès lors, elle ne le quitta plus, passant chaque nuit sur un lit de camp à côté de lui, et finalement partageant son

lit – le commentaire de Marie-Jo fut : « Pourquoi pas moi ? »
Par-dessus tout, son union avec Teresa lui apporta ce qu'il
avait désiré en vain toute sa vie :

> « J'ai rencontré Teresa qui, pour moi, remplace toutes les
> femmes qui excitaient ma curiosité et qui m'apportaient un
> tout petit peu de cette tendresse dont j'avais besoin et dont je
> jouis à présent chaque jour [5]. »
> « J'ai triché, moi aussi, pour obtenir, pendant mes deux pre-
> mières expériences conjugales, cette tendresse qui ne m'a pas
> été donnée [6]. »
> « Lentement, j'allais dire insidieusement, l'amour est entré
> en moi un peu plus jour après jour et c'était le genre d'amour
> dont je rêvais depuis mon adolescence [6]. »

La tendresse fut le premier facteur qui déclencha son culte de
Teresa, le second fut son sentiment qu' « elle était le premier
être au monde, non pas à m'avoir "pris" quelque chose, mais à
m'avoir "donné" [7]. » Maîtresse et compagne, Teresa devint
aussi infirmière et mère. Il s'exprima candidement sur cet
aspect :

> « Au fond, c'est mon tour d'être devenu un enfant, c'est-à-
> dire d'avoir un besoin pressant de chaleur humaine, jour et
> nuit, et elle sait qu'elle est la seule à pouvoir me la donner [8]. »

Si Denise n'était plus depuis longtemps celle qui restait
devant sa porte pour lui offrir des tasses de thé chaud, Teresa
était d'un dévouement impressionnant : « Même quand j'allais
écrire mon chapitre de roman, elle restait assise, attentive au
cliquetis de ma machine [8]. »

A Épalinges, de 1964 à 1972, Simenon écrivit treize Maigret et
quatorze non-Maigret, puis, abruptement, mit un point final à
sa carrière de romancier. Ses dernières œuvres reprennent les
thèmes déjà abordés. Il y explore peut-être davantage le mariage
– le mauvais mariage, ou le bonheur conjugal qui un jour se fissure irrémédiablement. Certains des romans montrent un intérêt pour les adolescents qui découle davantage de sa relation
avec ses enfants que, comme précédemment, des souvenirs plus
ou moins transposés de sa propre adolescence. Mais les trois
plus grands succès de cette période sont des romans où
s'exprime une vision nettement plus optimiste qui contraste
avec le climat pathétique et sombre de son œuvre.

Le Petit Saint, le premier non-Maigret écrit à Épalinges en octobre 1964, traduit le mieux cet optimisme. C'est peut-être une sorte d'antidote à cette vaste demeure d'Épalinges, à l'esprit qu'elle symbolise, aux prétentions extravagantes de Denise. Il laissa mûrir cet ouvrage en lui pendant quelque temps, puis décida de le situer dans le cadre de « la Mouffe », la rue Mouffetard, grouillante et pittoresque, où lui et Tigy allaient souvent se promener au début de leur séjour à Paris, quand ils exploraient la ville. C'est dans cette rue qu'il avait trouvé le clochard dont la photo ornait la couverture du *Charretier de la Providence*. « C'était le décor que j'avais choisi pour le roman à venir, un roman peut-être sordide que je voulais pourtant optimiste, et qui l'était [9]. »

Une fois de plus, il sent le besoin de faire des recherches sur le terrain et s'offre un court séjour à Paris, à l'hôtel George V comme d'habitude. Il va s'imprégner de l'atmosphère des immeubles misérables de la Mouffe pendant que son taxi l'attend. *Le Petit Saint* est moins une histoire que la biographie d'un personnage fictif. C'est avant tout une biographie *sensorielle*, qui retrace l'histoire des perceptions, des sensations de Louis, de l'enfance à la vieillesse. La première partie de l'ouvrage a une densité et une force exceptionnelles. Louis a acquis son sobriquet à l'école du fait de sa timidité et de sa gentillesse. Simenon décrit de manière saisissante son enfance misérable. Sa mère est une marchande des quatre-saisons de la rue Mouffetard, une femme pleine de vie, vulgaire et attirante, qui aime le sexe et ne s'en prive pas.

Une sexualité à la fois truculente et bizarre fait partie intégrante de l'environnement sensuel de l'enfant : les amants de sa mère qui s'entassent avec les frères et sœurs dans l'unique chambre à coucher, les voisins émoustillés, le tout observé par un petit voyeur ravi. Dans ce roman, le fond est sordide, la perspective gaie. Tout est transfiguré par une sensualité sans complexe dont les péripéties sexuelles ne sont qu'un aspect parmi d'autres. L'événement le plus exaltant de l'enfance de Louis, c'est la première fois où il accompagne sa mère aux Halles à l'aube avec sa charrette de vendeuse des quatre-saisons. Elle est connue de tous, qu'elle salue avec des plaisanteries et des bordées d'insultes. L'enfant est émerveillé par l'animation des Halles, par les pyramides de victuailles, transportées sur des charrettes ou à dos d'homme, échangées entre grossistes et revendeurs. Dans ce roman de la ville, la nature joue en fait un rôle prépondérant. Ce ne sont pas les activités de l'homme mais les rythmes de la nature qui marquent le passage du temps.

> « On comptait par saisons, ... par les légumes, les fraises, les premiers petits pois et les haricots verts, les pêches qui devenaient moins chères au plus chaud de l'été, les pommes à l'automne, les choux et les salsifis de l'hiver. »

Ce roman, qui se situe à la fin du siècle dernier, est un des rares romans historiques de Simenon, mais les événements culturels et les avancées de la technologie qui sont censés marquer l'époque, tels que le métro, le gaz et l'électricité, la tour Eiffel, jouent un rôle mineur par rapport aux saisons et aux rythmes immuables de l'existence. Un des amants de sa mère, un Tchèque au grand cœur, fait cadeau à Louis d'une boîte de couleurs pour Noël, comme celle que recevait chaque année Simenon enfant. C'est pour Louis le point de départ d'une découverte : l'art, la peinture, le monde des couleurs. Il entamera quelques années plus tard une carrière de peintre.

Le Petit Saint n'est qu'incidemment le portrait d'un artiste. Le thème central n'en est pas l'art ou la naissance et le développement d'une vocation, mais le prolongement d'une histoire des sensations. Comme Louis le remarque à la fin du roman, l'image qu'il a gardée de lui-même durant toute sa vie est celle d'un petit garçon. C'est un *primitif* dans la vie comme en art. Le seul peintre avec lequel Simenon fasse un rapprochement est Renoir, qui « garda une âme d'enfant jusqu'à soixante-dix-huit ans [10] ». Simenon, cependant, est moins efficace quand il transpose l'innocence juvénile dans l'âge adulte que lorsqu'il décrit l'enfance. C'est ce qui nuit à l'équilibre du roman et lui confère un côté superficiel. Simenon crut beaucoup au *Petit Saint*. Nielsen lui demanda de rédiger une présentation du livre pour accompagner les pré-tirages promotionnels et il proposa ces mots : « Enfin, je l'ai écrit ! » Plus tard, il aura ce commentaire :

> « Depuis au moins vingt ans, j'essaie à chaque roman de rendre un certain optimisme qui est en moi, une joie de vivre, une volupté de communion directe et simple avec tout ce qui m'entoure... Pour la première fois, j'ai pu créer dans *Le Petit Saint* un personnage parfaitement serein, en prise directe avec la nature et la vie [11]. »

L'autre roman de premier ordre dans cette dernière période est *La Mort d'Auguste*, publié en 1966. Marcel Achard y voit « une certaine tendresse pudique », qui lui rappelle la tonalité du *Petit Saint*. Comme dans l'ouvrage précédent, les Halles jouent un rôle important, mais le temps a passé : l'action se situe au moment où l'énorme marché parisien est démantelé pour être transporté hors de Paris. La mort du vieil homme qui donne son nom au titre du livre marque la fin d'une époque. Auguste est le fondateur d'un restaurant modeste situé dans le quartier des Halles qui a prospéré au fil des ans pour devenir un lieu renommé. Le secret de sa réussite est simple : Auguste a su garder intact à Paris cet amour du travail qu'il tient de ses origines paysannes.

Le vieux meurt soudain au début du roman, alors qu'il est en train de montrer de vieilles photos à de jeunes clients. Il laisse trois fils, un bon et deux mauvais : Antoine est un homme simple, industrieux, authentique, qui suit les traces de son père et travaille avec lui au restaurant. Les deux autres ne valent pas grand-chose : l'un est un magistrat prétentieux et l'autre dilapide son argent en essayant de se faire passer pour un riche. Ces deux-là ne supportent pas qu'Antoine, en étant resté au restaurant, ait mieux réussi qu'eux avec leurs vagues ambitions. L'intrigue s'articule sur leur convoitise de l'héritage paternel, qui s'exprime dans d'horribles scènes d'avarice frustrée ; Antoine, écœuré, s'écrira : « Mais on pourrait peut-être attendre que père soit enterré. » Ce monde vide, corrompu, avide ne réussira pourtant pas à triompher des valeurs solides qui animent Auguste, Antoine et leur entourage.

Ce sens de la communauté est admirablement amplifié par les liens chaleureux qui unissent le vieil homme aux « petites gens » du quartier. Cette solidarité, décrite par des flash-back, atteindra un crescendo émouvant quand la procession des funérailles traversera le cœur des Halles. Comme dans *Le Petit Saint*, le thème de la nature est central, mais son traitement est plus élégiaque, moins exubérant, moins insistant. La nature ne peut enrayer le progrès : « Dans quelques années, les Halles disparaîtraient, les pavillons seraient démontés comme des jouets d'enfant. » Simenon donne ici une des versions les plus positives du thème omniprésent de la relation père-fils, inspiré de la vision idéalisée de ses propres rapports avec son père, Désiré, et, à présent, avec ses fils.

La Mort d'Auguste est une sorte de mini *Buddenbrook* –

l'ascension et le déclin d'une famille, éclairée par la conscience d'une figure centrale : Antoine (Thomas Buddenbrook), héritier de la morale familiale, est le témoin du naufrage de la famille. C'est une bonne étude qui retrace la trajectoire de plusieurs générations et fournit force détails sur l'environnement socio-économique d'Auguste et d'Antoine : on apprend beaucoup de choses sur le monde de la restauration, dans la meilleure tradition naturaliste.

Le troisième roman important de ces années, *Il y a encore des noisetiers* (1969), traduit aussi un certain optimisme. Un riche banquier à la retraite, Perret-Latour, trois fois marié, illustre le thème de la continuité des générations et celui de la famille qu'on retrouve après l'avoir perdue. Sa petite-fille joue un rôle important : elle est enceinte d'un homme qu'elle ne veut pas épouser, mais elle attend avec joie la naissance de son enfant et elle vient voir son grand-père. Dans un développement bizarre et touchant, Perret-Latour s'arrange pour qu'elle accouche dans le plus grand secret et se fera passer pour le père de l'enfant : la scène de la mairie, avec les autorités interloquées et embarrassées, est décrite avec une grande finesse et s'agrémente d'une délicate touche d'humour. La nature, qui inspire le titre, retrouve son importance : Perret-Latour, plongé dans ses réflexions sur la vie et la famille, demande à son chauffeur de le conduire sur les bords de la Marne :

> « J'ai toujours vécu dans les villes. ... Je le regrette, tout à coup. J'aurais dû acheter une propriété avec une ferme. ... Peut-être cela aurait-il fait du bien aux enfants. Je regarde la haie et soudain je reconnais les feuilles d'un arbuste. Je regarde plus haut et je vois des noisettes encore vertes. Ainsi donc, malgré les avions, les autoroutes, l'élevage aux produits chimiques, il y a encore des noisetiers. »

Perret-Latour est un bon portrait romancé d'un Simenon à présent âgé : il a mené une vie fascinante, agitée, et il se rend compte à présent que ce sont les petites choses qui comptent le plus. Il a été chanceux en affaires mais sent que l'argent n'a pas d'importance. Il a même une gouvernante qui l'entoure de tendresse. Il rêve souvent qu'il est un patriarche entouré de sa famille – un idéal qu'il ne parvient à vivre que de manière oblique, et, pour ainsi dire, symbolique – comme pour conjurer l'aliénation et la dislocation familiale qui ont marqué sa vie. Quand Jean Renoir parle d'un livre dans lequel Simenon « avait mis un maximum de lui-même », il s'agit probablement d'*Il y a encore des noisetiers* – il écrira des commentaires enthousiastes sur cet ouvrage et parlera d'en faire un film.

Les autres romans de la période d'Épalinges n'ont pas la même ampleur et, dans l'ensemble, sont plus sombres. Parmi ses ouvrages traitant des relations entre parents et adolescents, le plus remarquable est *La Disparition d'Odile*, clairement inspiré par l'état de sa fille alors en pleine dépression. Il y anticipe sa fugue à Paris qui interviendra peu après. Les deux premiers tiers de l'histoire sont vus à travers son frère Bob (il ressemble sans doute beaucoup à Johnny) qui la suit dans son errance de bar en bar et est le témoin de ses rencontres multiples. La dernière partie du roman retrace l'histoire vue par Odile et aboutit à sa tentative de suicide. Elle a évidemment besoin d'un substitut de son père et elle le trouvera dans la personne d'un médecin, dont le portrait reste flou. Son vrai père, un écrivain à succès spécialisé dans des ouvrages de vulgarisation historique, s'enferme le plus souvent dans son grenier avec ses livres et sa bouteille et est psychologiquement absent. Cependant, elle finira par apprécier ses qualités.

Dans *Le Confessionnal*, deux adolescents sympathiques, sains et candides, s'aiment. Ils vont faire front devant la menace de la famille désintégrée du garçon alors que le milieu très chaleureux de la fille leur apporte tout le réconfort dont ils ont besoin – triomphe de la famille sur l'anti-famille. Au contraire, on trouve dans *Novembre*, l'un des contes parmi les moins réussis de Simenon, une anti-famille léthargique qui pèse de tout son poids sur un jeune homme. Les mauvais mariages, ou les unions médiocres dictées par le besoin de ne pas se sentir seul, continuent de proliférer. *La Cage de verre* met en scène l'un de ces petits paumés qu'un triste mariage et l'amour de son chien empêchent de sombrer dans la plus absolue des solitudes. Une femme qui habite de l'autre côté du couloir l'attire chez elle. Mais, impuissant et terrassé par ses frustrations et la haine qu'il se voue depuis trop longtemps, il la tue. *Les Innocents*, qui traite de l'infidélité d'une femme, a une tonalité plus positive car le mari, l'épouse et l'amant sont des gens prévenants, capables d'émotions profondes et authentiques : aucun n'est mal intentionné.

Le pire des mariages – peut-être même dans toute l'œuvre de Simenon – est décrit dans *Le Chat*. « Je n'ai jamais rien écrit de plus cruel », dit-il lui-même, tandis qu'Achard commente : « Une des œuvres les plus atroces, mais aussi les plus extraordinaires que tu aies écrites. » De fait, ce roman atteint une rare puissance dans le grotesque. Simenon a trouvé son modèle dans le deuxième mariage d'Henriette avec M. André, quand, vers la fin de leur vie, tout a basculé dans l'absurde; chacun d'eux cuisinait séparément par peur que l'autre ne l'empoisonne, et ils ne communiquaient plus que par de petites notes. Dans le roman, Émile et Marguerite entretiennent le même genre de relations. Elle aurait empoisonné son chat et lui s'est vengé en arrachant toutes les plumes de son perroquet, dont la dépouille empaillée trône dans le foyer misérable.

Ils forment un couple totalement disparate : lui est aussi bourru, vulgaire, viril, terre à terre et prolétaire qu'elle est prétentieuse, frigide, prude, agaçante et bourgeoise – sa famille s'est enrichie dans la fabrication des biscuits Délices de France. Il y a peu d'action dans ce roman : Émile abandonne le domicile conjugal pendant onze jours, qu'il passe chez une amie prostituée pour échapper à l'ambiance suffocante de son foyer, mais il y retourne, attiré par une force maligne inexorable – quelque chose qui rappelle le *thanatos* freudien – et par la pathétique faiblesse de sa femme, son masochisme désespéré qu'elle utilise comme sa dernière arme.

Dans *La Prison*, un autre mariage se révèle vide de sens : l'épouse commet un crime passionnel et révèle ainsi une dimension de sa personnalité que son mari, un personnage falot, n'avait pas soupçonnée. *La Main*, qui a de nouveau pour cadre le Connecticut et qui s'ouvre sur une superbe tempête de neige, traite aussi d'un mariage malheureux. Un avocat de province, qui envie la brillante carrière de publicitaire d'un ancien compagnon d'études, ne se porte pas à son secours lorsque ce dernier se perd dans un blizzard. Remords, paranoïa, psychose vont l'accabler et il commettra finalement un meurtre – un acte de démence que l'analyse de ses envies et de ses ressentiments ne permet pas vraiment d'appréhender. Dans *Le Déménagement*, un petit employé, frustré par la vie, surprend à travers la cloison une conversation louche à propos d'argent et de sexe dans l'appartement voisin. Cherchant vaguement – presque comme un somnambule – à donner une nouvelle dimension à sa vie, il se retrouve dans un monde de gangsters où l'aventure tourne à l'horreur.

Le Train de Venise raconte l'histoire d'un autre homme tranquille, emprisonné dans un mariage morne, qui voit sa vie complètement bouleversée lorsque, comme Maloin dans

L'Homme de Londres, il entre en possession d'une valise bourrée d'argent. Lecoin, dans *Le Riche Homme*, est lui aussi coincé dans un mariage insatisfaisant, mais son amour, authentique cette fois, pour une jeune serveuse lui permettra de s'en dégager, encore que l'issue soit tragique. Ses efforts pour faire comprendre, autant à ses copains qui se moquent de lui qu'au lecteur, que son amour est sincère sont dépeints avec subtilité. Simenon reprend là, pour la dernière fois, le cadre bien-aimé de La Rochelle, et on trouve encore une fois dans ce roman une belle évocation de la mytiliculture.

La réputation de Simenon était bien établie dans son ambiguïté endémique et la dernière période de sa production n'a rien fait pour l'élever ou la réduire. *Le Petit Saint*, qui fut très largement commenté, reçut un accueil plus favorable en Amérique qu'en France. *L'Express* l'aima pour de mauvaises raisons – en tant qu'élucidation du mystère de l'art, ce qu'il n'est pas. Le *New Yorker* écrivit : « Gabrielle est inoubliable. En lisant cette histoire, on découvrira cette lutte pour la vie que livrent les Parisiens, et le bonheur qu'ils y trouvent, et l'on se sentira heureux, beaucoup plus heureux. » Harry T. Moore loua le roman dans la *Saturday Review*, tout en critiquant, à juste titre, la faiblesse de la fin. De même, *La Mort d'Auguste*, pour des raisons insondables, fut plus appréciée outre-Atlantique qu'en Europe : Les Français étaient peut-être las du « cas Simenon », alors que l'intelligentsia américaine en était encore au stade de la découverte. Maeve Brennan, toujours dans le *New Yorker*, fit une longue analyse du livre et attribua à Simenon « une sympathie sans faille, dépourvue de tout sentimentalisme, une sympathie de tous les instants qui permet à ses personnages d'évoluer librement, en fonction de leurs propres impératifs – ce qu'il font ».

Simenon décida en 1970 de publier son journal intime des années 1960-1963 sous le titre *Quand j'étais vieux*. L'accueil fut mitigé. Johnny, qui envisageait à l'époque une carrière dans l'édition et qui faisait un stage aux Presses de la Cité, en fit une promotion vigoureuse. Les journalistes débarquèrent à Epalinges pour en savoir davantage sur le célèbre auteur qui venait de commencer à tout révéler. Certains critiques considérèrent comme un privilège d'être ainsi admis à pénétrer dans l'intimité fascinante d'une personnalité publique et d'accéder aux secrets de sa créativité.

D'autres, au contraire, trouvèrent cela banal ou embarrassant. Le livre fut bientôt traduit en anglais. Le *Times Literary Supplement* lui consacra un long article plutôt favorable, de même que le *New York Times*, qui en conclut que Simenon était « un esprit habile, lucide, mais pas un esprit profond ». Le *Guardian* de Manchester y vit l'expression d'une « sorte de ménopause masculine »; quant au *Sunday Telegraph*, il commentait d'un « Humph! » succinct ses aveux concernant sa vie sexuelle.

Simenon écrivit en février 1972 son dernier roman, un Maigret, *Maigret et Monsieur Charles*. C'est l'histoire d'un riche bon-vivant qui a un goût prononcé pour les call-girls et que son épouse, une femme névrosée, morbide et alcoolique, fera assassiner. L'été suivant, Simenon se prépara lentement, beaucoup plus lentement que d'habitude, à écrire un autre roman, un non-Maigret plus difficile. « Je comptais y mettre toute mon expérience humaine et c'est pourquoi j'avais hésité si longtemps à le commencer [12]. » Le 18 septembre 1972, il se décida finalement à se mettre à l'ouvrage, qui devait être intitulé « Oscar » ou « Victor ». Il alla dans son bureau, inscrivit l'un ou l'autre de ces noms sur une de ses enveloppes jaunes, et passa plus longtemps qu'à l'accoutumée à réfléchir aux détails de l'origine et de la situation de son protagoniste. A l'heure du déjeuner il n'avait pas encore touché à sa machine à écrire. Contrarié par un coup de téléphone de Denise qui lui demandait de l'argent, il essaya une fois de plus, mais sans succès, de se mettre au travail. Le jour suivant, il dit à Teresa qu'il avait décidé de ne plus écrire. Il décida dans le même temps de mettre en vente Epalinges. Pour souligner le sérieux de sa résolution, il fit inscrire sur son passeport : « sans profession ».

En un mois, il acheta un confortable, mais ordinaire, duplex au huitième étage d'un immeuble de l'avenue de Cour à Lausanne. Il prit quelques pièces du somptueux mobilier d'Epalinges ainsi que quelques tableaux, entreposa le reste chez un garde-meubles, vendit toutes ses voitures, et ne garda qu'une seule domestique. Epalinges resta en vente – pour, dit-on, trois ou quatre millions de francs suisses – jusqu'à ce que Simenon se ravise et décide de le garder, en pensant que ses enfants pourraient avoir envie d'y revenir. Johnny et Marie-Jo avaient quitté le nid, lui pour la Harvard Business School, elle pour Paris où elle s'était lancée dans une quête douloureuse de son identité. Roman, luxe, travail, projets, Simenon avait tout liquidé.

« J'ai couru les continents. J'ai eu ce qu'on appelle une vie mouvementée. J'ai passé des nuits à danser ou à faire l'amour avec des femmes que je ne connaissais pas. De tout cela, il ne m'est rien resté, sinon peut-être la faculté de goûter intensément mon existence actuelle [13]. »

Il avait commencé à restreindre ses activités dans les années soixante et, après son départ d'Epalinges, cette tendance s'accentua plus encore. Il ne voyageait plus, sauf en cas de nécessité majeure, passait à l'occasion des « vacances » près de Lausanne, à Valmont, recevait beaucoup de visiteurs – mais il était tout aussi heureux de discuter élevage de volailles avec Yole, la cuisinière. Par-dessus tout, il prenait plaisir à être avec Teresa, à ses côtés jour et nuit. En 1974, il déménagea une fois de plus, suivant, cette fois, littéralement, sa trajectoire descendante. S'inquiétant des conséquences d'une panne d'ascenseur ou d'électricité, il acheta une petite maison, bâtie au xviiie siècle, qu'il avait observée tout à loisir puisqu'elle se trouvait juste en face de son appartement. Elle avait un living, une grande chambre à coucher, une chambre pour Pierre, une autre pour Yole, et une cheminée – utile en cas de crise d'énergie. Il y avait aussi un petit jardin, avec des lilas, un banc, un très vieux cèdre du Liban, et beaucoup de moineaux qu'il regardait en compagnie de Teresa des heures durant, de leur porte-fenêtre.

Très rapidement, sa vie se réduisit à la plus grande simplicité et il vécut entièrement en communion avec Teresa. A l'automne 1979, il disait : « Non seulement je me sens mieux que jamais, mais encore je me crois plus lucide et plus serein qu'à n'importe quelle époque de ma vie [14]. » Il divisait sa vie en trois périodes : l'enfance, puis les nombreuses années où il avait couru après une sorte de « lièvre électrique », et maintenant le temps de la sérénité et de la simplicité qui lui permettait de retrouver les joies de son enfance. La période du lièvre électrique lui apparaissait totalement vide de sens et il était heureux d'en être sorti. La littérature en faisait partie : « Des romans ? Du papier. Des petites taches noires dessus... des mots, des mots, toujours des mots. Autant recopier le dictionnaire [15]. » Il prit soin d'installer Joyce Aitken et son secrétariat à l'autre bout de la ville. La seule fois qu'il s'y rendit, il en sortit consterné, horrifié d'avoir vu ses centaines de livres qui occupaient les étagères. Cependant, en racontant cet épisode, il eut ce commentaire : « Je ne renie rien... Au contraire, je suis heureux d'avoir écrit autant de romans [15]. »

Il lui arriva de considérer son travail avec plus de sympathie. Un matin d'été en 1974, par exemple, pensant aux innombrables fois où on lui avait demandé d'expliquer sa méthode de composition des romans, il eut envie de s'amuser et, pour ainsi dire, de jouer à revivre les étapes de la genèse d'un roman. Il imagina qu'il se promenait et, sans raison apparente, se mit à évoquer les quartiers pauvres de Liège habités par les mineurs qu'il fréquentait dans son enfance. Il imagina ensuite un personnage : un mineur nommé Hubert, marié et satisfait de l'être à une femme solide aux yeux expressifs. Pourtant Hubert est anxieux, à cause des regards singuliers que lui adressent ses copains quand il arrive au bistrot, et un jour, rentré plus tôt que d'habitude, il va découvrir sa femme au lit avec l'un de ses amis. Il ne dira rien, et sa vie continuera, apparemment inchangée. Simenon tissa son histoire jour après jour, petit à petit, sans savoir où elle menait, et la laissa inachevée. (Il fit trois ans plus tard la même expérience : cette fois il s'agissait d'une histoire plus longue, un « mini-roman » très vivant et plein de suspense.)

Maigret non plus ne disparut pas entièrement de la vie de Simenon, puisqu'il rêva de lui. Il vit Maigret portant un vieux chapeau de paille et bêchant son jardin à Meung-sur-Loire, et il sentit que les moindres recoins de sa petite maison lui étaient familiers. Maigret alla ensuite faire une partie de cartes à son café habituel. Il ne pêchait plus car l'eau était trop polluée. Quelques mois après ce rêve, Simenon ressentit le besoin de dire adieu au personnage qui l'avait rendu célèbre :

> « Je le quitte sur les rives de la Loire où il doit être à la retraite, comme moi-même. Lui bêche son jardin, joue aux cartes avec les gens du village et va pêcher à la ligne. Moi, je continue à exercer le seul sport qui me soit encore permis : la marche. Je lui souhaite une heureuse retraite, comme la mienne est heureuse. Nous avons assez travaillé ensemble pour que je lui dise un adieu quelque peu ému [15]. »

La tranquillité de Simenon fut surtout troublée par des accrochages périodiques avec Denise – à présent de nouveau Denyse. Leurs deux dernières rencontres furent très houleuses. Lors de la première, rapporta-t-elle, il lui accorda « une liberté sexuelle totale », mais l'avertit que quatre-vingt-dix-sept pour cent des hommes qui coucheraient avec elle le feraient simplement pour voir ce que valait Mme Simenon, et deux pour cent pour le plaisir de pouvoir se vanter d'avoir couché avec Mme Georges Simenon. Lors de leur deuxième rencontre, il recommença à l'accabler d'injures et elle se défendit en menaçant de lui jeter à la tête un gros cendrier en pierre. En fin de compte, elle alla résider en Avignon, où elle entama une longue analyse avec un homme qu'elle considérera comme « un maître, puis un ami », et qui enverra à Simenon une note d'honoraires de 80 000 francs suisses. Elle voulut divorcer mais il refusa, à cause de l'extravagance de ses exigences financières. Elle l'attaqua en justice, fut déboutée, et déclara que son avocat avait été « acheté ». Selon lui, elle essaya d'exercer un chantage, menaçant de publier des révélations dévastatrices s'il refusait de lui verser 48 000 francs suisses par mois. Il ne céda pas, et rien d'extraordinaire ne survint, jusqu'à la publication, en 1978, d'*Un Oiseau pour le chat*, ces mémoires peu flatteurs pour Simenon, qui déclara qu'ils étaient l'œuvre d'un « nègre » et qu'il considéra comme la mise à exécution de sa menace.

L'échec de ce mariage devait avoir des conséquences bien plus terribles que ces brouilles. Marie-Jo, très perturbée, vivait à Paris, soignée épisodiquement par des psychiatres. Elle envisageait plus ou moins de devenir actrice, suivit des cours d'art dramatique, et obtint quelques petits rôles. Elle écrivait des poèmes, des chansons, des méditations autobiographiques, et de très nombreuses lettres à son père. En mai 1976, elle prit une overdose de somnifères, mais se ravisa à temps s'en remit, et pendant quelque temps sembla avoir retrouvé un certain équilibre. Simenon lui acheta un appartement sur les Champs-Élysées, dans l'immeuble qui avait été l'hôtel Claridge où lui-même avait séjourné si souvent. A ce propos, il fit une analogie malheureuse, et bien sûr innocente de toute connotation, entre le fait d'avoir son propre appartement et celui de se marier. (On se souvient qu'à la fin de la guerre il avait vécu pendant quelque temps avec sa secrétaire au Claridge.) En février 1978, pour la dernière fois, elle lui rendit visite dans sa petite maison de Lausanne. Elle chanta « Le Plat Pays » et les chansons qu'elle avait écrites sur les mélodies de « Tennessee Waltz » et de « Blowin' in the Wind ». Trois mois plus tard, dans son appartement parisien, elle se tira une balle d'une carabine de calibre .22 dans le cœur. Elle laissait tous ses écrits et enregistrements à son père, et demandait que l'on disperse ses cendres dans le jardin de sa maison, sous le cèdre du Liban. Il y avait, parmi ses documents, le livre de sa mère qu'elle avait annoté, selon Simenon, de commentaires et de refutations. Simenon fut anéanti par la douleur et sentit qu'il ne serait jamais plus le même.

Avant le traumatisme de la mort de Marie-Jo, et, avec le temps, par la suite, Simenon connut la sérénité. Ayant abandonné la fiction en 1972, il ne se remit jamais à sa machine à écrire mais, peu après avoir emménagé dans l'appartement de l'avenue de Cour, il lui découvrit un substitut parfait : le magnétophone à cassette. En contraste avec la machine à écrire, c'était « plus un jouet qu'un instrument de travail », et dicter ne demandait pas d'effort, comparativement à la tension terrible que représentait l'écriture d'un roman. Mais le magnétophone répondait au même besoin d'exploration psychologique et lui permettait d'être fidèle à cette morale du travail dans laquelle il avait été élevé : comme au temps où il écrivait, il se sentait mal à l'aise lorsqu'il restait quelques jours sans dicter. Il avait défini clairement son projet : dire tout ce qui lui viendrait à l'esprit.

Bien qu'au départ il n'eût pas eu l'intention de publier, une force irrépressible lui fit envoyer les enregistrements à Joyce Aitken, qui les transcrivit et en envoya les dactylographies aux fidèles Presses de la Cité, qui les publièrent. Il dicta assez régulièrement de février 1973 à octobre 1979, produisant ainsi vingt et un volumes, soit 3 828 pages grand format. Au printemps 1974, il dicta *Lettre à ma mère*, qui ne fait pas partie de la série des textes précédents mais fut pour lui l'occasion de cerner le caractère de sa mère et de composer avec ses propres sentiments envers elle. Au dixième volume, il intitula ces enregistrements, un genre difficile à définir, « Dictées », un titre somme toute logique.

Ces « Dictées » ne sont pas structurées à proprement parler puisqu'elles sont nées du libre enchaînement de ses pensées. Elles concernent la vie quotidienne, avec des souvenirs, des commentaires généraux sur le monde, la nature et la condition humaine, des réflexions sur l'écriture, sur les affaires de famille. Les derniers volumes sont marqués par sa réaction au choc que fut pour lui le suicide de Marie-Jo. L'élément le plus important de sa vie quotidienne est, de loin, Teresa. Les « Dictées » sont pour une bonne part un hymne à sa présence, ainsi que le montrent plusieurs titres : *La Main dans la main, A l'abri de notre arbre* et *La Femme endormie*. Ses réflexions d'ordre plus général, inspirées au hasard de ses lectures, de ses conversations, des informations et des documentaires qu'il voit à la télévision, font parfois penser à Montaigne par leur tonalité sceptique et leur vision hostile à tout anthropocentrisme.

Simenon est scandalisé par tout ce qui participe de la hiérarchie, par les gouvernements, l'enrégimentement social, l'acculturation, la technologie, l'esprit commerçant, le nationalisme, l'autorité, le mariage, la vanité, le patriotisme, l'industrialisation, le colonialisme, le néocolonialisme, le capitalisme, la gérontocratie, la bureaucratie, le marketing, le packaging, la publicité, les académies, les hommes de lettres, les cercles littéraires, les critiques, les décorations, les uniformes, les cérémonies, les soirées de cocktails, et par bien d'autres choses encore. Quant aux réminiscences, les plus nombreuses et les plus belles sont celles de sa famille, de son enfance, de son adolescence à Liège, et elles sont empreintes de plus de tendresse que celles qu'il a livrées dans ses précédents écrits autobiographiques. Simenon sent qu'il communique avec toutes sortes de gens – en particulier avec les « petites gens » qui lui écrivent à propos de ses livres et lui confient leurs soucis.

Comme Denis Tillinac le fait astucieusement remarquer, Simenon a dramatisé dans beaucoup de ses romans le manque de communication profondément ancré dans la nature humaine, et il a décrit avec force les luttes menées pour surmonter ce manque. Les « Dictées » sont motivées par le même sentiment de non-communication et par le besoin urgent de libérer la parole, mais elles échouent dans la mesure où c'est la dramatisation du problème qui est intéressante, et non la solution facile que trouve finalement Simenon pour les résoudre. Federico Fellini, pour sa part, ne fut pas déçu par les « Dictées », il les lut, au contraire, avec « une curiosité alerte, une ferveur lucide, une participation agréable et troublée, une attente tendue et anxieuse de page en page ».

En février 1980, Simenon abandonna son magnétophone pour son stylo (il y avait toujours recouru pour aborder le mode autobiographique) et il écrivit pendant un an un énorme ouvrage, publié fin 1981 sous le titre de *Mémoires intimes*, auquel il adjoignit les écrits de Marie-Jo. Plusieurs facteurs l'avaient incité à écrire. L'un était son désir de publier une autobiographie plus ou moins définitive, chronologique, et d'y inclure toutes sortes de détails – la plupart ayant trait à Denise et à ses enfants – qu'il avait omis ou auxquels il avait seulement fait allusion dans les précédentes autobiographies. Ce qui l'avait aussi poussé à entreprendre ce travail était la publication du livre de Denyse, auquel il n'avait pas daigné répondre dans un premier temps mais dont il voulait à présent réfuter les allégations. Un troisième facteur était la mort de Marie-Jo, qui avait réactivé son désir de léguer à ses enfants un autoportrait – il avait déjà écrit *Je me souviens* dans le même esprit. Beaucoup de passages sont écrits à leur intention, à la deuxième personne. *Mémoires intimes* démontre toute l'importance qu'il accorde, à soixante-dix-sept ans, à ses enfants, et le peu d'intérêt en revanche qu'il manifeste pour ses livres.

Il travailla sur les *Mémoires* avec une extraordinaire ténacité, définissant un nouvel emploi du temps qui le faisait écrire de deux heures de l'après-midi à huit heures du soir, parfois même plus tard. Teresa (Ô souvenirs de Sainte-Marguerite !) lui apportait des tasses de thé pour le soutenir. Ce livre, qui comprend 753 pages bien remplies, est une mine de détails sur sa vie, mais parfois d'une intimité gênante. Son côté sensationnel, son style d'exposé, lui valurent beaucoup plus de lecteurs que les « Dictées », encore qu'il ne déclenchât pas, ni en Europe ni en Amérique, l'enthousiasme des critiques. Simenon gagna un nouvel admirateur distingué en la personne d'Artur Rubinstein qui avait quatre-vingt-quatorze ans et vivait à Genève ; il lui écrivit pour lui dire toute son admiration et l'inviter à déjeuner. Simenon jura à tous ceux qui venaient le voir que c'était le dernier livre à être publié de son vivant.

Quelques semaines avant la publication des *Mémoires*, Denyse Simenon publia, sous le pseudonyme d'Odile Dessane, un roman à clef intitulé *Le Phallus d'or* : une façon de prendre sa revanche, une réaction contre l'hostilité de plus en plus ouverte qu'il exprimait à son égard dans les « Dictées ». Elle y imagine la mort d'un milliardaire de quatre-vingts ans qu'on appelle « le Vieux », dont la profession n'est pas spécifiée. Sa personnalité nous est décrite par ses enfants, son ex-épouse, sa femme dont il est séparé, sa secrétaire, son ancienne cuisinière qui l'a adoré toute sa vie, quelques amis, et deux prostituées. Tous s'accordent à dire que « le Vieux » est un monstre d'égoïsme, incapable d'amour, qui, en proclamant qu'il a couché avec dix mille femmes, avoue une déficience sexuelle. Il a fait exécuter par un orfèvre célèbre une reproduction en or massif de son phallus, d'où le titre du livre. Le personnage le plus désagréable, après « le Vieux », est la femme pour laquelle il a fait réaliser la pièce d'orfèvrerie – une femme de chambre italienne qui lui fait les yeux doux pour mettre la main sur son argent et que ses héritiers congédieront sur-le-champ après avoir découvert dans ses bagages des objets de valeur qu'elle a volés dans la maison. Les enfants, dont une fille qui s'est suicidée parce que sa personnalité avait été écrasée par « le Vieux », sont d'une banalité stupéfiante.

Ce livre, de même que l'autobiographie de Simenon, a toutes les allures d'une finale – *Mémoires intimes* contre *Le Phallus d'or*, les « Dictées » et *Un oiseau pour le chat* ayant été les demi-finales. Simenon l'emporte, mais ce sport plutôt inconvenant, qui rappelle les combats d'ours ou de gladiateurs, ne laisse pas d'étonner de nos jours.

En 1984, Simenon fut opéré d'une tumeur au cerveau. Il se rétablit bien et mena durant trois ans « une vie d'homme parfaitement normale » comme il le rapporta à Joyce Aitken. Mais il commença à souffrir de maux de tête, et la paralysie gagna son bras gauche puis ses jambes. A partir de 1987, il fut cloué dans une chaise roulante et ses mouvements se limitèrent à d'occasionnelles promenades en voiture au bord du lac.

Il était très en verve lors de son passage à « Apostrophes » en 1981, qui fut pratiquement sa dernière interview. Lui qui, toute sa vie, s'était astreint à la ponctualité, il ne supportait plus la contrainte d'un rendez-vous et, de plus, il ne trouvait aucun intérêt aux entretiens journalistiques, se plaignant qu'on lui posât toujours les mêmes questions. Exceptionnellement, il acceptera de recevoir la télévision suisse en décembre 1988, estimant qu'il ne pouvait refuser cela à son dernier pays d'adoption. Mais, en cette ultime interview – il en avait donné des milliers –, Simenon apparut très diminué. Il déclara que la fierté était le pire des vices et l'humilité la plus grande des vertus.

Durant sa dernière année, il s'affaiblit de plus en plus et fut gagné par la somnolence : « un vieux monsieur, très silencieux, très rêveur, absent ». En septembre 1988, il s'installa à l'hôtel Beaurivage, à Lausanne, pendant qu'on transformait la salle de bains de la petite maison rose pour l'adapter à son handicap. Ce séjour sembla lui avoir fait du bien et il avait meilleur moral quand il retourna chez lui. Mais bientôt ses maux de tête reprirent et il s'affaiblit de jour en jour. Il mourut tranquillement dans son sommeil, dans la nuit du 4 septembre 1989. Comme convenu, ses trois fils apprirent sa mort par la presse. Il leur avait dit qu'il refusait l'hypocrisie de funérailles publiques. Il fut incinéré et ses cendres, dispersées sans témoins par Teresa sous le cèdre du jardin, rejoignirent celles de Marie-Jo.

Tigy était morte en 1985 à Porquerolles, où son fils, Marc, a une maison – il poursuit sa carrière de cinéaste et y passe une bonne partie de l'année. Denyse vit en Suisse. Johnny est à Paris, il s'occupe toujours de distribution de films. Pierre fait des études de droit à Boston. Teresa demeure dans la petite maison rose. En attendant l'exécution des dispositions testamentaires, Epalinges fait toujours partie du patrimoine. Mais la place est déserte.

16

La saga de Maigret

Malgré ses efforts (et ceux d'autres aussi) pour se distancier des Maigret, Simenon continua à en écrire aussi longtemps qu'il écrivit des romans. La troisième et définitive réincarnation du commissaire se produisit à la fin de la guerre, dura un quart de siècle et donna lieu à la production de cinquante courts romans et quelques nouvelles. Ces Maigret « Presses de la Cité » suivaient les dix-neuf premiers Maigret « Fayard », et les Maigret « Gallimard » qui avaient été publiés juste avant et pendant la guerre. Après avoir été un phénomène pyrotechnique, Maigret avait fait un retour applaudi et il était devenu une véritable institution.

Durant ces trois phases, le processus d'évolution mis en place peu après la création du personnage s'était maintenu. Simenon avait élaboré un personnage saisi d'abord à grands traits dans un éclair d'inspiration. Il avait probablement eu l'intuition de l'importance de Maigret mais n'avait certainement pas imaginé qu'il prendrait cette ampleur. Une bonne partie de l'évolution du personnage a peut-être été plus inconsciente, moins délibérée qu'on l'imagine – et, à certains moments, menacée par les intentions commerciales désordonnées de Simenon. En fait, la réapparition du personnage à la fin des années trente avait été assez médiocre – retombée dans l'écriture du roman populaire de ses débuts.

Néanmoins, le Maigret définitif de l'après-guerre comme ses incarnations antérieures a une présence substantielle, que sa dimension littéraire soit sur- ou sous-évaluée. Au minimum, c'est un personnage qui a sa place dans la lignée des grands détectives d'un genre populaire et mineur; c'est, de fait, le statut que lui assigne le public du monde entier. Au maximum, Maigret est considéré comme une sorte d'émigré de la haute littérature qui se serait aventuré dans le monde du roman policier et qu'il aurait transfiguré.

C'est ainsi que Thomas Narcejac, le premier critique à avoir consacré un livre à Simenon, auteur lui-même de romans policiers, avait analysé Maigret. Il considérait que le genre policier n'appartenait pas à la vraie littérature car, à la différence du roman qui s'appuie sur le personnage, le roman policier s'articule sur l'intrigue. En 1950, il estimait que Simenon n'avait écrit que des romans et qu'il n'y avait pas lieu de faire une distinction entre Maigret et non-Maigret.

Anthony Boucher du *New York Times* avait le même point de vue. D'autres lecteurs et commentateurs – ainsi que Simenon lui-même – s'en tenaient à une position intermédiaire : les Maigret *sont* des romans policiers, composés certes de façon plus désinvolte que les romans-romans, mais qui entretiennent avec ces derniers une évidente parenté dans la mesure où ils intègrent des éléments littéraires qui leur permettent d'avoir, à un certain niveau, une coloration, une texture « sérieuse ». Simenon, comme d'autres, a souvent fait remarquer que les Maigret tendent à aborder les mêmes thèmes que les romans-romans, mais avec plus de « légèreté ». Simenon, lorsqu'il traversera une période de dépression, voudra parfois écrire un roman-roman mais, découragé par la difficulté de l'entreprise, finira par traiter le sujet dans un Maigret.

L'élaboration de Maigret – le processus de son incarnation – revêtit plusieurs formes. L'une fut constituée par l'accumulation et la répétition des détails concernant le personnage et son environnement. Cette technique familière, que l'on retrouve dans toutes les grandes séries de romans policiers, procura sans doute beaucoup de plaisir à Simenon en même temps qu'elle ravit des générations d'admirateurs de Maigret. Celui-ci a bonne vue, s'endort n'importe où, mais il a tendance à s'essouffler dans les escaliers et souffre de claustrophobie. Ses dossiers sont en désordre, il oublie souvent sa carte de police à la maison, mais il redresse les tableaux sur les murs. Maigret n'est pas expert dans le crochetage des serrures, et il n'a jamais appris à conduire de peur d'être distrait au point d'oublier qu'il est au volant (Mme Maigret, elle, apprend à conduire). En fait, il n'utilise pas souvent la voiture de la P.J. : il préfère prendre des taxis et même les bus dans lesquels, comme son créateur, il se met sur la plate-forme arrière (comme l'histoire avance, il s'estime heureux quand il arrive à prendre l'un des derniers bus à plate-forme).

Bien entendu, ses pipes sont légendaires, bien qu'on le découvre de temps en temps en train de fumer une cigarette et une fois même le cigare. Il lit des traités de psychiatrie, mais les trouve de peu d'utilité dans son travail. Il lit Alexandre Dumas, mais jamais de romans policiers. De même, quand il aura découvert la télévision, il regardera les westerns et les films de série B, mais n'aimera pas les séries policières. Lui et Mme Maigret vont souvent au cinéma l'après-midi, quand il pleut, mais ils sont apparemment indifférents au programme. D'un autre côté, il n'est pas ignare en matière de littérature. L'un de ses inspecteurs décrit l'appartement d'un suspect :

> « – Il y a des livres dans tous les coins... Engels, Spinoza, Kierkegaard, saint Augustin, le père Sertillange, Saint-Simon... Cela vous dit quelque chose?
> – Oui, répond Maigret [1]. »

Maigret a deux familles, deux foyers qui lui procurent confort et intimité : son appartement et son bureau. Son appartement est situé au quatrième étage du 130, boulevard Richard-Lenoir, à Paris, dans le onzième arrondissement, et il le partage avec la célèbre Mme Maigret. Elle s'inquiète souvent pour lui et veille à ce qu'il ne se mouille pas et ne prenne pas froid, car il s'enrhume fréquemment. Elle est alsacienne, et ils se sont rencontrés par l'intermédiaire d'un ami commun, au début de sa carrière. Il lui donna son premier baiser sur un banc de la place des Vosges. Il ne l'appelle jamais Louise, ni elle Jules. Il l'appelle Mme Maigret et n'a jamais pour elle de petits mots tendres car il considère qu'ils sont une seule et même personne. Elle cuisine pour lui, bien sûr, abondamment, même quand elle s'attend à ce qu'il ne rentre pas à cause d'une enquête. Elle lui prépare des grogs quand il attrape froid, et, dans un roman, on la voit en train de lui tricoter une écharpe bleue. Il n'est pas très démonstratif, son affection pour elle et sa gratitude pour de ce qu'elle fait pour lui sont implicites mais, de temps en temps, s'expriment : « Il avait rarement eu autant l'envie de rentrer chez lui et de retrouver les yeux tendres et gais de sa femme [2]. » Et, un peu plus tard, au restaurant, il lui dira : « Rien, au restaurant, n'est meilleur que chez nous [2]. »

Le foyer Maigret traduit l'intégration, l'appartenance sociale.

Mais c'est davantage un état d'esprit qu'un rapport concret à la société car, en pratique, ils en apparaissent plutôt détachés. Les seuls gens qu'ils fréquentent, deux fois par mois, sont les Pardon; lui est l'ami et le médecin de Maigret, et les deux hommes échangent des idées sur le monde, la justice, etc. De temps en temps, la sœur de Mme Maigret et son mari leur rendent visite (ils ont tendance à rester un peu trop longtemps au goût de leurs hôtes). C'est probablement la seule fausse note. Les Maigret semblent être un idéal du couple en vase clos, parfaitement autosuffisant. Toute sa vie, Simenon a médité sur cet idéal, a dramatisé son absence pendant un demi-siècle, et a déclaré l'avoir finalement trouvé dans son vieil âge. Cette façon qu'ont les Maigret d'être socialement intégrés alors même qu'ils vivent en vase clos est paradoxale, et ce d'autant plus qu'ils n'ont pas d'enfants – ils ont bien eu une fille mais elle est morte en bas âge, et sa disparition sera toujours la source d'un grand chagrin.

L'autre famille de Maigret, c'est la Police Judiciaire, où son manque d'enfant est compensé par ses inspecteurs qu'il appelle toujours « mes enfants ». « Au travail, les enfants! » s'exclame-t-il souvent. Au Quai des Orfèvres, l'ambiance au sein de son équipe est aussi paisible que celle qui règne chez lui, boulevard Richard-Lenoir. Les associés de Maigret sont affublés d'épithètes homériques : le *brave* Lucas, le *petit* Lapointe, le *gros* Torrence, et le *vieux* Joseph, le vénérable huissier. Au cours de la saga Maigret, ces personnages, superficiels au départ, développeront des personnalités qui les feront paraître moins accessoires qu'ils ne le sont en réalité grâce au plaisir de les reconnaître qu'éprouve le lecteur à chacune de leurs apparitions.

Lucas, l'inspecteur en chef, est grassouillet et pourrait parfois passer pour le double de Maigret. Janvier, comme le savent tous les fans de Maigret, a la fibre familiale, et il est souvent utile parce qu'il ressemble peu à un policier. C'est le meilleur sténo de l'équipe, et il commence à prendre du ventre. Lapointe, le plus jeune des inspecteurs, le plus soucieux de plaire, essaie d'imiter Maigret (on le voit mûrir la même capacité d'intuition et, à la fin de la saga, il fondera à son tour un foyer). D'autres personnages dans l'équipe ne sont que des noms auxquels il sera fait appel en fonction des besoins en personnel : Neveu, Janin, Lourtie, Vacher.

Il y a le grand patron, le directeur de la P.J., très sympathique avec Maigret, qui plaide souvent la cause du commissaire auprès des hauts responsables de la préfecture de police, du ministère de l'Intérieur, ou des personnalités politiques. Xavier Guichard, qui fut réellement directeur de la Police Judiciaire, aurait été le mentor de Maigret à ses débuts et, en quelque sorte, un père fictif – préfigurant peut-être la tendance paternelle de Maigret. Mais le « grand patron », personnage anonyme, remplace Guichard dans la plupart des romans et, plus tard, Maigret fulminera contre un nouveau directeur qui ne connaît rien au métier « à part ce qu'il a appris dans les romans ».

Il y a les experts, qui n'ont pas une personnalité très affirmée, mais que l'on pense connaître intimement parce qu'ils apparaissent régulièrement dans les romans et qu'ils ne se trompent jamais : le Dr Paul, le médecin légiste, dont les autopsies procurent souvent à Maigret son premier élément dans l'enquête (Simenon était l'ami d'un vrai médecin légiste du même nom); Moers, le directeur du laboratoire de balistique, capable d'identifier la plus petite particule; l'expert-armurier Gastine-Renette. On doit mentionner aussi les collaborateurs étrangers de Maigret : Pyke, de Scotland Yard, et O'Brien, du F.B.I., qui lui donnent un coup de main quand il en a besoin.

Enfin, il y a le mémorable inspecteur Lognon, qui, administrativement et par tempérament, ne peut pas faire partie de l'équipe, mais qui le désire désespérément. Cet inspecteur de quartier, qui n'appartient pas à cette élite qu'est la P.J., apparaît dans beaucoup d'affaires : il recherche assidûment les indices, se fera rosser par des voyous, on lui tirera dessus, et Maigret, malgré toute sa compassion, lui coupe invariablement l'herbe sous le pied en dénouant l'énigme. Lognon est le raté parmi les flics, toujours malchanceux, toujours anxieux et mélancolique même quand il fait diligence, et, par-dessus le marché, il a une femme agaçante, clouée au lit et incontinente. Il ne boit pas, et c'est peut-être un de ses problèmes. Bizarrement, sa grisaille et sa mélancolie apportent une touche de couleur et de comique à la saga.

Parmi les petits détails personnels qui définissent Maigret, les plus marquants (à part les pipes) sont ceux qui ont trait à ses goûts en matière de cuisine et de boisson, et on ne peut pas moins faire que d'en dresser un catalogue rabelaisien. Maigret mange des ris de veau, de la blanquette de veau, de la tête de veau en tortue (une spécialité belge), des tripes à la mode de Caen, des filets de hareng, des soles dieppoises, de la bouillabaisse, des maquereaux au four, des coquilles de langouste, du homard à l'américaine, des escargots, des rillettes, du fromage de chèvre, des babas au rhum, du coq au vin, des alouettes en brochettes et des kilomètres d'andouillette. Mme Maigret prépare des fricandeaux à l'oseille (l'un de ses plats préférés), des pot-au-feu, de la raie au beurre noir, des pintadeaux en croûte, et des quiches (il y en a une qui refroidit au début de *Maigret et le client du samedi*). Il ne faudrait pas oublier aussi, chez les Pardon, le bœuf bourguignon, le cassoulet, la brandade de morue et le gâteau de riz de Mme Pardon.

Maigret mange non seulement beaucoup mais il est aussi un connaisseur. Dans *Le Voleur de Maigret*, par exemple, il se trouve dans un restaurant qui sert des spécialités de La Rochelle telles que la mouclade et la chaudrée fourasienne, et il impressionne beaucoup la patronne en lui décrivant la « chaudrée » : « une soupe d'anguilles, de petites soles et de seiches ». La gastronomie confère à Maigret chaleur, charme et, pour tout dire, une certaine épaisseur. On aime le voir manger. Ses goûts culinaires le rapprochent du « peuple », à la différence de l'épicurien Nero Wolfe qui, lui, est un snob. (Quand le *New York Times* déclare que Maigret mange mieux que Nero Wolfe, Rex Stout répond avec irritation : « C'est absurde. Le régime de Wolfe/Breme est tellement plus stimulant que la cuisine bourgeoise. ») Mais dans les deux cas, l'intention est de rendre vivant et de singulariser le détective-héros, de le rendre aussi plus proche du lecteur en revenant souvent sur ses goûts et ses habitudes.

Si les habitudes de Maigret en la matière peuvent prêter à comparaison avec celles d'un rescapé de « l'âge d'or » tel que Nero Wolfe, Maigret a une descente redoutable qui le rattache à l'école des « durs » : il ne craint personne quand il s'agit de lever le coude. On connaît surtout ses bières à la pression (les plus mémorables sont celles qu'il boit en mangeant des sandwiches durant les longs interrogatoires qu'il conduit au Quai des Orfèvres), mais il boit tout ce qui se présente, même ce qu'il n'aime pas, tels que whisky (scotch et bourbon) ou champagne. Il n'est pas très porté sur les cocktails, mais il ne refusera pas un martini dry. Il boit souvent du cognac (« une fine ») et en a toujours une bouteille au bureau, le plus souvent pour en offrir aux suspects ou aux témoins en manque, mais il en prend lui aussi à l'occasion. Parmi les autres alcools, signalons le marc (bien qu'il le mentionne une fois avec le kummel parmi les alcools qu'il n'aime pas – ce qui ne l'empêchera pas d'en savourer un à 65°), l'armagnac, plus d'un calvados et, à la maison, la prunelle et la framboise. Il n'aime pas les liqueurs, mais, lors de la célébration d'une promotion, il lui est arrivé de s'enivrer en buvant des mandarin-curaçao – mais il était très jeune. (Une fois ou deux, on le voit avec une gueule de bois.) Parmi les apéritifs, le Pernod est ce qu'il prend le plus souvent, mais à l'occasion il se laisse tenter par des Picon-grenadine.

La carte des vins est longue et commence par des verres de vin blanc, innombrables comme les bières, avalés rapidement au bar, sur le zinc. En mangeant ou non, il boit, entre autres vins, du beaujolais, du rosé de Provence (pour faire d'ailleurs disparaître l'arrière-goût d'un Tom Collins), du châteauneuf-du-pape, du chianti, du sancerre et du vouvray. Son goût de la boisson alarme parfois son ami, le Dr Pardon, qui lui conseille de se modérer, et inquiète aussi, dit-on, les autorités ecclésiastiques britanniques surveillant la moralité des séries Maigret dans un film de la B.B.C. – elles auraient compté le nombre de fois où il y avait des références à la boisson et auraient trouvé cela excessif.

Simenon ne se limite pas à décrire les traits personnels et les habitudes de Maigret : il lui établit une biographie complète. Maigret est né et a grandi dans le village de Saint-Fiacre, dans l'Allier, une transposition du château du marquis de Tracy, à Paray-le-Frésil. Son père, Évariste, était régisseur d'une propriété – il a pris pour modèle ce contremaître grand et maigre qu'il avait connu à Paray-le-Frésil. Tous deux évoquent dignité paternelle et respect filial et rappellent donc vaguement Désiré Simenon. Le thème père-fils apparaît en pointillé tout au long de la saga Maigret, et on le retrouve dans son comportement paternel aussi bien envers les victimes qu'envers les criminels, dans sa relation avec ses hommes à la P.J., et aussi en négatif quand il exprime sa déception de ne pas avoir d'enfants.

Le prénom usuel de Maigret est Jules. Il sera aussi affublé d'autres prénoms : Amédée, Anthelme, Joseph, François, ce qui pouvait être une manière d'étoffer le personnage, ou est dû tout simplement à un oubli de l'auteur. Personne ne l'appelle jamais Jules (c'est soit « Maigret » soit « Monsieur le commissaire »). Dans *Maigret chez le coroner*, Simenon se moque gentiment de ses hôtes américains – ils insistent pour que Maigret

« prenne un verre », n'arrêtent pas de lui donner des claques dans le dos et s'entêtent à l'appeler « Julius ». Il a perdu sa mère tout jeune, est allé à l'école communale et a été enfant de chœur. Il a toujours eu peu d'amis et peu d'ennemis, et certains reparaîtront comme « clients » au Quai des Orfèvres. Il a suivi les cours du lycée de Moulins, où il a obtenu des notes suffisamment bonnes pour être admis en médecine à l'université de Nantes. Il a dû abandonner ses études au bout de deux ans, quand son père est mort et qu'il s'est trouvé sans ressources. Comme son créateur, il pense parfois à sa carrière avortée de médecin – et particulièrement au psychiatre qu'il aurait pu être, ce qui a un rapport direct avec sa notion de « raccommodeur de destinées ».

Abandonnant la médecine, il va à Paris, et, comme Simenon, loge dans un petit hôtel miteux jusqu'à ce qu'il entre, à vingt-deux ans, dans la police. Il commence au bas de l'échelle, fait des patrouilles dans les rues, puis est affecté à différents services : les gares, les grands magasins, la brigade des mœurs dont il a horreur. (Il a de mauvais souvenirs de la gare du Nord.) Il est préposé ensuite aux écritures dans un commissariat ; certains indices le situent dans le onzième arrondissement mais, dans *La Première Enquête de Maigret*, il exerce dans le quartier Saint-Georges, du neuvième arrondissement, et c'est de ce poste qu'il sera promu à la P.J. (Dans une nouvelle qui n'apparaît pas très canonique, « Vente à la bougie », il est à la tête de la « brigade mobile » de Nantes.) A l'exception du flash-back de la *Première Enquête* et des romans où on le voit à la retraite, il est dans la plupart des histoires commissaire divisionnaire. A ce titre, il supervise le travail de ses inspecteurs – ses « enfants » –, mais en pratique, il est généralement avec eux sur le terrain ; même si c'est peu probable dans la réalité, c'est cependant nécessaire pour donner du relief au roman. On lui proposera, dans le dernier Maigret, la direction de la P.J. mais il déclinera l'offre. Il est près de la retraite et il y pense souvent – une des caractéristiques qui le placent en marge de l'appareil policier.

L'accumulation de détails personnels, renforcés par le fait qu'ils se rapportent directement à la personnalité et aux expériences de Simenon, donne de l'épaisseur au personnage de Maigret. Comme nous l'avons vu, l'arrivée à Paris du jeune Maigret reproduit celle de Simenon ; comme lui, il aime se tenir sur la plate-forme à l'arrière des bus et prendre le soleil à la terrasse des cafés. Ils partagent des souvenirs d'enfance (ils ont été tous deux enfants de chœur), et Maigret a vécu place des Vosges. Quand Maigret prendra sa retraite et ira s'installer dans sa maison de Meung-sur-Loire, il va battre la campagne à la recherche de meubles anciens, comme Simenon l'avait fait à La Richardière. De même que son créateur, Maigret se considère comme un « collectionneur d'hommes » – c'est ce qu'il répond laconiquement au collectionneur de tableaux véreux de *Maigret et le fantôme* quand celui-ci lui dit : « Vous aurez de la peine à me croire, car vous n'êtes pas collectionneur... »

Les éléments autobiographiques donnent généralement la mesure de l'ambition littéraire de Simenon et les Maigret, à leur façon, ne font pas exception à cette règle. L'épouse, dans *Maigret et l'homme du banc*, reflète sûrement cette mesquinerie petite-bourgeoise qu'il attribue à sa mère. Les adolescents de la famille Parendon, dans *Maigret hésite* (écrit en 1967), renvoient à ses propres enfants; Simenon souligne leur hostilité « moderne » aux « vieux », aux ringards. La difficulté qu'éprouve Maigret à s'adresser à son collègue du F.B.I. par son prénom est une version de la fameuse « pudeur » simenonienne.

Les détails personnels ne sont que des éléments superficiels qui enrichissent et affirment le personnage, lequel se définit plus fondamentalement par sa psychologie et sa philosophie. Comme toute psychologie, celle de Maigret est une épistémologie : il s'agit pour lui de *comprendre* vraiment les gens, de découvrir la substance derrière les apparences. Sa philosophie a trait à la notion de justice et, de ce fait, il aspirera toujours à une justice plus profonde et plus humaine que la justice officielle. Ainsi, sa psychologie et sa philosophie procèdent d'une sensibilité à autrui, d'une chaleur profonde, et c'est là le fondement de la « méthode Maigret ». Dans le dernier chapitre de *Maigret et les vieillards*, il résume élégamment l'opinion qu'il a de lui-même :

« Il ne se prenait pas pour un surhomme, ne se croyait pas infaillible. C'était avec une certaine humilité, au contraire, qu'il commençait ses enquêtes, y compris les plus simples. Il se méfiait de l'évidence, des jugements hâtifs. Patiemment, il s'efforçait de comprendre, n'ignorant pas que les mobiles les plus apparents ne sont pas toujours les plus profonds. »

« S'il n'avait pas une haute idée des hommes et de leurs possibilités, il continuait à croire à l'homme. Il cherchait ses points faibles. Et, quand il mettait enfin le doigt dessus, il ne criait pas victoire mais, au contraire, ressentait un certain accablement. »

Cette orientation marquée pour la psychologie se traduit souvent par un intérêt explicite pour la psychiatrie. Dans ce même roman, il lit dans une revue médicale qu'un très bon instituteur, un romancier ou un policier peuvent être plus capables de pénétrer les profondeurs d'une personnalité qu'un médecin ou qu'un psychiatre. Ce qui le chagrine, c'est de voir qu'on place le policier en troisième position. Il s'entretient à plusieurs reprises des aspects médicaux et psychiatriques du crime avec son ami Pardon dont le nom même est comme un rappel de la compassion profonde qui caractérise Maigret. Dans *Les Scrupules de Maigret*, il consulte un manuel de psychiatrie et s'intéresse aux têtes de chapitres « névrose », « paranoïa », et « complexe de persécution ». (« – Tu as un cas difficile ? lui demande Mme Maigret. Il hausse les épaules et lui répond : – Une histoire de fous ! »)

Dans *Maigret tend un piège*, Pardon lui fait rencontrer un psychiatre avec lequel il va discuter à fond de son affaire – une rencontre opportune puisqu'il s'agit d'une des affaires les plus « psychiatriques ». C'est en effet la psychiatrie qui permet d'expliquer les mobiles de ce tueur de femmes (il a eu une mère possessive et son épouse l'est tout autant), mais aussi de l'arrêter en permettant à Maigret de prévoir son comportement. *Maigret se défend* s'ouvre de même sur une discussion entre Maigret et Pardon : la question est de savoir si le mal absolu peut exister chez l'homme. Maigret vient d'être l'objet d'une machination calomnieuse, incompréhensible. Pourtant, il continue à penser que le mal a toujours ses raisons : il parviendra à démêler l'affaire en comprenant les motivations d'un pervers sexuel, être brillant mais gravement névrosé. Le débat sur l'existence du « mal à l'état pur » occupe aussi une place centrale dans *Un échec de Maigret*.

Maigret recherche aussi l'aide de Pardon dans *Le Revolver de Maigret* pour arriver à déterminer si le principal suspect est un malade mental où s'il feint de l'être. Cette question de l'irresponsabilité psychique du criminel revient dans nombre de Maigret. Dans *Maigret hésite*, le commissaire se fait expliquer par l'avocat Parendon – un maniaque de l'article 64 du code pénal – toutes les subtilités dudit article définissant la notion d'irresponsabilité de prévenus jugés déments. *Maigret et la Grande Perche* est peut-être le cas le plus œdipien qu'il ait jamais eu à résoudre : pour saisir les mobiles du meurtre il faut remonter à l'adolescence du meurtrier qui eut des relations difficiles avec son père, et non moins difficiles avec sa mère, une vieille femme démoniaque pour laquelle il a toujours eu un amour exclusif. Dans *Maigret et le tueur*, le criminel est un pathétique jeune homme qu'un incident dans son enfance a transformé en tueur pathologique. Dans *Maigret et le clochard*, le commissaire découvre la solution de son affaire en réfléchissant à la psychologie de la victime, de même dans *Maigret à Vichy*.

Maigret est à la fois le psychiatre, le père, le confesseur du jeune tueur dans *Maigret et le tueur*, et plus encore dans *Maigret et le client du samedi* dans lequel le jeune Planchon, un être pathétique, décharge son cœur pendant des heures à son domicile (tandis que la quiche de Mme Maigret est en train de refroidir). Cette histoire abonde en détails qui permettent de mieux souligner cette sympathie qui lie Maigret aux ratés : il a attrapé froid, il dort peu, il vient juste d'acheter un poste de télévision, les pendules de la P.J. retardent, comme d'habitude, de douze minutes, etc.

Cette démarche psychologique explicite est, dans la plupart des cas, l'expression de sa solidarité (en aucun cas aveugle) avec les êtres humains et de sa compréhension. Le policier qui comprend le criminel, voire s'identifie avec lui, est un motif récurrent dans le roman policier français – la série des Arsène Lupin, dont Simenon s'est occasionnellement inspiré quand il écrivait des romans populaires, en fournit un bon exemple –, mais les Maigret jouent ce thème sur un registre supérieur et différent. A maintes reprises, après avoir capturé sa proie, Maigret éprouve un élan de compassion, à moins que spontanément il ne l'ait déjà ressentie dès le départ. Si l'enquête policière est en soi une compétition, c'est une partie dans laquelle il n'éprouve aucun plaisir à gagner. « Nous, quand on met le point final à une enquête... c'est la prison, parfois la mort [3] », songe-t-il en regardant des joueurs de pétanque qu'un beau point fait exulter.

Il est souvent satisfait quand il parvient à faire disculper quelqu'un, par exemple dans *Le Revolver de Maigret*, ou *La Folle de Maigret*, ou dans *Maigret aux assises* lorsqu'il arrive à produire un témoignage de dernière minute qui sauve l'un de ces jeunes hommes déprimés, sans volonté, dont il s'est occupé comme un père. Quand, comme c'est souvent le cas, l'arrestation est nécessaire, il y procède avec peu d'empressement – très peu, même, comme par exemple dans *Maigret en meublé* où, à la fin, il se voit forcé d'arrêter un personnage qui, de retour après vingt ans d'absence, a retrouvé la femme qu'il aime mariée à un autre. Les deux crimes qui ont motivé son arrestation sont un enchaînement de circonstances « humaines ». Lapointe, qui ne connaît pas tous les détails de l'affaire, félicite Maigret :

> « Maigret se tenait dans l'encadrement de la porte, la pipe aux dents, et Lapointe ne fut pas sûr d'avoir bien compris ce qu'il grommelait en sortant.
> – Il fallait bien!
> Il se tourna vers Vacher qui était là aussi, occupé à rédiger un rapport.
> – Qu'est-ce qu'il a dit?
> – Qu'il fallait bien.
> – Qu'il fallait bien quoi?
> – L'arrêter, je suppose.
> Et le jeune Lapointe, fixant la porte par laquelle Maigret avait disparu, fit simplement :
> – Ah! »

Dans *Maigret et le marchand de vin*, il encourage gentiment le coupable à venir à son domicile et ne peut faire autrement que de l'arrêter.

Une autre manifestation de l'humanité de Maigret est sa disponibilité, peu vraisemblable de la part d'un officier de police de son rang, mais nécessaire à la fiction. Les âmes troublées qui cherchent à le voir y parviennent généralement. Les rares fois où on les en a empêchées, comme dans *Cécile est morte* ou *La Folle de Maigret*, Maigret le regrette. Dans *Maigret et son mort*, il reçoit un coup de téléphone d'un homme qui se dit en danger de mort. Incapable de le joindre rapidement, Maigret découvrira bientôt son homme assassiné. L'urgence, l'intensité de la voix de l'inconnu résonnent en lui tout au long de l'enquête et c'est ce qui l'aide à comprendre rapidement sa vie, sa personnalité, ses antécédents, et à avoir le sentiment d'être un intime de la victime. Le choix du titre est judicieux. Un critique a considéré cet ouvrage comme « un vrai chef-d'œuvre ».

La réputation de compassion dont jouit Maigret devient dans plusieurs romans le moteur de l'action. Dans *Le Revolver de Maigret*, l'action démarre quand l'un des patients du Dr Pardon qui a commis un crime demande à voir le commissaire. Dans *Maigret et le client du samedi*, Planchon, abattu, vient voir Maigret pratiquement pour lui demander son avis : doit-il ou non tuer sa femme et l'amant de celle-ci ? *Le Voleur de Maigret* donne une version plus complexe de ce thème : Ricain, ambitieux et nerveux, qui semble vouloir gagner la sympathie de Maigret, ne cherche en fait qu'à brouiller les pistes. Une multitude de petits épisodes illustrent la familiarité de Maigret avec certains criminels : des pickpockets, de petits gangsters, des prostituées sympathiques, des cambrioleurs, de petits escrocs, etc. Ces gens lui inspirent de l'ironie, de l'affection et, même, un sentiment de camaraderie professionnelle : ils font après tout partie de son monde et, tout bien considéré, sont une version de ces « petites gens » que Simenon affectionne.

Dans *Maigret et le voleur paresseux*, où la victime est l'un de ces petits cambrioleurs bien connu des services de la P.J., un amoureux du travail soigné dont on admire même le talent, cette espèce d'affection marque toute l'enquête. La ténacité dont Maigret fait montre est largement motivée par la sympathie qu'il éprouve pour la victime : qui donc a pu tuer quelqu'un d'aussi inoffensif? Dans *Maigret et l'indicateur*, le héros est aussi sympathique : celui que l'on surnomme gentiment « la Puce » est un type affable, en marge du milieu des gangsters, indicateur à ses heures. M. Louis dans *Maigret et l'homme du banc* est, dans la même veine, un personnage plus excentrique. Cet homme d'un certain âge, doux, que sa femme mène par le bout du nez, a perdu son emploi mais a trouvé une combine pour voler dans les grands magasins; il sera tué pour son butin.

D'un autre côté, Simenon n'accorde pas sa sympathie à n'importe qui : il est outré par certains personnages et se met en colère. Sa sympathie pour « la Puce » est contrebalancée par la répulsion que lui inspire un couple de meurtriers qu'il envoie en prison. Il prendra même visiblement plaisir à les voir se déchirer sauvagement, chacun accablant l'autre pour sauver sa peau. Dans la fin inhabituellement violente de *Maigret au Picratt's*, Maigret n'éprouve aucun remords quand Oscar, le meurtrier, vil maître-chanteur qui vit aussi de la pornographie, est abattu lors de son arrestation. (Lapointe, qui l'a tué, ressentira, il est vrai, une angoisse très peu policière.)

Maigret est très hostile envers les gangsters américains qui agissent avec brutalité dans *Maigret, Lognon et les gangsters*. Piqué au vif parce qu'on lui a dit que ces gens étaient trop coriaces pour lui et qu'il valait mieux laisser tomber, il s'est mis en tête de les coincer et, dès lors, n'arrête pas de répéter : « Je les aurai ! » Là aussi, le dénouement sera brutal, dans la tradition du roman policier américain, et ces « durs » se feront avoir. A la fin de *Mon ami Maigret*, il éprouve du soulagement à gifler l'un des jeunes meurtriers dédaigneux qu'il traite de « sales gamins » – il utilise la même expression pour les jeunes soldats dégénérés qui seront traduits en justice mais par condamnés, dans *Maigret chez le coroner*. C'est dans *La Colère de Maigret* au titre approprié qu'on le voit piquer sa plus grosse colère : il s'est rendu compte que le coupable avait essayé de l'acheter. Tremblant de rage et martelant son bureau du poing, il lui crie à plusieurs reprises : « Je t'ordonne de la fermer ! »

Sa philosophie sociale renvoie à sa psychologie et s'articule sur un principe fondamental : *ne jamais juger*. Ses sympathies et ses aversions spontanées sont subjectives et sont davantage des réactions esthétiques à des attitudes, à des personnalités, que l'expression d'un jugement moral de leurs actes. En fait, les gens qu'il déteste le plus sont ceux qui se sont approprié le droit de juger : les juges et l'ensemble de l'appareil judiciaire qu'il sert. Si on lui demande pourquoi il a choisi la police, il se pose lui-même la question et se laisse aller à penser aux implications morales de sa profession ; il en parle parfois avec solennité, comme avec Pardon au début d'*Une confidence de Maigret*, ou sur un ton enjoué, quand il se regarde dans un miroir dans l'avant-dernier chapitre de *Mon ami Maigret* :

> « – Voilà monsieur le commissaire divisionnaire !...
> Des tas de gens, qui n'avaient pas la conscience tranquille, tremblaient à l'énoncé de son nom. Il avait le pouvoir de les interroger jusqu'à les faire crier d'angoisse, de les mettre en prison, de les envoyer à la guillotine...
> Il avait peine à s'imaginer que tout cela était sérieux ; il n'y avait pas si longtemps qu'il portait des culottes courtes et qu'il traversait la place de son village, par les matins frisquets, le bout des doigts figé par l'onglée, pour aller servir la messe dans la petite église que des cierges seuls éclairaient. »

Le monde de Maigret ne prend pas en compte le principe de justice : le mot n'a pas de sens, non pas parce que la loi est déficiente mais parce que la justice officielle repose sur une fausse connaissance de la vérité. Elle s'appuie sur une série d'actes et de faits qui ne sont que l'apparence des choses et n'explore pas les âmes humaines, ce qui serait pourtant la seule manière de comprendre ce qui s'est passé. Donc, comme dans certains des romans-romans, le thème de la justice n'apparaît dans les Maigret que pour faire ressortir le décalage entre la justice officielle et la vérité. Simenon se préoccupera beaucoup des questions relatives à la justice criminelle, à la psychologie criminelle, au pénal, à l'irresponsabilité des aliénés mentaux, et au système judiciaire. Il adoptera tous les points de vue de son commissaire.

Ce n'est pas par hasard si les fonctionnaires de justice proviennent invariablement des classes sociales supérieures – c'est le cas de Coméliau, la bête noire de Maigret, ce juge d'instruction qui apparaît souvent, c'est le cas aussi du jeune juge Angelot, ce blanc-bec qui a la poignée de main d'un joueur de tennis, ou encore de ce préfet particulièrement désagréable qui, dans *Maigret se défend*, exige la révocation de Maigret (il joue lui aussi au tennis, sport aussi représentatif des gens de cette classe que l'est le jeu de boules pour les « petites gens »). Le problème chez eux est qu'ils ne connaissent leurs cas qu'à travers les dossiers, alors que Maigret les connaît pour avoir pénétré au plus profond des personnalités impliquées. Comme Maigret s'en plaint à Pardon dans *Maigret aux assises*, les historiens consacrent leur vie à étudier un homme célèbre, en recherchant les plus petits détails de son existence, « dans l'espoir d'atteindre à un peu plus de vérité », tandis que lui doit se débrouiller :

> « On me donne quelques semaines, sinon quelques jours, pour pénétrer un nouveau milieu, pour entendre dix, vingt, cinquante personnes dont je ne savais rien jusque-là, et pour, si possible, faire la part du vrai et du faux. »

Ce simulacre de justice rendu par les représentants du système judiciaire fait écho aux préjugés, à l'hypocrisie, à la méchanceté de leur classe, qui ont souvent un rôle central dans le récit et la thématique des Maigret. Le discours de Maigret sur la justice dans *Une confidence de Maigret* sert de prologue à une erreur judiciaire qui procède purement et simplement d'un préjugé de classe. Josset, homme compétent aux origines modestes, est accusé du meurtre de sa femme qui, elle, est une bourgeoise. Pour le juge Coméliau, comme pour les amis et parents de Mme Josset, la culpabilité du mari ne fait aucun doute, mais ce n'est pas l'avis de Maigret qui enquête de façon plus approfondie, plus subtile que le juge, et qui conclura à l'innocence de Josset, sans pour autant pouvoir la prouver.

Dans plusieurs histoires, ce thème prend la forme d'une affaire étouffée : on conseille à Maigret de ne pas trop fouiller des cas où trempent des individus ou des familles « haut placés ». C'est ce qui s'est passé dans *La Première Enquête de Maigret* où, pour la première fois, il s'est posé la question de la futilité de la justice et de son rôle de « raccommodeur de destinées », et où, pour la première fois également, il a envisagé d'abandonner la police. Maigret est amené à s'occuper à plusieurs reprises de ces canailles de la haute société : il découvre le plus souvent les cadavres qu'ils ont cachés dans l'armoire et leur turpitude morale provoque son mépris. Dans *Maigret et les témoins récalcitrants*, il est choqué par les patrons de la biscuiterie, avares, hargneux et peu coopératifs, et il s'évade alors dans les souvenirs de son enfance, l'âge de l'innocence : « Il lui arrivait pourtant... de se raccrocher à des souvenirs d'enfance et, devant certaines réalités, d'être choqué comme un adolescent. »

Le thème de la justice de classe comporte des variantes : les juges, dans *Maigret aux assises* et *Maigret et l'affaire Nahour*, sont exceptionnellement scrupuleux et consciencieux. Le juge dans *Maigret a peur* est un vieil ami de l'université. Il est très mal à l'aise à l'idée de devoir ouvrir une enquête à propos d'une affaire dans laquelle est impliquée une famille de notables de province, milieu aussi décadent que lugubre. *Maigret chez le ministre* traite d'un scandale qui a été étouffé, mais l'aspect « idéologique » est nuancé car la victime, ministre en exercice, a une personnalité inhabituellement attachante. Dans *Maigret et les vieillards*, Maigret se sent totalement étranger au milieu très aristocratique dans lequel il enquête, mais il ne lui est pas pour autant hostile. Dans *Maigret à l'école*, il intervient pour protéger un instituteur, injustement menacé par les gens du village, ligués contre lui, l'étranger.

Il y a dans les Maigret un côté « ensoleillé » et sa fonction est, à la fois, de mettre en valeur et de contrebalancer les circonstances troubles dans lesquelles le crime a été commis. Cela se manifeste de diverses façons : l'omniprésence de Mme Maigret en arrière-plan, l'atmosphère familiale de la P.J., la nourriture, la boisson, les plates-formes de bus, et de temps en temps, une anticipation de la retraite de Maigret – la pêche, le bricolage, le jardinage dans sa petite maison de Meung-sur-Loire.

Ces jeux d'ombre et de lumière structurent souvent les histoires. *La Patience de Maigret* ouvre sur Meung :

> « La journée avait commencé comme un souvenir d'enfance, éblouissante et savoureuse. Sans raison, parce que la vie était bonne, les yeux de Maigret riaient tandis qu'il prenait son petit déjeuner, et il n'y avait pas moins de gaieté dans les yeux de Mme Maigret assise en face de lui. ... Quel bon dimanche ! Un ragoût qui mijotait dans la cuisine basse, aux dalles de pierre bleuâtre... Même le tablier à petits carreaux bleus de sa femme l'enchantait par sa fraîcheur, par une sorte de naïveté, comme l'enchantait le reflet du soleil sur une des vitres du buffet. »

Puis survient brutalement une terrible histoire de meurtre, de cruauté et de déception. Après avoir éclairci les circonstances de l'affaire, Maigret retourne au monde « ensoleillé » : « Le monde recommençait à revivre autour de Maigret. Il entendait à nouveau les bruits de la rue, retrouvait les reflets du soleil et savourait lentement son sandwich. » A la fin, quand il en a terminé avec les vicieux criminels de cette affaire, la note bucolique d'ouverture réapparaît tandis que le commissaire se met à la fenêtre et regarde le pêcheur sur les quais de la Seine :

> « Il l'appelait " son " pêcheur, depuis des années, bien que, sans doute, ce ne fût pas toujours le même. Ce qui importait, c'est qu'il y eût toujours un homme pour pêcher près du pont Saint-Michel. »

Dans certains romans, il n'y a que quelques rayons de soleil çà et là pour égayer la noirceur ambiante. C'est le cas par exemple dans *Maigret et les témoins récalcitrants*, où il prend plaisir à s'occuper momentanément d'un petit cambrioleur professionnel, pour oublier un peu la laideur du crime bourgeois sur lequel il enquête. Parfois « l'ensoleillement » prédomine, toutes les composantes du crime restant en arrière-plan. C'est exactement le cas – et le titre le souligne – de *Maigret s'amuse* : en vacances, il suit dans les journaux une enquête de la P.J. et s'amuse à faire parvenir des tuyaux à ses petits gars pour les aiguiller sur la bonne voie. « Le Client le plus obstiné du monde » (l'une des nouvelles publiées dans le recueil *Maigret et l'inspecteur Malgracieux*) commence, se poursuit, et se termine sous un beau soleil parisien ; Maigret boit d'innombrables verres de vin blanc, et en rentrant achète un bouquet de violettes à sa femme. Simenon devait avoir du soleil plein le cœur quand il écrivit ces nouvelles en 1946, car « On ne tue pas les pauvres types » est aussi une histoire « ensoleillée » : après avoir gagné à la loterie, un petit homme tranquille mène une double vie avec un appartement secret, une maîtresse et de nombreux canaris, jusqu'à ce qu'on finisse par l'assassiner pour lui voler son argent.

La célèbre méthode du commissaire, suffisamment bien présentée et établie par les premiers Maigret, ne sera qu'amplifiée dans les ouvrages suivants. L'inspecteur Pyke, de Scotland Yard – comme d'autres avant lui –, vient le voir pour étudier de plus près sa méthode et ne le lâche pas d'une semelle dans *Mon ami Maigret*. Pyke en conclut qu'il n'y a pas de méthode Maigret, surtout parce qu'il improvise, mais aussi parce que « méthode » renvoie à un « système logique » qui ignore la valeur de l'intuition. Dans *Une confidence de Maigret*, le commissaire défie ouvertement cette « logique » et ce « bon sens » français qui ont conduit à un détestable déni de justice inspiré par des préjugés de classe. Ailleurs, il réfléchit au cas d'un malheureux soupçonné d'avoir commis un crime :

> « Tous les raisonnements ramenaient à lui. Il était le seul coupable logique. Mais le commissaire se méfiait des raisonnements[4]. »

En principe, Maigret est sur la bonne voie dès qu'il sent le « déclic » en lui : quelque chose d'indéfinissable dont il est soudain conscient, bien qu'on ne sache jamais exactement à quel moment il se produit. C'est quelque chose d'intuitif, comme la suite de l'enquête – on peut d'ailleurs la concevoir comme une série de « déclics ». Un bon exemple en est donné dans *Maigret et le fantôme* : questionnant une femme qui, de toute évidence, appartient à la haute société, il a soudain l'intuition que celle-ci est, comme lui-même, issue du milieu des « petites gens ». Maigret recherche la « vraie personne » cachée sous les apparences, et, dans *Maigret voyage*, définit l'objet ultime de sa quête, comme de celle de Simenon : « l'homme nu ». En l'occurrence, il s'agit pour lui de fouiller dans la vie de ces gens riches, de gratter le vernis pour découvrir ce qui détermine leur conduite.

L'imagination prend souvent le relais de l'intuition : il imaginera ainsi peu à peu qu'il est l'intime de la victime ou du criminel, quand il ne l'est pas déjà dans la réalité. *Maigret et la jeune morte* en est un excellent exemple, son imagination lui permettant peu à peu de reconstruire la réalité de la vie de la victime. Mme Maigret l'aide beaucoup dans cette démarche en lui expliquant de façon détaillée, et très subtilement, la psychologie féminine : en quelles circonstances par exemple une jeune fille choisit-elle de porter une certaine robe. Cette affaire mobilise tant son imagination qu'il finit par en rêver. (Bien entendu, la solution ne lui apparaît pas en rêve, Maigret n'était pas un voyant.) A la fin de *Maigret et le corps sans tête*, l'une des principales suspectes devient un personnage complet dans l'imagination de Maigret : il arrive même à la voir, petite fille, et il *comprend* – cela tout en parlant au juge Coméliau, et sans même tenter de lui faire comprendre.

On a souvent dit que la méthode de Maigret ressemblait à celle d'un romancier – en particulier à celle de Simenon. Le « déclic » correspond à l'inspiration, ce détail insignifiant, inopiné, qui met en branle l'imagination. On a souvent comparé Maigret au travail à Simenon :

> « Lui-même avait besoin de rester sur sa lancée, de coller avec le petit monde dans lequel il se trouvait plongé [5]. »

Et avant d'arriver à ce stade il restera assis, abîmé dans ses pensées, dans un état proche de l'état de transe qui précède et accompagne la composition littéraire. Harcelé par un inspecteur local qui se demande anxieusement si les détails qu'il lui a communiqués ne sont pas inutiles, Maigret le rassure :

> « Mais non, il faut que je m'habitue [6]. »

Ce sont des métaphores de Simenon qui sans doute décrivent le mieux la méthode Maigret. Il la compare par exemple à un tableau :

> « Ce n'était encore qu'une toile de fond qui commençait à se dessiner. La plupart des personnages restaient flous, indécis [7]. »

C'est aussi une odeur qui peut le mettre sur la voie :

> « C'était une de ces affaires dont l'odeur lui plaisait, qu'il aurait aimé renifler à loisir jusqu'au moment où il en serait si bien imprégné que la vérité lui apparaîtrait d'elle-même [8]. »

Maigret est comme un metteur en scène : « Les personnages du drame venaient, pour lui, de cesser d'être des entités, ou des

pions, ou des marionnettes, pour devenir des hommes[9]. »
Dans « Le Témoignage de l'enfant de chœur », Maigret chemine vers la solution comme un alcoolique : « Les ivrognes sont comme ça. Des vérités leur paraissent soudain évidentes, qu'ils sont incapables d'expliquer et qui se diluent dans le vague dès qu'ils recouvrent leur sang-froid. » Simenon parle aussi de rumination, d'aspiration, d'absorption :

> « Dans presque toutes ses enquêtes, Maigret connaissait cette période plus ou moins longue de flottement pendant laquelle, comme disaient tout bas ses collaborateurs, il avait l'air de ruminer.
> Durant la première étape, c'est-à-dire quand il se trouvait soudain face à face avec un milieu nouveau, avec des gens dont il ne savait rien, on aurait dit qu'il aspirait machinalement la vie qui l'entourait et s'en gonflait comme une éponge[10]. »

L'un des faits les plus remarquables concernant Maigret est la façon dont Simenon a jonglé avec le statut social et professionnel de sa création pendant quarante ans. En contraste avec la tradition du roman policier – que ce soit celle de l' « âge d'or » ou celle des « durs » –, son héros est un policier. La principale raison de ce choix tient à l'importance qu'il accorde à la notion de « meneur de jeu » : l'enquêteur est une sorte de maître de cérémonies fournissant une entrée immédiate dans la narration et un contact rapide avec les personnages ; en faire un policier facilite cette fonction. Mais si Maigret n'était demeuré qu'un policier ordinaire, il n'aurait jamais acquis le statut quasi mythique qui est le sien.

Maigret est suffisamment élevé dans la hiérarchie policière pour maîtriser la situation de manière rassurante. Plus important encore, sa position renforce le côté paternel qu'il montre dans ses rapports tant avec ses subordonnés qu'avec les victimes et les criminels – un ingrédient essentiel du mythe Maigret. Son rang dans la hiérarchie policière est élevé, mais son cœur descend, si l'on peut dire, au niveau des « petites gens ». Il est leur protecteur, il est l'un d'eux. Les détectives privés sont, après tout, au service des gens riches qui les emploient. Maigret, lui, est *un fonctionnaire* au service du public. D'un autre côté, il est évident que Simenon fait l'impossible pour le dissocier de l'appareil judiciaire dont fait nécessairement partie la police. Non seulement Maigret mène une guérilla permanente contre ceux qui sont au sommet de la hiérarchie, mais, très souvent, il se conduit comme s'il était un détective privé : à la vérité, il en est un *de facto,* techniquement parlant, à chaque fois qu'il enquête hors de Paris, et cela lui arrive souvent. Détective privé, il l'est aussi quand il mène sa propre enquête : parallèle, contradictoire, ou ignorant purement et simplement l'enquête officielle.

Sa participation à une enquête est souvent une initiative personnelle et non officielle. C'est le cas dans *Les Vacances de Maigret,* où il s'intéresse à une affaire qui a pour cadre la clinique où sa femme vient d'être opérée d'une appendicite. Sa perpétuelle envie de prendre sa retraite et sa retraite effective le placent dans la catégorie « détective privé ». C'est ainsi qu'il apparaît aussi dans ces histoires où Mme Maigret officie en charmant détective amateur comme dans *L'Amie de Mme Maigret.* Les histoires où Maigret est vraiment un flic agissant en flic sont rares. Ainsi a-t-il finalement sa place auprès d'Hercule Poirot et de Philip Marlowe – plus près de Marlowe que de Poirot –, mais dans un monde bien à lui.

Maigret devient célèbre dans son propre univers fictif et c'est ce qui explique que tant d'êtres à la dérive veuillent lui parler. Dans « Un Noël de Maigret », il découvre qu'une vieille fille timide, qui habite l'immeuble en face de chez lui, l'aime en secret, et le jeune garçon de « La Pipe de Maigret » lui volera sa pipe pour l'imiter. La célébrité de Maigret est la preuve que l'on est réceptif à la sympathie qui émane de lui, et qu'il est en communion avec le monde en général. Ainsi, dans le dernier Maigret, l'un des témoins est une vieille femme, une ancienne prostituée, qui se souvient de lui jeune inspecteur.

En 1950, Simenon varia ce motif dans les délicieux *Mémoires de Maigret,* rédigés à la première personne, et dans lesquels Maigret, comme Don Quichotte, examine son propre personnage fictif. Au début, il est présenté à un jeune homme, Georges Sim (« pas un journaliste, un romancier », dit Sim, rectifiant des présentations erronées), qui lui donne deux des premiers Maigret dans lesquels le commissaire relève une quantité d'erreurs et de distorsions exaspérantes. Il est réconcilié toutefois quand il reçoit une invitation au « Bal anthropométrique », et, au cours des dialogues suivants, s'efforce de corriger d'autres inexactitudes de Simenon sur le travail de la police ; il lui fait un long historique de son passé, de sa carrière, de ses idées sur le crime, la justice, la nature humaine, la destinée et autres sujets du même genre. Le ton du livre, vif et comique au début, vire au sérieux quand Maigret déclare sa compassion pour les classes inférieures, et dit qu'il aurait pu, lui-même, devenir un raté. Il explique longuement sa vocation de raccommodeur de destinées qui consiste à tenter de remettre ceux qui ont pris un mauvais tournant dans le droit chemin.

En développant les côtés sérieux de la personnalité de Maigret et sa vision du monde, Simenon n'a pas fait qu'enrichir son personnage, il s'est aussi créé quelques problèmes. Il change les règles du jeu du roman policier, frustrant les attentes d'une certaine partie du public en plaçant le sérieux à un autre niveau. Cependant ce déplacement n'est pas toujours suffisamment cohérent ou soutenu pour que ce niveau soit entièrement satisfaisant. Un Maigret classique démarre sur une énigme et la curiosité du lecteur est l'un des ressorts de la narration. Simenon excelle dans les paragraphes d'introduction, et ce sont des citations tirées des premières lignes de ses romans qui la plupart du temps figurent sur les jaquettes des éditions de poche pour appâter l'acheteur. Mais Simenon passe du plan « énigme » au plan « psychologique », avec des implications morales complexes. L'intérêt du lecteur se trouve capté par ce parti pris psychologique, mais il n'en perd pas pour autant sa curiosité pour l'énigme du début.

Il n'y a rien de nouveau à cela, plus d'un chef-d'œuvre fonctionne ainsi : *Les Frères Karamazov* est un roman policier. Le problème dans les Maigret est que les deux niveaux ne se fondent pas toujours très bien. Au niveau de l'énigme la curiosité est satisfaite, comme il se doit. Mais souvent l'autre niveau introduit une telle confusion dans l'histoire que le lecteur peut très bien perdre le fil de l'intrigue et se sentir quelque peu lésé. Raconter un Maigret à l'envers, de l'élucidation de l'affaire à l'énigme abordée en introduction, peut démontrer que l'intrigue est des plus farfelues.

Maigret et l'homme tout seul, par exemple, donne ceci : il y avait une fois deux jeunes parisiens, Marcel et Louis, tous deux très épris d'une aguichante jeune fille. Marcel, s'étant rendu compte que cette fille le trompe avec Louis, l'étrangle. Louis, arrivant sur les lieux peu après le meurtre, jure de se venger. Il va fructifier dans les affaires et fondera un foyer solide mais sans passion, alors que Marcel quittera sa pathétique petite épouse et sa fille, sombrera et deviendra un clochard. Vingt ans plus tard, Louis tombe sur Marcel, qui gagne sa pitance en déchargeant des cageots de légumes aux Halles et, fidèle à son serment de vengeance, il le tue. La police s'empare de l'affaire, et un commissaire assez corpulent démêle peu à peu les fils de l'énigme et arrête Louis.

Un lecteur qui dès le départ se sera intéressé au meurtre du clochard dans les Halles peut fort bien se sentir frustré par l'explication qui lui en est donnée. Il se peut très bien qu'il ait besoin de relire l'histoire pour parvenir à comprendre ce qui s'est passé. Mais accepte-t-on de se livrer à ce genre d'exercice quand on lit un roman policier? D'un autre côté, le lecteur intéressé par l'aspect plus substantiel de l'histoire pourra légitimement dénoncer la faiblesse de l'intrigue et critiquer le recours au genre policier qui se révèle incapable d'éclairer les profondeurs psychologiques du roman. Ce lecteur voudrait peut-être en savoir plus sur Louis et Marcel et un peu moins sur Maigret et ses « enfants ».

Pour le dire autrement, le genre policier vise avant tout à satisfaire un besoin élémentaire de justice : il s'agit d'arrêter le coupable. Les romans policiers américains, dans la tradition dure qui a toujours pour cadre un univers plus sinistre, n'offrent qu'une justice sommaire mais s'y tiennent fermement. En revanche, dans les Maigret, notre sens de la justice est au mieux ambigu, quand il n'est pas nié. Ainsi, les règles de base sont respectées dans la tradition américaine, mais ignorées ou transgressées dans les Maigret. Néanmoins, empruntant le plus souvent une voie médiane, les Maigret évitent de complètement décevoir les attentes des amateurs de vrais romans policiers comme celles des amateurs de « vraie littérature ». Maigret, personnage empreint de douceur et foncièrement sympathique, parvient à se concilier les bonnes grâces de ces deux catégories de lecteurs, et il les mènera tranquillement où il veut. La présence rassurante du commissaire neutralise chez les amateurs de littérature sérieuse comme chez ceux de littérature de divertissement toute tendance à se sentir désagréablement frustrés.

Du début de la saga Maigret jusqu'à la fin – durant quarante ans –, Simenon persista à qualifier son projet de « semi-littéraire ». Ce qualificatif, qui lui était venu à l'esprit de façon impromptue alors qu'il cherchait une formule publicitaire, est, de tous ceux qu'on a pu lui donner, celui qui finalement convient le mieux. Simenon s'était plongé dans le roman policier pour faire de l'argent, sans affinité particulière pour le genre. Il combla rapidement ses lacunes grâce à son extraordinaire énergie, son agilité et son aplomb (Vous voulez un roman policer?... En voilà un!). Plus important encore, la chance lui permit de triompher en tombant du premier coup sur Maigret, personnage doté d'un immense potentiel.

N'ayant pas au départ un goût très prononcé pour le genre policier, Simenon l'élargit rapidement de manière à pouvoir y intégrer les éléments qui l'intéressaient. Pour les mêmes raisons, il passa très vite des Maigret aux romans-romans : les Maigret étaient en fait une étape clé dans sa capricieuse ascension littéraire. En même temps, excepté quelques années vers le milieu des années trente, il ne perdit jamais de vue l'intérêt financier qui, avant tout, l'avait poussé à créer son commissaire. La fiction policière – comme plus tard la science-fiction – s'était popularisée à une époque où les mass media étaient en pleine expansion, avec les éditions de poche, le cinéma, la radio, et bientôt la télévision. L'écrit à la fois nourrissait les nouvelles technologies de la communication et rivalisait avec elles.

Simenon, désireux de s'attribuer une bonne part du gâteau du « divertissement populaire », se positionna dans le secteur du roman policier mais il l'adapta à ses talents propres qui, d'une certaine manière, n'étaient pas faits pour ce genre-là. Ce faisant, il apporta au roman policier des modifications intéressantes, explorant des possibilités thématiques jusqu'alors souvent négligées par les meilleurs pratiquants du genre, comme la culpabilité, la justice, la motivation, l'ambition, et les relations familiales. En tout cas, Simenon se tailla un territoire ambigu dans le roman populaire – ambigu à la fois dans les relations qu'il entretenait avec le genre policier et avec la littérature – et aboutit à une œuvre qui mérite l'intérêt de la critique, et qui jouit d'une grande popularité. La saga des Maigret comprend au moins une vingtaine de romans de premier ordre – *Les Scrupules de Maigret, Maigret tend un piège, La Patience de Maigret, Maigret et la jeune morte,* pour dresser une liste personnelle parmi les Maigret de la troisième génération. On trouve dans les Maigret nombre de personnages principaux dignes d'intérêt, à commencer par le commissaire lui-même, et une panoplie de délicieux personnages secondaires. Du charme, un humanisme généreux et la faculté de résister à l'usure du temps, telles sont, pour le moins, les qualités de la saga Maigret.

17

L'art et la vie

*

« Je me méfie toujours des êtres parfaits [1]. »

Commissaire Maigret

Il est évident que, en ce qui concerne Simenon, ce qui n'a cessé d'intriguer, outre le fait qu'il ait créé le personnage de Maigret, c'est sa rapidité d'écriture et l'abondance de sa production. Durant soixante ans, ce fut l'occasion de réactions diverses : l'étonnement, les sarcasmes, le scepticisme, la curiosité, le dépit. La critique s'intéressa beaucoup à cet aspect de Simenon et, au fil des ans, ses justifications et celles de ses admirateurs devinrent la légitimation esthétique de son œuvre.

L'une des causes de cette rapidité d'écriture fut son apprentissage de journaliste qui lui avait permis de révéler ses dons. Fort utiles dans un premier temps, ils furent ensuite constitutifs de son identité. Plus tard, lorsqu'il sentit le besoin de s'expliquer sur sa prodigieuse rapidité, ses arguments se développèrent sur trois plans.

D'abord, il appela à la rescousse d'autres écrivains tout aussi véloces et prolixes que lui : pourquoi s'acharnait-on sur lui ? « Regardez donc Balzac, Lope de Vega, Stendhal! » Sa liste eut beau être longue, elle ne convainquit personne.

Il justifia aussi sa rapidité en invoquant des considérations esthétiques aussi bien théoriques que pratiques. Au milieu des années trente, il fournit souvent des explications détaillées sur sa méthode d'écriture. Tout s'ordonnait à partir de l'énorme effort mental – et aussi physique – que nécessitait la composition littéraire. Il dut souvent recourir aux tranquillisants pour surmonter son trac avant de se plonger dans sa tâche. Il calcula qu'il perdait en transpiration six cents à huit cents grammes par chapitre et il émergeait la chemise trempée de l'épreuve. (Il la faisait laver immédiatement, parce qu'il voulait porter la même le lendemain pour ne rien changer à l'ambiance.) Sa pression sanguine s'élevait, il avait des gaz, des nausées, des crampes d'estomac et des vertiges. Par la suite, il prendra des précautions avant d'attaquer un roman : examen médical (pour les membres de sa famille également, afin de prévoir leurs problèmes de santé qui pourraient le forcer à s'interrompre), refus de toute visite et annulation des rendez-vous, refus du téléphone, et, bien sûr, le fameux écriteau « Do Not Disturb » qu'il avait dérobé au Plaza. Quand il avait terminé, il ressentait un besoin urgent de se décontracter, et habituellement cela prenait la forme d'ébats sexuels. Denise, à qui on demandait si elle ne trouvait pas cela choquant, répondait : « Non, Georges pourrait avoir envie de se baigner, de se rouler sur le sable, de galoper à cheval; il préfère aller chez les filles. Je ne vois pas quelle importance ça a. »

Si la composition le tourmentait autant, c'est qu'il avait besoin de se mettre dans la peau du personnage et de rester avec lui tout au long de l'histoire. Pour Simenon, cette identification était plus un effort de volonté que d'imagination. Un jour, tellement plongé dans la réalité de son personnage, il gifla Denise, non pas, cette fois, pour ce qu'elle avait fait, mais parce qu'il était possédé par le personnage qu'il venait de créer. Il déclara souvent qu'il n'avait pas d'imagination mais une excellente mémoire, ce qui éclaire les raisons de l'angoisse qui le tenaillait quand il s'attaquait au roman.

Ce qu'il *imaginait* était la situation dans laquelle il allait placer ce personnage qui avait remonté des profondeurs subconscientes de sa mémoire. Ensuite il imaginait d'autres situations – autrement dit, l'intrigue – et pendant ce temps, le personnage restait vivant parce que Simenon *se souvenait* de lui, parce qu'il l'avait connu ou qu'il incarnait des sentiments que lui-même avait éprouvés. Le personnage de fiction était toujours potentiellement réel, et c'est ce qui le rendait intéressant plus que son appartenance à une œuvre d'art. Chez Simenon, la mémoire créatrice mettait en forme des sentiments latents, ouvrait une boîte de Pandore d'associations dont bon nombre, à l'évidence, le troublaient. Il déclara plusieurs fois que l'écriture était une thérapie à laquelle il avait recours quand il se sentait mal à l'aise, mais assurément le remède était dur.

Cette intense identification au personnage, excluant ou minimisant le plus possible la « distance » esthétique, explique l'importance de la « transe » créatrice, « l'état de grâce » psychologique qu'il devait atteindre pour pouvoir créer. Son esthétique se définit par une réduction maximale des étapes intermédiaires entre l'inspiration et le « produit fini ». Certes, cela n'aboutit pas chez Simenon à l'écriture automatique mais c'est le même principe, poussé à l'extrême chez les surréalistes, qui est en jeu. Pour cette raison, Simenon n'accordera jamais qu'une importance très relative au rôle de l'intelligence, que ce soit la sienne ou celle des autres. Ainsi se sentit-il toujours mal à l'aise dans ses rapports avec Gide. Descartes était sa bête noire. « L'intelligence, déclara-t-il, ne doit pas intervenir durant l'écriture d'un roman [2] », et il n'envisagea pas un instant que le mot clé de cette phrase pût être « durant » et que l'intelligence pût intervenir « après », au stade de la révision.

L'esthétique simenonienne se méfie de l'intentionnalité : « *Parce que* n'existe pas, *parce que* est toujours faux, un mot d'imbéciles [2]. » C'est pour cela que Simenon insista si souvent sur le fait qu'il ne savait jamais où son histoire pouvait l'entraîner, et qu'il se refusa, malgré les problèmes que cela posait, à réviser ses premiers chapitres en fonction des développements ultérieurs de l'intrigue, ou à éliminer des passages qui n'apportaient rien à l'histoire. Cela lui semblait par trop artificiel (trop « voulu »), et il préférait risquer d'aboutir à des impasses et à des développements sans transition, pour lui plus authentiques. Sa démarche ne s'inscrivait pas pour autant dans une recherche moderniste de dislocation de la causalité : il essayait tout simplement de ne rien faire qui fût délibéré. A certains moments, par exemple dans les années quarante, il fit plus attention au développement de l'intrigue et à la structuration symbolique, mais il abandonna rapidement cette voie qui ne correspondait pas à ses conceptions artistiques.

Paradoxalement, c'était pour minimiser le principe de médiation que Simenon accordait autant d'intérêt aux aspects concrets de son métier, qu'il préférait considérer comme un travail d'artisan plutôt que comme une œuvre d'art ou un produit intellectuel. Il déplorait le fait de ne pouvoir travailler que sur des mots et non avec des matériaux tels que le bois ou la peinture. Il essaya de transformer ses crayons toujours bien taillés et sa machine à écrire en ciseaux de sculpteur, en pinceaux. Sa machine à écrire, qui l'accompagnait autour du monde dans un coffret spécial, avait pour lui une importance esthétique toute particulière. Ses dizaines de crayons étaient comme autant d'invites à retoucher le style, tandis que la machine à écrire, imposant son rythme à l'écriture et donnant sa propre impulsion au texte, lui laissait peu de chances d'interférer intellectuellement.

> « Lorsque votre machine est en route, elle vous entraîne. Vous êtes obligé de suivre. Vous ne pouvez pas vous arrêter pour relire la dernière phrase, pour raturer, et vous allez de l'avant, quitte à faire plus tard les corrections indispensables [3]. »

C'est pour cette raison qu'il renonça au brouillon et revint à la méthode du texte unique, dactylographié en une matinée. Il n'aurait certainement pas aimé utiliser une machine à traitement de texte, qui permet des révisions à l'infini.

Ainsi, rejetant intellect et intentionnalité, l'esthétique simenonienne intégrait-elle les valeurs du clan Simenon, incarnées tout particulièrement par Chrétien Simenon, son grand-père chapelier, et par son père, Désiré, avec son sens du travail méticuleux. Depuis l'époque où il avait brièvement fréquenté les bohèmes de la Caque, Simenon rejeta toujours l'image de l'« homme de lettres », à laquelle il préféra celle de romancier, qui pour lui était avant tout une catégorie d'artisan. Cependant, la finition qui caractérise l'ouvrage artisanal est précisément la qualité qui manque le plus à ses livres. Le « travail bien fait » faisait plutôt partie de l'identité mythique de Simenon, comme « les petites gens », « le couple » et « la famille patriarcale ». Parmi les écrivains, ceux que l'on présente habituellement comme des perfectionnistes l'importunaient. Il avait horreur de Flaubert qui pouvait passer trois jours à chercher « le mot juste », et parmi ses chers Russes, Tourgueniev était celui qu'il aimait le moins. Il semble donc qu'il ne se soit pas rendu compte que le travail de l'artisan implique la finition patiente du détail, ce que la rapidité ne permet pas.

Au demeurant, deux tendances s'opposaient en lui : l'ordre et le désordre, la discipline et l'anarchie. Les contradictions de son enfance, entre conformisme et rébellion, s'étaient métamorphosées dans son œuvre en un conflit entre un idéal d'artisan et une pratique qui s'inspirait en fait d'une esthétique du hasard. L'un des médecins qui l'interviewaient dans *Simenon sur le gril* lui demanda pertinemment si cette contradiction ne se situait pas entre « l'organisation sociale représentée par votre père et l'anarchie représentée par votre oncle Léopold ». Simenon répondit que c'était en effet le cas, puis, sans transition, se mit à parler de sa machine à écrire :

> « Il y a deux ans, j'ai décidé de taper directement à la machine pour être en prise directe sans passer par le filtre de l'écriture au crayon, qui demande une certaine pondération, qui ralentit le rythme. »

Dans ce contexte, Désiré représente l'ordre et le travail bien fait – les crayons bien taillés –, que Simenon cherche à écarter sournoisement, par un réflexe léopoldien, au profit de l'anarchique machine à écrire.

La troisième et la plus importante explication que donne Simenon de sa rapidité d'écriture repose sur sa conception des rapports qui s'établissent entre l'art et la vie. A un certain moment de sa carrière, il lui apparut que son engagement littéraire était motivé par la recherche de ce qui est essentiel dans l'homme, sa vérité profonde, dépouillée de tout ce dont il s'affluble, symbolisée par ce concept d'« homme nu », dont on ne sait exactement à quelle époque il le développa. Ce qui est certain, c'est qu'il ne l'avait pas défini à ses débuts, contrairement à ce qu'il a pu déclarer. Plus tard, il en arrivera à la conclusion que cette quête était dangereuse.

Dans cette même interview accordée à des médecins en 1968, on lui fit remarquer qu'il avait mentionné Nietzsche au moins trois fois et on suggéra que cela pouvait être un alibi. De fait, Simenon aima toujours citer Nietzsche comme l'exemple même des dangers encourus par une exploration trop approfondie de la condition humaine – la folie, l'alcoolisme ou le suicide, ou, dans le meilleur des cas, un profond désenchantement. C'est probablement par hasard qu'il parla de Nietzsche. Ce qu'il avait en tête, c'était la problématique de l'art en général, et il était convaincu que plus l'artiste approfondissait son exploration de la condition humaine et se vouait à son art, plus il se déstabilisait. Outre Nietzsche et Jung, il donnait l'exemple de Faulkner, Hemingway, Fitzgerald, Gauguin, Van Gogh, Rembrandt, Schumann, Rilke et Lautréamont. Quant à lui, il avait assigné à son exploration une certaine limite, et il ne la dépasserait pas :

> « Je notais qu'il y a certaines vérités crues, certains rouages secrets auxquels il vaut mieux ne pas toucher si l'on veut gar-

der sa santé physique ou morale. Je citais entre autres le cas de Nietzsche, qui est mort fou. Bien d'autres ont trouvé la folie à vouloir trop en savoir sur l'être humain. »

A une époque, Simenon rendit compte de sa progression artistique par une métaphore : il la comparait au fait de forer une dent et de s'approcher de plus en plus près du nerf. Il préférait différer, pour finalement abandonner afin de s'éviter une terrible douleur.

Sans doute craignit-il réellement les dangers de l'aventure artistique, mais ce « syndrome de Nietzsche » dont faisaient état les médecins qui l'interviewaient lui servit certainement aussi d'alibi. Non pas à la paresse, au manque de détermination ou à la peur d'être rejeté par le public : le « syndrome de Nietzsche » était un alibi pour son manque d'intérêt pour l'art qui, en fait, explique en grande partie son comportement d'écrivain. Simenon voyait une incompatibilité entre l'art et la vie, il choisit catégoriquement la vie, ce qui, somme toute, est rare chez un artiste. Beaucoup d'artistes ou bien ne perçoivent pas ce conflit ou bien choisissent l'art, du moins en pratique sinon en théorie (Thomas Mann, par exemple).

Dans un certain sens, Simenon n'était pas un artiste. Il portait un regard pénétrant sur les hommes et les choses qui l'entouraient et était immensément curieux du comportement humain. Il cherchait à satisfaire sa curiosité et non pas à réaliser des objets parfaits. Grâce au destin et à son talent, il trouva dans le roman un instrument lui permettant de sonder les comportements et de comprendre les gens. Cet instrument aurait pu être aussi bien la psychologie, la psychiatrie ou la médecine, pour lesquelles il avait des affinités, ou encore la philosophie, la sociologie ou l'enseignement (pas le métier de policier qui était une pure création imaginaire). Parfois, il regretta de ne pas avoir fait de zoologie et envia Konrad Lorenz « qui a consacré son existence à étudier les canards, les oies, les corneilles, etc [4]. » :

> « Si j'étais capable de comprendre les escargots, ou les vers de terre, j'écrirais volontiers un roman sur les escargots ou les vers et j'en apprendrais sans doute ainsi plus sur la vie et sur l'homme qu'en prenant pour personnages mes contemporains [5]. »

Quand Simenon écrivait un roman, il était curieux de savoir ce qu'un personnage pourrait bien faire dans telle ou telle circonstance, et il inventait des situations pour l'inciter à aller « à la limite de ses possibilités ». Il imaginait alors les causes de son comportement. Quand il avait trouvé des réponses qui le satisfaisaient, ne serait-ce que temporairement, sa curiosité s'évanouissait, et il ne ressentait plus du tout le besoin de modifier quoi que ce soit, même pour apporter des améliorations. C'est la raison principale pour laquelle il écrivait aussi rapidement : il était impatient de savoir ce qui allait se passer et de voir comment son personnage réagirait. A un moment donné de l'histoire, il en savait assez et il ne s'y intéressait plus. Ce qui pose problème chez lui, ce n'est pas la rapidité du premier jet – d'autres écrivains ont été aussi rapides que lui –, mais son refus de produire une deuxième, troisième ou quatrième version. C'est une caractéristique qu'il ne partage qu'avec très peu d'écrivains. Il écrivait pour les mêmes raisons qu'il faisait l'amour avec tant de femmes, voyageait, fréquentait des gens, se tenait sur la plate-forme des bus, s'intéressait et touchait un peu à tout, et déménageait aussi souvent :

> « Tout à coup, je me suis rendu compte que je n'avais jamais mené une vie de romancier, en tout cas telle que les gens imaginent un romancier. Au fond j'ai toujours éprouvé le besoin de m'occuper de tout dans les diverses maisons que j'ai habitées... Comme un brave paysan, lorsque j'habitais la campagne, j'allais jouer aux cartes l'après-midi dans une atmosphère enfumée tandis que mon cheval m'attendait [6]. »

Tout était motivé par sa curiosité. C'est ce qui l'avait poussé à lire des romans puis à cesser quand il s'intéressa davantage à la vie des écrivains qu'à leurs ouvrages. Ayant accepté de faire une longue présentation de Balzac à la télévision française, il se plongea dans sa correspondance, parla de l'homme et non de ses livres. Il était beaucoup plus fasciné par les mémoires de Céleste, la gouvernante de Proust, que par *A la recherche du temps perdu* et regrettait que ses souvenirs recueillis au magnétophone aient été remaniés avant publication : il aurait préféré en lire la transcription brute. Dans les années trente, quand il s'intéressait au théâtre, il préférait assister aux spectacles depuis les coulisses, non pas par curiosité pour les machineries mais parce qu'il avait envie d'observer non seulement les acteurs mais aussi les techniciens. C'était, avant tout, les gens qui le passionnaient, et non l'œuvre qu'ils représentaient. Quand il écrira un roman sur Raimu, c'est l'homme qu'il mettra en scène tandis qu'il laissera l'acteur en coulisses. Le Petit

Saint est moins un artiste qu'un adulte qui a gardé intacte la sensualité de son enfance, et les personnages d'écrivains professionnels apparaissent très rarement dans son œuvre.

Simenon n'avait pas le côté ludique de l'artiste – ou, plus exactement, il le supprima dans ses romans durs et il ne réapparut brièvement que dans les ébauches de romans qui se trouvent dans les « Dictées », où il s'autorise toutes les fantaisies. S'il enviait les peintres, il oubliait que les peintres commencent par faire de multiples essais, qu'ils procèdent d'abord par tâtonnements, improvisent, s'interrompent, prennent du recul pour juger de l'effet, repartent peut-être dans une tout autre direction. Ils « bricolent » les couleurs comme les écrivains les mots. Tout art est « bricolage » et Simenon, bien entendu, ne fait pas exception – que faisait-il d'autre avec ses personnages qu'il précipitait dans telle ou telle situation ? Ce n'était pas sa perception : il considérait cela comme une plongée dans l'âme, mais il en émergeait rapidement pour aller bricoler ailleurs. Simenon était un artiste, qu'il le veuille ou non. Le fait est qu'il écrivit des romans que lui-même et d'autres considérèrent comme tout à fait dignes d'intérêt et dont certains sont très bons.

En vérité, Simenon était un paradoxe : il était et n'était pas un artiste – le *cas Simenon*. Le non-artiste chercha à pacifier l'artiste en manifestant un intérêt pour les aspects concrets de l'art, pour les outils – la machine à écrire, les crayons, les enveloppes jaunes et l'écriteau « Do Not Disturb » – et pour les livres, dont les différentes éditions et les traductions vinrent remplir rayonnages sur rayonnages. Quant à l'artiste, il légitimait sa présence en faisant valoir au non-artiste que l'écriture du roman avait une fonction thérapeutique, qu'elle était un vecteur d'exploration de la nature humaine, et qu'elle ne prenait pas tant de temps que cela. Simultanément, le non-artiste mettait en garde très fermement l'artiste contre l'épreuve que constituait l'écriture du roman et le danger ultime d'y perdre la raison. L'un et l'autre l'emportèrent : le non-artiste persuada l'artiste d'abandonner et de disparaître, mais les livres restèrent – œuvres d'art après tout, transcendant avec un peu de mauvaise grâce leur réification sur des étagères.

Les romans sont une extraordinaire série de premiers jets. Extraordinaires de par leur nombre – personne n'en a jamais publié autant –, extraordinaire aussi de par leur qualité : beaucoup sont excellents. Simenon était comme un photographe qui aurait été peu intéressé par le travail en chambre noire mais qui – parce qu'il avait un œil exceptionnel – aurait réussi, dans la masse de ses clichés, quelques chefs-d'œuvre et un grand nombre d'œuvres intéressantes. La reprise de certains thèmes, le retour de certains personnages peuvent être interprétés – lui-même l'a suggéré – comme des versions plus élaborées du premier jet. Quelque chose le préoccupait, et il l'explorait. Et il l'explorait encore, dans un autre ouvrage, jusqu'à ce qu'il fût satisfait. Mais cela revenait plus à entamer une nouvelle besogne qu'à affiner une œuvre, le « deuxième premier jet » n'étant pas nécessairement meilleur que le premier : *L'Homme au petit chien* est inférieur au *Temps d'Anaïs*. C'était surtout la chance qui le faisait arriver au résultat escompté, jamais des retouches successives. Et le succès remporté par ces premiers jets ne l'encourageait guère à les retravailler.

Curieusement, Simenon n'a jamais semblé se rendre compte qu'il y avait un rapport entre sa recherche de l'homme et son travail d'artisan, ou entre cela et des écrivains qu'il admirait, sinon pour constater que certains avaient été rendus fous par cette quête. Il considérait que son projet était unique, et ne semblait pas penser que Faulkner et Dostoïevski, Conrad et Gogol avaient été, comme lui-même, des artisans à la recherche de vérités humaines. Quand il proclamait son aversion pour le « monde des lettres », c'était pour se dissocier des phraseurs et des débats littéraires plus ou moins sophistiqués, des potins du milieu, des prix littéraires, etc. Mais, ce faisant, il se dissociait de l'art. Il n'avait pas le sentiment que d'autres, contemporains ou prédécesseurs, aient pu partager son expérience. Sociable dans la vie courante, Simenon était un solitaire en littérature.

Le caractère inachevé des romans de Simenon explique la plupart de leurs imperfections et pose problème au lecteur et au critique. Le lecteur se retrouve parfois dans la peau d'un psychiatre qui essaierait d'interpréter les élucubrations d'un névrotique. Le critique est dans la situation embarrassante, voire présomptueuse, de « finir » ces premiers jets quand il veut les commenter ou simplement les décrire. Conscient du problème, Simenon crut pouvoir y remédier en injectant, aussi massivement que ponctuellement, des explications directes – le point de vue de l'auteur étant censé compenser le flou d'une composition trop hâtive. On le voit, par exemple, dans

Clan des Ostendais quand il décrit l'attitude des habitants du petit port face aux réfugiés belges, à l'annonce de la capitulation de la Belgique.

> « Est-ce qu'on avait honte? Qui avait honte, en somme? Honte pour eux? Honte de ne pas leur avoir tendu la main, de ne pas leur avoir adressé un petit signe, comme on le fait pour les gens qui ont eu des malheurs? »

Ce genre d'intervention s'accompagne parfois de la plus grande désinvolture. Cardinaud, que sa femme a quitté, reçoit un mot disant : « T'es un pauvre cocu »; l'auteur explique alors : « Il y avait des fautes. Pauvre était écrit avec un o et cocu avec un t. »

Ce qui ne veut pas dire que Simenon ne puisse pas manier habilement l'omniscience, comme dans cette perspective dickensienne sur Petit Louis dans *Cour d'assises* :

> « Ce qu'il ne pouvait pas savoir, c'est que ses faits et gestes n'avaient déjà plus d'importance, qu'il était comme en sursis, que le sort, trop occupé ailleurs, l'oubliait un instant, lui laissait la bride sur le cou, sûr de le retrouver. »

En fait, Simenon varie très bien les points de vue : il exprime à la première personne divers degrés de conscience, à la troisième divers degrés d'omniscience, à la seconde l'intimité ou – comme dans « sa mère, voyez-vous, monsieur le juge... est d'une autre race que vous et nous [7] » – le point de vue de l'auteur; il utilise le monologue intérieur, la lettre, le journal intime, le reportage, etc. Il glisse d'un point de vue à l'autre, parfois avec bonheur, mais parfois aussi sans raison valable, par pure inattention. Ces lourdes intrusions du « point de vue de l'auteur » sont critiquables, comme le sont les descriptions banales du genre « il avait des mains impressionnantes [8] », ou les analyses de caractères censées compenser les faiblesses narratives ou thématiques.

A côté de ces interventions abusives, on note aussi des péchés par omission : par exemple, il ne tirera pas parti des ambiguïtés d'un point de vue, ou n'exploitera pas la veine ironique. Il frôle l'ironie d'une situation mais se ravise finalement, ou s'en sert mal, comme à la fin de *L'Homme qui regardait passer les trains*, où la très riche ambiguïté de Popinga – est-il vraiment fou quand il joue cette partie d'échecs avec le psychiatre? – aurait pu être vraiment exploitée s'il avait, dès le début, résolument traité le personnage de Popinga avec ironie. Dans *Le Bourgmestre de Furnes*, Terlinck, le protagoniste puissant mais aliéné, décide de faire attendre un visiteur :

> « Il interrogea le chronomètre, décida qu'il ferait attendre l'avocat sept minutes exactement ; pour tuer le temps, il passa la lame la plus étroite de son canif sous ses ongles. Puis il s'avisa que six minutes suffiraient et sonna. »

Le ton agréablement ironique de cette scène aurait été certainement plus percutant si l'auteur s'était mieux employé à exploiter l'ironie et l'ambiguïté qui se dégagent du personnage de Terlinck. En vérité, on aimerait plutôt *ne pas* savoir si Terlinck est snob, ou s'il feint de l'être, ou si c'est une façon pour lui de garder le moral dans une situation en train de se détériorer et de se moquer d'un idiot assommant, tout simplement parce que ce sont des ambiguïtés qui soutiennent l'intérêt du lecteur – c'est ici, presque, le cas.

Les ambiguïtés parfois proviennent d'une conception inachevée du personnage, ou d'une perte d'intérêt de l'auteur, et n'apportent rien au texte. Il est par exemple difficile de déterminer si Simenon justifie le comportement aliéné d'un avocat d'une petite ville de province dans *La Main*, ou s'il ne fait que le *comprendre*, mais ce qui est certain c'est que ce flou résulte d'une insuffisance du récit et n'invite pas à apprécier la complexité du personnage. Dans d'autres cas, Simenon aurait pu résoudre les problèmes de point de vue en forçant le trait dans ses descriptions de personnages grotesques pour mieux faire ressortir leur humanité sous-jacente, au lieu de suivre la démarche inverse, comme dans *Oncle Charles s'est enfermé*, ou dans *Lettre à mon juge* avec le personnage d'Alavoine. D'un autre côté, il faut bien reconnaître qu'il fait preuve parfois d'une parfaite maîtrise du point de vue, et ce même dans des romans mineurs tels que *L'Horloger d'Everton*, *L'Escalier de fer*, *Le Grand Bob*, ou dans *Il pleut, bergère...* où c'est le point de vue d'un enfant qui organise le récit et où le résultat est des plus heureux.

Les problèmes de structure, notamment ceux des débuts et des fins, sont encore plus évidents. Il y a souvent un faux départ, le récit tourne autour du sujet réel sans parvenir à démarrer et met l'accent sur des éléments secondaires (comme dans *Le Destin des Malou* ou *Long Cours*) – un problème inhérent à son aversion pour la révision. Quant aux maladresses en fin de roman, elles sont largement imputables à sa perte d'intérêt : il s'est enfoncé de plus en plus loin dans une situation complexe pour satisfaire sa curiosité, mais à un moment donné, ne sachant plus vraiment comment en sortir, il se contente d'une conclusion abrupte, ou bien l'histoire s'étiole en une fin indécise comme dans *Betty* ou *Quartier nègre*. Il arrive qu'il expédie la conclusion à la manière d'un roman populaire comme dans *Le Testament Donadieu*.

Parfois, le problème vient de ce que la situation, à l'origine intéressante, s'est orientée dans une mauvaise direction, comme s'il jouait une bonne main mais dans la mauvaise couleur (Simenon jouait au bridge). Dans d'autres cas, moins fréquents, c'est l'histoire elle-même qui, dès le départ, présente peu d'intérêt. Mais tout cela n'empêcha pas Simenon d'offrir des ouvertures et des finals extrêmement brillants : il avait du talent et ne se donnait simplement pas la peine de l'exploiter de façon continue. Il utilise rarement tout le potentiel de suspense de l'intrigue, ce qui est surprenant chez un écrivain qui devait sa renommée pour l'essentiel à ses romans policiers. Ce n'est pas du tout dans la manipulation du lecteur que s'exprime son talent, ce qui peut être versé à son crédit, bien que l'on puisse lui opposer que toute littérature est manipulation. Simenon ne supportait pas d'avoir à se préoccuper des questions de structure ; il déclara même qu'il avait toujours eu l'ambition d'écrire un roman picaresque, « sans queue ni tête [9] », mais il ne s'y employa jamais vraiment, sauf avec le *Jehan Pinaguet* de sa jeunesse resté inédit et peut-être *Pedigree*.

Les impasses narratives apparaissent autant en cours d'histoire qu'au début : ce sont des lignes de récit avortées, des caractères introduits puis abandonnés. On est également en droit de se méfier de certains détails descriptifs qui finalement n'apportent rien au récit. Simenon a tendance à interrompre la narration pour donner des précisions sur les antécédents des personnages, même mineurs – transcription des annotations détaillées concernant les biographies de ses personnages qu'il consignait sur les fameuses enveloppes jaunes. Ces détails, qui d'ailleurs n'étaient pas toujours utilisés dans le roman, peuvent aussi bien apporter un brillant éclairage psychologique qu'être la cause d'une confusion inextricable. D'un autre côté, Simenon est principalement un réaliste, parfois un naturaliste, et les conventions de ces modes littéraires admettent, il est vrai, une accumulation de détails.

De fait, on apprend beaucoup de choses dans les romans de

Simenon : comment gérer un restaurant (*La Mort d'Auguste*), un hôtel (*Les Caves du Majestic*) ou une auberge de campagne (*Le Cheval blanc*) où l'on apprend aussi à sauver une sauce béarnaise sur le point de tourner; comment gérer un débit de vin (*Une vie comme neuve*), une agence de voyages (*Le Déménagement*), une exploitation mytilicole (*Le Coup de vague, Le Riche Homme*); ou une fabrique de boîtes en carton (*Maigret et les braves gens*); comment négocier des diamants (*Maigret et l'inspecteur Malgracieux, La Patience de Maigret*) ou les timbres rares (*Le Petit Homme d'Arkhangelsk, Monsieur La Souris*); comment pêcher le péquois (*Le Cercle des Mahé*), comment jouer aux boules (*Signé Picpus*), comment empoisonner sa femme (*Dimanche*) et, bien sûr, comment mener une enquête quand on est à la brigade criminelle de la Police Judiciaire.

Il y a non seulement des problèmes de points de vue et de structuration du récit, mais aussi des problèmes de dialogues, encore imputables à sa hâte. Il est peu probable par exemple que le personnage central de *La Vieille*, une vieille dame par ailleurs fort loquace, ait relaté la recherche de son père en ces termes :

> « Un soir que ma mère avait eu une syncope alors que j'étais seule avec elle, j'ai couru dans les rues, haletante, et je revois les deux larges baies voilées de rideaux écrus derrière lesquels on devinait une vie mystérieuse. »

Son style sera l'objet de controverses pendant une cinquantaine d'années. Sans entrer dans ce débat, on est bien obligé de constater que certains de ses aspects ne peuvent qu'être comptés parmi ses défauts : on y trouve des fautes de grammaire élémentaires, des anglicismes, des effets de style et de ponctuation bizarres. Simenon s'est défendu en faisant valoir qu'il avait eu conscience de ces fautes, mais n'avait pas jugé nécessaire de les corriger, car pour lui ce qui importait était de garder le tempo de l'écriture – déclaration qui tient plus de la crânerie que d'un parti pris réfléchi.

Pour l'essentiel, il s'en tint toujours au style simple que lui avait conseillé Colette en 1923. Il était fier d'utiliser un vocabulaire d'environ deux mille mots (il ne manquait pas de dire qu'il en connaissait un peu plus), et fier en particulier que ses ouvrages soient facilement traduisibles – c'était pour lui une qualité fondamentale, la condition *sine qua non* de l'universalité de l'œuvre. Il y voyait la preuve supplémentaire d'une fusion entre le style et le contenu d'une œuvre étroitement axée sur les « petites gens ». L'aversion de Simenon pour le « langage littéraire » – « fioritures », « mots d'auteur » – était extrême, et l'éviter était un des rares problèmes littéraires qui pouvaient l'inciter à se casser la tête autant qu'Henry James ou Flaubert. Traversant une phase dépressive en 1961, il faillit avoir une crise de nerfs quand il se rendit compte qu'une phrase « littéraire » s'était glissée dans l'un de ses textes.

Le style simple qui plaît à certains et laisse d'autres indifférents est une pratique parfaitement respectable qui a des origines vénérables (on en retrouve la trace dans le *trobar plahn* des troubadours provençaux). Hemingway fut un maître en la matière, et Simenon, dans ses meilleurs ouvrages, le fut aussi. A l'occasion, il le démontra d'une manière paradoxalement élégante, comme par exemple quand il décrivit, à la demande d'un journaliste qui l'interviewait, son bureau (plutôt sophistiqué d'ailleurs) : « Je dirais que c'est une table ronde, très polie, incrustée de bronze, comme on en voit dans les musées, séparée du public par un cordon rouge [10]. » Le seul problème que pose la simplicité de son style réside dans les trop fréquents mélanges et confusions de la simplicité issue de sa volonté avec la simplicité issue de la rapidité d'écriture et de l'inattention. Néanmoins, Simenon parvient quelquefois à un style d'une délicate sobriété, comme dans l'admirable description de Maugras se réveillant dans son lit d'hôpital dans *Les Anneaux de Bicêtre* :

> « Une chaise a craqué, comme quand quelqu'un se lève précipitamment, et il a dû parvenir à écarter les paupières puisqu'il voit, très près de lui, un uniforme blanc, un visage jeune, des cheveux bruns qui s'échappent d'un bonnet d'infirmière.
> Ce n'est pas la sienne et il referme les yeux, déçu. Il est vraiment trop las pour poser des questions et il préfère se laisser glisser au fond de son trou. »

Simenon a le chic – sans qu'on s'y attende – pour dessiner des miniatures brillantes, révélatrices d'un caractère ; dans *Le Coup de vague* il souligne ainsi la faiblesse et le manque d'assurance de Marthe :

> « De même quand elle roulait en vélo sur la route et qu'une voiture arrivait vers elle, elle donnait deux ou trois coups de

guidon maladroits avant de s'arrêter au bord de la route, par prudence, et de descendre de machine. »

La simplicité du style n'empêche pas les métaphores parfois très justes, comme dans ce croquis de deux ennemies jurées : « Amélie et Françoise s'embrassèrent longuement, comme on s'embrasse après les enterrements [11]. » Émile, dans *Le Chat*, rentre chez lui : « Il marchait mécaniquement, tête basse, sans avoir besoin de faire attention à son chemin, comme un vieux cheval qui rentre à l'écurie. » Bien entendu, Simenon n'a pas toujours la main heureuse : des trottoirs enneigés sur lesquels s'avancent à Noël des passants deviennent « des toasts au caviar [12] ». Mais il peut aussi faire mouche, comme dans cette scène où il compare Maigret, enragé par l'inefficacité de la police américaine piétinant dans une affaire, à un spectateur qui observe une partie de cartes et se retient difficilement de donner des conseils.

On admire à juste titre les descriptions de Simenon. Doué d'une excellente mémoire des détails, il est parfaitement à l'aise sur ce terrain. La narration est souvent ponctuée de descriptions brillantes ou s'interrompt pour un bref tableau. La puissance descriptive de Simenon est surtout renommée pour sa création d' « atmosphère », par quoi on entend soit le pittoresque saisissant du décor – on se sent « y être » –, soit une adéquation parfaite entre le décor (souvent le temps qu'il fait), et le thème ou le personnage, qui aboutit à une signification. Ses fréquentes descriptions de sites désolés, par exemple, et les constructions également désolées qui s'y élèvent font écho aux vies lugubres qui s'y mènent, comme, entre autres, dans *Le Chat*, *La Vieille*, *Le Déménagement*, *Maigret et l'homme du banc* : la signification c'est une désolation sans fin.

Quelquefois l'analogie qui s'établit entre la scène et le caractère est si évidente qu'elle en devient banale. Mais Simenon peut être très bon même quand il donne dans l'explicite, comme par exemple quand Malempin évoque son enfance :

> « Un ciel sans couleur, avec encore de l'eau en suspens ; une lumière venue de nulle part, ne donnant pas d'ombres, pas de relief aux objets, accusant la crudité des tons.
> C'étaient ces tons, justement, ceux de la campagne qui nous entourait, qui faisaient mon cauchemar, dans le sens littéral du mot : j'avais peur du vert sombre que prennent l'hiver les prés, les marais, que glacent par endroit des flaques d'eau d'où

sortent de méchants petits bouts d'herbe; j'avais peur des arbres se détachant sur le ciel et surtout, j'ignore pourquoi, des saules étêtés; quan⁺ à la terre fraîchement labourée, le brun m'en barbouillait l'estomac. »

Ou bien il sait être plus concis et indirect, par exemple dans *Bergelon,* où il donne une forme concrète au désespoir que le jeune Cosson a noyé dans l'ivresse quand sa femme meurt en couches :

> « Le plus déroutant, c'était cette tache bleue, sur une chaise, dans la pénombre, c'était une présence immobile et silencieuse de Cécile et, sur toile cirée de la table, des restes de charcuterie sur un papier et un fond de vin rouge dans un verre, des mies de pain... »

Maigret pressent dans la brume le monde de corruption et de trahison dans lequel il va se plonger : « Quand il émergea du métro Pasteur, le brouillard s'était épaissi, jaunâtre, et Maigret en reconnut la saveur poussiéreuse sur ses lèvres [13]. » Le brouillard, la pluie, le froid, l'humidité, et le soleil, et aussi les villes, les rues, les maisons, les pièces, les meubles, la nourriture, les bars, les restaurants, les arbres, les fleurs, les prés, les rivières, les mers, les cieux, les nuages, les jungles, les navires – et, bien sûr, les marchés – ont habituellement une corrélation plus ou moins explicite, subtile, ou banale, avec les personnages, les états d'âme, les inconscients collectifs, les conditions morales, les espoirs, les craintes, les passions, les haines, les désespoirs et les joies. Mais le même Simenon qui aimait tant la simplicité pouvait aussi faire revivre la sophistication stylistique qui l'avait attiré à ses débuts. *Maigret se fâche* s'ouvre, par exemple, sur une triade syntaxique digne de Dickens et très fleurie :

> « Mme Maigret, qui écossait des petits pois dans une ombre chaude où le bleu de son tablier et le vert des cosses mettaient des taches somptueuses, Mme Maigret, dont les mains n'étaient jamais inactives, fût-ce à deux heures de l'après-midi par la plus chaude journée d'un mois d'août accablant, Mme Maigret, qui surveillait son mari comme un poupon, s'inquiéta. »

Agé, Simenon pouvait fort bien renouer, s'il le voulait, avec les arabesques de son adolescence. En 1977, installé devant son magnétophone, il parlait du bonheur qui émane du spectacle d'une femme endormie :

> « Ce bonheur-là qui vient du plus profond de l'être, cette détente locale, ces frémissements incontrôlés, comme les frémissements de l'eau d'un lac par beau temps, sont plus éloquents pour moi que les sourires des plus grandes vedettes.
> Je ne serais pas loin de prétendre que, pour connaître réellement une femme, il faut l'avoir vue, aux premières lueurs de l'aube, endormie, la respiration lente et profonde, avec ses rêves qui se reflètent, à son insu, sur ses traits [14]. »

Bref, la simplicité du style de Simenon était un choix, ou une idéologie, qu'il pouvait abandonner à volonté.

Ainsi, talentueux, énergique et peu préoccupé par ses limites et ses défauts, Simenon consacra sa vie à écrire. Comme il l'avait compris à mi-parcours, il ne produirait jamais ce Grand Livre que Gide et d'autres attendaient de lui, et il vit très justement que son œuvre était cette mosaïque des petits romans qu'il ne cessait de produire. Les thèmes et personnages récurrents dans son œuvre correspondent à certains aspects de sa vie et de sa personnalité, et pas du tout à d'autres, tandis que beaucoup demeurent dans cette ombreuse zone de conjectures qui constitue le charme et le danger de transactions entre critiques et romanciers. S'il a persisté, presque avec colère, à nier qu'il se soit jamais inspiré de lui-même dans ses romans, une admiratrice aussi sensible qu'Anaïs Nin était convaincue du contraire et on ne peut ignorer cet échange de vues révélateur entre Fellini et Simenon :

> « F. Fellini : Moi, j'ai ce sentiment exaspérant de ne m'être jamais intéressé qu'à moi-même.
> G. Simenon : Eh bien, Fellini, vous pouvez être rassuré, parce que les autres, c'est toujours moi [15]. »

Tout juste : le moi du romancier n'a pas besoin de se manifester sous la forme d'un autoportrait.

Une liste des caractères chers à Simenon doit obligatoirement s'ouvrir avec le personnage du raté. Même des hommes solides comme Ferchaux et Terlinck finissent par glisser dans le monde des ratés. Et ceux qui en sortent ont tendance à en garder des souvenirs qui sont parfois presque nostalgiques. Les sources les plus anciennes de son intérêt pour l'échec sont nombreuses : une mère dont il a ressenti toute sa vie une désapprobation susceptible d'entraîner l'échec dans ce qu'il tentait ou était s'il n'y avait pas opposé de résistance, et qui elle-même avait farouchement lutté pour ériger une frêle fortification contre l'échec; un père bien-aimé, peu démonstratif, qui était faible de corps et d'âme; une galaxie de parents qui étaient des alcooliques, des fous, des pleurnichards, des brutes, des parias, des malades ou tout à la fois; un groupe d'amis bohèmes, réduits à la misère, qui devinrent des modèles de la façon dont il ne fallait pas vivre. Simenon, avec la vision du raté potentiel en lui, se forgea la détermination implacable d'éviter cette voie et fit de la littérature commerciale sa protection contre ce destin. D'autre part, pour les mêmes raisons, il nourrit une intense curiosité pour le phénomène de l'échec et étudia le raté de long en large. Il entreprit de dresser le catalogue de l'infinie variété des ratés dans le monde.

Passant de la littérature commerciale à la vraie littérature, le système de protection qu'il avait mis en place continua de fonctionner et devint un moyen d'exprimer sa fascination pour ce type de personnage. Dans les romans-romans le raté était l'opposé du héros inexorablement voué à la réussite dans les romans populaires. Simenon faillit devenir lui-même un riche raté lorsqu'il traversa sa crise conjugale et créative en 1960-1961, quand il déchirait ses premiers chapitres, que la frustration l'étouffait et qu'il éclatait en sanglots. Malgré sa brillante réussite sociale, sa vie intime était à ce moment-là en train de faire naufrage. Il était sur le point de ressembler à ses propres personnages, dont il avait si souvent abordé le drame dans ses romans, notamment dans *L'Ours en peluche* qu'il écrivit à cette période. Après sa mère, c'était son épouse qui le rejetait (selon lui) et les spectres de l'échec sortaient de la fiction pour venir hanter sa vie.

Le type de raté qui revient le plus souvent chez Simenon est un « petit » qui mène une vie de routine, opprimé par son épouse, sa famille, son patron, ses voisins, ou le monde en général. Quand l'habituelle dislocation simenonienne se produit et qu'il s'échappe de cet environnement oppressif, il reste presque toujours un raté, qu'il se fonde dans un nouvel environnement ou qu'il retourne, penaud, à l'ancien. Son histoire peut être émouvante ou ennuyeuse, ou l'un et l'autre à la fois. Dans la plupart des cas, Simenon lui accorde sa sympathie, et parfois même sa profonde compassion – un des traits les plus touchants de Simenon. Par définition, « raté » est un terme négatif mais il l'utilise pour discréditer la réussite sociale et économique, pour souligner la déliquescence morale que camoufle souvent la réussite. Simenon acquit très tôt une méfiance de l'*establishment* et la conserva toute sa vie, même s'il sembla parfois le courtiser. Il s'emploiera à éviter l'échec moral qui accompagne trop souvent le succès, en ne perdant jamais de vue l'éthique du travail.

Divinité majeure dans la mythologie de Simenon, le clochard est un raté essentiellement positif. Il incarne existentiellement le modèle authentique du raté. Cette protection contre l'échec qui fut une donnée fondamentale de la vie de Simenon n'existe pas dans la vie de ses personnages. La seule issue qui leur reste est de devenir clochard. En effet, c'est dans son choix délibéré de l'échec, dans son renoncement à l'idée de réussite, que le clochard fonde sa liberté. En décidant de vivre dans la petite maison rose et d'éliminer pratiquement toutes ses ambitions, Simenon parachevait sa réussite : il devenait à sa manière un clochard. Cependant le clochard, étant libre, ne cadre pas avec l'univers simenonien où tout ou presque est déterminé – l'être est défini et pour le comprendre il suffit de comprendre son passé : il est et ne pourra être que ce qu'il a été. On comprend ainsi les raisons qui incitent Simenon à fournir cette abondance, souvent excessive, de détails biographiques, tant pour les personnages principaux que secondaires. C'est aussi le secret du succès des enquêtes de Maigret. Quant à la notion de « raccommodeur de destinées », celle-ci n'a jamais été totalement claire, d'un point de vue logique ou métaphysique.

En majorité, les ratés de Simenon proviennent du milieu des « petites gens » – de même que quelques non-ratés, comme le Petit Saint. Même les personnages qui se situent en haut de l'échelle sociale sont pratiquement tous originaires de ce milieu : ils se sentent parfois coupables de l'avoir en quelque sorte trahi et sont travaillés par un sentiment d'inauthenticité dans leur nouvel environnement. Il y a une certaine contradiction entre la vénération que Simenon affiche dans la vie pour les « petites gens » et la présentation qu'il en donne dans ses romans. Loin d'être des héros, ils sont souvent mauvais et destructeurs, au mieux pathétiques. Dans ses romans, il y a peu de l'esprit de Zola ou de Steinbeck, que l'on retrouve pourtant dans ses reportages, commentaires et textes autobiographiques. La vivacité, la tendresse et la solidité qu'il attribue aux

« petites gens » dans sa mythologie occupent peu de place dans ses romans – rarement une place centrale –, ce qui peut être interprété comme une tendance à noircir sa vision de la vie lorsqu'il la transpose de la réalité à la fiction. Sans doute faut-il y voir aussi l'influence de sa mère qui ne se départit jamais d'une attitude méprisante envers les prolétaires, et même s'il trouvait cette condescendance ridicule, cette influence maternelle demeura. Les « petites gens » ne sont pas des prolétaires mais des petits-bourgeois ; Simenon, n'étant ni l'un ni l'autre, a peut-être inconsciemment aboli les distinctions entre ces deux classes. Transposant dès lors à la fois le mépris de sa mère pour les classes laborieuses et le sien pour la classe sociale de sa mère, il aboutit à une vision globale non seulement de misère et de désespoir, mais aussi de dégradation et de violence.

L'évidente aliénation du héros simenonien est un sujet dont on a beaucoup débattu : c'est un des éléments qui a concouru à placer son œuvre dans le mouvement de la littérature du XXe siècle. L'autre grande peur de Simenon, après l'échec, était la solitude. Cette peur qu'il avait de sortir de chez lui le matin à l'aube quand il allait servir la messe resta gravée dans sa mémoire : « Une angoisse de me sentir seul, la nuit dans une rue désertée [16]. » La misère de l'exclu le remuait profondément et la vision du solitaire observant des couples ou des familles est une image d'exclusion qui hante ses romans et ses ouvrages autobiographiques.

> « Ce qui m'émeut le plus dans les rues, ou n'importe où ailleurs, c'est la rencontre de la solitude. Le nombre des solitaires semble aller croissant. Je les reconnais à leur démarche. On sent que personne ne les attend, qu'ils n'ont pas plus de raison d'être à tel endroit qu'à tel autre. Il leur arrive de s'arrêter devant des vitrines où il n'y a manifestement rien qui les intéresse. Peut-être ont-ils honte, honte d'être seuls [17]. »

Simenon, qui éprouvait, où qu'il aille, le besoin d'appartenir, de s'intégrer, et qui idéalisait la Famille et le Couple, avait une grande peur de la solitude. Le couple et la famille étaient des mythes qu'il n'entretenait que dans sa vie privée, car, dans la mosaïque de ses romans, il s'intéresse plus aux images d'anti-familles, d'anti-couples et d'anti-groupes. C'était toujours le vieil antagonisme entre les Simenon qui représentaient pour lui l'idéal familial (en réalité c'était loin d'être un idéal) et les Brüll qui s'inscrivaient à l'opposé.

L'hypersexualité obsessionnelle de Simenon découlait sans

doute autant de sa peur de la solitude que de sa curiosité. Depuis l'âge de vingt ans, il ne vécut jamais seul. Il se maria avec Denise quelques heures après avoir divorcé de Tigy, et il était déjà avec Teresa quand Denise le quitta. L'aliénation est chez Simenon moins une réponse au *Zeitgeist* qu'une émanation de son passé. Bien qu'il ait souvent considéré que ses dix mille femmes – excepté ses deux épouses – avaient été autant d'éléments positifs dans sa vie, il n'en reste pas moins que cette soif de rencontres découlait d'un facteur négatif : un manque, une absence, une frustration, qu'il ressentit toute sa vie. Ce qui n'est pas incompatible avec la thèse d'une curiosité sexuelle : c'est le manque, plus que la possession, qui stimule la curiosité. Et l'origine de ce manque est sans doute à rechercher dans le sentiment qu'il eut d'avoir été négligé par sa mère et la préférence marquée de celle-ci pour son frère.

Après la publication de *Lettre à ma mère*, Simenon rapporte l'analyse suivante d'un critique : « Simenon se sentit frustré par le manque d'amour maternel et dès lors il a constamment recherché la tendresse de la femme. » Simenon commenta : « C'est presque vrai. J'ai toujours ressenti le besoin de communiquer avec les gens, et en particulier avec les femmes [18]. » Pourtant, il n'idéalisa pas les femmes dans ses romans. Les femmes idéalisées de ses romans populaires ne sont que des poupées sans rapport aucun avec sa vie, et aucune d'elles n'apparaîtra dans les romans-romans, ceux dans lesquels il se projeta. La seule femme idéalisée est Mme Maigret, et il reconnut, quand on lui posa la question, qu'elle était son « idéal amoureux [19] ».

L'éventail des types féminins va de la femme admirablement compétente et amoureuse à la femme grotesquement perverse et destructrice. On a donc à peu près la même distribution de caractères que pour les hommes – l'homme idéalisé étant bien entendu Maigret.

C'est dans sa vie et non dans la littérature qu'il idéalisa les femmes, même si cette idéalisation se réduit à une infinité de coïts à la sauvette (il semble que sa position favorite ait été par-derrière, en levrette, et tout habillé – mais ce n'est peut-être là qu'un détail parmi tant d'autres qu'il a choisi de révéler). Si la curiosité le poussa à expérimenter un peu tout, y compris l'orgasme que Pilar avait déclenché en le caressant de ses cils la nuit du Nouvel An de 1923, il préférait certainement la sexualité sans façon des prolétaires aux arabesques sophistiquées.

Dans ses romans, bien qu'il sût rendre à merveille la sensualité, il ne poussa jamais très loin la description de la sensualité sexuelle. Il y a beaucoup de Cléopâtres dans ses livres, mais rien de l'appréciation immortelle qu'en fit Enobarbus. Peut-on même évoquer Enobarbus en parlant des liaisons de Simenon? Pour lui, « l'infinie variété » signifiait autre chose que pour Shakespeare. Simenon décida à la soixantaine qu'il avait trouvé la femme idéale en Teresa, et il ne remettra jamais en cause son jugement. Il y eut toujours chez lui, même s'il le nia farouchement, une touche de cette misogynie qui accompagne souvent l'idéalisation de la femme. Cela aussi renvoie à Henriette Simenon.

Ses anti-héros s'épuisent dans un univers éteint, ou, au mieux, creux et factice. La prise de conscience de l'inanité de leur monde induit chez eux une variété de comportements. Souvent, les plus jeunes se cloîtrent dans la morosité : un grognement, un haussement d'épaules méprisant, un rejet du monde – « et alors? » devient leur expression favorite. C'est le jeune dévoyé sur la mauvaise pente qui mène le récit et qui rappelle ainsi la révolte adolescente de Simenon que le « chouchou » du professeur avait neutralisée. Le jeune anti-héros choisira le plus souvent la fuite, réelle ou symbolique, qui le mène droit au dédoublement de personnalité symbolique d'un monde vide, et qui devient souvent le moyen de détruire ce monde de par l'inévitable collision entre ces deux identités qui s'effondrent. La prise de conscience de la vanité du monde peut aussi conduire l'anti-héros au masochisme – masochisme pur comme dans *La Fenêtre des Rouet*, ou *Feux rouges* – ou au sado-masochisme comme dans *Lettre à mon juge* ou *Au bout du rouleau*. Simenon était fasciné par l'interaction complexe de la destruction et de l'autodestruction – phénomène qu'il étudia en détail dans *Les Suicidés* et dont il fit une brillante description dans *La neige était sale*.

L'univers simenonien n'inclut ni la transcendance ni le salut, pourtant ces deux aspects apparaissent miraculeusement çà et là dans ses romans et font partie malgré tout de la mosaïque de son œuvre. C'est l'esprit de résistance dans *Le Président*, la volonté de survivre dans *Le Clan des Ostendais*, la promesse dans *Le Confessionnal*, la réconciliation dans *Feux rouges*, l'amour dans *Trois chambres à Manhattan*, la sagesse dans *Les Anneaux de Bicêtre*, la joie dans *Le Blanc à lunettes*, l'héroïsme dans *Les Pitard*, et l'espoir dans *Il y a encore des noisetiers*.

C'est le cortège triomphal de *La Mort d'Auguste* et la plénitude sensuelle du *Petit Saint*. Le Petit Saint réaffirme avec bonheur cette pénétrante sensibilité au monde qui illumine tous les romans de Simenon :

« Depuis ma retraite, il m'arrive très souvent d'évoquer pour moi-même telle époque de ma vie, tel ou tel événement du passé. Et je me demande :
– Qu'est-ce qu'il m'en reste?
Beaucoup. Je me sens riche de souvenirs. Mais pas de ceux que j'aurais cités à l'époque. Mes souvenirs, qui font maintenant partie de mon existence, sont des rayons de soleil, de la pluie dégoulinant sur les vitres, le goût d'une crème glacée, de longues marches solitaires dans les différents quartiers de Paris, avec quelques arrêts dans des bistrots à l'ancienne mode où les clients s'adressaient la parole sans se connaître.
Ce qui a compté dans ma vie, c'est la chaleur du soleil sur la peau, celle d'un feu de bois dans la cheminée en hiver, et surtout les marchés, que ce soit à La Rochelle, à Cannes, dans le Connecticut ou ailleurs.
L'odeur des légumes et des fruits. Le boucher tranchant dans d'énormes pièces de viande. Les poissons étalés sur des dalles de pierre.
Si j'ai appris quelque chose dans ma vie, c'est que tout cela est bon et important. Le reste n'est que de l'anecdote et de la nourriture pour les journaux [20]. »

Annexes

Notes

Page 9

1. *La Femme endormie.*

Chapitre 1. Introduction.

1. In Roger Stéphane, *Portrait-souvenir.*

Chapitre 2. Les Simenon et les Brüll.

1. *Un homme comme un autre.*
2. *Lettre à ma mère.*
3. *Je me souviens.*
4. *Vacances obligatoires.*
5. *Je me souviens.*
6. Roger Stéphane, *Portrait-souvenir.*
7. *Je me souviens.*
8. Lettre à Marcel Moré, 3 août 1951.
9. *Simenon sur le gril.*
10. Roger Stéphane, *Portrait-souvenir.*
11. *Pedigree*, première partie.
12. Roger Stéphane, *Portrait-souvenir.*
13. *Playboy* (France), août 1975.
14. *Lettre à ma mère.*
15. *Playboy* (France), août 1975.

Chapitre 3. L'enfance. 1903-1914.

1. *Je me souviens.*
2. Roger Stéphane, *Portrait-souvenir.*
3. *Quand vient le froid.*
4. *De la cave au grenier.*
5. *Quand j'étais vieux.*
6. *Je me souviens.*
7. *Un banc au soleil.*
8. *Je suis resté un enfant de chœur.*
9. *Pedigree*, première partie.
10. *Les Petits Hommes.*

11. *Vent du nord, vent du sud.*
12. *Je me souviens.*
13. Roger Stéphane, *Portrait-souvenir.*
14. *Un homme comme un autre.*
15. *Vent du nord, vent du sud.*
16. *Tant que je suis vivant.*
17. *Je me souviens.*
18. *Tant que je suis vivant.*
19. *Pedigree,* deuxième partie.
20. *Vacances obligatoires.*
21. *Un homme comme un autre.*
22. *Vent du nord, vent du sud.*

Chapitre 4. Début de l'adolescence. 1914-1919.

1. *Un homme comme un autre.*
2. *Pedigree,* troisième partie.
3. *Au-delà de ma porte-fenêtre.*
4. *Pedigree,* troisième partie.
5. Roger Stéphane, *Portrait-souvenir.*
6. *Playboy,* août 1975.
7. *On dit que j'ai soixante-quinze ans.*
8. *Pedigree,* troisième partie.
9. *Mémoires intimes.*
10. *Jour et nuit.*
11. *Pedigree,* deuxième partie.

Chapitre 5. Journalisme et bohème. 1919-1922.

1. *Magazine littéraire,* décembre 1975.
2. *Un homme comme un autre.*
3. *La Main dans la main.*
4. *Destinées.*
5. Georges Rémy, « Hommage à Georges Simenon ».
6. Roger Stéphane, *Portrait-souvenir.*
7. *Point-virgule.*
8. *Les Trois Crimes de mes amis.*
9. Lettre à J. Mambrino, in *Cistre.*
10. *Magazine littéraire,* décembre 1975.
11. *La Main dans la main.*

Chapitre 6. Premières années en France. 1922-1924.

1. *La Femme endormie.*
2. *Quand vient le froid.*
3. *Un homme comme un autre.*
4. Roger Stéphane, *Portrait-souvenir.*
5. *Un homme comme un autre.*
6. Roger Stéphane, *Portrait-souvenir.*
7. *Un homme comme un autre.*
8. *Destinées.*
9. Lettre à Maurice Restrepo, novembre 1953.
10. *Un homme comme un autre.*
11. Roger Stéphane, *Portrait-souvenir.*
12. *Un homme comme un autre.*

Chapitre 7. Le magicien du roman populaire. 1924-1930.

1. *Un homme comme un autre.*
2. *Playboy,* août 1975.
3. *France-Dimanche,* numéro 1498, 1975.
4. Lettre à Maurice Restrepo, novembre 1953.
5. *Destinées.*
6. *Un homme comme un autre.*
7. *Vacances obligatoires.*
8. *A quoi bon juger.*
9. Roger Stéphane, *Portrait-souvenir.*
10. *Un homme comme un autre.*
11. *Magazine littéraire,* décembre 1975.
12. Lettre à Maurice Restrepo, novembre 1953.
13. *Magazine littéraire,* décembre 1975.
14. *Un homme comme un autre.*
15. *Mémoires intimes.*

Chapitre 8. Naissance et triomphe de Maigret. 1929-1932.

1. Préface in *Œuvres complètes* (éditions Rencontre).
2. *Un homme comme un autre.*
3. *Sud-Ouest Dimanche,* 14 février 1982.
4. *Vent du nord, vent du sud.*
5. *Des traces de pas.*
6. *Un homme comme un autre.*

Chapitre 9. Nouvelles frontières. 1932-1935.

1. *A la recherche de l'homme nu.*
2. *Point-virgule.*
3. *Un homme comme un autre.*

Chapitre 10. Le romancier sérieux. 1934-1939.

1. *Un homme comme un autre.*
2. *Des traces de pas.*
3. *De la cave au grenier.*
4. *Un homme comme un autre.*
5. *Mémoires intimes.*
6. *Un homme comme un autre.*
7. *Mémoires intimes.*
8. *Quand j'étais vieux.*
9. Lettre à Maurice Restrepo, novembre 1953.
10. *Un homme comme un autre.*
11. Lettre à Gide, janvier 1939.
12. Lettre à Gide, décembre 1939.

Chapitre 11. Le retour de Maigret et les années de guerre. 1939-1945.

1. Lettre à Maurice Restrepo, 11 décembre 1953.
2. *Magazine littéraire,* décembre 1975.
3. Lettre à Gide, juin 1945.
4. *L'Ouest-Éclair* (Rennes), 4 juin 1941.
5. *Le Figaro,* 23-24 octobre 1942.

6. *L'Express,* 6 février 1958.
7. *Jours de France,* 14 février 1959.
8. Lettre à Gide, 18 décembre 1944.
9. *Clartés,* 20 juillet 1945.

Chapitre 12. L'Amérique. 1945-1950.

1. *Un homme comme un autre.*
2. *Mémoires intimes.*
3. *Le Prix d'un homme.*
4. *Le Prix d'un homme.*
5. *A la recherche de l'homme nu.*
6. *Mémoires intimes.*
7. *Tant que je suis vivant.*
8. *Un homme comme un autre.*
9. *Quand j'étais vieux.*
10. *Marie-France,* août 1979.
11. Lettre à Restrepo, 21 septembre 1952.
12. *Mémoires intimes.*
13. *Le Fond de la bouteille.*
14. *Quand j'étais vieux.*
15. Lettre à Gide, 4 octobre 1948.

Chapitre 13. Shadow Rock Farm. 1950-1955.

1. *Mémoires intimes.*
2. *Synthèse,* avril 1952.
3. *La Meuse,* 10 mars 1952.
4. *De la cave au grenier.*
5. Roger Stéphane, *Portrait-souvenir.*
6. Lettre à Maurice Restrepo, novembre 1958.
7. *Writers at work.*
8. 5 août 1954.
9. *Mémoires intimes.*
10. *Quand j'étais vieux.*
11. *Mémoires intimes.*
12. *Quand j'étais vieux.*

Chapitre 14. Fissures. 1955-1963.

1. *Mémoires intimes.*
2. *Sud-Ouest Dimanche,* 1er janvier 1956.
3. *Elle,* 26 août 1960.
4. *Un homme comme un autre.*
5. *Mémoires intimes.*
6. *Quand j'étais vieux.*
7. *Un homme comme un autre.*
8. Lettre à Renoir, 15 février 1960.
9. *Quand j'étais vieux.*

Chapitre 15. Les dernières demeures. 1964-1989.

1. *Un homme comme un autre.*
2. *Mémoires intimes.*
3. *Paris-Match,* 8 avril 1967.
4. *Un homme comme un autre.*

5. *La femme endormie.*
6. *Des traces de pas.*
7. *Un homme comme un autre.*
8. *La main dans la main.*
9. *Mémoires intimes.*
10. *Le Monde,* 5 juin 1965.
11. *Mémoires intimes.*
12. *Un homme comme un autre.*
13. *Des traces de pas.*
14. *Destinées.*
15. *Des traces de pas.*

Chapitre 16. La saga de Maigret.

1. *Maigret chez le ministre.*
2. *Maigret se défend.*
3. *Maigret à Vichy.*
4. *Une confidence de Maigret.*
5. *La colère de Maigret.*
6. *Maigret et la vieille dame.*
7. *Maigret et les témoins récalcitrants.*
8. *Maigret et l'inspecteur Malgracieux.*
9. *Maigret à New York.*
10. *Le voleur de Maigret.*

Chapitre 17. L'art et la vie.

1. *Maigret et le marchand de vin.*
2. Roger Stéphane, *Le Dossier Simenon.*
3. *Vacances obligatoires.*
4. *Des traces de pas.*
5. *Quand j'étais vieux.*
6. *Magazine littéraire,* décembre 1975.
7. *Le Rapport du gendarme.*
8. *Le Petit Saint.*
9. *Quand j'étais vieux.*
10. Roger Stéphane, *le Dossier Simenon.*
11. *La Veuve Couderc.*
12. *Un nouveau dans la ville.*
13. *Maigret chez le ministre.*
14. *Point-virgule.*
15. *L'Express.*
16. *Je suis resté un enfant de chœur.*
17. *Un homme comme un autre.*
18. *Vent du nord, vent du sud.*
19. *Des traces de pas.*
20. *Les Petits Hommes.*

Œuvres de Georges Simenon

Nous remercions Claude Menguy de nous avoir aimablement autorisé à utiliser ses bibliographies.

Les contes, les nouvelles, les reportages publiés dans la presse ne sont pas recensés ici. L'*astérisque* signale les recueils de nouvelles.

I. ŒUVRES DE JEUNESSE

Toutes sont signées Georges Sim.

1921 *Au pont des Arches* (Imprimerie Bénard, Liège).
Les Ridicules (quelques exemplaires à usage privé imprimés sur les presses de *La Gazette de Liège*).
Jehan Pinaguet (inédit).
Le Bouton de col (avec H.J. Moërs, inédit).

II. ŒUVRES SOUS PSEUDONYMES

Par année de publication.

1924 Jean du Perry, *Le Roman d'une dactylo* (J. Ferenczi).
Amour d'exilée (Jean Ferenczi).
Georges Sim, *Les Larmes avant le bonheur...* (J. Ferenczi).
1925 Jean du Perry, *L'Oiseau blessé* (J. Ferenczi).
L'Heureuse Fin (J. Ferenczi).
La Fiancée fugitive (J. Ferenczi).
Entre deux haines (J. Ferenczi).
Pour le sauver (J. Ferenczi).
Ceux qu'on avait oubliés (J. Ferenczi).
Pour qu'il soit heureux!... (J. Ferenczi).
A l'assaut d'un cœur (J. Ferenczi).
Georges d'Isly, *Étoile de cinéma* (F. Rouff).
Christian Brulls, *La Prêtresse des Vaudoux* (Tallandier).
Georges-Martin Georges, *L'Orgueil qui meurt* (Tallandier).
Gom Gut, *Un Viol aux Quat'z'Arts* (Prima).
Perversités frivoles * (Prima).
Au Grand 13 * (Prima).

Plaisirs charnels * (Prima).
Aux vingt-huit négresses (Prima).
La Noce à Montmartre (Prima).
Plick et Plock, *Voluptueuses étreintes* * (Prima).
1926 Jean du Perry, *Amour d'Afrique* (J. Ferenczi).
L'Orgueil d'aimer (J. Ferenczi).
Celle qui est aimée (J. Ferenczi).
Les Yeux qui ordonnent (J. Ferenczi).
Que ma mère l'ignore (J. Ferenczi).
De la rue au bonheur (J. Ferenczi).
Un Péché de jeunesse (J. Ferenczi).
Christian Brulls, *Nox l'insaisissable* (J. Ferenczi).
Se Ma Tsien, le sacrificateur (Tallandier).
Gom Gut, *Liquettes au vent* * (Prima).
Une Petite très sensuelle (Prima).
Orgies bourgeoises (Prima).
L'Homme aux douze étreintes (Prima).
Luc Dorsan, *Nini violée* (Prima).
Histoire d'un pantalon (Prima).
Mémoires d'un vieux suiveur (Prima).
Nichonnette (Prima).
Nuit de noces * (Prima).
1927 Georges Sim, *Les Voleurs de navires* (Tallandier).
Défense d'aimer (J. Ferenczi).
Paris-Leste * (Paris-Plaisirs).
Le feu s'éteint (A. Fayard).
Le Cercle de la soif (J. Ferenczi, réimprimé en 1933 sous le titre *Le Cercle de la mort*).
Un Monsieur libidineux (Prima).
Jean du Perry, *Lili-Tristesse* (J. Ferenczi).
Un Tout Petit Cœur (J. Ferenczi).
Luc Dorsan, *La Pucelle de Bénouville* (Prima).
Gom Gut, *Étreintes passionnées* (Prima).
Une Môme dessalée (Prima).
X..., *L'Envers d'une passion* (F. Rouff, date incertaine).
1928 Georges Sim, *Les Cœurs perdus* (Tallandier).
Le Secret des Lamas (Tallandier).
Les Maudits du Pacifique (Tallandier).
Le Monstre blanc de la Terre de Feu (J. Ferenczi, réimprimé en 1933 sous le titre *L'Île de la Désolation*).
Miss Baby (A. Fayard).
Le Semeur de larmes (J. Ferenczi).
Le Roi des glaces (Tallandier).
Le Sous-marin dans la forêt (Tallandier).
La Maison sans soleil (A. Fayard).
Aimer d'amour (J. Ferenczi).
Songes d'été (J. Ferenczi).
Les Nains des cataractes (Tallandier).
Le Lac d'angoisse (J. Ferenczi, réimprimé en 1933 sous le titre *Le Lac des esclaves*).
Le Sang des Gitanes (J. Ferenczi).
Chair de beauté (A. Fayard).
Christian Brulls, *Annie, danseuse* (J. Ferenczi).
Dolorosa (A. Fayard).
Les Adolescents passionnés (A. Fayard).

Mademoiselle X... (A. Fayard).
Le Désert du froid qui tue (J. Ferenczi, réimprimé en 1933 sous le titre *Le Yacht fantôme*).
Jean du Perry, *Le Fou d'amour* (J. Ferenczi).
Cœur exalté (J. Ferenczi).
Trois Cœurs dans la tempête (J. Ferenczi).
Les Amants de la mansarde (J. Ferenczi).
Un Jour de soleil (J. Ferenczi).
Georges-Martin Georges, *Un Soir de vertige...* (J. Ferenczi).
Brin d'amour (J. Ferenczi).
Les Cœurs vides (J. Ferenczi).
Cabotine (J. Ferenczi).
Aimer, mourir (J. Ferenczi).
Gaston Vialis, *Un Petit Corps blessé* (J. Ferenczi).
Haïr à force d'aimer (J. Ferenczi).
G. Violis, *Rien que pour toi* (J. Ferenczi).
G. Vialio, *L'Étreinte tragique* (J. Ferenczi).
Jacques Dersonne, *Un Seul Baiser...* (J. Ferenczi).
Jean Dorsage, *L'Amour méconnu* (J. Ferenczi).
Gom Gut, *L'Amant fantôme* (Prima).
Madame veut un amant (M. Ferenczi).
Les Distractions d'Hélène (M. Ferenczi).
L'Amour à Montparnasse (M. Ferenczi).
Poum et Zette, *Des gens qui exagèrent* (M. Ferenczi).
Kim, *Un Petit Poison* (M. Ferenczi).
Bobette, *Bobette et ses satyres* (M. Ferenczi).
Luc Dorsan, *Une Petite dessalée* (M. Ferenczi).

1929 Georges Sim, *Les Mémoires d'un prostitué* (Prima).
En robe de mariée (Tallandier).
La Panthère borgne (Tallandier).
La Fiancée aux mains de glace (A. Fayard).
Les Bandits de Chicago (A. Fayard).
L'Île des hommes roux (Tallandier).
Le Roi du Pacifique (J. Ferenczi, réimprimé en 1935, abrégé, sous le titre *Le « Bateau d'Or »*).
Le Gorille-Roi (Tallandier).
Les Contrebandiers de l'alcool (A. Fayard).
La Femme qui tue (A. Fayard).
Destinées (A. Fayard).
L'Île des maudits (J. Ferenczi, réimprimé en 1935, abrégé, sous le titre *Le Naufrage du « Pélican »*).
La Femme en deuil (Tallandier).
Jean du Perry, *La Fille de l'autre* (J. Ferenczi).
L'Amour et l'Argent (J. Ferenczi).
Cœur de poupée (J. Ferenczi).
Une femme a tué (J. Ferenczi).
Deux cœurs de femmes (J. Ferenczi).
L'Épave d'amour (J. Ferenczi).
Le Mirage de Paris (J. Ferenczi).
Luc Dorsan, *Un Drôle de coco* (Prima).
Georges-Martin Georges, *Voleuse d'amour* (J. Ferenczi).
Une Ombre dans la nuit (J. Ferenczi).
Nuit de Paris (J. Ferenczi).
La Victime (J. Ferenczi).
Jean Dorsage, *Celle qui revient* (J. Ferenczi).

Jean Dorsage, *Les Deux Maîtresses* (J. Ferenczi).
G. Viollis, *Trop beau pour elles!* (J. Ferenczi).
Gaston Vialis, *Le Parfum du passé* (J. Ferenczi).
Germain d'Antibes, *Hélas! je t'aime...* (J. Ferenczi).
Jacques Dersonne, *La Merveilleuse Aventure* (J. Ferenczi).
Christian Brulls, *Les Pirates du Texas* (J. Ferenczi, réédité en 1934, abrégé, sous le titre *La Chasse au whisky*).
L'Amant sans nom (A. Fayard).
Un Drame au pôle Sud (A. Fayard).
Captain S.O.S. (A. Fayard).
Lily-Palace (A. Fayard, date incertaine).

1930 Georges Sim, *L'Œil de l'Utah* (Tallandier).
L'Homme qui tremble (A. Fayard).
La Femme 47 (A. Fayard).
Nez d'argent (J. Ferenczi, réédité en 1933, abrégé, sous le titre *Le Paria des bois sauvages*).
Mademoiselle Million (A. Fayard).
Le Pêcheur de bouées (Tallandier).
Le Chinois de San Francisco (Tallandier).
Christian Brulls, *Jacques d'Antifer, roi des îles du vent* (J. Ferenczi, réédité en 1934 sous le titre *L'Héritier du corsaire*).
Train de nuit (A. Fayard).
L'Inconnue (A. Fayard).
Jean du Perry, *Celle qui passe* (J. Ferenczi).
Petite Exilée (J. Ferenczi).
Les Amants du malheur (J. Ferenczi).
La Femme ardente (J. Ferenczi).
La Porte close (J. Ferenczi).
La Poupée brisée (J. Ferenczi).
Jacques Dersonne, *Les Étapes du mensonge* (J. Ferenczi).
Georges-Martin Georges, *Un Nid d'amour* (J. Ferenczi).
Bobette, mannequin (J. Ferenczi).
La Puissance du souvenir (J. Ferenczi).
Le Bonheur de Lili (J. Ferenczi).
Jean Dorsage, *Cœur de jeune fille* (J. Ferenczi).
Sœurette (J. Ferenczi).
Gaston Viallis, *Lili-Sourire* (J. Ferenczi).
Folie d'un soir (J. Ferenczi).

1931 Georges Sim, *L'Homme de proie* (A. Fayard).
Katia, acrobate (A. Fayard).
L'Homme à la cigarette (Tallandier).
Les Errants (A. Fayard).
Christian Brulls, *Pour venger son père* (J. Ferenczi).
La Maison de la haine (A. Fayard).
Georges-Martin Georges, *La Double Vie* (J. Ferenczi).
Jean du Perry, *Pauvre amante!* (J. Ferenczi).
Marie-Mystère (A. Fayard).
Le Rêve qui meurt (F. Rouff).
Jacques Dersonne, *Baisers mortels* (J. Ferenczi).
Victime de son fils (J. Ferenczi).
Gaston Viallis, *Âme de jeune fille* (J. Ferenczi).
Jean Dorsage, *Les Chercheurs de bonheur* (J. Ferenczi).

1932 Georges Sim, *La Maison de l'inquiétude* (Tallandier).
L'Épave (A. Fayard).
Matricule 12 (Tallandier).

Christian Brulls, *La Figurante* (A. Fayard).
Fièvre (A. Fayard).
Les Forçats de Paris (A. Fayard).
1933 Georges Sim, *La Fiancée du diable* (A. Fayard).
La Femme rousse (Tallandier).
Le Château des Sables Rouges (Tallandier).
Deuxième Bureau (Tallandier).
1934 Christian Brulls, *L'Évasion* (A. Fayard).
1937 Christian Brulls, *L'Île empoisonnée* (J. Ferenczi).
Seul parmi les gorilles (J. Ferenczi).

III. ŒUVRES SOUS PATRONYME

Classées ici par éditeur et par année de publication. La date du copyright et la date de l'achevé d'imprimer sont parfois différentes, ce qui explique les divergences d'une bibliographie à l'autre; la date donnée ici est généralement la date du copyright.

Entre parenthèses figurent la date et l'année de rédaction (elles sont parfois conjecturelles pour les titres les plus anciens).

Éditions Jacques Haumont

1931 *La Folle d'Itteville* (Morsang-sur-Seine, à bord de l'*Ostrogoth*, printemps 1931).

Fayard

1931 *M. Gallet, décédé* (Morsang-sur-Seine, été 1930).
Le Pendu de Saint-Pholien (Beuzec-Conq, hiver 1930-31).
Le Charretier de la « Providence » (Morsang-sur-Seine, été 1930).
Le Chien jaune (La Ferté-Alais, mars 1931).
Pietr-le-Letton (Stavoren, hiver 1929-30).
La Nuit du carrefour (La Ferté-Alais, avril 1931).
Un Crime en Hollande (Morsang-sur-Seine, mai 1931).
Au Rendez-Vous des terre-neuvas (Morsang-sur-Seine, juillet 1931).
La Tête d'un homme (Paris, hiver 1930-31).
Le Relais d'Alsace (Paris, juillet 1931).
La Danseuse du Gai-Moulin (Ouistreham, septembre 1931).
1932 *La Guinguette à deux sous* (Ouistreham, octobre 1931).
L'Ombre chinoise (Cap d'Antibes, décembre 1931).
L'Affaire Saint-Fiacre (Cap d'Antibes, janvier 1932).
Chez les Flamands (Cap d'Antibes, janvier 1932).
Le Fou de Bergerac (La Rochelle, mars 1932).
Le Port des brumes (Cap d'Antibes, février 1932).
Le Passager du « Polarlys » (Beuzec-Conq, novembre 1930).
Liberty-Bar (La Richardière, mai 1932).
Les 13 Coupables * (Stavoren, hiver 1929-30).
Les 13 Énigmes * (Paris, hiver 1928-29).
Les 13 Mystères * (Paris, hiver 1928-29).
1933 *Les Fiançailles de M. Hire* (La Richardière, automne 1932).
Le Coup de lune (La Richardière, automne 1932).

La Maison du canal (La Richardière, janvier 1933).
L'Écluse n° 1 (La Richardière, avril 1933).
L'Âne rouge (La Richardière, automne 1932).
Les Gens d'en face (La Richardière, été 1933).
Le Haut Mal (La Richardière, automne 1933).

1934 *L'Homme de Londres* (La Richardière, automne 1933).
Maigret (La Richardière, janvier 1934).

Gallimard

1934 *Le Locataire* (La Richardière, automne 1933).
Les Suicidés (La Richardière, décembre 1933).
1935 *Les Pitard* (Porquerolles, avril 1934).
Les Clients d'Avrenos (à bord de l'*Araldo*, été 1934).
Quartier nègre (La Cour-Dieu, été 1935).
1936 *L'Évadé* (La Richardière, automne 1934).
Long Cours (La Cour-Dieu, septembre 1935).
Les Demoiselles de Concarneau (La Cour-Dieu, automne 1935).
45° à l'ombre (Ile d'Elbe, juin 1934).
1937 *L'Assassin* (Combloux, Haute-Savoie, décembre 1935).
Faubourg (La Cour-Dieu, automne 1935).
Le Blanc à lunettes (Porquerolles, printemps 1936).
Le Testament Donadieu (Porquerolles, juillet-août 1936).
1938 *Ceux de la soif* (Tahiti, mars 1935).
Chemin sans issue (Anthéor, printemps 1936).
*G7 (Les Sept Minutes)** (Morsang-sur-Seine, juin 1931).
Les Rescapés du « Télémaque » (Igls, Tyrol, décembre 1936).
Les Trois Crimes de mes amis (boulevard Richard-Wallace, janvier 1937).
*La Mauvaise Étoile** (Tahiti et océan Indien, printemps 1935, revu à La Cour-Dieu, juin 1935).
Le Suspect (boulevard Richard-Wallace, septembre 1937).
Les Sœurs Lacroix (Saint-Thibault-sur-Loire, novembre 1937).
Touriste de bananes (Porquerolles, juin 1937).
Monsieur La Souris (Porquerolles, février 1937).
La Marie du port (Port-en-Bessin, octobre 1937).
L'Homme qui regardait passer les trains (Porquerolles, printemps 1937).
Le Cheval blanc (Porquerolles, mars 1938).
1939 *Le Coup de vague* (Beynac, Dordogne, avril 1938).
Chez Krull (La Rochelle, juillet 1938).
Le Bourgmestre de Furnes (Nieul, décembre 1938).
1940 *Malempin* (Scharrachbergheim, Alsace, mars 1939).
Les Inconnus dans la maison (Nieul, septembre 1938).
1941 *Cour d'assises* (Isola Pescatore, lac Majeur, août 1937).
Bergelon (Nieul, septembre 1939).
L'Outlaw (Nieul, février 1939).
Il pleut, bergère... (Nieul, octobre 1939).
Le Voyageur de la Toussaint (Fontenay-le-Comte, février 1941).
La Maison des sept jeunes filles (boulevard Richard-Wallace, novembre 1937).
1942 *Oncle Charles s'est enfermé* (Nieul, octobre 1939).

La *Veuve Couderc* (Nieul, mai 1940).
Maigret revient *, qui comprend : *Cécile est morte* (Fontenay-le-Comte, décembre 1940); *Les Caves du Majestic* (Nieul, décembre 1939); *La Maison du juge* (Nieul, janvier 1940).
Le Fils Cardinaud (Fontenay, juillet 1941).
La Vérité sur Bébé Donge (Vouvant, septembre 1940).

1943 *Le Petit Docteur* * (La Rochelle, printemps 1938).
Les Dossiers de l'Agence « O » * (La Rochelle, printemps 1938).

1944 *Signé Picpus* *, qui comprend : *Signé Picpus* (Fontenay, été 1941); *L'Inspecteur cadavre* (Saint-Mesmin, mars 1943); *Félicie est là* (La Faute-sur-Mer, mai 1942); *Nouvelles exotiques* * (boulevard Richard-Wallace, hiver 1937-38).
Le Rapport du gendarme (Fontenay, septembre 1941).
Les Nouvelles enquêtes de Maigret * (boulevard Richard-Wallace, octobre 1936, et hiver 1937-38).

1945 *L'Aîné des Ferchaux* (Saint-Mesmin, décembre 1943).

Éditions de la Jeune Parque

1945 *La Fenêtre des Rouet* (Fontenay, juillet 1942).
La Fuite de M. Monde (Saint-Mesmin, avril 1944).

Presses de la Cité

1945 *Je me souviens* (Fontenay, décembre 1940-juin 1941 et janvier 1945).

Gallimard

1946 *Les Noces de Poitiers* (Saint-Mesmin, hiver 1943-44).
Le Cercle des Mahé (Saint-Mesmin, mai 1945).

Presses de la Cité

1946 *Trois Chambres à Manhattan* (Sainte-Marguerite-du-Lac-Masson, Québec, janvier 1946).

Gallimard

1947 *Le Clan des Ostendais* (Saint Andrews, Nouveau-Brunswick, juin 1946).

Éditions de la Jeune Parque

1947 *Le Passager clandestin* (Bradenton Beach, Floride, avril 1947).

Presses de la Cité

1947 *Au bout du rouleau* (Saint Andrews, Nouveau-Brunswick, juin 1946).
Lettre à mon juge (Bradenton Beach, Floride, décembre 1946).
Le Destin des Malou (Bradenton Beach, Floride, février 1947).
La Pipe de Maigret, publié avec *Maigret se fâche* (Saint-Fargeau-sur-Seine, août 1945).

Maigret à New York (Sainte-Marguerite-du-Lac-Masson, Québec, mars 1946).

Maigret et l'inspecteur Malgracieux * (Sainte-Marguerite-du-Lac-Masson, Québec, avril-mai 1946 et Saint Andrews, août 1946).

Gallimard

1948 *Le Bilan Malétras* (Saint-Mesmin, mai 1943).

Presses de la Cité

1948 *La Jument perdue* (Tucson, Arizona, octobre 1947).
Maigret et son mort (Tucson, Arizona, décembre 1947).
Les Vacances de Maigret (Tucson, Arizona, novembre 1947).
La neige était sale (Tucson, Arizona, mars 1948).
Pedigree (Fontenay, Saint-Mesmin, décembre 1941-janvier 1943).

1949 *Le Fond de la bouteille* (Stud Barn, Tumacacori, Arizona, août 1948).
La Première Enquête de Maigret (Stud Barn, Tumacacori, Arizona, septembre 1948).
Les Fantômes du chapelier (Stud Barn, Tumacacori, Arizona, décembre 1948).
Mon Ami Maigret (Stud Barn, Tumacacori, Arizona, février 1949).
Les Quatre Jours du pauvre homme (Tucson, Arizona, juillet 1949).
Maigret chez le coroner (Tucson, Arizona, juillet 1949).

1950 *Un Nouveau dans la ville* (Tucson, Arizona, octobre 1949).
Maigret et la vieille dame (Carmel, Californie, décembre 1949).
L'Amie de Mme Maigret (Carmel, Californie, décembre 1949).
L'Enterrement de M. Bouvet (Carmel, Californie, février 1950).
Maigret et les petits cochons sans queue * (Les Sables d'Olonne, 1945, Saint Andrews, 1946, Bradenton Beach, 1948).
Les Volets verts (Carmel, Californie, janvier 1950).
Tante Jeanne (Lakeville, Connecticut, septembre 1950).
Les Mémoires de Maigret (Lakeville, Connecticut, septembre 1950).

1951 *Le Temps d'Anaïs* (Lakeville, novembre 1950).
Un Noël de Maigret * (Carmel, mai 1950).
Maigret au Picratt's (Lakeville, décembre 1950).
Maigret en meublé (Lakeville, février 1951).
Une Vie comme neuve (Lakeville, mars 1951).
Maigret et la grande perche (Lakeville, mai 1951).
Marie qui louche (Lakeville, août 1951).

1952 *Maigret, Lognon et les gangsters* (Lakeville, octobre 1951).
La Mort de Belle (Lakeville, décembre 1951).
Le Revolver de Maigret (Lakeville, juin 1952).
Les Frères Rico (Lakeville, juillet 1952).

1953 *Maigret et l'homme du banc* (Lakeville, septembre 1952).
Antoine et Julie (Lakeville, décembre 1952).

Maigret a peur (Lakeville, mars 1953).
L'Escalier de fer (Lakeville, mai 1953).
Feux rouges (Lakeville, juillet 1953).
Maigret se trompe (Lakeville, août 1953).
1954 *Crime impuni* (Lakeville, octobre 1953).
Maigret à l'école (Lakeville, décembre 1953).
Maigret et la jeune morte (Lakeville, janvier 1954).
L'Horloger d'Everton (Lakeville, mars 1954).
Maigret chez le ministre (Lakeville, août 1954).
Les Témoins (Lakeville, septembre 1954).
Le Grand Bob (Lakeville, mai 1954).

Gallimard

1954 *Le Bateau d'Émile* * (Les Sables d'Olonne, Paris, 1944-45).

Presses de la Cité

1955 *Maigret et le corps sans tête* (Lakeville, janvier 1955).
La Boule noire (Mougins, « La Gatounière », avril 1955).
Maigret tend un piège (Mougins, « La Gatounière », juillet 1955).
Les Complices (Mougins, « La Gatounière », septembre 1955).
1956 *En cas de malheur* (Cannes, « Golden Gate », novembre 1955).
Un Échec de Maigret (mars 1956).
Le Petit Homme d'Arkhangelsk (Cannes, « Golden Gate », avril 1956).
1957 *Maigret s'amuse* (Cannes, « Golden Gate », septembre 1956).
Le Fils (Cannes, « Golden Gate », décembre 1956).
Le Nègre (Cannes, « Golden Gate », avril 1957).
1958 *Maigret voyage* (Echandens, août 1957).
Strip-Tease (Cannes, « Golden Gate », juin 1957).
Les Scrupules de Maigret (Echandens, décembre 1957).
Le Président (Echandens, octobre 1957).
Le Passage de la ligne (Echandens, février 1958).
Dimanche (Echandens, juillet 1958).
1959 *La Femme en France* (Echandens, 1959).
Maigret et les témoins récalcitrants (Echandens, octobre 1958).
Le Roman de l'homme (Echandens, 1959).
Une Confidence de Maigret (Echandens, mai 1959).
La Vieille (Echandens, janvier 1959).
Le Veuf (Echandens, juillet 1959).
1960 *Maigret aux assises* (Echandens, novembre 1959).
L'Ours en peluche (Echandens, mars 1960).
Maigret et les vieillards (Echandens, juin 1960).
1961 *Betty* (Echandens, octobre 1960).
Le Train (Echandens, mars 1961).
Maigret et le voleur paresseux (Echandens, janvier 1961).
1962 *La Porte* (Echandens, juin 1961).
Les Autres (Echandens, novembre 1961).
Maigret et les braves gens (Echandens, septembre 1961).
Maigret et le client du samedi (Echandens, février 1962).
1963 *Maigret et le clochard* (Echandens, mai 1962).

Les Anneaux de Bicêtre (Echandens, octobre 1962).
La Colère de Maigret (Echandens, juin 1962).
La Rue aux trois poussins * (Nieul, Les Sables d'Olonne, 1939, 1940, 1945).

1964 *La Chambre bleue* (Echandens, juin 1963).
L'Homme au petit chien (Echandens, septembre 1963).
Maigret et le fantôme (Echandens, juin 1963).
Maigret se défend (Épalinges, juillet 1964).

1965 *Le Petit Saint* (Épalinges, octobre 1964).
Le Train de Venise (Épalinges, juin 1965).
La Patience de Maigret (Épalinges, mars 1965).

1966 *Le Confessionnal* (Épalinges, octobre 1965).
La Mort d'Auguste (Épalinges, mars 1966).

1967 *Maigret et l'affaire Nahour* (Épalinges, février 1966).
Le Chat (Épalinges, octobre 1966).
Le Voleur de Maigret (Épalinges, novembre 1966).
Le Déménagement (Épalinges, juin 1967).

1968 *Maigret à Vichy* (Épalinges, septembre 1967).
La Prison (Épalinges, novembre 1967).
Maigret hésite (Épalinges, janvier 1968).
La Main (Épalinges, avril 1968).
L'Ami d'enfance de Maigret (Épalinges, juin 1968).

1969 *Il y a encore des noisetiers* (Épalinges, octobre 1968).
Novembre (Épalinges, juin 1969).
Maigret et le tueur (Épalinges, avril 1969).

1970 *Maigret et le marchand de vin* (Épalinges, septembre 1969).
Quand j'étais vieux (Echandens, juin 1960-février 1963).
Le Riche Homme (Épalinges, mars 1970).
La Folle de Maigret (Épalinges, mai 1970).

1971 *La Disparition d'Odile* (Épalinges, octobre 1970).
Maigret et l'homme tout seul (Épalinges, février 1971).
La Cage de verre (Épalinges, mars 1971).
Maigret et l'indicateur (Épalinges, juin 1971).

1972 *Les Innocents* (Épalinges, octobre 1971).
Maigret et M. Charles (Épalinges, février 1972).

1974 *Lettre à ma mère* (Lausanne, avril 1974).

1975 *Un Homme comme un autre* (Lausanne, février-septembre 1973).
Des traces de pas (Lausanne, septembre 1973-mars 1974).

1976 *Les Petits Hommes* (Lausanne, avril-novembre 1974).
Vent du nord, vent du sud (Lausanne, novembre 1974-avril 1975).

1977 *Un Banc au soleil* (Lausanne, avril-août 1975).
De la cave au grenier (Lausanne, août-novembre 1975).
A l'abri de notre arbre (Lausanne, décembre 1975-avril 1976).

1978 *Tant que je suis vivant* (Lausanne, avril-juin 1976).
Vacances obligatoires (Lausanne, juin-août 1976).
La Main dans la main (Lausanne, août-novembre 1976).
Au-delà de ma porte-fenêtre (Lausanne, novembre 1976-mars 1977).

1979 *Je suis resté un enfant de chœur* (Lausanne, mars-juin 1977).
A quoi bon jurer? (Lausanne, juin-juillet 1977).

Point-virgule (Lausanne, août 1977).

1980 *Le Prix d'un homme* (Lausanne, décembre 1977).
On dit que j'ai soixante-quinze ans (Lausanne, mars-juillet 1978).
Quand vient le froid (Lausanne, septembre-octobre 1978).
Les Libertés qu'il nous reste (Lausanne, novembre-décembre 1978).

1981 *La Femme endormie* (Lausanne, février-mars 1979).
Jour et nuit (Lausanne, avril-mai 1979).
Destinées (Lausanne, août-octobre 1979).
Mémoires intimes (Lausanne, 1980-81).

Filmographie

La Nuit du carrefour, 1932, Jean Renoir. Avec Pierre Renoir, Winna Winfried.

Le Chien jaune, 1932, Jean Tarride. Avec Abel Tarride.

La Tête d'un homme, 1933, Julien Duvivier. Avec Harry Baur.

La Maison des sept jeunes filles, 1941, André Valentin.

Les Inconnus dans la maison, 1941, Henri Decoin (scénario d'Henri-Georges Clouzot). Avec Raimu, Juliette Faber, Jean Tissier, Lucien Coëdel.

Annette et la dame blonde, 1942, Jean Dréville (scénario d'Henri Decoin). Avec Louise Carletti, Henri Garat.

Monsieur La Souris, 1942, Georges Lacombe (scénario de Marcel Achard). Avec Raimu, Aimé Clariond, Aimos.

Le Voyageur de la Toussaint, 1942, Louis Daquin (scénario de Marcel Aymé). Avec Jean Desailly, Simone Valère.

Picpus (d'après *Signé Picpus*), 1943, Richard Pottier. Avec Albert Préjean.

L'Homme de Londres, 1943, Henri Decoin. Avec Fernand Ledoux, Jules Berry, Suzy Prim.

Cécile est morte, 1943, Maurice Tourneur. Avec Albert Préjean.

Les Caves du Majestic, 1945, Richard Pottier (scénario de Charles Spaak). Avec Albert Préjean.

Panique (d'après *Les Fiançailles de M. Hire*), 1946, Julien Duvivier (scénario de Charles Spaak). Avec Michel Simon, Viviane Romance.

Dernier Refuge (d'après *Le Locataire*), 1947, Marc Maurette. Avec Raymond Rouleau, Mila Parély.

Le Port de la tentation (*Temptation Harbour*, film anglais, d'après *L'Homme de Londres*), 1948, Lance Comfort. Avec Robert Newton.

L'Homme et la Tour Eiffel (*The Man on the Eiffel Tower*, film américain, d'après *La Tête d'un homme*), 1948, Burgess Meredith et M. Allen. Avec Charles Laughton, Burgess Meredith, Franchot Tone.

La Marie du port, 1950, Marcel Carné. Avec Jean Gabin, Nicole Courcel.

La Vérité sur Bébé Donge, 1951, Henri Decoin. Avec Danielle Darrieux, Jean Gabin.

Paris-Express (*The Man Who Watched the Trains Go By*, film américain d'après *L'Homme qui regardait passer les trains*), 1951, Harold French. Avec Claude Rains, Anouk Aimée.

Le Fruit défendu (d'après *Lettre à mon juge*), 1951, Henri Verneuil. Avec Fernandel, Françoise Arnoul.

Brelan d'as (troisième partie d'après « Le Témoignage de l'enfant de chœur »), 1952, Henri Verneuil. Avec Michel Simon.

La neige était sale, 1952, Luis Saslavsky. Avec Daniel Gélin, Valentine Tessier.

Maigret mène l'enquête (d'après *Cécile est morte*), 1955, Stany Cordier. Avec Maurice Manson.

Le Sang à la tête (d'après *Le Fils Cardinaud*), 1956, Gilles Grangier. Avec Jean Gabin.

Le Fond de la bouteille (*The Bottom of the Bottle*, film américain), 1956, Henry Hattaway. Avec Van Johnson, Joseph Cotton.

Maigret tend un piège, 1957, Jean Delannoy. Avec Jean Gabin, Annie Girardot.

Les Frères Rico (*The Brothers Rico*, film américain), 1957, Phil Karlson. Avec Richard Conte.

Le Passager clandestin (film franco-australien), 1958, Ralph Habib. Avec Martine Carol, Serge Reggiani, Arletty.

En cas de malheur, 1958, Claude Autant-Lara. Avec Jean Gabin, Brigitte Bardot, Edwige Feuillère.

Maigret et l'affaire Saint-Fiacre, 1959, Jean Delannoy. Avec Jean Gabin, Michel Auclair, Valentine Tessier.

Le Baron de l'écluse, 1959, Jean Delannoy. Avec Jean Gabin.

Simenon, arbre à romans (documentaire suisse sur Simenon; une scène est tirée du *Président*), 1960, Jean-François Hauduroy. Avec Michel Simon.

La Mort de Belle, 1960, Edouard Molinaro (scénario de Jean Anouilh). Avec Jean Desailly.

Le Président, 1961, Henri Verneuil et Michel Audiard. Avec Jean Gabin.

Le Bateau d'Émile (film franco-italien), 1962, Denys de La Patellière. Avec Lino Ventura, Annie Girardot, Michel Simon, Pierre Brasseur.

L'Aîné des Ferchaux, 1963, Jean-Pierre Melville. Avec Jean-Paul Belmondo.

Maigret voit rouge (film franco-italien d'après *Maigret, Lognon et les gangsters*), 1963, Gilles Grangier. Avec Jean Gabin.

Trois chambres à Manhattan, 1965, Marcel Carné. Avec Maurice Ronet, Annie Girardot.

Maigret fait mouche (*Maigret und sein grösster Fall*, film franco-allemand d'après *La Danseuse du Gai-Moulin*), 1966, Alfred Weidmann. Avec Heinz Rühmann.

Maigret à Pigalle (film italien d'après *Maigret au Picratt's*), 1967, Mario Landi. Avec Gino Cervi.

Les Inconnus dans la maison (*A Stranger in the House*, film anglais), 1967, Pierre Rouve. Avec James Mason, Géraldine Chaplin.

Le Chat, 1970, Pierre Granier-Deferre. Avec Jean Gabin, Simone Signoret.

La Veuve Couderc, 1971, Pierre Granier-Deferre. Avec Simone Signoret, Alain Delon.

L'Horloger de Saint-Paul (d'après *L'Horloger d'Everton*), 1973, Bertrand Tavernier. Avec Philippe Noiret.

Le Train, 1973, Pierre Granier-Deferre. Avec Jean-Louis Trintignant, Romy Schneider.

L'Étoile du Nord (d'après *Le Locataire*), 1982, Pierre Granier-Deferre. Avec Simone Signoret, Philippe Noiret.

Les Fantômes du chapelier, 1982, Claude Chabrol. Avec Charles Aznavour, Michel Serrault.

Équateur (d'après *Le Coup de lune*), 1982, Serge Gainsbourg. Avec Barbara Sukova, Francis Huster.

Monsieur Hire (d'après *Les Fiançailles de M. Hire*), 1989, Patrice Leconte. Avec Michel Blanc, Sandrine Bonnaire.

Bibliographie

Becker, Lucille F., *Georges Simenon* (New York, 1977)

Boileau-Narcejac, *Le Roman policier* (Paris, Payot, 1964)

Boverie, Dieudonné, « Georges Simenon, écrivain liégeois », in Lacassin & Sigaux

Boyer, Régis, « *Le Chien jaune* » *de Georges Simenon* (Paris, Hachette, 1973)

Bresler, Fenton, *L'Enigme Georges Simenon*, Paris, Balland, 1985

Briney, R.E, et F.M. Nevins, éd. , *Multiplying Villainies* (New York, 1973)

Bronne, Carlo, *Discours à Simenon* (Paris, Presses de la Cité, 1952)

Casals, J.-C., *Simenon en su obra y en la vida* (Barcelone, 1957)

Cistre Essai, n° 10 : Simenon, Lausanne, 1980

Collins, Carvel, voir *Writers at Work*

Courtine, R.J. , « Simenon ou l'appétit de Maigret, » in Lacassin & Sigaux

Day Lewis, C. , « The Man Who Isn't There, » *Weekend Telegraph*, 26 mai 1967

Delbanco, Nicholas, *Group Portrait* (New York, 1982)

Dessane, Odile (pseudonyme de Denyse Simenon), *Le Phallus d'or* (Paris, Encre, 1981)

Drysdale, Dennis, *Georges Simenon : A Study in Humanity* (inédit, University of Nottingham, 1973)

Dubourg, Maurice, « Filmographie de Georges Simenon », in *Cistre*

Fabre, Jean, *Enquête sur un enquêteur : Maigret, un essai de sociocritique* (Montpellier, 1981)

Fallois, Bernard de, *Simenon* (Paris, Gallimard, 1961)

Faucher, Jacques, *Les Médecins dans l'œuvre de Simenon* (Paris, 1965)

Favalelli, Max, « J'ai vu naître Simenon », *Gazette des lettres*, 15 octobre 1950

Galligan, Edward L. , « Simenon's Mosaic of Small Novels », *South Atlantic Quarterly*, LXVI, 4 (automne 1967)

Gide, André, *Journal 1939-1949* (Paris, Gallimard, Pléiade, 1954) et Georges Simenon, *Correspondance*, publiée in Lacassin & Sigaux

Gill, Brendan, « Profile », *The New Yorker*, 24 janvier 1953

Gothot-Mersch, Claudine, « La Genèse des *Anneaux de Bicêtre*, » in *Cistre*

Haney, Lynn, *Naked at the Feast* (New York, 1981)

Henry, Gilles, *Commissaire Maigret, qui êtes-vous?* (Paris, 1977)

Jour, Jean, *Simenon et Pedigree* (Liège-Bruxelles-Paris, 1963), *Simenon, enfant de Liège* (Bruxelles, 1980)

Lacassin, Francis, et Gilbert Sigaux, éd., *Simenon* (Paris, Plon, 1973)

Lacassin, Francis et Gilbert Sigaux, Textes rassemblés par, Simenon, A la recherche de l'homme nu, Paris, U.G.E, 1976

Lambert, Gavin, *The Dangerous Edge* (New York, 1976)

McAleen, Robert, *Rex Stout* (New York, 1977)

Magazine littéraire, numéro spécial, déc. 1975

Mauriac, Claude, « Georges Simenon et le secret des hommes », in *L'Alittérature contemporaine,* Paris, Albin Michel, 1958

Mauriac, François, « Bloc-Note », 11 mai 1963 in *Le Figaro littéraire,* réédité in Lacassin & Sigaux

Menguy, Claude, « Bibliographie des éditions originales de Georges Simenon » (*Le Livre et l'estampe,* 49-50, 1967), « La Fausse sortie de Maigret », *Chasseur d'illustrés,* n° 21, juillet 1971

Moré, Marcel, « Simenon et l'enfant de chœur », in Lacassin & Sigaux

Moremans, Victor, « Mon ami Simenon, » in Lacassin & Sigaux

Narcejac, Thomas, *Le Cas Simenon* (Paris, Presses de la Cité, 1950)

Olivier-Martin, Yves, *Histoire du roman populaire en France* (Paris, Albin Michel, 1980

Parinaud, André, *Connaissance de Georges Simenon* (Paris, Presses de la Cité, 1957)

Piron, Maurice, « Simenon et son milieu natal », in *Cistre*

Raiti, Angela Gabriella, *Simenon, policier de l'âme* (thèse, Rome, 1964-65)

Raphael, Chaim, « Simenon on the Jews », *Midstream,* mars 1981

Raymond, John, *Simenon in Court* (New York, 1968)

Rémy, Georges, « Hommage à Georges Simenon », Service éducatif de la province de Liège (1961)

Richter, Anne, *Georges Simenon et l'homme désintégré* (Bruxelles, La Renaissance du livre, 1964)

Ritzen, Quentin (pseudonyme de Pierre Debray), *Simenon, avocat des hommes* (Paris, Le Livre contemporain, 1961)

Sigaux, Gilbert (voir Lacassin)

Simenon, Denyse, *Un Oiseau pour le chat* (Paris, Jean-Claude Simoën, 1978) (voir aussi Odile Dessane)

Simenon sur le gril (Paris, 1968)

Stéphane, Roger, *Le Dossier Simenon* (Paris, 1961)

Stéphane, Roger, *Portrait-souvenir de Georges Simenon* (script d'une émission de télévision de novembre-décembre 1963), Paris, 1963, nouvelle édition, Quai Voltaire, 1989.

Symons, Julian, *Mortal Consequences* (New York, 1973)

Tauxe, Henri-Charles, *Georges Simenon : de l'humain au vide* (Paris, Buchet-Chastel, 1983)

Thoorens, Léon, *Qui êtes-vous, Georges Simenon?* (Gérard, Bruxelles, 1959)

Tillinac, Denis, *Le Mystère Simenon* (Paris, Calmann-Lévy, 1980)

Tourteau, Jean-Jacques, *D'Arsène Lupin à San Antonio : Le Roman policier français de 1900 à 1970* (Tours, Mame, 1970)

Tremblay, N. J. , « Simenon's Psychological Westerns », *Arizona Quarterly 3* (automne 1954)

Vandromme, Pol, *Georges Simenon* (Bruxelles, 1962)

Veldman, Hendrik, *La Tentation de l'inaccessible : structures narratives chez Simenon* (Amsterdam, 1981)

Vlaminck, Maurice, *Portraits avant décès* (Paris, Flammarion, 1943)

Writers at Work, The *Paris Review* interviews, 1res séries, éd. Malcolm Cowley (New York, Penguin, 1977). Interview de Simenon par Carvel Collins.

Index des personnes citées

362

Index des ouvrages cités

Table

Aux Presses de la Cité

TOUT SIMENON

92
E 85 s

Achevé   Imprimerie
d'imprimer Gagné Ltée
au Canada Louiseville